媽祖信仰故事研究

Research on Mazu Belief Story

謝瑞隆 著

指導單位

出版單位

台灣媽祖聯誼會榮譽會長 序 /

媽祖信仰從宋代發展以來，經過宋、元、明、清到當代，媽祖的慈悲精神與顯靈救人的事蹟一直在民間流傳，歷代皇帝更是屢次褒封，從「娘娘」、「夫人」、「天妃」晉封為「天后」、「天上聖母」，媽祖已經成為一神格很高的神明。千餘年的媽祖信俗文化累積了深厚的中華文化傳統，聞名國際的大甲媽祖遶境進更是世界三大宗教活動之一，因此2009年媽祖信俗更被聯合國教科文組織列為世界人類非物質文化遺產。

2019年，媽祖信俗以為聯合國教科文組織列入世界非物質文化遺產歷時近十年，為求增進媽祖文化之學術涵量，促進更多元的交流互動，增益媽祖信仰的廣度與深度，台灣媽祖聯誼會、大甲鎮瀾宮更是結合明道大學於2017年9月正式成立媽祖文化學院，期待透過學術教育機構，有系統地傳承媽祖文化，透過研究或文化推廣讓各地信眾認識媽祖以及其信仰文化。。

明道大學媽祖文化學院成立後，為了提升媽祖信俗研究的學術水平，除了2019年開始發行《媽祖信俗研究》國際學刊外，也陸續規劃辦理媽祖學術國際研討會、發行媽祖學研究叢書，2021年更推動媽祖學研究叢書的發行並出版刊印《媽祖信仰故事研究》，將媽祖信仰的發源、發展、傳衍透過神蹟故事來呈現，對於各界認識媽祖其人與信仰發展有著深入淺出的說明。適逢本專書刊行，為序以慶賀媽祖學研究的推展。

台灣媽祖聯誼會榮譽會長 顏清標 謹識

台灣媽祖聯誼會會長 序 /

本人在擔任大甲鎮瀾宮副董事長與台灣媽祖聯誼會會長職務多年來，看見兩岸人民以至於世界各地對媽祖信俗的崇敬與熱情，深刻體驗到媽祖信俗文化在當代傳衍的重要性，因此迫切希望媽祖信俗能與學術教育相輔相成，銘坤與眾多台灣媽祖聯誼會的執事多次與明道大學商洽辦理媽祖教育體制的構想，終於2017年9月在明道大學成立「媽祖文化學院」，希冀能透過學術教育來使成媽祖文化得以獲得適宜的傳承與推廣。

媽祖信仰歷經千年發展，鎔鑄儒、釋、道三教的文化精隨，體現了中華民族傳統的人文精神。2009年9月30日，聯合國教科文組織是政府間保護非物質文化遺產委員會第四次會議審議，決定將「媽祖信俗」列入世界非物質文化遺產，並由祭祀儀式、民間習俗和故事傳說三大系列組成，成為華人首個信俗類世界遺產，也是迄今唯一獲得國際認定文化保存的華人祀神。

為了推展媽祖信仰文化，台灣媽祖聯誼會持續結合明道大學媽祖文化學院辦理媽祖國際論壇與發行媽祖研究刊物。今年度，明道大學媽祖文化學院在推展媽祖學上有積極作為，謝瑞隆博士以媽祖故事傳說為主題編著《媽祖信仰故事研究》，深入地闡述媽祖身世傳說以及歷來媽祖神蹟故事，將媽祖的善行、品德、慈悲傳頌給世界各地。面對媽祖文化的推展，台灣媽祖聯誼會將更積極投入在媽祖學術研究的能量，促成媽祖文化的世代傳承。

台灣媽祖聯誼會 會長 鄭銘坤 謹識

自序 /

本專書係由筆者博士學位論文《媽祖信仰故事研究－以中國沿海地區、台灣為主要考察範圍》修訂後印行。長期耕耘媽祖俗信的我，對於媽祖神蹟敘事在民間信仰傳衍的過程中存在著什麼樣的影響頗感好奇，究竟庶民、信仰、信仰敘事這三者的關係為何？我想這是研究民間信仰或信仰敘事不可偏廢的。有了這樣的想法，我與指導教授王三慶先生、謝明勳先生經過多次的交流、溝通之後，乃擇定以「媽祖信仰故事」為研究題材，冀以媽祖神蹟敘事來討論媽祖信仰發展的關係。

一般來說，神明故事或是神蹟往往被視為荒唐無稽，甚至被歸於迷信之流，因此作為信仰推展的神明故事往往被忽視了。歷史學者研究宗教信仰時，往往只是把這些很難當作真正歷史文獻的神蹟敘事作輔助性的材料來佐以闡釋，因此多半只能看見故事存在的外相，忽視了這些故事內蘊的深層文化與民俗意涵；至於故事研究學者若沒真切地掌握宗教信仰活動的各方面向，僅能從故事去解析故事，或是停留在考察故事的源流、演變或比較分析，終究是另一種拘於所學的研究盲點，沒法真正地從神蹟敘事去分析神明信仰的各種面向。本研究論文從媽祖信仰故事切入，從而探討神明敘事在民間信仰的意義，希望突顯民間口述傳統的傳播意涵與存在價值。

感謝本文撰寫過程中曾經給與筆者協助的人事物，首先要感謝指導老師王三慶教授、謝明勳教授，提供了不少資料與寶貴的為學經驗，使得本論文得以順利完成；其次，必須感謝的還有口考委員王國良教授、陳益源教授、戴文鋒教授、楊玉君教授，針對本論文提供了許多精闢的見解，並且不辭辛苦地解答筆者的許多疑問與困境；此外，在本文的研究過程當中，蕭蕭教授、羅文玲教授、李哲賢教授等諸位師長朋友也曾給與筆者頗多勉勵，再再都令筆者感念不已。學術研究上的諸位貴人，促發我衍生不少的思考與啟發，排解了不少研究上所遭遇的困難，促使我完成階段性的研究之路，回首與往前間稍上最深切的謝忱。

2015年7月個人取得博士學位後，進入明道大學專任教職，除了先後擔任中國文學學系、中華文化與傳播學系主任外，期間由投注大量的心力建置「媽祖文化學院」。2017年初，台灣媽祖聯誼會為了拓展媽祖學術、教育的推展，結合明道大攜手合辦「媽祖文化學院」，並於2017年9月27日正式揭牌營運。感謝顏清標榮譽會長、鄭銘坤會長推動「媽祖學」的熱忱與卓見，促成台灣媽祖信俗的推動更趨於年輕化、學術化、國際化，本校媽祖文化學院為呼應台灣媽祖聯誼會的期待，規劃發行《媽祖信俗研究》國際學刊以及媽祖研究叢書。《媽祖信仰故事研究》專書便是在這樣的宗旨下而刊印，冀望這本研究專書的發行能促成各界更多元地認識媽祖與其信仰發展脈絡。

謝瑞隆 謹識

中華民國一一〇年六月

目次 Content

第壹章 緒論：
媽祖信仰故事研究概述

第一節 研究緣起

媽祖信仰從宋代發軔以來,經過千年來的發展,從宋、元、明、清以至於民國,媽祖的慈悲精神與顯靈救人的事蹟頻頻傳唱,歷代皇帝屢次褒封,從「娘娘」、「夫人」、「天妃」晉封為「天后」、「天上聖母」,成為一神格頗高的民間祀神。「媽祖信俗」由祭祀儀式、民間習俗和故事傳說三大系列組成,2009年獲聯合國教科文組織認列為世界非物質文化遺產。

媽祖信仰初始以福建莆田為中心,隨著中國移民與文化交流而傳佈各地,包含大陸沿海各省分福建、廣東、廣西、海南、香港、澳門、浙江、上海、江蘇、山東、河北、天津、遼寧等地,並往內陸江西、安徽、湖南、湖北、河南以至於內蒙古、四川、貴州、雲南、山西等皆有媽祖廟的分佈;此外,台灣、日本、韓國、新加坡、馬來西亞、菲律賓、印尼、泰國、緬甸、越南也有不少媽祖廟的建立,甚至美國、阿根廷、法國、挪威、丹麥、墨西哥、澳大利亞、南非等國家也都有零星的媽祖信仰據點之分佈。[1]這麼廣大的「媽祖信仰文化圈」可以分為內外兩層:內層是中國的沿海和臺灣地區,外層是東南亞各國和海外華人居住區。[2]日本鹿耳島大學民俗學教授下野敏見就曾指出:「媽祖不僅是東南亞的,而且是世界性的信仰傳播。」[3]

「媽祖信俗」獲聯合國教科文組織認列為世界非物質文化遺產。

1 參見莆田湄洲媽祖祖廟董事會編:《湄洲媽祖志》(北京:方志出社,2011年9月),頁196－205。關於中國沿海地區、台灣媽祖信仰的發展與分佈概況,本研究論文第伍、陸章會再進行更為詳細的闡述。

2 陶立璠:〈媽祖信仰的民俗學思考〉,「紀念天津設衛600 周年媽祖文化與現代文明」學術討論會。2004年9月。

3 陳容明:《日本鹿耳島大學民俗學教授下野敏見在湄洲島的講話》,《媽祖研究資料匯編》(福州:福建人民出版社,1987 年),頁258。

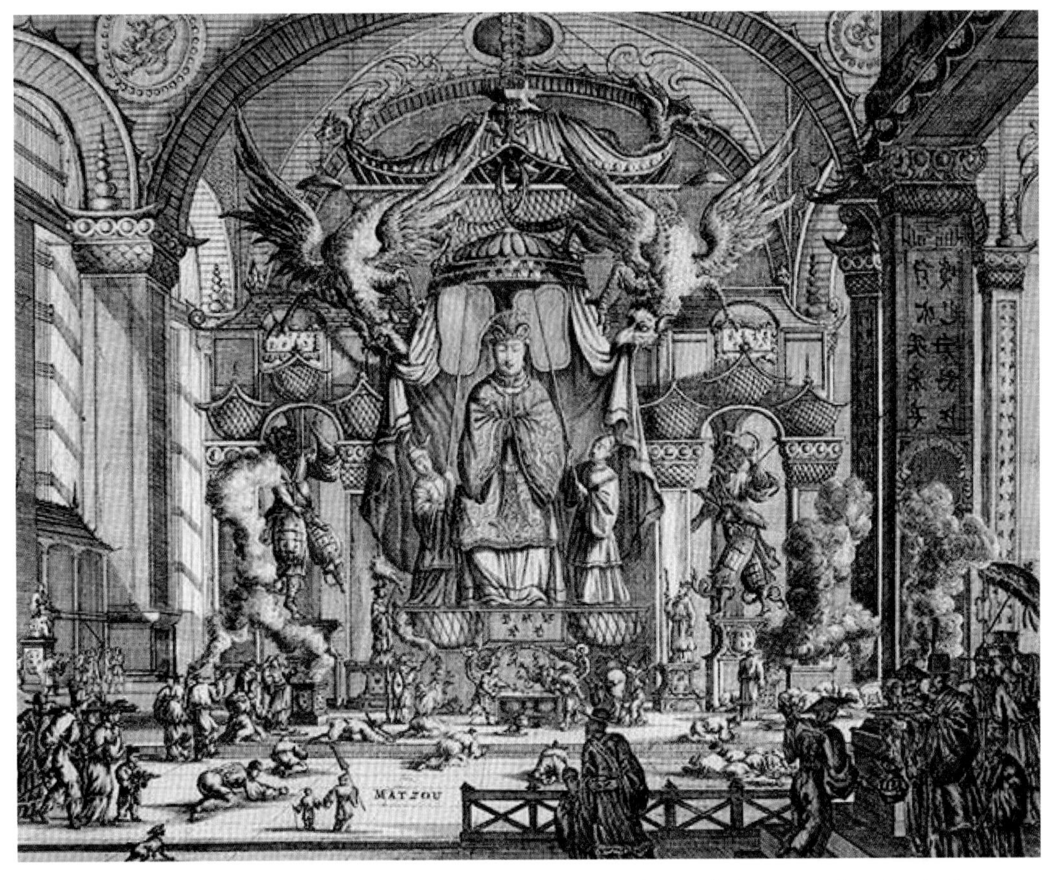

荷蘭奧立佛．達波爾著書《第二、三次荷蘭東印度公司使節出使大清帝國記》書中所繪媽祖廟。

究竟媽祖信仰透過何種媒介來傳衍各地？自然是廣大的群眾，信仰發展與傳播的確需要人群，至於人群如何推衍信仰的發展？這是一個相當有趣的研究課題。筆者對於民間信仰的發展面向以及潛藏在外相內的深層文化質素尤感興趣，近幾年來陸續參與許多場次的媽祖學術研討會，發表了多篇關於媽祖的研究論文，原來關注的課題多為媽祖信仰與地域人群網絡的關係，諸如〈聚落發展與其廟祀神明的信仰圈之變遷－以彰化縣媽祖信仰為例〉[4]、〈從區域性聯庄信仰圈探討媽祖在台灣民間信仰的號召力－以中壢仁海宮為例〉[5]、〈彰南地區媽祖廟的信仰圈之發展與變遷〉[6]、〈考察臺中海線地區媽祖祀神的聯庄信仰圈〉[7]、〈原東螺保、西螺保區域的媽祖信仰之開展與競合〉[8]等篇章都是

4 謝瑞隆：〈聚落發展與其廟祀神明的信仰圈之變遷－以彰化縣媽祖信仰為例〉，《彰化文獻》，第10期，2007年12月，頁71－102。

5 謝瑞隆：〈從區域性聯庄信仰圈探討媽祖在台灣民間信仰的號召力－以中壢仁海宮為例〉，《媽祖國際學術研討會－媽祖、民間信仰與文物研討會論文集》，2009年9月，頁259－286。

6 謝瑞隆：〈彰南地區媽祖廟的信仰圈之發展與變遷〉，《2010年媽祖信仰學術研討會論文集》，2010年11月，頁135－157。

7 謝瑞隆：〈考察臺中海線地區媽祖祀神的聯庄信仰圈〉，《2011 媽祖國際學術研討會—民俗、觀光與文化資產論文集》，2011年12月，頁185－204。

8 謝瑞隆：〈原東螺保、西螺保區域的媽祖信仰之開展與競合〉，《2013媽祖國際學術研討會： 全球化下媽祖信仰的在地書寫論文集》，2013年 11月，頁183－208。

大甲媽祖遶境進香號稱世界三大宗教活動。(圖像來源:大甲鎮瀾宮)

這類議題的探討;此外,期間也有一些關於媽祖俗信活動的分析,如〈大甲媽祖遶境進香活動對於沿途駐駕地藝文活動的影響〉[9]、〈考察彰化縣媽祖信仰的民俗活動〉[10]。這麼多年來對於媽祖的研究經驗,讓我更加意識到神明信仰對於庶民社會生活產生的影響,只是這些從社群活動與神明信仰的討論只能看到神明信仰影響下的社會現象,至於神明信仰如何對庶民產生那麼大的影響力或號召力?這個牽涉到神明信仰形成與其貼合庶民生活所需的問題,長期耕耘媽祖俗信與民間敘事研究的我竟然忽略了。有了這樣的自覺與發現,2012年承辦彰化媽祖信仰祖學術研討會的中興大學來電邀請我發表一篇關於媽祖的研究論文,幾經思量,我決定從民間敘事來探討媽祖信仰,希望能進一步地探討神明信仰如何從群眾間開展,因而以〈臺灣媽祖靈應故事研究〉[11]為題,嘗試將研究視野從神明信仰的外相擴延至信仰內蘊。經由這篇文章的書寫與資料匯整分析,發現媽祖信仰的演化過程中一直有著相應的神蹟敘事共同發展,因而對於民間敘事的神蹟故事在民間信仰傳衍的過程中存在著什麼樣的影響頗感好奇,同時思索媽祖如何從巫、神女演化成天妃、天后?媽祖如何從海神演化成具有多元神力、神功的全能之神?媽祖信仰的傳播與其相關的神蹟敘事存在著什麼樣的關係?這些問題都不是一篇會議期刊論文所能闡明的,也的確存有許多的研究空間,它們都是值得細細分析的課題。

近年來,媽祖研究相當熱絡,海內外學界的研究成果頗為豐碩,然而媽祖信仰的發展是一個跨越多元時空以及文化層面的主題,有待進一步討論與釐清的課題仍然不少,諸如上述課題或有一些研究成果,然而對於媽祖故事與其俗信的衍化卻少有專題性的研究,亦即學界很少從媽祖故事來分析媽祖信仰的發展,即便引介媽祖故事來作詮釋說

9 謝瑞隆:〈大甲媽祖遶境進香活動對於沿途駐駕地藝文活動的影響〉,《媽祖國際學術研討會論文集》,2010年9月,頁221-237。
10 謝瑞隆:〈考察彰化縣媽祖信仰的民俗活動〉,《彰化縣媽祖信仰學術研討會論文集‧2011年》,2011年11月,頁69-86。
11 謝瑞隆:〈臺灣媽祖靈應故事研究〉,《彰化媽祖信仰學術研討會論文集》,2012年11月,頁191-223。

明也只是作為文獻參佐之用，罕有從故事內涵來探討庶民的想像與故事的發展衍化，也就是從神明故事來詮釋故事的民俗意蘊是貧乏的。神明信仰與民間敘事的主體都是廣大的群眾，自然串連兩者的民間群眾才是其發展的主要力量，究竟庶民、信仰、信仰敘事這三者的關係為何？我想這是研究民間信仰或信仰敘事不可偏廢的。有了這樣的想法，筆者與指導教授王三慶先生、謝明勳先生經過多次的交流、溝通之後，乃擇定以「媽祖信仰故事」為研究題材，蒐集相關資料與細步探究，預期以媽祖故事作為研究素材，從而討論媽祖信仰發展與敘事演化的關係。

基於這樣的想法與信念，筆者針對歷來媽祖故事展開蒐集分類與研究，並擬以「媽祖信仰故事研究」為題，窘於媽祖信仰所涉及的面向與範圍極為龐大，非一時得以面面兼顧，因此本文研究範圍以媽祖信仰文化圈的內層－中國沿海地區、台灣作為主要的考察範疇，從而研究、闡析媽祖信仰與其神蹟故事的流變、信仰敘事與信仰間的關係，提供學界一個探討面向，以期媽祖信仰敘事的存在意義能夠獲得更多的認識與了解，從而發現媽祖故事對於媽祖信仰的意義，以至於進一步地闡析神明信仰故事與神明信仰發展的關係。

媽祖信仰初始以福建莆田為中心，隨著中國移民與文化交流而傳佈各地。

第二節　媽祖故事的內容與取材範疇

本論文擇定以「媽祖信仰故事」為題，當然必須先闡明媽祖故事所包含的內涵與範疇，亦即研究、分析的內容有哪些？從而才能針對主題作明確的定位與展開析論。

一、媽祖故事的界定

本文以媽祖故事研究為題，媽祖所指為歷來傳衍的福建省莆田人士林默，至於故事所涵攝的範疇為何？筆者首先對本文所指涉的「故事」作界定，其次再說明媽祖故事所涵蓋的範疇。

談及故事的概念，學界尚存多種解釋與義界，也有廣義、狹義之分，甚至有專指民間文學所言的故事概念。關於故事一詞，羅鋼《敘事學導論》：「在故事中發生的大大小小的事件，有一種等級次第的關係，從敘事學的角度看，有的重要一些，有的意義小一些。」[12]指出故事由大大小小的事件組合而成。格非《小說敘事研究》：「『故事』作為與『事件』相對應的一個概念，是由時間上的延續性與事件前後的因果聯繫而構成的。」[13]周慶華《故事學》姑且把故事界定為「一系列事件的組合體」。[14]若依從故事乃由一系列的事件組合而成，神話、傳說、小說、戲劇、軼事、連環畫等都可歸於廣義的故事之範疇。

本文所指涉故事概念大致依循廣義的故事概念，凡具有敘事情節性的文本都納入討論的的文本，諸如神話、傳說、民間故事、小說、戲劇等皆是。然而實際上在文本的蒐羅過程中，媽祖故事的文本幾乎多是傳說，伴隨著少數的小說戲劇以及敘事詩。至於媽祖故事依其性質，大概可以分為兩類：

(一) 媽祖身世故事

媽祖身世故事即以媽祖降誕、成長、成神等生平事蹟為主體的敘事作品。

媽祖的身世伴隨著其神性的提升、發展而有不少的變化與附會，包含媽祖靈異的降誕、媽祖的家庭背景、媽祖習得仙術、媽祖生前助人免難的事蹟、媽祖對於孝道倫理的實踐、媽祖成神的經過等。媽祖身世故事大抵為庶民所傳衍的媽祖生前事蹟，此類敘事在媽祖故事的傳衍過程中有著比較穩定的發展脈絡。

---

12 羅鋼：《敘事學導論》（昆明：雲南人民出版社，1995年），頁82－83。

13 格非：《小說敘事研究》（北京：清華大學出版社，2002年9月第1版），頁37。

14 周慶華：《故事學》（北京：清華大學出版社，2002年9月第1版），頁13。

（二）媽祖靈應故事

媽祖靈應故事即以媽祖顯聖、顯靈的神蹟感應為主體的敘事作品。

關於靈應一詞，林淑媛《慈航普渡－觀音感應故事敘事模式析論》指出靈應故事或稱感應、靈驗、應驗[15]，靈應所指為鬼神「顯靈」來「感應」信徒或群眾，在神祇信仰方面通常是指神祇顯化的靈蹟，民間俗稱神蹟、聖蹟。顯聖、顯靈原本是一種神秘的宗教體驗，它是神祇顯其不可思議的「神異力」方式，讓信眾真切感受到神祇的神奇力量，確實可掌握、可操縱世間一切，且能免人於難，使人獲致超自然的一種神秘經驗，稱之為「顯聖」。[16]雷維爾(Reville)說：「宗教，就是用人類心靈與神秘心靈(mysterious mind)紐帶相連的情操做為人類生活的制約，心靈承認神秘心靈對世界及心理本身的主宰，心靈感到它自己與神秘心靈相通時，對神秘心靈心悅誠服。」[17]有關顯聖在文獻記載中以「靈異」記之，或以「神跡」稱之，「靈異」概指藉由神明的各種顯聖事跡予人一種驚訝感覺的現象；這些感應事跡經信徒一再的傳播與流行，更加強了神祇的靈驗性。[18]

顯聖事蹟和信仰力量必成正比，且互為因果的，可說它是信仰的原發動力，更是一股延續信仰的重要力道。[19]往昔人民面對生活環境的挑戰，在科學知識貧乏的背景下，對於周遭人事物的特殊現象多訴諸於宗教無形的力量使然，尤其是一些人力無法解決的困題往往以神明信仰來平頓內心的不安，由此產生為數頗多的神祇靈應故事。一般說來，靈應故事大多為民間傳說，靈應故事是社會生活中人們的精神產物，是研究文化人類學的重要素材。媽祖靈應故事的數量難以估算，靈應故事的種類也是多元廣泛的。

二、媽祖故事的取材範疇

界定媽祖故事所指涉的範疇後，接著略述本文所研究媽祖故事的取材概況。媽祖信仰的傳衍以庶民為主體，因此媽祖信仰傳播的敘事自然以民間傳說為多，同時媽祖傳說經由群眾流傳的過程而內蘊民俗心理與思維，較能彰顯媽祖信仰的內涵。緣此，本文研究、分析取材的內容以媽祖傳說與靈應事蹟為主，輔以小說、戲劇、講唱等文本，至於詩詞等作品因敘事多不完備而僅作補充討論的素材。吳國平《瓣香湄洲》指出：「徽宗賜廟額，對於媽祖的信仰來說，其意義是多方面並且無可估量的，自此，媽祖的形象，其巫的色彩開始淡化，神的形象驟然增加，或者說，它開始由小神變成了大神；由一般的佑民之神變成了內涵更為豐富的護國之神了，『德被於民』與『功及於國』，其性質是大有不同的，而且，這一封賜也開創了一個先例，歷代皇帝有了效法的依據，從這以後，關於媽祖

15 參見林淑媛：《慈航普渡－觀音感應故事敘事模式析論》（臺北：大安出版社，2004年），頁43。
16 參見釋厚重：《觀音與媽祖》（台北縣永和市：稻田出版社，2005年12月），頁171。
17 轉載自Emile Durkheim著（芮傳明、趙學元譯）：《宗教生活的基本形式》（臺北：桂冠圖書公司，1992年9月），頁30。
18 參見釋厚重：《觀音與媽祖》，頁171。
19 釋厚重：《觀音與媽祖》，頁171。

媽祖身世故事包含媽祖降誕、成長、成神等生平事蹟。

的傳說，也由民間口傳轉而有了正式的筆錄了，而有了文字的表述和記載，則使媽祖的傳說找到了最好的保存和傳播手段，千古流芳。」[20]媽祖相關敘事原來的文本多屬口傳，隨著媽祖信仰獲得官方的認同，媽祖故事才逐漸開闢一條書面傳播的途徑，因著媽祖傳說有了文字的表述和記載，媽祖故事的時代發展面向才得以保存。本研究的取材為了顧及歷史演變的脈絡以及流傳的普遍性，因此擇取較具有穩定性的書面記錄作為主要討論的文本，再輔以采錄的口傳文本作補充。關於本文研究取材的範疇與內容，主要如下：

(一) 碑記類

包含現存各地關於媽祖信仰的碑刻等資料。早期媽祖故事的載錄多依祠廟碑記而流傳，從目前發現的資料來看，有關媽祖信仰起源的最早記載便是南宋．廖鵬飛〈聖墩祖廟重建順濟廟記〉。再者，南宋．丁伯桂（1171－1237）〈順濟聖妃廟記〉堪稱是宋代媽祖敘事的集大成者，該文羅列了多項媽祖靈應故事，反映出媽祖信仰在初期的神職屬性發展。其他又如南宋．李丑父（1194－1267），〈靈惠妃廟記〉、元．程端學（1278－1334）〈靈濟廟事蹟記〉、元．黃四如（1231－1312）〈聖墩順濟祖廟新建蕃釐殿記〉等歷代碑記也成為考察媽祖故事的素材。大抵而言，碑記所載錄的媽祖故事雖然有限，故事情節的記載也多不完足或因史實的立場而有所侷限，然而廖鵬飛〈聖墩祖廟重建順濟廟記〉、丁伯桂〈順濟聖妃廟記〉等碑記卻相當重要，是考察宋代媽祖信仰發軔初期的信仰故事之素材，也是本文研究的重要文本。

媽祖身世故事包含媽祖降誕、成長、成神等生平事蹟。

20 吳國平：《瓣香湄洲》（福州：海潮攝影藝術出版社，2003年9月），頁85。

（二）文獻載集類

1. 史摘類

包含各種存於正史、野史、類書、歷代實錄等涉及媽祖史跡或敘事的資料。歷來史書也有不少載錄媽祖故事，諸如《元史》、張燮《東西洋考》等都有媽祖故事的載錄，不過國族史或涵蓋大範圍的區域史通常對於神明靈應故事的紀錄有限，所載多為片斷的紀錄而已。

2. 散文類

包含各種筆記、傳記、序跋、疏引、紀遊、志異、祭祝文等涉及媽祖史跡或敘事的資料，如如宋·洪邁（1123—1202）《夷堅志》蒐錄的〈林夫人廟〉、〈浮曦妃祠〉以及元·張翥（1287—1368）〈天妃廟序〉、明·沈周（1427—1509）〈寺僧得返魂香〉、明·朱淛（1486—1552）〈天妃辯〉、明·郎瑛（1487—1566）〈天妃顯應〉、明·俞大猷（1503—1579）〈祭天妃神文〉、明·謝傑（約1545—1605）〈敬神〉、《三教源流搜神大全·天妃娘娘》等也載有媽祖故事或相關靈應事蹟，成為考察歷代媽祖故事傳衍的素材。

其中明代萬曆年間成書的《三教源流搜神大全·天妃娘娘》被視為是相當重要而且出現較早的媽祖傳記。

3. 方志

包含歷代各省、郡、縣、鄉鎮的方志以及各廟的沿革志書等采錄媽祖信仰故事的資料，方志則多有風土民情的采風，因此神明故事或靈應事蹟的載錄通常較為豐富。媽祖信仰拓衍的地區通常流傳相關的靈應敘事，因此存有媽祖信仰據點所在的方志多會雜有媽祖的相關敘事，如南宋·李俊甫《莆田比事》、南宋·黃巖孫撰《（寶佑）仙溪志》等早期方志都有媽祖信仰發軔初期的紀錄，其後隨著媽祖信仰開展各地，不少地方的方志也多載有媽祖相關的故事，如郭棻（1622—1690）纂《畿輔通志》、周鍾瑄（1671—1763）主修《諸羅縣志》、王必昌（1704—1788）等編修《重修臺灣縣志》、胡建偉（1718—1796）《澎湖紀略》、周之楨（1861—1933）等纂《茌平縣志》、高毓浵（1877—956）等纂《靜海縣志》、張本與葛元昶纂《重修蓬萊縣志》、《雲林縣采訪冊》、等各種方志都有媽祖故事的載錄。本研究論文擬搜集各種方志的媽祖故事，從而考察媽祖故事在不同地區所呈現的地域差異。

4. 廟志

媽祖信仰的據點是媽祖信仰推展的場域，媽祖信仰的據點往往會有媽祖靈應故事流傳，因此各宮廟的廟志或簡介通常多載有各地媽祖的靈應故事。如莆田湄洲媽祖廟董事會編《湄洲媽祖志》，《湄洲媽祖志》記述範圍不受普通地域限制，凡涉及與媽祖信仰有關的人和事均為記述之列，其中第二章為〈靈應傳說〉記述宋元明清以及在外國的各種靈應傳說。

除了湄洲媽祖廟外，1990年12月泉州市閩台關係史博物館與泉州天后宮修繕基金董事會聯合出版了《泉州天后宮》，內含〈天后傳略〉、〈泉州天后宮史略〉、〈故事與傳說〉等節。2001年4月，天津民俗博物館出版了董季群增編的《天津天后宮》內部參考資料一書，內載有〈幡杆與神燈的傳說〉等媽祖靈應故事。

此外，本研究論文討論媽祖故事流變，起自宋代而迄於現代，其中近、現代文本以台灣媽祖靈應故事為主，主要原因：中國歷經文革後，大陸媽祖信仰不若台灣興盛，同時民間口傳的媽祖故事伴隨著媽祖俗信的弱化而多半沒有好好地傳衍，或可言之，清代以降台灣衍為媽祖信仰重心，因此近現代的媽祖靈應故事多以台灣為主。本文所擇取近現代媽祖故事頗多從台灣各地媽祖廟的廟志所錄而來，如郭金潤主編《大甲鎮瀾宮志》、國立彰化師範大學地理學系編《彰化南瑤宮志》、《麥寮拱範宮誌》、《大里市內新新興宮（八媽廟）》、《彰化王功福海宮沿革概史》等都載有各種媽祖的靈應故事。

5. 媽祖傳記或小說

包含各種彙編以媽祖信仰為題材、獨立成書各種文本，主要以媽祖為主題的傳記故事集、小說、講唱文學作品為主。

媽祖靈異故事的發展迄於《天妃顯聖錄》的事跡著錄而初步完成，一來關於媽祖的傳說有了較為為完整的紀錄與擴衍，不再像前期的文本多只是因襲前說而顯得故事內容多為雷同；二是該書所錄的媽祖故事更為廣泛多元，媽祖本傳和靈應方面的故事都顯得豐富而情節完足。因此，本文研究將《天妃顯聖錄》作為媽祖故事演變的主要討論文本。《天妃顯聖錄》是我國第一部媽祖志書，它的出現，標志著媽祖傳說做為文字型態，已到了相當成熟的階段。《天妃顯聖錄》綜合了各家之言，將紛紜眾說收集整理，概括和統一了起來，其承上啟下，對後世也產生了很大的影響，明末清初以降媽祖信仰與靈應事跡多本《天妃顯聖 錄》的敘事而傳衍，如在這基礎上重修的《天后顯聖錄》、《昭應錄》以及清乾隆年間莆田舉人林清標纂輯的《敕封天后志》等。

清代以降，載有媽祖故事的著錄漸多，然大抵多是延續舊說而稍作推衍。近來，隨著閩台媽祖熱潮的興起，出現了不少的媽祖傳記故事，1987年湄洲祖廟董事會林文豪任

林清標纂輯的《敕封天后志》。

召集人，蔣維錟負責編輯的《湄洲媽祖》出版，內含家世生平、護航神話等。1989年9月，江西人民出版社出版了吳金棗《江海女神媽祖》一書，全書載有觀音示夢托生、生而神異等媽祖故事，其內容大概是將《天妃顯聖錄》所載媽祖事蹟、成神後靈驗傳說等加以改寫而成。此外，也有載以媽祖神蹟為主題的專著刊行，如何世宗與謝進炎彙輯《媽祖信仰與神蹟》、2011年安平開臺天后宮媽祖學院出版的《媽祖神蹟在台灣》等，這些文本也是本文研究的參考素材。

以小說來說，明‧吳還初《天妃娘媽傳》是目前發現最早的小說文本，此作品與明代三教合一的時代思潮有所關係，本研究論文納入取材範疇之內。其後又有不少作家以媽祖作為對象來鋪陳其小說，如大陸方面有1989年吳金棗的《江海女神‧媽祖》、1990年黃玉石的《林默娘》、2000年柳濱的《媽祖傳奇故事》、2000年唐世貴的《媽祖傳奇》、和2005年黃晨淳的《媽祖的故事》等。

在講唱文本方面，本研究輔以一些講唱文本作為研究材料，如新竹市竹林書局印行的《媽祖傳新歌》等歌仔冊作為研究台灣媽祖故事的討論文本。

（三）民間文學（傳說、故事）采錄集

約莫1990年代前後，大陸、台灣各地陸續出版、發行各地民間故事采錄成果。本文，主要以《中國民間故事集成》各省份出版品[21]、1989年陳慶浩與王秋桂主編《中國民間故事全集》（台北：遠流出版有限公司）以及台灣各地民間文學采錄集為研究文本。經由筆者初步整理、查核，《中國民間故事集成》載有媽祖故事的省份故事集有：

1. 《中國民間故事集成·遼寧卷》（北京：中國ISBN中心，1994年12月）。
2. 《中國民間故事集成·浙江卷》（北京：中國ISBN中心，1997年9月）。
3. 《中國民間故事集成·福建卷》（北京：中國ISBN中心，1998年12月）。
4. 《中國民間故事集成·海南卷》（北京：中國ISBN中心，2002年9月）。
5. 《中國民間故事集成·河北卷》（北京：中國ISBN中心，2003年12月）。
6. 《中國民間故事集成·天津卷》（北京：中國ISBN中心，2004年11月）。
7. 《中國民間故事集成·廣東卷》（北京：中國ISBN中心，2006年5月）。

至於台灣各地民間文學（故事）集，經查考有《基隆市民間文學采集》、《桃園市閩南語故事集》、《苗栗縣閩南語故事集》、《大甲鎮閩南語故事集》、《大安鄉閩南語故事集》、《彰化縣民間文學集》、《雲林縣閩南語故事集》、《東石鄉閩南語故事集》、《朴子市閩南語故事集》、《台南市故事集》、《台南縣閩南語故事集》、《屏東縣民間文學集》、《屏東後堆客家民間故事》、《花蓮縣民間文學集》、《澎湖民間故事》等民間文學采錄集等皆有媽祖相關故事的采錄。

此外，筆者也盡可能蒐羅各地各種載有媽祖故事的文集作為研究對象，如《中國民間故事集成·莆田市卷》所采錄的媽祖傳說集結而成的《媽祖的傳說》[22]、《浙江省民間文學集成·寧波市卷》（北京：中國民間文藝出版社，1989年12月）等。

（四）其他

除了上述三類外，尚有一些與媽祖信仰相涉而略見媽祖故事或信仰特色的資料，如一些載有媽祖故事的經文或詩詞以及一些體現媽祖內蘊的匾聯。

---

21 1984年5月，大陸文化部、國家民族事務委員會、中國民間文藝家協會聯合向各省市、自治區發起編輯《中國民間故事集成》、《中國歌謠集成》、《中國諺語集成》（民間文學三套集成）的通知，同時成立了《中國民間文學集成》總編委會，周揚任總主編，鐘敬文等任副總主編，80年代後期開始了大陸全國性的普查採錄工作，20世紀90年代以降各省份陸續發行采錄成果。

22 1987年，在《中國民間故事集成》編撰過程中，莆田市共採集媽祖傳說故事438篇（包括異文）。此後，莆田市文化部門還正式編輯《媽祖的傳說》一書，共50篇，由海峽文藝出版社出版，故事有：林默出世、窺井得道、鼎砂鑄杯、伏機救親、踏浪尋兄、帆髻示志、遍讀神書、焚屋引航、金馬渡海、湄峰祈雨、菖蒲祛病、種藥救人、化木護舟、珓杯鎮龜、擒高裡鬼、降服應佑、收伏晏公、割臂降妖、妙計解厄、羽化昇天、媽祖照鏡、智收雨怪、雷擊鯉精、箭射火龍、龍蝦去齒、二聖鬥法、天釘拴島、聖泉救疫、濟渡餓荒、藥救呂德、引避怡山、雲船救難、平息械鬥、巧對策讀、暗助窮人、鮮花儆示、錢塘築堤、威懾海盜、火燒海賊、霧海助戰、紅燈導航、金山媽祖、怪島點化、泉井濟師、澎湖破敵、金山攻寨、「海幫」朝聖、哭臉中軍、徽宗賜匾、乾隆進香澄等。

第三節 前人研究成果

關於媽祖故事的研究，大概發軔民國初年。大正7年（1918），伊能嘉矩（1867—1925）在東京帝國大學《人類學雜誌》第33卷第6、8號發表〈台灣漢人信仰的海神〉，其中有些討論為媽祖顯靈事蹟的闡述，從而彰顯出媽祖信仰與台灣歷史發展的關係。民國18年（1929），顧頡剛（1893—1980）、容肇祖在中山大學《民俗週刊》第41、2期合刊（神的專號）各撰〈天后〉一篇，顧頡剛據程端學〈天妃廟記〉及《三教搜神大全·天妃娘娘》兩篇文章而編媽祖靈異事蹟年表；容肇祖則據《城北天后宮志》、《天后聖母聖蹟圖志》編了媽祖事蹟年表；兩人將媽祖傳說事蹟析作年表來作考察，猶如發出媽祖故事研究的先聲。整體而言，民國初期的媽祖故事研究多是依附媽祖信仰研究而作為旁證的素材而已，實質上將媽祖故事當作研究主體的文章仍相當罕見。

正式將媽祖傳說故事作為研究主體的學者大概算是旅日華僑李獻璋。昭和31年（1956）6月，李獻璋在日本《東洋學報》第39卷第1號發表〈三教搜神大全天妃娘媽傳中媽祖傳說之考察〉；同年11月在《東方宗教》第11號發表〈媽祖傳說的開展〉；昭和33年（1958）在《東方宗教》第13、4號合刊及第15號發表〈從天妃顯聖錄看清代媽祖傳說〉；除了日文的撰述外，李獻璋也以中文在台灣刊物發表論文，民國49年（1960）12月在《台灣風物》第10卷第10期發表〈媽祖傳說的原始型態〉，民國50年（1961）1月第11卷第1期發表〈元明地方志中媽祖傳說的演變〉。1960年代，除了李獻璋戮力於媽祖傳說研究外，民國51年（1962）夏琦在《幼獅學誌》第1卷第3期發表〈媽祖傳說的歷史發展〉，陳述媽祖傳說的發展概況。民國68年（1979），李獻璋將前此有關媽祖研究論文彙集，題為《媽祖信仰之研究》交東京泰山社印行，該書載有許多關於媽祖傳說的討論與分析，奠定了李獻璋成為近代研究媽祖信仰與其傳說故事的佼佼者，成就頗高。

李獻璋對於媽祖信仰與傳說故事的研究著力甚深，可以說是早期媽祖故事研究的第一人。李獻璋之後，媽祖信仰的研究熱潮興起，然而將媽祖故事作為研究主體的論述仍究貧乏。經過一、二十年的沉寂，1980年林明峪《媽祖傳說》[23]的發行再現一道異彩，該書蒐錄了不少各地媽祖廟的神蹟傳說，紀錄許多珍貴的媽祖靈應故事。《媽祖傳說》第一篇闡述其對於媽祖傳說的考察態度與方法；第二篇從文獻中的媽祖傳說來探討媽祖名稱、媽祖神誕、媽祖家世、媽祖生前事蹟、媽祖昇化、媽祖開顯以及歷代媽祖的神蹟；第三篇則以台灣媽祖信奉與傳說為主題，探討台灣媽祖信仰的發展以及各地媽祖廟的傳說。整體來說，林明峪《媽祖傳說》可以說是繼李獻璋《媽祖信仰之研究》後，研究媽祖傳說頗具見地的一部專著，在媽祖傳說研究的取材與探討也較李獻璋更有系統。

---

23 林明峪：《媽祖傳說》（台北：聯亞出版社，1980年）。

1980年代起，以媽祖傳說故事為主題的研究論述仍相當有限，1983年李豐楙於《民俗曲藝》第25期合刊發表〈媽祖傳說的原始及其演變〉。1988年10月，莆田市復召開媽祖學術討論會應徵會議論文60篇，1989年10月相關論文由廈門大學朱天順篩選出等31篇論文編成《媽祖研究論文集》，由福建廈門鷺江出版社出版，其中李鄉瀏〈試論媽祖的傳說〉、許更生〈媽祖傳說審美價值淺探〉、鄭明忠與陳建成〈媽祖神話傳說對社會習俗的影響〉等三篇以媽祖傳說為討論素材。

1990年4月，由陳國強教授主編《媽祖信仰與祖廟》由福建教育出版社出版，載有一篇周立方〈媽祖生平事蹟的傳說〉。1990年5月，媽祖研究會、福建省社會科學聯合會、莆田市社會科學聯合會、湄洲媽祖廟董事會、北港朝天宮董事會聯合在莆田舉辦「媽祖研究國際學術討論會」，會議共提出論文八十八篇，經林文豪、朱天順等人篩選出43篇論文，以《海內外學人論媽祖》為名，交中國社會科學出版社於1992年7月出版，其中載有三篇論文以媽祖傳說神蹟為論述主題：周金琰〈論媽祖傳說的研究價值〉、陳森鎮〈媽祖傳說演變〉、朱金明〈媽祖神蹟體現了儒家思想〉。在台灣地區，同年林美容於《中研院民族所資料彙編》發表〈與彰化媽祖有關的傳說、故事與諺語〉一文， 以地域性媽祖傳說來呈現媽祖信仰的地域特點。

1995年4月，澳門文化研究會舉辦「澳門媽祖信俗歷史文化研討會」，會後集結28篇論文，以《1995年澳門媽祖信俗歷史文化研討會論文集》為題，於1998年4月由澳門文化研究會、澳門海事博物館出版，論文集有二篇以媽祖故事為研究素材，分別為周立方〈談媽祖傳說研究〉、胡從經〈明版通俗小說《天妃娘娘傳》初揆〉，周立方〈談媽祖傳說研究〉僅是概要性地略述媽祖傳說以及其研究意義。

1995年，台灣地區吳艷珍以《媽祖顯聖研究：一個人神關係的思考》[24]為題發表碩士學位論文，該文媽祖以靈顯聖跡呈顯於人，渡人信仰之，而人們也從神顯聖的過程當中認識、描繪神祇，進而反映在其生平傳說上，從而體現神跡(顯聖)或者生平傳說兩者間有緊密關係，不僅彼此互相融攝，同時也幾乎是其信仰流傳的重要原因之一。

1996年2月，學苑出版社出版刊行李露露《媽祖信仰》，該書堪稱是繼李獻璋《媽祖信仰之研究》、林明峪《媽祖傳說》後頗具代表性的媽祖究專著。該書敘述媽祖身世以及從名巫、收鬼為臣、死後為神至湄峰飛升，再談媽祖信仰型態的演化，由航海之神、雨水之神、生育之神、戰神的演變與發展，並述媽祖在鄭和下西洋、冊封琉球、收復台灣等歷史事件的靈應，由之概括媽祖信仰文化的各方面向。雖然本書並非以媽祖故事為主題，然在媽祖信仰文化的相關闡述頗多以媽祖傳說作為論證，同時內文經由故事比較來呈現媽祖俗信的拓衍與變化，頗能反映媽祖故事在媽祖信仰傳播過程中的意涵。

---

24 吳艷珍：《媽祖顯聖研究：一個人神關係的思考》（淡水：淡江大學中國文學系研究所碩士論文，1995年）。

1996年10月，泉州市社會科學聯合會、泉州市文化局等單位主辦「泉州與媽祖信仰的傳播」學術研討會，會後經選出論文30篇，以《媽祖研究》為題交由廈門大學出版社於1999年1月印行，其中黃昆成〈從《天妃娘媽傳》看泉州媽祖信仰文化傳播〉、曾經民〈明刻本《天妃娘媽傳》考略〉等篇章論述以媽祖為題材的小說文本《天妃娘媽傳》。

1997年6月，廈門大學主辦閩台媽祖文化學術研討會，會議論文80餘篇，經廈門大學陳國強教授等選出47篇，以《兩岸學者論媽祖》為題，於1998年2月由台中市台灣省各姓淵源研究學會發行，論文集有二篇以媽祖傳說為研究素材，分別為周立方〈媽祖傳說研究的意義〉、陳炎正〈民間傳說與信仰思維—從大道公媽祖婆鬥法談起〉。

2001年5月，財團法人北港朝天宮董事會於北港舉辦媽祖信仰與現代社會國際學術研討會，發表22篇論文，最後經審查通過15 篇論文，取名《媽祖信仰的發展與變遷》於民國92年3月由臺灣宗教學會與北港朝天宮共同發行，論文集載有張珣〈從媽祖的救難敘述看媽祖的信仰變遷〉一文，闡述媽祖救難神蹟與信仰變遷的關係。

2001年10月，天津媽祖文化旅遊節組委會主導，天津天后宮管理委員會、天津市民俗博物館承辦召開〈媽祖文化對城市形成和發展的影響〉學術討論會，2002年5月討論論文由香港凌天出版社印行，共收錄論文29篇，其中尚潔〈媽祖從神話到文化的思考〉一文從神話故事來探析媽祖文化的型態。

2004年9月，天津舉辦了第2屆媽祖文化旅遊節，召開「紀念天津設衛600 周年媽祖文化與現代文明」學術討論會。此次研討會，共提出論文32篇，蔡相煇〈《天妃顯聖錄》考訂〉考訂最重要的媽祖故事集《天妃顯聖錄》，吳裕成〈媽祖傳說與中國井文化〉從媽祖傳說切入來分析中國的井文化。

2004年10月31日，中華媽祖文化交流協會舉辦「中華媽祖文化學術討論會」，共提出論文39篇，其中王見川〈戰後台灣媽祖信仰（1946－1987）初探—北港朝天宮的轉型和媽祖電影、戲劇、小說為考察中心〉述及以媽祖為題材的小說與戲劇。

2005年，戴文鋒在台灣台南大學《南大學報》發表〈臺灣媽祖「抱接砲彈」神蹟傳說試探〉[25]針對媽祖報接砲彈故事類型作深入地探析，開啟媽祖靈應故事類型的主題式研究。

2006年，齊靜在2006中華媽祖文化學術論壇發表〈媽祖故事研究〉[26]，提出媽祖故事以一種「民間傳說」的形態存在，針對媽祖故事內容屬性的進行研究考析。

2008年，林茂賢在2008年彰化縣研究學術研討會發表〈從台灣媽祖神蹟看媽祖屬性的轉化〉[27]一文，其後蒐錄於會議論文集，該文經由台灣各地媽祖神蹟的整理與分類，

25 戴文鋒：〈臺灣媽祖「抱接砲彈」神蹟傳說試探〉，《南大學報》，第39卷第2期，2005年10月，頁41－66。

26 齊靜：〈媽媽祖故事研究〉，《2006中華媽祖文化學術論壇論文集》，2012年6月，頁20－23。

27 林茂賢：〈從台灣媽祖神蹟看媽祖屬性的轉化〉，《2008年彰化縣研究學術研討會論文集－媽祖信仰國際研究文化觀光研究》（彰化：彰化

分析媽祖形象的轉化與神蹟故事的關係。

2009年，羅春榮《媽祖傳說研究－一個海洋大國的神話》[28]專書刊行，該專著試圖從理論角度系統全面地對媽祖傳說進行解讀和研究，共分八章，概分為媽祖生平傳說、媽祖海神傳說、媽祖戰神傳說、媽祖傳說主題、媽祖傳說的歷史演變以及媽祖傳說的分類、特徵及功能等來作論述。本專著以媽祖傳說故事來分析媽祖信仰文化，也點出一些媽祖故事的內蘊思維，然而仍限於媽祖故事作為文獻旁證的窠臼，並未真正地從故事解釋、討論媽祖信仰的發展與相關傳說存有何種襲受關係。

2010年，范梓羚以《從民間媽祖信仰神蹟探討媽祖形象之研究》[29]為題發表碩士學位論文，該文仍經由台灣各地媽祖神蹟的整理與分類，分析媽祖形象的轉化與神蹟故事的關係。整體來說，可視為是林茂賢〈從台灣媽祖神蹟看媽祖屬性的轉化〉一文的擴衍說明。

2011年，楊淑雅《媽祖故事與媽祖文化研究》[30]為題發表博士學位論文。該專論共分九章，第二章為古今文獻的媽祖生平與歷代封祀，闡述媽祖生平傳說與歷代封祀的相關性；第三章為媽祖故事的分類，概分為媽祖救難解厄的故事、媽祖建護廟宇的故事、媽祖收伏神魔的故事、媽祖與其他神祇互動的故事；第四章為媽祖傳說故事的特性與流傳地區，分別闡述媽祖傳說故事之宗教性、媽祖傳說故事之政治性、媽祖傳說故事之區域性；第六章為媽祖文化影響下的文學與藝術，述及鋪陳媽祖故事的小說、說唱媽祖故事的戲曲、提煉媽祖故事精華的舞蹈、突出媽祖神蹟的電影動畫之發展。

2011年，張曉瑩在《世界宗教文化》發表〈從「顯靈」的變遷看媽祖信仰的生存機制—以遼南為例〉[31]，提出遼南媽祖「顯靈」的變遷歷程，關注了顯靈的轉變方式、方向：「顯靈」的空間變化和神職功能轉變使信仰獲得生存合理性，「顯靈」的道德指向和神靈存在形式轉變使信仰獲得生存合法性。

2012年，謝瑞隆於彰化媽祖信仰祖學術研討會發表〈臺灣媽祖靈應故事研究〉[32]，該文將台灣媽祖靈應故事進型分類，並從台灣媽祖靈應故事流傳的時間來指陳媽祖靈應故事的類型堪稱應時演化，再從台灣媽祖靈應故事流傳的空間來分析，進香活動、交通網絡為靈應故事傳播、擴衍的外緣因素之一，從而指出交通網絡影響著媽祖靈應故事的傳播與其相關母題的演化。

2013年，陳昭銘於《嘉大中文學報》第9期發表〈臺灣媽祖信仰的在地神蹟故事分

縣文化局，2008年），頁63－88。

28 羅春榮：《媽祖傳說研究－一個海洋大國的神話》（天津市：天津古籍出版社，2009年6月）。

29 范梓羚：《從民間媽祖信仰神蹟探討媽祖形象之研究》（臺北：玄奘大學宗教學系碩士在職專班碩士論文，2010年）。

30 楊淑雅：《媽祖故事與媽祖文化研究》（臺北：中國文化大學中國文學系研究所博士論文，2011年）。

31 張曉瑩：〈從「顯靈」的變遷看媽祖信仰的生存機制—以遼南為例〉，《世界宗教文化》，2011年第3期，頁48－50。

32 謝瑞隆：〈臺灣媽祖靈應故事研究〉，《彰化媽祖信仰祖學術研討會論文集》，2012年11月，頁191－223。

析〉[33]，該文略舉各種台灣各地的媽祖故事，並指出台灣媽祖神蹟的多樣化之發展是其外來信仰得以深根茁壯的主要因素。

凡此前人的研究成果已經累積不少的成績，然而媽祖堪稱是漢人首屈一指的民間祀神之一，祂深刻地影響著民俗文化，它們的產生、流傳與社會生活、文化傳承有著密切的關係，實有待全面地整理、分析與研究。整體而言，雖然學界已有不少媽祖故事研究為題的研究論述出現，但真正從故事來研究故事卻是罕見的；大抵說來，媽祖故事的研究多流於文獻史料的旁證而已，各方論著大多沒有真正探討故事的意涵與民俗情趣。緣此，本研究論文特以「媽祖信仰故事研究」為題，冀以在前人所累積的研究成果上，真切地從媽祖故事來分析媽祖信仰的內蘊與文化推衍，闡釋媽祖故事內蘊的民俗情趣與思維，從而彰顯媽祖故事在媽祖信仰發展過程中的傳衍意義，呈現民間信仰與信仰故事的共存關係。

33 陳昭銘：〈臺灣媽祖信仰的在地神蹟故事分析〉，《嘉大中文學報》第9期，2013年9月，頁83－105。

第貳章

媽祖身世故事的發展與衍化

媽祖信仰的發展與其神性的衍化除了靈應事蹟的推波助瀾外，媽祖的身世背景對於其信仰的基本型態有絕對性的影響，諸如媽祖的出生、媽祖的家庭、媽祖成長過程的神性養成、媽祖如何成神等課題都是歷來學界頗為關注的，不少學者以歷史研究來分析媽祖的身世問題，探索媽祖的原始形象以及歷史真相，這樣的研究趨勢或許能釐清與闡明媽祖信仰的部分面向，然而民間信仰本來就是俗信心理所推展而成，真假實虛的問題對庶民信徒而言並不是他們追根究柢的問題，因此神明的身世背景也多因信眾的期待而產生衍化，這樣的情形在媽祖信仰也是頗為明顯的。至於媽祖身世是如何衍化的？這個部分就必須從歷來媽祖身世故事著手，從媽祖身世故事的演變作考察，也能發現媽祖形象與其神性的變化。

綜觀媽祖信仰的推展，媽祖初始的生平事蹟是貧乏而簡寙的，其形象也因而模糊不清；然而，伴隨著媽祖信仰的持續推衍，媽祖身世與形象逐漸經由信眾傳衍而趨於完整、立體。大抵而言，歷史名人所衍來的民間俗神多依循歷史文獻記錄來加以建構其形象以及鋪陳其生平事蹟，諸如關聖帝君、開漳聖王、國姓爺等神祇多從歷史記錄而衍為其信仰的基礎，此等神祇信仰的初始多有一套完整的神祇起源與相關事蹟，信眾對其信仰對象也因此有一定的認識；相較於此，媽祖信仰的初始則屬雜祀之流，民間庶民對於其信仰多是出於「有靈即興」的現世需求而來，因此信眾對於其祭祀對象的起源以及生平事蹟恐怕認識極其有限，他們所關注的是信仰對象能否庇佑他們而已，甚至不知道他們祭祀的對象是怎麼樣的神。緣此，媽祖信仰的發展與歷史名人所衍來的民間俗神存有不一樣的發展型態，歷史名人俗神多是有著一套較為完整的身世敘事來推展其信仰，媽祖信仰則是從信仰的拓展過程中來完成一套較為完整的身世敘事，因此媽祖身世與生平事蹟多是配合信仰的需求與民俗思維而逐漸衍成。

本章，筆者以歷來相關文獻以及媽祖故事敘事來分析、考察媽祖身世故事的歷來發展以及其衍化過程中的文化意涵。

第一節　媽祖身世故事的歷代發展

關於媽祖的身世或生平事蹟，經由歷來的衍化而產生一些轉折，如媽祖家世出身從巫、民女轉為官宦之女；媽祖生平事蹟也產生了幾個主要的敘事重心或母題，諸如非常態的降生（異孕而生、降生異象）、異於常人的異貌異相、童年階段初露鋒芒或異於凡人的能力、成長與神性養成（神助以及佛道涵養）、不惹塵俗的處子、成長時期的挫折、展現靈力、成為人類趨吉避難的希望、海之守護者的權威、逝後或昇天成神，由之構成完整的媽祖身世敘事系統。

談及媽祖身世故事的敘事重心或母題，為了接合國際民間故事研究的趨勢，試著以芬蘭民俗學者阿爾奈（Antti Aarne）與美國民俗學者湯普森（Stith Thompson）以及晚近烏澤爾（Hans-Jorg Uther）增補所建構的ATU分類法所涉及的母題（motif）、類型（type）來作媽祖靈應故事的分類與討論。關於母題，有稱為情節單元者[1]，湯普森《世界民間故事分類學》指出：

> 一個母題是一個故事中最小的、能夠持續在傳統中的成分。要如此它就必須具有某種不尋常的和動人的力量。絕大多數母題分為三類。其一是一個故事中的角色……。第二類母題涉及情節的某種背景……。第三類母題是那些單一的事件—它們囊括了絕大多數母題。正是這一類母題可以獨立存在，因此……為數最多的傳統故事類型是由這些單一的母題構成的。[2]

媽祖身世故事歷經宋、元、明的傳衍而趨於完整，其中牽涉到幾個重要母題的滲入與演變，從而促成媽祖身世故事內蘊著許多的民俗思維與文化意涵。關於媽祖身世故事，想來早期必然存在各種詮釋的敘事，口傳文學也應該是豐富而多元的，然而大多數的口傳敘事難以完整的流傳、保存，因此現今探究媽祖身世故事的發展軌跡，大多只能從一些散記、雜錄媽祖信仰的古今文獻以及相關方志、筆記來發現一些各時期的敘事面貌或故事梗概，以見媽祖信仰的身世故事之發展大概。下述，筆者以各時代為序來闡述媽祖身世故事的發展：

---

1 金榮華先生認為在故事情節的分析方面，是把故事裡每一個敘事完整而不能再細分的情節作為一個單元，名之為「情節單元」（西方稱之為motif，舊譯作「母題」）。

2 〔美〕斯蒂·湯普森著、鄭海等譯校：《世界民間故事分類學》（上海：上海文藝出版社，1991年），頁499。

一、宋代媽祖身世故事的發展

關於媽祖的生平記事，南宋·廖鵬飛則寫了一篇〈聖墩祖廟重建順濟廟記〉，這篇廟記，從目前發現的資料來看，是有關媽祖信仰起源的最早記載，時間就在南宋紹興20年（1150），後世記載於《白塘李氏宗譜》：

> 墩上之神，有尊而嚴者曰王，有哲而少者曰郎，不知始自何代，獨為女神人壯者尤靈，世傳通天神女也。姓林氏，湄洲嶼人，初以巫祝為事，能預知人禍福；既歿，眾為立廟於本嶼。[3]

廖鵬飛〈聖墩祖廟重建順濟廟記〉一文點出了媽祖身世的幾種線索，其一是湄洲嶼人，其二是初以巫祝為事，能預知人禍福；其三是歿後，眾為立廟於本嶼，並傳為以「神女」謂之。在此，廖鵬飛道出並確定了媽祖「以巫祝的事」這個重要的歷史事實，可謂南宋諸家記載媽祖身世之所本。[4]廖鵬飛稱其「初以巫祝為事，能預知人禍福」，媽祖因此生前靈力的傳揚而促成其歿後衍為神女，顯見媽祖信仰貼合漢人民間信仰「有靈即興」的信仰型態。

宋代是媽祖信仰發軔時期，媽祖在這一時期的身世究竟為何？除了廖鵬飛〈聖墩祖廟重建順濟廟記〉外，其後尚有幾種載錄媽祖身世傳說的文本，主要記錄如下：

（一）李俊甫著《莆田比事》，約莫完成於南宋寧宗嘉定7年（1214），其文：湄洲神女林氏，生而神靈，能言人休咎。死，廟食焉。[5]

（二）丁伯桂（1171—1237）作〈順濟聖妃廟記〉，約莫完成於南宋理宗戊子年夏(1228)，其文：神莆陽湄洲林氏女，少能言人禍福，歿廟祀之，號通賢神女，或曰龍女也。……莆人戶祠之，若鄉若里，悉有祠，所謂湄洲、聖堆、白湖、江口特其大者爾。[6]

（三）黃嚴孫纂修《（寶佑）仙溪志》，約莫成書於南宋嘉佑5年（1257），其文：順濟廟，本湄洲林氏女。為巫，能知人禍福，歿而人祠之。[7]

（四）李丑父（1194—1267）作〈靈惠妃廟記〉，約莫完成於南宋開慶元年（1259），其文：妃林氏，生於莆之海上湄洲，洲之土皆紫色，先咸曰必出異人。[8]

從〈聖墩祖廟重建順濟廟記〉、《莆田比事》、〈順濟聖妃廟記〉、《（寶佑）仙溪志》、〈靈惠妃廟記〉之說，宋代所流傳的媽祖身世故事的重心有：

---

3 廖鵬飛：〈聖墩祖廟重建順濟廟記〉，收入《媽祖文獻史料彙編（第一輯）碑記卷》（北京：中國檔案出版社，2007年10月），頁1。

4 吳國平：《辦香湄洲》（福州：海潮攝影藝術出版社，2003年9月），頁60。

5 李俊甫：《莆陽比事》，收入《媽祖文獻史料彙編（第一輯）散文卷》（北京：中國檔案出版社，2007年10月），頁3。

6 丁伯桂：〈順濟聖妃廟記〉，收入《媽祖文獻史料彙編（第一輯）碑記卷》，頁2—3。

7 黃嚴孫纂修：《寶佑仙溪志》卷九，

8 李丑父：〈靈惠妃廟記〉，收入《媽祖文獻史料彙編（第一輯）碑記卷》，頁4。

媽祖歷來多傳生於莆田湄洲。

（一）媽祖家世出身：各則關於媽祖的出身皆言為莆田湄洲人，顯見媽祖為莆田湄洲人在宋代已是普遍的認知。至於媽祖的出身為何？現存最早的文獻紀錄為廖鵬飛〈聖墩祖廟重建順濟廟記〉，該文指出「初以巫祝為事」，不過隨著媽祖信仰從雜祠淫祀趨於獲得官民認同的正祀正神之發展[9]，媽祖為「巫」的敘事有淡化的趨勢，因此媽祖從巫到神的轉化過程中出現了神女、以至於仙人異士降生的說法，丁伯桂〈順濟聖妃廟記〉更是直指媽祖為通賢神女、龍女。黃嚴孫纂修《（寶佑）仙溪志》首次提到了媽祖的父母：「神父林願，母王氏，廟號佑德。寶佑元年（1275），王教授裡請于朝，父封積慶侯，母封顯慶夫人。」[10]

（二）媽祖展現靈力：廖鵬飛〈聖墩祖廟重建順濟廟記〉言「能預知人禍福」、李俊甫《莆田比事》言「能言人休咎」、丁伯桂〈順濟聖妃廟記〉言「少能言人禍福」、黃嚴孫纂《（寶佑）仙溪志》言「能知人禍福」等皆言媽祖生前具有預知人禍福的靈力，此等靈力的敘事當與「巫」身份相契而來。

9 參見皮慶生：〈宋人的正祀、淫祀觀〉，《東嶽論叢》，2005年4期，頁25－35。該文指出「正祀」與「淫祀」是歷史上討論民眾祠神信仰合法性時最常用的一對概念，合法者為「正」，非法者即「淫」。至於正祀，即獲得官方承認的祠祀。在宋代正祀、朝廷的賜額、封號政策，這是確認「正祀」即合法神祠，得到官方承認的過程。

10 黃嚴孫纂修：《寶佑仙溪志》卷九。

（三）成為人類趨吉避難的希望：出現一些海上救渡、禱雨濟民等事蹟。

（四）逝後成神：媽祖因預知人禍福的能力獲得認同，因此死後被奉祀成神。

大抵而言，宋代媽祖身事故事的敘事大抵以廖鵬飛〈聖墩祖廟重建順濟廟記〉為基礎，由媽祖巫的身份、媽祖展現預知人禍福的靈力、媽祖逝後獲祀成神三個敘事重心構成。廖鵬飛〈聖墩祖廟重建順濟廟記〉之後，這三個敘事重心隨著媽祖從雜祠淫祀之流走向官方認同的正神正祀之列，媽祖身世敘事起來一些變化，伴隨著媽祖從巫到神的發展趨勢，〈聖墩祖廟重建順濟廟記〉後的百餘年，李丑父〈靈惠妃廟記〉言媽祖生之時「土皆紫色」、「必出異人」具有提升媽祖神性的意蘊，媽祖從人、巫到神的發展過程中，異於凡人的身世之塑造也在南宋開始發展開來，衍生非常態的降生（降生異象）的相關母題。此外，丁伯桂〈順濟聖妃廟記〉載「少能言人禍福」一語也為後世詮釋衍化媽祖「童年階段初露鋒芒或異於凡人的能力」留下了故事發展的基礎。

整體而言，南宋時期是媽祖信仰的發軔期，媽祖信仰從巫到神，稱號為夫人、神女。在媽祖身世故事的發展上，媽祖非常態的降生（降生異象）、童年階段初露鋒芒或異於凡人的能力、展現靈力、逝後或昇天成神等母題情節也初步建構，由之促成日後的傳衍發展。

二、元代媽祖身世故事的發展

到了元代，媽祖的身世背景依承著宋代的身世傳說而來，並產生一些衍化。綜覽元代媽祖信仰，媽祖神格已由夫人、神女晉升至天妃，關於媽祖身世生平事蹟的記事大抵承續宋代媽祖敘事而來，其中較為重要者有三：

（一）元·黃四如（1231－1312）〈聖墩順濟祖廟新建蕃釐殿記〉：「按舊記，妃族林氏，湄洲故家有祠，即姑射神人之處子也。泉南、楚越、淮浙、川峽、海島，在在奉嘗；即補陀大士之千億化身也。」[11]

（二）元·程端學（1278－1334）〈靈濟廟事蹟記〉：「神姓林氏，興化莆田都巡君之季女。生而神異，能力拯人患難，室居未三十而卒。宋元祐間，邑人祠之。」[12]

（三）元·張翥（1287－1368）〈天妃廟序〉：「天妃其海嶽之氣，形而至神者乎？故始生而地變紫，幼而通悟秘法，長而席海以行，逝而見夢以祠。」[13]

從上述三則媽祖身世敘事來加以分析，元代媽祖身世故事在承續間也有所衍化與拓展，大致來說，元代媽祖身世敘事的內容主要可以分為幾個部分：

11 黃四如：〈聖墩順濟祖廟新建蕃釐殿記〉，收入《媽祖文獻史料彙編（第一輯）碑記卷》，頁10。
12 程端學：〈靈濟廟事蹟記〉，收入《媽祖文獻史料彙編（第一輯）碑記卷》，頁19。
13 張翥：〈天妃廟序〉，收入《媽祖文獻史料彙編（第一輯）散文卷》，頁14。

元代已有媽祖已有為觀音大士化身之說。

（一）媽祖家世出身：媽祖的出身普遍認為是莆田湄洲人。隨著媽祖神格的提升，信眾對於其信仰對象賦予更高貴的形象或出身，因而媽祖巫的身份已未見提及，出身從從巫、民女轉為官宦之女，如程端學（〈靈濟廟事蹟記〉言「神姓林氏，興化莆田都巡君之季女。」則將媽祖身世背景進一步的詮釋為官宦名門之後，媽祖父親為興化莆田都巡君。元代關於媽祖身世背景的衍化敘事最重要的莫過於媽祖與觀音大士的疊合，黃四如〈聖墩順濟祖廟新建蕃釐殿記〉言「即補陀大士之千億化身也」，指出媽祖為「補陀大士之千億化身」，此一敘事反映至遲媽祖在元代已與觀音大士在神性上有所聯繫。

（二）非常態的降生：張翥〈天妃廟序〉言「生而地變紫」，大抵承續宋代李丑父〈靈惠妃廟記〉言媽祖生之時「土皆紫色」、「必出異人」的敘事而來。從而可見，媽祖非常態的降生－降生異象已經逐漸衍為媽祖身世故事的一環。

（三）童年階段初露鋒芒或異於凡人的能力：張翥〈天妃廟序〉言「幼而通悟秘法」解釋了媽祖童年即已展現不同凡人的能力，「通悟秘法」母題也留給後世信眾傳衍媽祖成長與神性養成的基礎。

（四）不惹塵俗的處子：相較於宋代，元代關於媽祖身世故事的敘事新添了「不惹塵俗的處子」母題，黃四如〈聖墩順濟祖廟新建蕃釐殿記〉言「即姑射神人之處子也」，《莊子・逍遙遊》：「藐姑射之山，有神人居焉，肌膚若冰雪，淖約若處子。」後世雖泛指姑射神人之處子後為美貌女子，然此敘事的重點為媽祖未適人來顯其不沾染塵俗。其後，程端學（〈靈濟廟事蹟記〉言「室居未三十而卒」，媽祖身世故事從元代開始刻意凸顯媽祖為處子的絕俗形象。

（五）媽祖展現靈力：相較於宋代僅言媽祖具有「預知人禍福」的能力，元代關於媽祖展現靈力的敘事更加具體，程端學〈靈濟廟事蹟記〉言「生而神異，能力拯人患難」，張翥〈天妃廟序〉言「席海以行」的生前之靈異能力呼應了媽祖衍為海神的發展。

（六）成為人類趨吉避難的希望：傳衍海上救渡、禱雨濟民等事蹟。

（七）逝後成神：大抵延續宋代媽祖歿而人祠之的敘事，如程端學〈靈濟廟事蹟記〉言「室居未三十而卒。宋元祐間，邑人祠之。」。不過，張翥〈天妃廟序〉言「逝而見夢以祠」，托夢建祠的敘事在宋代已經開展，由之發展成為媽祖信仰常見的靈應故事類型。

相較於宋代媽祖身世故事由媽祖巫的身份、媽祖展現預知人禍福的靈力、媽祖逝後獲祀成神等三個敘事重心構成。元代媽祖身世故事則有所承續與演變，主要有：一、媽祖身世出身已由巫、民女轉為官宦世族之後；二、媽祖與觀音大士產生鏈結，衍生出媽祖為觀音大士降生之說；三、非常態的降生（降生異象與童年階段初露鋒芒或異於凡人的能力等母題已經承續宋代而穩定的傳衍；四、衍生新的母題：不惹塵俗的處子；五、媽祖展現靈力的母題出現「席海以行」的靈異能力；六、媽祖逝後成神的母題出現托夢建祠

媽祖遇風浪乘槎掛席。(圖像來源:許葉珍匯輯《天后聖母事蹟圖志》)

的敘事。大抵而言,元代關於媽祖身世故事的敘事,除了依循宋代媽祖身世故事的基礎外,伴隨著媽祖神性、神格的發展,元代媽祖身世故事多以強化媽祖的神聖形象而演化媽祖身世的相關情節敘事,媽祖身世故事在宋代:官宦世族之女+媽祖非常態的降生(降生異象)+童年階段初露鋒芒或異於凡人的能力+展現靈力+成為人類趨吉避難的希望+逝後或昇天成神等母題情節的組合基礎下,拓衍成為:非常態的降生(降生異象)+童年階段初露鋒芒或異於凡人的能力+不惹塵俗的處子+展現靈力(席海以行)+成為人類趨吉避難的希望+逝後或昇天成神(托夢建祠)等母題情節的組合。

三、明代媽祖身世故事的發展

明代初期迄於萬曆前期，媽祖的身世故事大抵依循宋元二朝的敘事基礎而傳衍，下述略舉幾則關於述及媽祖身世的紀事：

（一）明·郎瑛（1487—1566）〈天妃顯應〉：天妃，莆田林氏都巡君之季女，幼契玄理，預知禍福，在室三十年。宋元祐間，遂有顯應，立祠於州里。[14]

（二）明·朱淛（1486—1552）〈天妃辯〉：宋元間，吾莆海上黃螺港林氏之女，及笄蹈海而卒，俚語好怪，傳以為神。……而天妃以女身獨存，又云顯跡海上，故海人尤尊事之。[15]

（三）明·謝傑（約1545—1605）〈敬神〉：航海水神，天妃最著。天妃者，莆陽人，生於五代，封於永樂間。以處子得道，以西洋顯跡。莆人泛海者輒呼為「姑娘」，蓋親之也。[16]

從這三則載有媽祖身世、生平事蹟的紀事看來，可以略見明代前期媽祖身世故事大抵不出宋元時期的敘事內容，比較值得注意的是朱淛〈天妃辯〉言媽祖「及笄蹈海而卒」，媽祖的死亡首度出現了蹈海而卒的說法，媽祖投海而亡的情節敘事也在日後媽祖身世的傳說中開展。除了「蹈海而卒」的母題外，相較於前朝，明代萬曆年間以前媽祖身世故事的傳衍並沒有什麼太大的變化。迄於明代後期《三教源流搜神大全·天妃娘娘》的出現，媽祖身世故事才出現較大的衍化，媽祖身世故事終於趨於完整而有系統。

關於媽祖身世傳說的衍化，《三教源流搜神大全·天妃娘娘》被視為是相當重要而且甚早的媽祖傳記。明萬曆年間（1602前成書）編印的《三教源流搜神大全·天妃娘娘》：

> 妃，林姓，舊在興化路寧海鎮，即莆田縣治八十里濱海湄洲地也。母陳氏，嘗夢南海觀音與優鉢花，吞之已而孕。十四月始免身得妃，以唐天寶元年（742）三月二十三日誕。誕之日異香聞里許，經旬不散。幼而穎異，甫周歲，在繈褓中見諸神像，叉手作欲拜狀。五歲能誦《觀音經》，十一歲能婆娑按節樂神，如會稽吳望子、蔣子文事。然以衣冠族，不欲得此聲於里閈間，即妃亦且韜跡用晦，櫛沐自嗛而已。兄弟四人，業商，往來海島間。忽一日，妃手足若有所失，瞑目移時，父母以為暴風疾，急呼之，妃醒而悔曰：「何不使我保全兄弟無恙乎？」父母不解其意，亦不之問。暨兄弟贏勝而歸，哭言前三日颶風大作，巨浪接天，弟兄各異船，其長兄飄沒水中耳。且各言當風作之時，見一女子牽五兩（舡篷桅索也）而行，渡波濤若平地。父母始知妃向之瞑目，乃出元神救兄弟也。其長兄不得救者，以其呼之疾而神不及護也。恨無及。年及笄，誓不適人，即父母亦不敢強其醮。居無何，儼然端坐而逝，芳香聞數里，亦猶誕之日焉。[17]

---

14 郎瑛：〈天妃顯應〉，收入《媽祖文獻史料彙編（第一輯）散文卷》，頁37。

15 朱淛：〈天妃辯〉，收入《媽祖文獻史料彙編（第一輯）散文卷》，頁33。

16 謝傑：〈敬神〉，收入自《媽祖文獻史料彙編（第一輯）散文卷》，頁51。

17 《三教源流搜神大全·天妃娘娘》，收入《媽祖文獻史料彙編（第一輯）散文卷》，頁55。

《繪圖三教源流搜神大全》「天妃娘娘」。

相較於前期，《三教源流搜神大全·天妃娘娘》強化媽祖的形象，從而衍化若干的媽祖身世背景，重要敘事的母題有：

（一）非常態的降生（異孕而生、降生異象）

1.媽祖異孕而生：母陳氏，嘗夢南海觀音與優缽花，吞之已而孕。十四月始免身得妃。

2.降生異象：以唐天寶元年三月二十三日誕。誕之日異香聞裡許，經旬不散。

（二）童年階段初露鋒芒或異於凡人的能力：1.幼而穎異，甫周歲，在繈褓中見諸神像，叉手作欲拜狀。2.十一歲能婆娑按節樂神，如會稽吳望子、蔣子文事。

（三）成長與神性養成（神助以及佛道涵養）五歲能誦《觀音經》，十一歲能婆娑按節樂神，如會稽吳望子、蔣子文事。然以衣冠族，不欲得此聲於裡閈間，即妃亦且韜跡用晦，櫛沐自嗛而已。

（四）展現靈力、成長時期的挫折：忽一日，妃手足若有所失，瞑目移時，父母以為暴風疾，急呼之，妃醒而悔日：「何不使我保全兄弟無恙乎？」父母不解其意，亦不之問。暨兄弟贏勝而歸，哭言前三日颶風大作，巨浪接天，弟兄各異船，其長兄飄沒水中耳。且各言當風作之時，見一女子牽舡篷桅索而行，渡波濤若平地。父母始知妃向之瞑目，乃出元神救兄弟也。其長兄不得救者，以其呼之疾而神不及護也。恨無及。

（五）不惹塵俗的處子：年及笄，誓不適人，即父母亦不敢強其醮。

（六）逝後成神：居無何，儼然端坐而逝，芳香聞數里，亦猶誕之日焉。

整體而言，關於媽祖身世背景的敘事發展迄於明代《三教源流搜神大全·天妃娘娘》有了相當程度的拓衍。相較於宋、元二朝，《三教源流搜神大全·天妃娘娘》的敘事文本除了延續前期的敘事外，出現不少前期未見的情節敘事，主要為媽祖異孕而生（其母陳氏吞優缽花而孕）、成長時期的挫折（遊魂救兄失敗）都是前期未見的母題；其次是在既有的母題產生一些衍化，如媽祖神性養成（五歲能誦《觀音經》）、童年階段初露鋒芒或異於凡人的能力（周歲在繈褓中見諸神像作欲拜狀、十一歲能婆娑按節樂神等）、逝後成神（儼然端坐而逝），同時媽祖展現靈力也有事件細節的敘事。觀察媽祖身世故事發展，《三教源流搜神大全·天妃娘娘》堪稱是初步完成一套較完整的敘事系統，影響後世頗钜。

《三教源流搜神大全·天妃娘娘》後，明末時期關於媽祖身世故事的敘事內容大抵不出《三教源流搜神大全·天妃娘娘》的敘事框架，如明·費元祿（1575－1640）作於萬曆26年（1598）《甲秀園集·天妃廟碑》：

> 天妃林氏，本閩著姓也。舊在興化軍寧海鎮，即莆田縣治八十里濱海湄洲地也。妃稟純靈之精，懷神妙之慧，少能婆娑按節樂神，如會稽吳望子、蔣子文事。然以衣冠族，不欲得此聲於里閈間，絕跡櫛沐自嗛而已。居久之，儼然端坐而逝。芳香聞數里，頗有靈驗。[18]

費元祿《甲秀園集·天妃廟碑》的敘事可以說是依循《三教源流搜神大全·天妃娘娘》而來，相關的母題與敘事內容應是襲自《三教源流搜神大全·天妃娘娘》而來，由之可以略見《三教源流搜神大全·天妃娘娘》對於後世媽祖身世故事的傳播有著相當的影響。相較於《三教源流搜神大全·天妃娘娘》，明末時期張燮（1574－1640）《東西洋考》成書於萬曆45年（1617），該書云：

18 費元祿：《甲秀園集·天妃廟碑》，收入自《媽祖文獻史料彙編（第一輯）散文卷》，頁75。

> 天妃，世居莆之湄洲嶼，五代閩王時都巡檢林願之第六女也。母王氏。妃生於宋元佑八年（1093，一云太平興國四年）三月二十三日，始生而地變紫，有祥光異香。幼時通悟秘法，預談休咎，無不奇中。鄉民以疾告，輒愈。長能坐席亂流而濟，人呼神女，或曰龍女。雍熙四年（987）二月十九日昇化（一云景德三年十月初十日），蓋是時妃年三十餘矣。[19]

張燮《東西洋考》言「雍熙四年二月十九日昇化」，是現存文獻中最早提出「升化成神」敘事文本之一，其後媽祖飛升成神之說漸為主流。

統整而言，明代媽祖身世故事的發展迄於《三教源流搜神大全·天妃娘娘》的出現而進入另一個里程碑，明代後期媽祖身世故事故事加入非常態的降生（異孕而生）、成長時期的挫折（遊魂救親）、逝後或昇天成神（蹈海而卒、端坐而逝、昇化）等母題，媽祖身世故事的情節衍為：官宦世族之女＋非常態的降生（異孕而生、降生異象）＋童年階段初露鋒芒或異於凡人的能力＋成長與神性養成＋不惹塵俗的處子＋成長時期的挫折＋展現靈力＋成為人類趨吉避難的希望＋逝後或昇天成神等母題情節的組合。媽祖身世故事發展至此，主要的母題已初步建構完成，並對清代媽祖身世故事產生偌大的影響。

四、清代以降媽祖身世故事的發展

媽祖身世傳說到了《三教源流搜神大全》有了初步而完整的建構，至於媽祖身世故事的完備則要屬明末清初梓行的《天妃顯聖錄》。

《天妃顯聖錄》第一次梓行仍奉明朝正朔，第二次梓行於鄭克塽降清後不久，第三次梓行於清雍正年間，記載媽祖誕降本傳及其後顯聖事蹟，是掌握清代初期以前媽祖靈應故事的珍寶。[20]《天妃顯聖錄》輯於明末清初，林堯俞（約1560－1628）、林蘭友（1594－1659）二人倡其始，康熙年間由丘人龍編次，湄洲僧照乘梓行。《天妃顯聖錄》主要內容包含：歷朝顯聖褒封二十四命、歷朝褒封致祭詔誥、天妃降誕本傳、靈應事蹟等四個部分。〈天妃降誕本傳〉記載媽祖家世及降生、成長、行道、飛升等過程，成為後世普遍認同的媽祖身世故事，因著《天妃顯聖錄》的流傳，有關媽祖身世的說法也有較為一致的說法。《天妃顯聖錄·天妃降誕本傳》載：

> 天妃，莆林氏女也。始祖唐林披公，生子九，俱賢。當憲宗時，九人各授州刺史，號九牧。林氏曾祖保吉公，乃邵州刺史蘊公六世孫州牧圉公子也，五代周顯德中為統軍兵馬使。時劉崇自立為北漢，周世宗命都點檢趙匡胤戰於高平山，保吉與有功焉。棄官

---

19 張燮：《東西洋考》，收入《媽祖文獻史料彙編（第二輯）史摘卷》（北京：中國檔案出版社，2009年10月），頁35。

20 參見蔡相輝：《媽祖信仰研究》（台北：秀威資訊科技，2006年），頁187。

林堯俞倡編《天妃顯聖錄》有功，湄洲祖廟陪祀其神靈。

而歸，隱於莆之湄洲嶼。子孚承襲世勳，為福建總管。孚子惟慤諱願，為都巡官，即妃父也。娶王氏，生男一，名洪毅，女六，妃其第六乳也。二人陰行善，樂施濟，敬祀觀音大士。父年四旬餘，每念一子單弱，朝夕焚香祝天，願得哲胤為宗支慶。歲己未（周世宗顯德六年、959）夏六月望日，齋戒慶讚大士，當空禱拜曰：『某夫婦兢兢自持，修德好施，非敢有妄求，惟冀上天鑒茲至誠，早錫佳兒，以光宗祧』！是夜王氏夢大士告之曰：『爾家世敦善行，上帝式佑』。乃出丸藥示之云：『服此當得慈濟之貺』。既寤，歆歆然如有所感，遂娠。二人私喜曰：『天必錫我賢嗣矣』！

越次年，宋太祖建隆元年庚申（960），三月二十三日方夕，見一道紅光從西北射室中，晶輝奪目，異香氤氳不散。俄而王氏腹震，即誕妃於寢室。里鄰咸以為異。父母大失所望，然因其生奇，甚愛之。自始生至彌月，不聞啼聲，因命名曰「默」。幼而聰穎，不類諸女。甫八歲，從塾師訓讀，悉解文義。十歲餘，喜淨幾焚香，誦經禮佛，旦暮未嘗少懈。婉孌季女，儼然窈窕儀型。十三歲時，有老道士玄通者往來其家，妃樂捨之。道士曰：『若具佛性，應得渡人正果』。乃授妃玄微秘法。妃受之，悉悟諸要典。十六歲，窺井得符，遂靈通變化，驅邪救世，屢顯神異。常駕雲飛渡大海，眾號曰「通賢靈女」。越十三載，道成，白日飛昇；時宋雍熙四年丁亥（987）秋九月重九日也。[21]

《天妃顯聖錄》堪稱是歷來媽祖身世傳說的大整合，除了歷來媽祖身世敘事的傳承外，同時也更進一步地詮釋與衍化相關情節單元。關於〈天妃降誕本傳〉所述的媽祖身世大致類同於《三教源流搜神大全·天妃娘娘》，兩者間存有傳衍的痕跡；相較於《三教源流搜神大全·天妃娘娘》，《天妃顯聖錄》關於媽祖身世故事的傳承與衍化大致如下：

表2—1：《三教源流搜神大全·天妃娘娘》與《天妃顯聖錄》關於媽祖身世故事的比較：

母題	《三教源流搜神大全·天妃娘娘》	《天妃顯聖錄》	衍化情形
媽祖家世		天妃，莆林氏女也。始祖唐林披公，……棄官而歸，隱於莆之湄洲嶼。子孚承襲世勳，為福建總管。孚子惟慤諱願，為都巡官，即妃父也。娶王氏，生男一，名洪毅，女六，妃其第六乳也。	《天妃顯聖錄》承衍前期其他關於媽祖父母親皆有錫命之類的敘事，更進一步地建構媽祖有顯赫的家世淵源。
異孕而生	母陳氏，嘗夢南海觀音與優缽花，吞之已而孕。十四月始免身得妃。	是夜王氏夢大士告之曰：『爾家世敦善行，上帝式佑』。乃出丸藥示之云：『服此當得慈濟之貺』。既寤，歆歆然如有所感，遂娠。	《天妃顯聖錄》承衍《三教源流搜神大全》等文本，敘述媽祖異於凡人的化孕以及其與觀音大士的關係。
降生異象	以唐天寶元年三月二十三日誕。誕之日異香聞里許，經旬不散。	宋太祖建隆元年庚申（960），三月二十三日方夕，見一道紅光從西北射室中，晶輝奪目，異香氤氳不散。俄而王氏腹震，即誕妃於寢室。	《天妃顯聖錄》承衍《三教源流搜神大全》等文本關於媽祖降生異象的敘事。
異於常人的異貌異相		自始生至彌月，不聞啼聲，因命名曰『默』。	《天妃顯聖錄》衍生新的情節－「異於常人的異貌異相」，成為媽祖姓名源流。
童年階段初露鋒芒或異於凡人的能力	1.幼而穎異，甫周歲，在繈褓中見諸神像，叉手作欲拜狀。2.十一歲能婆娑按節樂神，如會稽吳望子、蔣子文事。	幼而聰穎，不類諸女。	

21 林堯俞供稿、釋照乘等修訂刊佈：《天妃顯聖錄·天妃降誕本傳》，收入《媽祖文獻史料彙編（第二輯）著錄卷·上編》（北京：中國檔案出版社，2009年10月），頁87。

媽祖成長與神性養成	五歲能誦《觀音經》，十一歲能婆娑按節樂神，如會稽吳望子、蔣子文事。然以衣冠族，不欲得此聲於里閈間，即妃亦且韜跡用晦，櫛沐自嗛而已。	甫八歲，從塾師訓讀，悉解文義。十歲餘，喜淨幾焚香，誦經禮佛，旦暮未嘗少懈。婉孌季女，儼然窈窕儀型。十三歲時，有老道士玄通者往來其家，妃樂捨之。道士曰：『若具佛性，應得渡人正果』。乃授妃玄微秘法。妃受之，悉悟諸要典。十六歲，窺井得符，遂靈通變化，	《天妃顯聖錄》承衍《三教源流搜神大全》等文本，媽祖自幼天份很高，天生自有佛性，並加入新的情節－媽祖獲得神佛的啟悟與傳授法術
不惹塵俗的處子	年及笄，誓不適人，即父母亦不敢強其醮。		《天妃顯聖錄》承衍前期媽祖為處子之敘事。
成長時期的挫折	父母始知妃向之瞑目，乃出元神救兄弟也。其長兄不得救者，以其呼之疾而神不及護也。恨無及。	天妃誕降本傳以下臚列媽祖生前靈異事蹟：機上救親。	
展現靈力	且各言當風作之時，見一女子牽五兩（舡篷桅索也）而行，渡波濤若平地。父母始知妃向之瞑目，乃出元神救兄弟也。	驅邪救世，屢顯神異。常駕雲飛渡大海，眾號曰『通賢靈女』。	天妃誕降本傳以下逐目臚列媽祖生前靈異事蹟：掛席泛槎、鐵馬渡江、降伏二神、伏晏公、靈符回生、伏高裡鬼等篇敘述媽祖獲得仙佛的傳授靈力，已能施展不凡的本領。
成為人類趨吉避難的希望		天妃誕降本傳以下臚列媽祖生前靈異事蹟：化草渡商、禱雨濟民、奉旨鎖龍等皆是媽祖展現靈力行道救世的生前的傳說。	《天妃顯聖錄》經由媽祖救世靈蹟，彰顯成為信眾祈求趨吉避禍的對象。
海之守護者的權威		天妃誕降本傳以下臚列媽祖生前靈異事蹟：龍王來朝的生前的傳說。	《天妃顯聖錄》經由水族朝聖來彰顯媽祖作為海之守護者的權威。
逝後或昇天成神	居無何，儼然端坐而逝，芳香聞數里，亦猶誕之日焉。	越十三載，道成，白日飛昇；時宋雍熙四年丁亥（987）秋九月重九日也。	《天妃顯聖錄》關於媽祖由人成神的過渡已從歿、端作而逝等衍為是羽化昇天成神（非死亡），與張燮《東西洋考》「昇化」之說同。

資料來源：筆者整理。

《天妃顯聖錄》關於媽祖的身世故事大抵依循《三教源流搜神大全．天妃娘娘》而來，並滲入衍化新的情節，具有承先啟後的意義，堪稱是第一部有系統整理媽祖傳說故事的書籍。相較於《三教源流搜神大全．天妃娘娘》，《天妃顯聖錄》關於媽祖身世故事在相關母題上除了未在前期既有的「不惹塵俗的處子」母題上有所鋪陳外，幾乎已經納入前期媽祖身世故事的主要情節敘事，並加入了異於常人的異貌異相（彌月不啼）、海之守護者的權威（經由水族朝聖來彰顯媽祖作為海之守護者的權威），從而媽祖身世故事的情節衍為：官宦世族之女＋非常態的降生（異孕而生、降生異象）＋異於常人的異貌異相＋童年階段初露鋒芒或異於凡人的能力＋成長與神性養成＋不惹塵俗的處子＋成長時期的挫折＋展現靈力＋成為人類趨吉避難的希望＋海之守護者的權威＋逝後或昇天成神等母題情節的組合。

《天妃顯聖錄》的成書與流傳促成了媽祖信仰在民間的神職屬性與形象有了明確的詮釋，明末清初以降媽祖信仰的身平事蹟之詮釋也多本《天妃顯聖錄》而傳衍。或可言之，媽祖身世故事的傳衍迄於《天妃顯聖錄》的事跡著錄而大致完成，此後媽祖身世故事的發展多在其基礎下而衍化。《天妃顯聖錄》為媽祖建構一套完整的身世傳說，為後世談及媽祖身世所依的祖本，其後《天后顯聖錄》、《昭應錄》、《敕封天后志》以及志書文本大抵多依《天妃顯聖錄》而來。如清乾隆43年（1770）莆田舉人林清標所輯《敕封天后志》：

> 孚子惟愨為都巡官，即妃父也。娶王氏，生一男名洪毅，女六，妃其第六女也。二人陰行善，樂施濟敬祀觀音大士，父年四旬餘。每念一子單弱，朝夕焚香祝天，願得哲嗣為宗支慶，歲己未夏六月望日，齋戒慶贊大士，當空禱拜曰：某夫婦兢兢自持，修德好施，非敢有妄求，惟冀上天鑒茲至誠，早賜佳兒，以光宗祧。是夜王氏夢大士告之曰：爾家世敦善行，上帝式佑，乃出丸藥示之云。遂娠。二人私喜曰，天必賜我賢嗣矣！越次年，宋太祖建隆元年庚申（960），三月廿三日，方夕，見一道紅光，從西北射室中，晶輝奪目，馥香氤氳不散，俄而王氏腹震，即誕妃於寢室。里鄰咸以為異，父母大失所望，然因其生奇，甚愛之，自生至彌月，不聞啼聲，因命名曰默。幼而聰穎，不類諸女。甫八歲，從塾師訓讀，悉解文義。十歲餘喜淨几焚香，誦經禮佛，旦暮未嘗少懈，婉孌季女，儼然窈窕儀型。十三歲時有老道士玄通者來其家，妃樂舍之，道士曰：若具佛性，應得渡入正果。乃授妃玄微秘法，妃受之，悉悟諸要典。十六歲，窺井得符，遂靈通變化，驅邪救世，屢顯神異，常駕雲飛渡大海，眾號通賢靈女。越十三載道成，別家人到湄洲嶼，白日飛升，時宋雍熙四年丁亥（987）秋九月重九日也。[22]

林清標所輯《敕封天后志》的媽祖的身世故事依隨《天妃顯聖錄》的相關敘事而穩定傳衍，後世關於媽祖故事內容常以《敕封天后志》輯錄的傳說為藍本，是媽祖故事流傳較廣的文本。再見清·佚名《天上聖母源流因果》，本書共五十一章，前二十章是媽祖生平

22 林清標：《敕封天后志》，收入《媽祖文獻史料彙編（第二輯）著錄卷·上編》，頁193。

媽祖降生。(圖像來源:仙遊楓塘宮藏《天后顯聖故事圖軸》)

事蹟：第一章求佳兒大士賜丸；第二章聞異香我後降世；第三章遇道人秘傳玄訣；第四章窺古井喜得靈符；第五章運神機停梭救父；第六章聞疾呼失柁哭兄；第七章資民食瀉油生菜；第八章渡滄海指席為 帆；第九章救舟人小草成杉；第十章解旱災甘霖沛野；第十一章策鐵馬代楫渡江；第十二章收神將演咒施法；第十三章率水族龍子來朝；第十四章投法繩晏公歸部；第十五章莆田尹求符救疫；第十六章高裡鬼現相投誠；第十七章逐雙龍春夏雨止；第十八章驅二孛南北津通；第十九章破魔道二嘉伏地；第二十章證仙班九日昇天。[23]從而可以發現《敕封天后志》、《天上聖母源流因果》等幾乎都是本於《天妃顯聖錄》而編輯傳寫，因此大致的情節敘事幾乎類同於《天妃顯聖錄》所記。再見清代二則述及媽祖身世故事較為詳細的散文記事，清·程順則（1663—1734）〈天妃靈應紀略〉：

> 天妃神姓林，世居福建興化府莆田縣湄洲嶼。五代閩王時，都巡檢林公諱願字惟慤之第六女也，母王氏。宋太祖建隆元年庚申（960）三月二十三日，誕妃於寢室。時有祥光異香繞室，父母因其生奇甚愛之。自始生至彌月，不聞啼聲因命名曰默。幼而聰穎，不類諸女。甫八歲，從塾師訓讀，悉解文義。自十歲後，常喜淨幾，焚香誦經，旦暮未嘗少懈。十三歲時，有老道士玄通者，授妃「玄微秘法」，妃愛之，悉悟諸要典。十六歲，窺井得銅符，遂靈通變化，驅邪救世。且機上救親，掛蓆渡江，降伏二神（順風耳、千里眼），而皈正教。屢因顯著神異，眾號曰「通賢靈女」。二十八歲，道成，白日飛昇，昔太宗雍熙四年丁亥（987）秋重九日也。[24]

清·陳池養（1788—1859）《湄洲嶼誌略·孝女事實》：

> 林孝女系出莆田唐邵州刺史蘊九世孫。曾祖保吉，周顯中為統軍兵馬使，棄官歸隱湄嶼。祖孚，襲而為福建總管。父惟慤(一作願)，為宋都巡官。孝女次六，其季也。生彌月不啼，因名曰默。八歲從塾師讀，悉解文義，喜育經禮佛。年十六，隨父兄渡海，西風甚急，狂濤怒撼，舟覆。孝女負父泅到岸，父竟無恙，而兄沒于水。又同嫂尋其兄之屍，遙望水族輳集，舟人戰慄，孝女戒勿憂，鼓枻而前，忽見兄屍浮水面，載之歸葬，遠近稱其孝女。嶼之西有曰門夾，石礁錯雜，有商船渡北遭風，舟人哀號求救。孝女謂人宜急拯，眾見風濤震盪不敢前，孝女自駕舟往救，商舟竟不沉。自是矢志不嫁，專以行善濟人為己任，尤多於水上救人。殆海濱之人習於水性，世因稱道其種種靈異，流傳不衰。裡人立祠祀之，號曰「通賢靈女」。厥後，廟宇遍天下，累膺封賜。而

---

23 《天上聖母源流因果》，收入《媽祖文獻史料彙編（第二輯）著錄卷·下編》，頁517—527。
24 程順則：〈天妃靈應紀略〉，收入《媽祖文獻史料彙編（第一輯）散文卷》，頁104。

誕天后瑞靄凝香。（圖像來源:許葉珍匯輯《天后聖母事蹟圖志》）

稱以夫人、妃、後後，實不當，惜當日禮官未檢正也。生於建隆元年（960）三月二十三日，卒於雍熙四年（987）九月九日，年二十八。[25]

此二則媽祖身世故事的敘事大致不脫《天妃顯聖錄》所建構的媽祖身世敘事，匯整此二則關於媽祖身世故事，大致的情節組成為：官宦世族之女（都巡檢林公諱願字惟愨之第六女也）＋非常態的降生（降生異象：祥光異香繞室）＋異於常人的異貌異相（彌月不啼）＋童年階段初露鋒芒或異於凡人的能力（幼而聰穎，不類諸女）＋成長與神性養成（

25 陳池養：《湄洲嶼誌略·孝女事實》，收入《媽祖文獻史料彙編（第一輯）散文卷》，頁171。

道士玄通授妃「玄微秘法」、窺井得銅符）＋不惹塵俗的處子（矢志不嫁）＋成長時期的挫折（遊魂救兄失敗）＋展現靈力（遂靈通變化、驅邪救世、掛蓆渡江、降伏二神）＋成為人類趨吉避難的希望（世因稱道其種種靈異，流傳不衰）＋逝後或昇天成神（白日飛昇）。

大體而言，清代以降媽祖身世故事的發展多依《天妃顯聖錄》的記錄而趨於穩定，媽祖身世的主要敘事並無太大的變化。主要的敘事母題與其敘事重心為：

（一）官宦世族之女：都巡檢之女。

（二）非常態的降生（異孕而生）：觀音大士賜藥丸而生。

（三）非常態的降生（降生異象）：異香繞室、紅光或紫光射室。

（四）異於常人的異貌異相：彌月不啼而名默。

（五）童年階段初露鋒芒或異於凡人的能力：幼而聰穎，不類諸女。

（六）成長與神性養成：誦《觀音經》、道士玄通授妃「玄微秘法」、窺井得銅符。

（七）不惹塵俗的處子：年及笄，誓不適人。

（八）成長時期的挫折：遊魂救兄或機上救親的失敗。

（九）展現靈力：席海以行、掛蓆渡江、降伏二神、降伏晏公等。

（十）成為人類趨吉避難的希望：海上救渡、禱雨濟民等。

（十一）海之守護者的權威：水族朝聖。

（十二）逝後或昇天成神：湄山飛昇。

大致說來，清初以降這十二種母題構成了媽祖身世故事的梗概，各種媽祖故事文本大多不離這十二種母題或敘事重心，其中（二）非常態的降生（異孕而生）：觀音大士賜藥丸而生；（六）成長與神性養成：誦《觀音經》、道士玄通授妃「玄微秘法」、窺井得銅符；（八）成長時期的挫折：機上救親；（九）展現靈力：席海以行、掛蓆渡江、降伏二神、降伏晏公等；（十）成為人類趨吉避難的希望：海上救渡、禱雨濟民等；（十二）逝後或昇天成神：湄山飛昇等六種更是大多數媽祖身世的敘事文本鋪陳的重心所在。

雖然清代以降媽祖身世故事大抵依循《天妃顯聖錄》而傳衍，大致情節單元多不離上述十二種母題，然而我們還是可以發現媽祖身世故事存在一些變異或演化的趨向，主要有四：

（一）媽祖家世出身

關於媽祖家世出身的敘事大致多為官宦世族之女，並由觀音大士賜藥丸而異孕生引領出媽祖為觀音大士的想像或傳述，然而宋．丁伯桂〈順濟聖妃廟記〉所言「龍女」說在後世仍有所傳衍，「龍女」說提供了信眾若干的想像空間與詮釋，因此產生了媽祖為龍王之女化身或觀音大士身旁之龍女化身而來的敘事情節，如元．劉遵魯《漠島記》：

> 海之半有山曰漢島，廟曰靈祥，神日顯應神妃，魯民相傳為東海廣德王第七女。元得江南凡二十載，糧運所過，無風濤之險，豈非神明有以助之也！[26]

此文指出元代山東一帶相傳媽祖為東海廣德王第七女。清代以降，隨著媽祖神性與觀音大士的密切結合，媽祖身世故事的敘事重心諸如非常態的降生（異孕而生）：觀音大士賜藥丸而生、成長與神性養成：誦《觀音經》等敘事多與觀音大士有關，因此關於媽祖身世故事除了媽祖由觀音大士異孕而生、媽祖與觀音具有師徒關係外，媽祖為觀音大士協侍龍女降生而來的敘事有頗流傳，如福建省莆田縣流傳一則〈媽祖出世〉的傳說：

> 龍女聽了，只好拜了觀音，同善財走出佛殿。龍女對善財說：「師父要我下凡，收伏妖魔，替天行道。只怕我成了凡間俗人，無法完成這個大業。」善財聽了說：「你安心去。到時，我會去凡間助你一臂之力。」再說，林夫人去觀音閣上香後就有孕了。又過了許多日，林夫人就要分娩了。府裡個個忙忙碌碌，大家都在等林夫人早生貴子口也是這一天，龍女到了下凡日子，就辭別觀音，同善財駕著雲霧，朝著林家飛去。一道紅光閃後，「轟隆」一聲如山崩。林家一個丫頭匆忙忙地對林願說：「夫人生了千金。」[27]

隨著媽祖與觀音大士信仰的疊合，媽祖為觀音大士協侍龍女降生的敘事成為媽祖身世故事衍化的一脈，至於龍王女兒的說法則較不普遍，有時則複合觀音大士協侍龍女而成，如唐世貴《媽祖傳奇》的媽祖為觀音大士協侍龍女降生而來，而龍女原為南海龍王的女兒。[28]大抵而言，清代以降媽祖身世故事出現不少的文本傳衍媽祖為觀音大士協侍龍女降生而來。

（二）不惹塵俗的處子

媽祖不惹塵俗的處子形象雖然內蘊著媽祖不受塵俗情愛所擾的民俗想像，符合成仙成佛的斷絕人世情愛之要求。然而在後世媽祖故事的傳衍過程中也出現一些反動，尤其飲食男女的庶民多不離情感的束縛，談情說愛向為小說戲劇等故事的敘事重心所在，因此後世也出現一些附會媽祖與其他男性神祇產生情感糾葛的敘事，媽祖甚至與保生大帝有婚約或與趙公明產生男女之情。如《中國民間故事全集：台灣民間故事集·媽祖婆與大道公》：

26 劉遵魯：《漢島記》，收入《媽祖文獻史料彙編（第一輯）碑記卷》，頁40。

27 中國民間文學集成全國編輯委員會：《中國民間故事集成·福建卷》（北京：中國ISBN中心，1998年12月），頁181。

28 參見唐世貴：《媽祖傳奇》（成都：巴蜀書社，2000年12月），頁12－40。

媽祖與保生大帝同為宋朝福建人士，信眾附會相戀之說。

> 媽祖與大道公，均是閩南人，還常常駕雲在中國南海岸與台灣上空巡觀，如果遇到颱風翻舶，或是瘟疫流行時，便下來救人。因此，他們也時常見面，而大道公看見媽祖貌美，竟然一見鍾情。
> 有一天，他們兩人在巡行中再度相遇，大道公就趁機向比他多二十歲的媽租求婚，但遭拒絕，並受到嚴厲的斥責，最後還力勸他不可亂動凡心。所以大道公一時非常生氣，但又怕媽祖把這事上奏玉皇大蒂，便不敢隨便發作。雖然如此，事後大道公卻常常尋機報復，以洩心頭之憤。[29]

林茂賢〈臺灣媽祖傳說及其本土化現象〉載錄一則關於媽祖與保生大帝的敘事，兩人甚至有婚約：

> 民間傳說大道公與媽祖婆原係一對戀人，當大道公迎娶的花轎抵達媽祖家中之時，媽祖見母羊生產之痛苦狀，萌生悔意，毅然退婚；大道公無故被拋棄，心有不甘，於是每當媽祖婆誕辰遶境時，就施法降雨意圖淋下媽祖臉上的脂粉，媽祖也不甘示弱，每逢保生大帝出巡時，即施法颳風吹落大道公頭上的帽子。因此民間有「大道公風，媽祖婆雨」的諺語，意謂大道公誕辰（農曆三月十五日）都會颳風，媽祖誕辰（農曆三月二十三日）就會下雨，顯示二人鬥法。[30]

這則傳說同樣傳述媽祖與保生大帝有婚約，後來媽祖悔婚不嫁，這樣的敘事在台灣是頗為流傳的。另外，唐世貴《媽祖傳奇》更指出媽祖與其他男神有情緣：

> 劉氏的兒子，其實是女媧娘娘的金童趙公明偷偷下凡轉世的。 趙公明與女媧娘娘一起參加了王母娘娘的蟠桃會，他在女媧娘娘身旁偷聽到了觀世音菩薩的龍女（投胎為媽祖）將下凡除妖一事，這又勾起了他對龍女的舊情。[31]

唐世貴《媽祖傳奇》言媽祖為龍女降生而來，趙公明愛慕龍女而降生為湄洲劉氏兒，並與媽祖有一段兩小無猜的互動。大抵而言，媽祖冰清玉潔的處子形象在信眾現實生活的思維下而附會其愛情敘事。從上述幾則媽祖身世故事的舉列，可以發現清代以降媽祖身世故事的演化之一－部分信眾以現實情欲的理解來貼合媽祖身世的想像，因此「不惹塵俗的處子」母題變發生了變化，在擬人化神觀的促動下，促使媽祖沾染了凡間的人情世故

---

29 陳慶浩、王秋桂主編：《中國民間故事全集1：台灣民間故事集．媽祖婆與大道公》（台北：遠流出版有限公司，1989年6月），頁171。
30 林茂賢：〈臺灣媽祖傳說及其本土化現象〉，《靜宜人文學報》，第17期，2002年12月，頁91－113。
31 唐世貴：《媽祖傳奇》，頁41。

而有情有愛，甚至出現婚配的情形。大抵而言，媽祖身世故事還是以不惹塵俗的處子的母題為主，對於該母題的反動敘事並非主流，不過這樣的敘事內容卻是清代以降媽祖身世故事演變的特點所在。

（三）成長時期的挫折與逝後或昇天成神

媽祖成長時期的挫折主要多為機上救親，《天妃顯聖錄》以來多以「出元神救父兄，因母喚醒而救兄失敗」為敘事內容，然而清代以降有衍為救父失敗的趨勢，如台灣、遼寧、浙江等地都有元神救父失敗的敘事，如1950年代台灣新竹市竹林書局印行的《媽祖傳新歌》：

> ……忽日坐在織布機，眠去煞夢一事奇，夢見父兄海中時，船被暴雨打沉去，廣阮着緊去救伊，嘴咬父親卜救起，左手扭兄右手舉，喜時我朗不見影，我母看我煞着驚，聲聲叫我獸娘子，應母一聲父無命，醒來即見母親面。……[32]

媽祖機上救親的敘事在清代以後出現變異，原本父救兄亡的敘事出現兄救父亡的演化情形，從而部分敘事文本更衍為媽祖因救父失敗而卒的發展，如台灣馬祖、浙江、琉球等地都有媽祖因父而卒的敘事，其中大陸浙江省溫嶺縣流傳一則媽祖因機上救父失敗而哭泣至死的傳說〈天后宮〉：

> 箬山鄉東海村有一座天后宮，宮裡供奉著天后娘娘。這娘娘原來是漁家女兒。
> 相傳在八百多年前，海邊有一戶姓林的討海人家，兩個哥哥跟著阿爸討海，阿妹十七歲，在家裡紡棉紗。
> 這天，他紡紗累了，撲在紡車上睏著了。阿媽看見小囡睏在紡車上，就過去推一下。推不醒，阿媽用手朝阿妹頭上拍了一記。阿妹被拍得渾身一抖，猛地抬起頭，張開嘴叫了一聲「阿媽」，臉色馬上變了。他對阿媽說：「阿媽，不得了，不得了！阿爸死了！」阿媽不相信，說：「你別亂講。阿爸出門討海，還沒回來，你怎麼曉得他……」阿妹說：「我剛才做了一個夢，夢見自己和阿爸阿哥在一起。我看見風浪要來了，嘴裡不停念著阿爸的名字，兩隻手裡握著兩個阿哥的名字。阿媽你拍了我一記，我一驚，嘴一張，阿爸從我的嘴掉下去，一定落在海裡了。我兩隻手一直捏著，沒有鬆開，兩個阿哥平安無事。」
> 果然，討海的船回到岙裡，只有阿哥，沒有阿爸，兩個阿哥在船上哭。岸上阿媽哭，阿妹也哭。阿妹整整哭了一年，哭死了，臨死時還喊著阿爸。

32 《媽祖傳新歌》（新竹：竹林書局，1955~1961年間），頁6－7。

馬港天后宮媽祖靈穴。

> 後來皇帝巡視到這裡，聽到這件事，封阿妹為天后娘娘。討海人把娘娘當作自己的保護神，在沿海一帶造了不少天后宮，希望天后娘娘保護討海人順風順水，平平安安。[33]

這樣的敘事母題以歌詠媽祖的孝行為敘事核心，媽祖因父而卒的敘事也連帶促使媽祖昇天成神的敘事母題演變為媽祖因投海救（尋）父而卒成神的說法，如連江縣福建省連江縣馬祖地區〈馬港天后宮 媽祖靈穴記〉：

33 中國民間文學集成全國編輯委員會：《中國民間故事集成·浙江卷》（北京：中國ISBN中心，1997年9月），頁410。

> 天后媽祖閩莆田湄洲嶼林氏女，名默娘，秉性賢淑，事親至孝。其父捕魚罹難，投海覓救，卒以身殉，負屍漂流至昔稱南竿塘斯島現址，鄉人感其孝行足式，乃厚葬於此。嗣後常顯神靈護佑漁航，民感慈德，立廟奉祀，尊為媽祖，敕封天后。本境因後名馬祖澳列島，亦因後稱馬祖，今廟遺墓石即為後之靈穴，庇佑歷千餘載，覃恩浩蕩，坤德長，垂勒石永誌。[34]

大致而言，媽祖機上救親的敘事在後世頗多衍為「出元神救父兄，因母喚醒而救父失敗」，從而演化媽祖因父而卒的敘事，這樣的敘事內容堪稱是媽祖身世故事發展趨於定型後較為顯著的變異現象。

（四）新添神人渡化的考驗情節

清代以降，媽祖身世故事除了前述十二種母題外，後世所傳衍的媽祖身世故事出現了一些神仙渡化媽祖考驗的情節，主要是渡化者畫作各種形象來考驗媽祖的心性或求道習佛的意念，如福建省莆田流傳一則媽祖〈窺井得天書〉的傳說：

> 林默娘按照道長的指點，不論風吹雨打，或是烈日當空，他都專心致志，對井誦經。善財為了護助林默，不時前來看顧。有時也有考驗林默，變作一個英俊少年，走近她身邊嬉戲。林默也頭不抬舉，眼不斜視；善財又化作猛獸蛇蠍，張牙舞爪，林默依然心安神定，靜坐如常。就這樣，林默在井邊坐了七七四十九日，到那最後一天時，五個姐姐都來看望她。只見林默雙手合十，閉目靜坐。[35]

這則敘事闡述媽祖求道習佛的意念堅定，因此不受塵俗外界的誘惑與侵擾。神人渡化的考驗敘事比較普遍流傳的便是玄通道士化作乞丐來考驗默娘的敘事，何世宗、謝進炎彙輯：《媽祖信仰與神蹟》載錄一則〈初遇玄通道士〉故事：

> 有一天默娘和姊姊們出去遊玩，在街上看見一位既髒又臭的乞丐，在市街上行乞，眾人都不理會他的乞求，只有默娘心生慈悲，將身上穿戴的銀鐲子及姊姊的銀鐲子都借來送給了乞丐，乞丐心想這真是個佛根未退的孩子，生性慈悲，乞丐一轉身就不見了，大家這時才議論紛紛的說，這個乞丐一定是神仙化身，下凡來試探人心的善惡，這個乞丐其實就是玄通道士的化身，也就是後來到默娘家，傳授她法術的師父。[36]

---

34 〈馬港天后宮 媽祖靈穴記〉。

35 王武龍主編：《媽祖的傳說》（1989年12月），頁6。1987年，編者王武龍編輯《中國民間故事集成·莆田市卷》采錄不少的媽祖傳說，1989年12月擇錄集結25則媽祖傳說發行。名為《媽祖的傳說》。其後，莆田市文化部門還正式編輯《媽祖的傳說》一書，共50篇，由海峽文藝出版社出版。

36 何世宗、謝進炎彙輯：《媽祖信仰與神蹟》（台南市：世峰出版社，2001年1月），頁13。

窺古井喜得靈符。(圖像來源:許葉珍匯輯《天后聖母事蹟圖志》)

此等考驗情節敘事是清代以降媽祖身世故事新添衍化的母題,這些考驗主要彰顯媽祖慈悲為懷的心性與堅定求道習佛的意念,也在部分的媽祖身世故事中可以發現,從而媽祖身世故事的情節衍為:官宦世族之女+非常態的降生(異孕而生、降生異象)+異於常人的異貌異相+童年階段初露鋒芒或異於凡人的能力+神人渡化的考驗+成長與神性養成+不惹塵俗的處子+成長時期的挫折+展現靈力+成為人類趨吉避難的希望+海之守護者的權威+逝後或昇天成神等母題情節的組合。

第二節　媽祖身世故事衍化的考察

經由前一節媽祖身世故事衍化的闡析，媽祖信仰從宋代發軔以來，歷經宋、元、明、清以迄於現代的發展，媽祖身世故事也由初始簡單的敘事逐漸完成一套有系統而較完足的身世故事。觀察媽祖身世故事的衍化，從巫女到官宦世族之女的發展，主要敘事母題從媽祖展現預知人禍福的靈力、媽祖逝後成神逐步匯入非常態的降生（異孕而生、降生異象）、童年階段初露鋒芒或異於凡人的能力、不惹塵俗的處子、成長與神性養成、異於常人的異貌異相、成長時期的挫折、成為人類趨吉避難的希望、海之守護者的權威、昇天成神等母題或敘事，各時期衍化的情形與整體的衍化趨勢有其特點，主要可以從「神性英雄」的衍化趨勢、以「巫」為發軔的信仰原型、海（水）神信仰的神話思維之疊合、儒釋道三教文化質素的融入等幾種來加以考察，從而可見媽祖身世故事衍化的文化意涵。

一、「神性英雄」的衍化趨勢

在古代神話裡頭，先民他們在面對現實環境的困頓時，透過想像形塑神性英雄的形象來建構一個心靈的安穩力量，從而完成一個通俗而具有崇拜信仰的英雄人物，這樣的民俗思維在原始社會以及文明初啟的社會裡是普遍存在的。神性英雄的建構頗多是一種人類不屈服大自然災難的期待，透過英雄戰勝大自然的威力與破壞，給人們一種對於生命的激勵與鼓舞，引領人們勇於面對現實的生存環境。王德保認為：英雄崇拜寄寓了先民對自然災害或者人類苦難的征服的渴望，在神話中關於各種天災的描寫極多，許多災難都是尋常人力所不能征服的，而且巨大的災難對人類往往是致命的，但是所有的災難中於被征服了，人類也就因此而被拯救了，幫助人類戰勝災難的通常是神，再就是人間的超級英雄。[37]

在英雄神話的敘事裡，生活著面臨大自然災難的普通人類，這些普通人以弱者之態來祈求英雄的幫助，大自然的災難與待援助的庶民成為英雄出場的舞臺。我們觀察漢族的神性英雄類型，其一為創世（開闢）型英雄，以女媧、盤古為代表，他們必須有扭轉天地的能力，有時和「除害英雄」會混合；其二為文化型英雄，由伏羲、黃帝為代表，他們具有劃時代的文化制定之功，在神話流傳中具有成為時代的象徵；這兩類英雄是初民神話崇拜的典型，他們多具有解決庶民生存與生活的困頓之功。[38]

其次，我們觀察英雄神話的神性英雄，他們經常因止災的事蹟而成為崇拜對象，甚至成為民俗信仰的神祇。大抵而言，英雄止災的崇拜多根源於止災的敘事，其基本類型就

37　參見王德保：《神話的意蘊》（北京：中國人民大學出版社，2002年9月），頁70－71。

38　參見賴悅珊：《中國古代英雄神話研究》（中壢：國立中央大學中國文學系研究所碩士論文，2006年7月），頁12。

是「災難發生—英雄止災」的敘事，如女媧補天、大禹治水便是描述女媧、大禹為人類解決災難而成為人們英雄的敘事。以女媧補天的神話為例，《淮南子·覽冥訓》：

> 往古之時，四極廢，九州裂。天不兼復，地不周載，火爁炎而不滅，水浩洋而不息。猛獸食顓民，鷙鳥攫老弱。於是女媧鍊五色石以補蒼天，斷鼇足以立四極，殺黑龍以濟冀州，積蘆灰以止淫水。蒼天補，四極正，淫水涸，冀州平，狡蟲死，顓民生。[39]

「天不兼覆，地不周載」猶似天崩地裂的災難一直是上古先民面對大自然所衍生的恐懼心理，人們面對自然界的災難不免試圖尋求安心的力量，一種可以超越自然力的神性英雄成為他們心理投射的對象，於焉女媧出現了，她被賦予制止自然災難、維持生存環境的任務，因此女媧鍊五色石以補蒼天，拯救受難待援的人群。張振犁指出：自然災害不除，人類無法生存。綿延人類的制度不確立，自身也無從發展。女媧正是在這兩大關係本民族生死存亡的事業中，表現出了創世女神的巨大力量和智慧。因此，說女媧的形象集中表現出中華民族的生存和發展的本能的意志，是不誇張的。而在廣大的中原地區所流傳的女媧神話，儘管具體情節和文獻上的記載不盡相同，但卻都與中原地區的自然環境有很密切的關係。[40]女媧便是人類面對自然環境的災難時所傳衍的止災英雄，因其英雄事蹟，女媧成為人群崇拜的對象，女媧陵、女媧閣、女媧墓、女媧廟在各地多可發現，由之可見其在民間信仰中已化為神祇。

無論女媧補天、大禹治水等神話敘事，這些神性英雄人物的敘事基本結構都是描述人群面對災難、英雄出面止災的事蹟，這一套敘事故事類型成為中國英雄神話的主要類型之一，同時這一敘事類型的英雄通常以英雄化形象而獲得群眾崇拜信仰，成為漢族的民間祀神，如大禹、女媧等都是中華民族頗具代表性的祀神。

宗教人物、歷史人物或者民間傳說人物，神化為神靈，成為民間崇拜對象，體現了人們對超自然力的英雄的企盼。[41]觀之於漢族民間信仰的祀神綜像，漢族民間信仰的亡靈崇拜頗常被賦予英雄化形象而宣揚其信仰，從而衍生一些沿襲古代英雄神話的靈應敘事，如媽祖俗信也可以發現信眾建構其神性英雄敘事來傳播其信仰，因此媽祖信仰的發展過程中，媽祖故事依循古代神話的神性英雄之形象與敘事而建構其基本形象。我們觀察媽祖信仰發軔時期的敘事，宋·廖鵬飛〈聖墩祖廟重建順濟廟記〉：「歲水旱則禱之，癘疫祟降則禱之，海寇盤亙則禱之，其應如響，故商舶尤藉以指南，得吉蔔而濟，雖怒濤洶湧，舟亦無恙。」[42]便指出媽祖以其特殊能力、為庶民祛災趨福，猶似人們心目中的偶

39 劉文典：《淮南鴻烈集解》（台北：文史哲出版。1992年.10月）。頁207。

40 張振犁：《中原古典神話流變論考》（上海：上海文藝出版社，1991年5月），頁46。

41 王德保：《神話的意蘊》，頁78。

42 蔣維錟：《媽祖文獻資料》（福州：福建人民出版社，1990年），頁1。

像或英雄。因此，宋代以降媽祖救難的靈應故事傳衍不絕，〈聖墩祖廟重建順濟廟記〉載有：

> 給事中, 路允迪出使高麗, 道東海。值風浪震盪, 舳艫相衝者八, 而覆溺者七。獨公所乘舟, 有女神登檣竿為旋舞狀, 俄獲安濟。[43]

宋·丁伯桂作〈順濟聖妃廟記〉：

> 神莆陽湄洲林氏女, 少能言人禍福, 歿廟祀之, 號通賢神女, 或曰龍女也。……時疫, 神降且曰: 去潮丈許, 脈有甘泉, 我爲郡民續命於天, 飲斯泉者立痊。掘泥坎, 甘泉湧出, 請者絡繹, 朝飲夕愈, 甃爲井, 號聖泉。郡以聞, 加封崇福。……慶元戊午 (1198), 甌閩列郡苦雨, 莆三邑有請於神, 獲開霽, 歲事以豐。朝家調發閩禺舟師, 平大奚寇, 神著厥靈, 霧瘴四塞, 我明彼晦, 一掃而滅。開禧丙寅, 金寇淮甸, 郡遣戍兵載神香火以行, 一戰花黶鎮, 再戰紫金山, 三戰解合肥之圍, 神以身現雲中著旗幟, 軍士勇張, 凱奏以還。莆之水市, 朔風彌旬, 南舟不至, 神爲反風, 人免艱食。……[44]

觀察這兩篇宋代的媽祖事蹟敘事，〈聖墩祖廟重建順濟廟記〉特別載媽祖在路允迪出使高麗的護航免難神蹟，丁伯桂作〈順濟聖妃廟記〉堪稱是宋代媽祖敘事的集大成者，羅列了幾項媽祖靈應故事，諸如救難護航、助戰禦敵、治病除瘟、.媽祖化解天災等神蹟，透過這些神蹟的傳述，媽祖救難英雄的形象逐漸鮮明，滿足人們消災趨吉的需求，符合信眾現世利益的崇拜而發展成為神祇，亦即媽祖信仰發軔的初始便是以救難英雄的形象來為人們止災，因此發展出一件件媽祖顯靈救難的事蹟，這些敘事與上古時代的英雄救難神話相契，雖然我們無法指定媽祖的英雄救難事跡是否沿襲女媧、大禹抑或其他救難英雄而來，但不容否認的是—媽祖的顯靈救難故事遙襲古代英雄救難神話的敘事傳統，因此媽祖英雄形象的建構也在這相關的救難敘事中而傳衍漢族英雄的基型（止災）。

媽祖信仰的發展過程中，基本上信眾對於其期待猶如上古先民對於女媧、大禹救難英雄的需求一般，因此媽祖信仰紹承女媧、大禹的英雄形象與其內蘊精神而發展開來。我們進一步地分析媽祖信仰如何建構其「神性英雄」的形象時，將可以發現媽祖在「神性英雄」的造像過程中，延續與吸納了古代神話英雄的特點或敘事而來，因此本節特以媽祖從古代神話中吸納、傳承神性英雄形象與敘事來探究之。媽祖敘事的淵源之一便是古代的英雄神話，「神性英雄」形象成為媽祖信仰造像的基礎之一。關於神話的內涵，馬

43 蔣維錟：《媽祖文獻資料》，頁1。
44 丁伯桂：〈順濟聖妃廟記〉，收入《媽祖文獻史料彙編（第一輯）碑記卷》，頁3。

克思曾對神話作了了定義：「任何神話都是用想像以征服自然力，支配自然力，把自然力加以形象化；因而，隨著這些自然力之實際上被支配，神話也就消失了。」[45]此神話係屬狹義的定義，神話是否在自然力被支配後就消失等論點也有待商討，然而馬克思所提出的神話理論反映了「想像以征服自然力，支配自然力」乃為原始神話的敘事重心，這樣的敘事內容尤其反映在「英雄」主題上最為明顯。關於英雄一詞，喬瑟夫·坎伯說：

> 英雄是能夠奮戰超越個人及地域的歷史局限，達到普遍有效之常人形態的男人或女人。這樣的一個人心中的影像、觀念和靈感，都清新的來自人類生命和思想的主要泉源。因此它們是流暢無阻的，不是出於當代分散瓦解的社會及心靈，而是出於使社會重生之永不熄滅泉源。[46]

嘉萊爾《英雄與英雄崇拜》指出：不論是「Hero」、「Wuotan」或諸如此類的稱呼，都是先民們在當時的情況下，以他們的想法裡最能清楚表現對強有力的、超人的、智慧的代表們所做的一種稱呼。[47]我們可以這麼認為，「英雄」主題是古代神話中最能反映群眾情思的素材，神性英雄的形象交集群眾的心理需求而體現生存的力量，這樣的英雄精神堪稱是人境共存的民俗意念。

分析媽祖信仰如何強化其英雄形象，可以先從媽祖身世故事的衍化情形來看其發展趨勢。承表2-2，我們從其相關媽祖身世故事的衍化敘事可以發現相當類同世界各地英雄事蹟的敘事模式。王猛〈論《三國演義》對英雄母題的利用與超越〉則指出傳統英雄母題作為一個敘述單元，在文學進程中逐漸成為中心母題，衍生出系列類型（次生母題，小的情節元），形成一條母題鏈，一般包括：異生異貌母題—成長婚姻母題（包括結義、落難、除害、考驗、神助等母題）—成聖得道母題。[48]美國神話學家David Adams Leeming在《Mythology: The Voyage of the Hero》一書中以古希臘和埃及神話為標本，將各民族中的文化英雄的生命歷程比作一次生命的航行，稱為「生命之旅」，依他的分析中，英雄的生命之旅有八個階段：1.奇蹟性的降生。2.初露鋒芒的童年階段。3.英雄的隱居和沉思。4.成年時期的追求和痛苦。5.英雄之死。（亦有死而復活）6.英雄成為人類希望的代表和象徵。7.英雄自死亡之國上升地面世界。8.英雄實現跳脫死亡的希望——成為神或心理境界同神。[49]

---

45 丁伯桂：〈順濟聖妃廟記〉，收入《媽祖文獻史料彙編（第一輯）碑記卷》，頁3。

46 喬瑟夫·坎伯著（朱侃如譯）：《千面英雄》（台北：立緒，2005年1月），頁18。

47 參見嘉萊爾著（曾虛白譯）：《英雄與英雄崇拜》（台北：商務書局，1982年），頁42。

48 王猛：〈論《三國演義》對英雄母題的利用與超越〉，《甘肅社會科學》，2007年第3期，頁76。

49 Leeming，David Adams：《Mythology: The Voyage of the Hero》（New York：Oxford University Press，1998）。譯文轉引冷德熙：《超越神話——緯書政治神話研究》（北京：東方出版社，1996年5月），頁95。

表2—2：媽祖身世故事歷代發展概表

母題或敘事主題	宋	元	明	清初以降	備註
官宦世族之女		○	○	○	宋代主要出身為巫
非常態的降生（異孕而生）			○	○	主要的敘事：觀音大士賜丸異孕而生
非常態的降生（降生異象）	○	○	○	○	
異於常人的異貌異相				○	主要的敘事：彌月不啼
童年階段初露鋒芒或異於凡人的能力		○	○	○	
神人渡化的考驗				○	玄通道士化乞丐來考驗默娘
成長與神性養成			○	○	主要的敘事：玄通授「玄微秘法」、窺井得符
不惹塵俗的處子		○	○	○	
成長時期的挫折				○	挫折主要的敘事：遊魂救親未盡全功
展現靈力	○	○	○	○	
成為人類趨吉避難的希望	○	○	○	○	媽祖相關救難的靈應敘事
海之守護者的權威				○	主要的敘事：水族朝聖
逝後或昇天成神	○	○	○	○	明末出現飛昇敘事

資料來源：筆者整理。

比對David Adams Leeming的英雄之旅以及王猛的傳統英雄母題，可以發現媽祖英雄形象的敘事也是經由歷代發展而逐漸納入相關的情節敘事或母題。關於媽祖的身世與其靈應故事的敘事相當龐雜與多元，統觀歷來的媽祖身世故事大致貼合David Adams Leeming的英雄之旅，媽祖故事的發展過程中的確存有趨於英雄造像的傾向，尤其是第一階段「奇蹟性的降生」、第六階段「英雄成為人類希望的代表和象徵」更是中國英雄神話的詮釋重心，因此承續中國英雄神話敘事的媽祖故事在這二階段的著墨也就愈顯出采。

中國漢族英雄形象的塑造幾乎都要有一套奇蹟性的降生敘事，冷德熙《超越神話—緯書政治神話研究》言：

感大士賜丸得孕。(圖像來源:許葉珍匯輯《天后聖母事蹟圖志》)

> 緯書以其聖王創世的神話觀填補了中國古代神話中創世神話的空白，反映了中國古代文化的政治類型特徵……政治神話的諸神譜包括天皇（耀魄寶）和天帝（五天帝），英雄譜則包括三皇、五帝及三代聖王以及孔子等對中國文明有重要貢獻的歷史人物。政治神話的神話特徵不僅表現在諸神系統與英雄系統的建立，而且表現在緯書作者不斷賦予了文化英雄（聖王）以如下一些共同的文化類型，如感生、異貌、受命與禪讓，以及他們各自的文明業績。[50]

感生異孕成為中國英雄神話造像的共項，以此奇蹟性的降生來呈現英雄的非凡，如伏羲氏母履巨人腳跡而孕、神農氏母受神龍感化而孕、黃帝母見大電光與樞星照野而感孕、

50 冷德熙：《超越神話—緯書政治神話研究》，頁2—3。

顓頊母夢與大虹接觸而感孕、堯母親見赤龍而感孕、禹母見流星又吞神珠薏苡而孕、後稷母履大人跡而孕、商始祖契母吞玄鳥蛋而孕等，中國的英雄與始祖大多有一套異孕感生的敘事，異孕感生似乎賦予英雄形象的不凡出身，這樣的情節一直成為後世詮釋英雄等非凡之人的敘事特點。觀察媽祖的出身敘事，隨著其英雄形象的建構，也逐漸納入了感生異孕的敘事，明代萬曆年間成書的《三教源流搜神大全·天妃娘娘》：

> 妃，林姓，舊在興化路寧海鎮，即莆田縣治八十里濱海湄洲地也。母陳氏，嘗夢南海觀音與優鉢花，吞之已而孕。十四月始免身得妃，以唐天寶元年三月二十三日誕。[51]

《天妃顯聖錄》：

> 是夜，王氏夢大士告之曰：「爾家世敦善行，上帝式佑。」乃出藥丸示之曰：「服此，當得慈濟之貺。」既寤，歆歆然如有所感，遂娠。[52]

媽祖的母親王氏夢到南海觀音大士賜予優缽花吞下，其後感應而懷胎的敘事成為明末以來普遍的說法，這一套感生異孕的敘事堪稱是原始神話基因遺傳，也是媽祖神性英雄造像過程中所黏合的情節，從中反映了媽祖形象承襲古代神話中的英雄質素。

考察第二階段－「初露鋒芒的童年階段」，媽祖童年階段初露鋒芒或異於凡人的能力類同於第二階段的敘事，媽祖身世故事從元代開始則開始強化童年階段 即具異於凡人的能力或表現，如張翥〈天妃廟序〉言「幼而通悟秘法」、明代《三教源流搜神大全·天妃娘娘》言「十一歲能婆娑按節樂神，如會稽吳望子、蔣子文事。」。

至於第三階段－「英雄的隱居和沉思」、第四階段－「成年時期的追求和痛苦」，雖然媽祖身世故事並非完全貼應第三、四階段的相關敘事，但是清初時期《天妃顯聖錄》以降所述成長時期的挫折：遊魂救兄或機上救親的失敗有所類似。第五階段－「英雄之死（亦有死而復活）」部分，明代以降媽祖身世故事亦有媽祖救海難而死的衍化，如明朱淛〈天妃辯〉言媽祖「及笄蹈海而卒」，媽祖的死亡首度出現了蹈海而卒的說法，大陸海南、日本琉球等地都可蒐羅到媽祖蹈海而卒的故事情節，如大陸海南省海口市流傳一則〈南海女神媽祖〉傳說的附記載：

---

51 《三教源流搜神大全·天妃娘娘》，收入《媽祖文獻史料彙編（第一輯）散文卷》（北京：中國檔案出版社，2007年10月），頁55。

52 林堯俞供稿、釋照乘等修訂刊佈：《天妃顯聖錄》，收入自《媽祖文獻史料彙編（第二輯）著錄卷上》（北京：中國檔案出版社，2009年10月），頁87。

媽祖，名林默娘，福建莆田人。父親林惟懿，宋初任都巡檢。林默娘精通天文地理，尤善水性。宋雍熙四年九月初九日，她營救海難，不幸被船桅擊中身死，時年28歲。後人敬她為「女神」。[53]

至於媽祖成為人類趨吉避難的希望之母題，宋代以來媽祖救難的靈應事蹟不斷地擴衍，媽祖成為不少信眾信仰與崇拜的對象，頗類同於第六階段－「英雄成為人類希望的代表和象徵。」。媽祖逝後或昇天成神的衍化敘事大致類同於第七階段－「英雄自死亡之國上升地面世界」、第八階段－「英雄實現跳脫死亡的希望——成為神或心理境界同神。」

分析媽祖身世故事的衍化的確逐漸納入David Adams Leeming的「英雄之旅」的相關敘事，同時也大致包含王猛所論的傳統英雄母題：異生異貌母題—成長婚姻母題（包括結義、落難、除害、考驗、神助等母題）—成聖得道母題；同時也這一母題鏈恰好是一個理想人物（英雄）一生經歷的概括，不過，英雄主題的敘事文學不一定機械照搬，俄羅斯學者普羅普《故事形態學》一書就認為，並不是所有故事都要具備全部母題，缺少其中幾項並不會影響其它母題的延續性。[54]考之媽祖身世故事，媽祖非常態的降生（異孕而生、降生異象）、異於常人的異貌異相則大致貼合異生異貌母題，其中傳統男性英雄多以超出常人的外貌來呈現其不凡，作為女性英雄的媽祖則不在媽祖外貌上作文章，而以媽祖彌月不啼而名為默的異相來傳衍。

再者，媽祖成長與神性養成契合成長婚姻母題（神助）、媽祖展現靈力契合成長婚姻母題（除害）、媽祖成長時期的挫折契合成長婚姻母題（落難）、神人渡化的考驗契合成長婚姻母題（考驗）、媽祖逝後或昇天成神契合成聖得道母題，如王猛〈論《三國演義》對英雄母題的利用與超越〉例舉英雄落難母題為英雄在成功之前總要經歷一番磨難，如周始祖後稷出生後就被母親多次遺棄，故名棄，後來的敘事文學繼承了這種敘事類型；[55]媽祖身世故事也出現這一種英雄落難遺棄的敘事，如福建省莆田縣流傳一則〈媽祖出世〉的傳說：

本來，家裡添丁，是件喜事。卻因林夫人又生了第五個千金，林願心裡十分不樂。再說這小女生下滿月了，不笑不哭，林願認為是個啞巴，決定將她拋棄野外。一天，林願趁夫人不注意，偷偷地把小女帶出家門，來到一處偏僻山崗，正要丟下時，對面來了一個道士，口裡唱：「救人一命，勝造七級浮屠啊！」林願聽了，心想：「這道士莫非有什麼話要說？」就開口問：「師傅有何指點？」那道士說：「這小女有什麼罪過，要把她丟在野

53 中國民間文學集成全國編輯委員會：《中國民間故事集成‧海南卷》（北京：中國ISBN中心，2002年9月），頁45。

54 王猛：〈論《三國演義》對英雄母題的利用與超越〉，《甘肅社會科學》，2007年第3期，頁76－77。

55 王猛：〈論《三國演義》對英雄母題的利用與超越〉，頁77。

外呢?」林願答:「這小女生下滿月至今不笑不哭,將來一定是啞巴。故此……」[56]

這則故事言媽祖嬰孩時期遭棄的母題雖然在媽祖身世故事並非主流的敘事,然而卻存有媽祖延續傳統英雄落難母題的痕跡。

再見莆田流傳一則媽祖〈窺井得天書〉的傳說:善財為了護助林默,不時前來看顧。有時也有考驗林默,變作一個英俊少年,走近她身邊嬉戲。林默也頭不抬舉,眼不斜視;善財又化作猛獸蛇蠍,張牙舞爪,林默依然心安神定,靜坐如常。[57]此則神人渡化的考驗情節在媽祖身世故事的敘事文本中算是少見的,但出現的考驗敘事相當契合英雄考驗母題。王猛〈論《三國演義》對英雄母題的利用與超越〉言考驗母題有多種形式,其中美色考驗極為典型;[58]此則敘事出現善財為了考驗林默,變作一個英俊少年,走近她身邊嬉戲,便是因襲這一種英雄考驗母題的敘事。

整體而言,媽祖身世故事的衍化的確納入、貼應David Adams Leeming的「英雄之旅」之相關敘事,同時比對漢族英雄的母題或敘事,也可以發現媽祖身世故事很大程度上延續了傳統英雄母題,亦即媽祖身世故事對傳統英雄母題的承繼、借用、改造是頗為明顯的,這是我們觀察媽祖身世故事衍化過程中可以發現的。或可言之,媽祖身世故事的衍化有著朝向英雄形象建構的趨勢,因而信眾逐漸有意或無意地納入、衍化英雄敘事的相關母題。福建省莆田市湄洲祖廟楹聯:「螺港鐘靈奇女子救父尋兄惟孝悌亦惟忠信,鯑江著跡真聖人扶危拯險大慈悲即大英雄。」[59]扶危拯險、大英雄的詞彙內蘊著信眾對於媽祖信仰的期待與認識。媽祖信仰的發展過程中,隨著其神性英雄形象的建構趨於完足,在許多信眾的心中,媽祖功蹟足以媲美女媧、大禹,堪稱是女媧、大禹後的救難英雄。我們從各地多座媽祖廟的楹聯對句便可發現信眾將媽祖的事蹟貼合女媧、大禹的英雄化形象,如:

福建省莆田市文峰宮楹聯:
女中復見皇媧聖;海內重修神禹功。[60]

福建省莆田市賢良港天后祖祠楹聯:
女中再見皇媧聖;天下誰修大禹功。[61]

56 中國民間文學集成全國編輯委員會:《中國民間故事集成·福建卷》,頁182。
57 王武龍主編:《媽祖的傳說》(1989年12月),頁6。
58 王猛:〈論《三國演義》對英雄母題的利用與超越〉,頁77。
59 徐玉福編著:《媽祖廟宇對聯》(南昌:江西人民出版社,2000年4月),頁111。
60 徐玉福編著:《媽祖廟宇對聯》頁92。
61 徐玉福編著:《媽祖廟宇對聯》,頁127。

禹帝為水仙尊王之首。

天津市天后宮、湖南省慈利縣天后宮楹聯：

清嘉慶·鄭仁圃作

補天媧神，行地母神，大哉乾，至哉坤，千古兩般神女；

治水禹聖，濟川后聖，河之清，海之晏，九州一樣聖功。[62]

前三副對聯將媽祖之功比擬作大禹，後四副對聯以媽祖比擬或再現女媧（補天）、大禹（治水）之功。透過各地媽祖廟的楹聯，顯現了民間信眾頗多將媽祖比擬女媧、大禹的英雄形象或事蹟。這種內蘊的民俗思維也反映在媽祖趨於神性英雄造像的發展面向。

二、以「巫」為發軔的信仰原型

媽祖身世故事的衍化有趨於英雄形象建構的發展，這一個衍化的過程中也可以發現媽祖從雜祠淫祀的巫信仰趨於陽神、正神的途徑。回顧媽祖身世故事的發展過程中，媽祖信仰發展之軔的原始型態為何？我們從媽祖身世故事最初的敘事可以發現一些端倪。

62 徐玉福編著：《媽祖廟宇對聯》，頁15、161。

宋·廖鵬飛〈聖墩祖廟重建順濟廟記〉:「姓林氏,湄洲嶼人,初,以巫祝為事,能預知人禍福,既沒,眾為立廟於本嶼。」[63]廖鵬飛〈聖墩祖廟重建順濟廟記〉一文點出了媽祖身世的幾種線索,其一是初以巫祝為事,能預知人禍福;廖鵬飛道出並確定了媽祖「以巫祝的事」這個重要的歷史事實,可謂南宋諸家記載媽祖身世之所本。廖鵬飛後,宋·李俊甫《莆陽比事》:「湄洲神女林氏,生而神異,能言人休咎,死廟食焉。」[64]宋·丁伯桂作〈順濟聖妃廟記〉:神莆陽湄洲林氏女,少能言人禍福,歿廟祀之,……。[65]宋·黃巖孫《(寶佑)仙溪志》:「順濟廟,本湄洲林氏女。為巫,能知人禍福,歿而人祠之。」[66]從〈聖墩祖廟重建順濟廟記〉、《莆田比事》、〈順濟聖妃廟記〉、《(寶佑)仙溪志》之說,宋代所流傳的媽祖身世故事的主要母題有四:媽祖家世出身、媽祖展現靈力、成為人類趨吉避難的希望、逝後成神,這四個主要的母題敘事多指向媽祖具有強烈巫的色彩。

關於媽祖的出身,廖鵬飛〈聖墩祖廟重建順濟廟記〉黃巖孫《(寶佑)仙溪志》直接點出媽祖是「巫」。宋代福建路興化軍莆田縣人黃公度(1109—1156)〈題順濟廟詩〉:「枯木肇靈滄海東,參差宮殿翠晴空。平生不厭混巫媼,已死猶能效國功。萬戶牲醪無水旱,四時歌舞走兒童。傳聞利澤至今在,千里危檣一信風。」這首詩目前用石板雕刻的方式謄錄在湄洲島祖廟的左壁上,「平生不厭混巫媼」同樣地揭舉媽祖為巫的身份。媽祖巫的身份與其在逝後衍化為民間俗神有關。

李俊甫《莆田比事》、丁伯桂〈順濟聖妃廟記〉雖然未言媽祖為巫,但《莆田比事》言媽祖「能言人休咎」、丁伯桂〈順濟聖妃廟記〉言媽祖「少能言人禍福」,併同廖鵬飛〈聖墩祖廟重建順濟廟記〉言媽祖「能預知人禍福」、黃嚴孫《(寶佑)仙溪志》言媽祖「能知人禍福」,這些宋代媽祖身世故事的敘事幾乎多言媽祖生前具有預知人禍福的靈力,此等靈力的敘事當與「巫」身份相契而來。至於「在成為人類趨吉避難的希望」的母題上,媽祖禱雨濟民等生前靈跡亦是巫術的顯現。此等宋代媽祖身世的敘事或直接記載媽祖在世時的職業身份為巫,抑或間接透過媽祖生前能預言人禍福的靈力、媽祖成為人類趨吉避難的希望之敘事來呈現媽祖具有巫的能力,這些宋代媽祖身世故事的敘事都直接或間接勾勒出媽祖具有巫的身份。

宋兆麟《巫覡—人與鬼神之間》指出:巫具有與神交感的能力,平時是人,降神時為神,是亦人亦神,一人兩任,是介於人與鬼神之間的特殊人物,可以通神也能過陰,是人與鬼神的橋梁與媒介,稱為靈媒,是巫術的解釋者、宣揚者與執行者。[67]黃國華〈《聖墩祖廟重建順濟廟記》解謎〉:

63 蔣維錟:《媽祖文獻資料》(福州:福建人民出版社,1990年),頁1。
64 李俊甫:《莆陽比事》,收入自《媽祖文獻史料彙編(第一輯)散文卷》,頁3。
65 丁伯桂:〈順濟聖妃廟記〉,收入《媽祖文獻史料彙編(第一輯)碑記卷》,頁2—3。
66 蔣維錟:《媽祖文獻資料》,頁18。
67 宋兆麟,《巫覡—人與鬼神之間》(北京:學苑出版社,2001年),頁105。

> 古代福建是一個信巫尚鬼的古閩國，百姓民眾有事難解必先想到的是通過巫覡向神靈問路。所以，巫覡在古閩國有一定社會影響，屬為有地位的人物。媽祖生前有相當的群眾信仰基礎，她的信仰的產生與巫覡文化傳統有很大的關聯。……古代巫醫卜史同源不分，它是神與人之間的媒介，也即早期文化的創造者和傳播者。古代史中的巫咸、巫賢、巫彭，為黃帝商周時期的名人，楚重靈巫，漢祭巫先，而閩俗尤信巫。如《後漢書》徐登「閩中人也，本女子代為丈夫，善為巫術」。唐五代的福建巫覡文化仍然濃厚，「信巫鬼，重淫祀」，這是人們對閩人信仰巫習的基本評價。[68]

鄭志明〈巫術文化的哲學省思〉指出：巫術與宗教的混合在這樣的信仰文化下是必然的，很難地區分為二，背後有著融合互通與深刻持久的精神文化現象。這種現象來自於人類生存實踐的求優模式，從敬神、畏神與愛神的活動中，找到生命自我保存的求優方向，以各種觀念存在的行為構想與操作模式，以滿足或實現自身需要的生存目標。[69]苗啟明、溫益群《原始社會的精神歷史構架》指出這種求優模式主要有七，其一便是由「巫祭通神」導致巫祭依憑與巫祭神化，其一由「人神互滲」導致人神互代與神力保持；[70]亦即媽祖巫的身份與能力促使媽祖「巫祭通神」、「人神互滲」，促成媽祖由人而衍為神。李琳〈天妃與湘妃傳說主題類型比較研究〉：「媽祖林默在世時身為女巫，而在古代，巫與百姓的生活關系十分密切，在民間影響很大。林默為島上漁民預卜禍福，治療疾病，在當地深受百姓愛戴，從而形成了許多有關她的靈異傳說，被當地人當作真事看待並大力宣傳。」[71]因此媽祖因著巫而顯靈力促成其逝後成神，這種由「巫祭通神」導致巫祭依憑與巫祭神化而促使媽祖成神的敘事遙繫著媽祖信仰發軔以「巫」為信仰原型的內蘊思維。

宋代媽祖身事故事的敘事大抵以廖鵬飛〈聖墩祖廟重建順濟廟記〉為基礎，由媽祖巫的身份、媽祖展現預知人禍福的靈力，這些紀錄呈現媽祖原始信仰是屬女巫崇拜。[72]方燕〈女巫與宋代社會〉指出：「宋代女巫活躍于下層民間，其中有的經由民間立祠崇祀到朝廷頒額賜號，完成了從女巫到女神的升轉。比之前代，女巫在上層社會活動的空間和自由度均有較大回縮。」[73]自宋代以降，媽祖信仰日漸發展，神性由女巫雜祀成為神格頗高的天后女神，神職則躍升為漢人海神的代表，更甚者成為無所不庇佑的全能之神。

---

68 黃國華：〈《聖墩祖廟重建順濟廟記》解謎〉，《中華媽祖》，2011年第4期，頁75－77。

69 鄭志明：〈巫術文化的哲學省思〉，收入《第七屆儒佛會通暨文化哲學學術研討會論文集》（台北：輔仁大學哲學系，2003年），頁71－72。

70 參見苗啟明、溫益群：《原始社會的精神歷史構架》（雲南昆明：雲南人民出版社，1993年），頁189。

71 李琳：〈天妃與湘妃傳說主題類型比較研究〉，《湖南科技大學學報（社會科學版）》，第16卷第1期，2013年1月，頁157。

72 參見林茂賢：〈從台灣媽祖神蹟看媽祖屬性的轉化〉，收入《2008年彰化縣研究學術研討會論文集－媽祖信仰國際研究文化觀光研究》（彰化：彰化縣文化局，2008年），頁63－88。

73 方燕：〈女巫與宋代社會〉，《四川師範大學學報（社會科學版）》，2006年3期，2006年5月，頁130。

三、海（水）神信仰神話思維之疊合

思維是人類文明發展的基石，是人類有意識的認識活動，是一種運用概念進行分析、綜合、判斷與推理的活動過程。[74]武世珍〈神話思維變析〉指出：早期認為神話是原始社會的產物，如此神話思維成為一種原始思維，即神話思維是人類最初形成與發展起來的一種原始的思維方式。[75]神話思維為何？張史寶指出：現代人的思維是通過歸納和演繹的邏輯推理來給予解答的，原始初民則是選擇象徵故事的敘述性答案—神話，來滿足解釋的強烈需要。這種有別於邏輯推理的特殊思維方式，學者稱之為「神話思維」，亦即「原始思維」。[76]

雖然有學者主張神話思維不同於原始思維[77]，但不容否認的是－採取狹義的神話義界時，神話思維根本上就是原始思維；若採取廣義的神話定義時，神話思維不全然是原始思維，但或多或少都有原始思維或原始思維的遺留。鄭志明《中國社會的神話思維》雖然認為神話思維不是原始思維，但也指出有些部分仍保有著原始思維的功能結構，他指出：

> 神話思維是社會崇拜活動的一種詮釋系統，藉助豐富的想像力來將超自然力賦給形象化與系統化，進而可能形成了一套宗教思想體系。這種宗教就是就是一種民族宗教與社會信仰，經由神話建構了民族氣質與文化心理，是一種深藏於民族文化之中的心理與思維結構。[78]

這種深藏於民族文化之中的心理與思維結構的神話思維多是原始思維或其衍化而來，因此本文探討的神話思維以原始思維為重心。關於原始的神話思維，王德保《神話的意蘊》指出：初民的思維方式是遠古時代神話興盛的主要原因，他們構造的光怪陸離的神話世界，充分體現了先民瑰麗奇異的想像力。……先民依靠自己的真理來認識世界，又憑藉自己的想像力來構擬世界體系。[79]神話思維不是一種純粹的理性思維，卻能以宗教崇拜的統一性情感，有效地化解存在的困頓，以神話的思維型態來展現出人的內在理性。[80]

---

74 李甦平：《中國思維座標之謎：傳統人思維向現代人思維的轉型》（北京：職工教育出版社，1989年），頁2。

75 武世珍：〈神話思維變析〉，收入《神話新論》（上海：上海文藝出版社，1987年），頁5。

76 張史寶：《桃的神話與文學原型研究》（台北：國立政治大學中國文學系碩士論文，2005年1月），頁15。

77 如鄭志明《中國社會的神話思維》以及劉守華〈今人之「原始思維」不能產生新神話〉等論述皆否定神話思維即是原始思維。鄭志明《中國社會的神話思維》本書對神話的定義採用廣義神話，指在任何社會凡事以想像、投射或幻化等方式去繼續神話與崇拜世界的各種深層秩序的思維活動。

78 鄭志明：《中國社會的神話思維》（台北縣淡水鎮：谷風出版社，1993年6月），頁8。

79 王德保：《神話的意蘊》（北京：中國人民大學出版社，2002年9月），頁146。

80 【德】凱西爾著（張國忠譯）：《國家的神話》（杭州市：浙江人民出版社，1988年12月），頁40－53。

原始的神話思維即使在後世神話失去了發展背景的時空環境裡，純粹原始思維的敘事模式或思考形態在後來的傳說故事等敘事中已難發現，但不可否認的是－歷來的作家與群眾們某種程度上有意識或無意識地因襲原始的神話思維，甚至進行模仿、襲借的情形，亦即後世許多敘事文本的思維方式雖然不等同於原始人創作神話時的思維方式，但卻在敘事中潛意識或無意識地遺存原始神話思維的特徵。統觀相關媽祖信仰的敘事，媽祖信仰發展成為閩台海神權威的過程中，除了吸納原有神話的英雄形象而轉化外，媽祖信仰也襲受了古代神話在面對海洋等環境的原始思維，從而傳衍古代神話思維的想像力與創造力，本處從媽祖身世敘事如何承續海（水）神信仰形成的模式等課題來探討媽祖故事所牽涉的原始神話思維。觀察媽祖身世故事的衍化中，我們可以發現媽祖在往海神神性拓展的過程中，逐步納入一些貼合海（水）神信仰的形象或原始思維，從而促成媽祖成為海神的敘事也與若干神話的海神背景相若。綜而言之，媽祖身世故事的衍化具有海神特徵或原始思維的表現主要有二：一、媽祖為龍女；二、媽祖卒於水而成神。

在中國古代神話中，龍也是海神的形象之一，《管子‧形勢解》：「蛟龍，水蟲之神者也。乘於水則神立，失於水則神廢。」[81]《史記‧秦始皇本紀》：「始皇夢與海神戰，如人狀。問占夢，博士曰：水神不可見，以大魚蛟龍為候。」[82]從這些紀錄中，我們可以發現古代水神的形象之一為蛟龍之狀，因此水神多以大魚蛟龍這一類的形象應現。佛教傳入中國以後，龍王信仰遂遍中土，四海龍王、五方龍王等信仰漸興，龍神成為海神的代言者之一，成為海中之王，水族統帥。在現存媽祖信仰故事中，媽祖也曾被傳言為龍女，宋‧丁伯桂〈順濟聖妃廟記〉：「少能言人禍福，歿稱通賢神女，或曰龍女也」[83]清‧趙翼（1727－1814）《陔餘叢考》：「何喬遠閩書載：妃生卒與張燮同，又謂生時即能乘席渡海，人呼為龍女，昇化後，名其墩曰聖墩，立祠祀之。」[84]《泉州府志‧祠廟》：「長能乘席渡海，常乘雲遊於島嶼，人呼曰神女，又曰龍女，以其變化尤著於江海中」[85]民間信仰中的龍女多被認為是龍王的女兒，媽祖被指稱為龍女的意義有二種可能性，除了鏈結媽祖與觀音佛祖的關係外，其一便是鏈結媽祖成為海神的系譜關係，李獻璋言「所謂龍女，與神女比較則始終濃厚地帶著和江河關係深得不可分的性質。……其他如奉化、定海、象山等地古來就盛行龍神信仰，因此當時那一帶的人認為迎入的莆田女神也是自己所熟悉的龍神一族，不知何時便成了龍女。當然這樣的結合很簡單，作為航海守護神的媽祖很容易同與海密切關係的空想動物龍結合是原因之一吧。」[86]，因此後者的敘述存在著塑造媽祖

81 管仲原著、湯孝純注譯：《新譯管子讀本（上）》（台北：三民書局，1995年7月），頁990。
82 司馬遷撰，裴駰等三家注：《史記》（台北：宏業書局有限公司，1995年4月），頁263。
83 潛日友：《咸淳臨安志》，外郡行祠，丁伯桂〈順濟聖妃廟記〉。丁伯桂廟記撰於理宗紹定元年（1228）。
84 趙翼：《陔餘叢考》，頁401。
85 泉州市地方志編纂委員會點校：（乾隆版）《泉州府志》（泉州市：泉州市地方志編纂委員會，2003年）。
86 李獻璋著、鄭彭年譯：《媽祖信仰研究》（澳門：海事博物館，1995年），頁7。

海神形象的意圖。

媽祖信仰在宋代發軔後，龍女之說或有海神形象的聯繫之想像，其後媽祖在其身世故事或外顯形象並沒有太多滲入海神質素的敘事。進入明代，媽祖身世故事出現了媽祖蹈海而卒、投海救（尋）父而卒等說法，這種媽祖歿於水的敘事演化貼合著漢人海神形象的民俗思維；或可言之，媽祖身世故事在明代的演變中，部分信眾似乎有意無意地將媽祖的死亡疊合海（水）神衍成的敘事模式，因而衍生出媽祖歿於水的情節。

在中國古文化的神話系統中，水神大致分為河神、海神、潮神等類型，海神也是水神的一種類型。我們可以觀察古代神話中的水神源流，大多存在一種水神形成的模式—生前歿於水而成水神的神話思維，如河伯、湘水二妃、宓妃等水神多是如此。《抱樸子·釋鬼篇》：「馮夷以八月上庚日渡河溺死，天帝署為河伯。」[87]《列女傳》：「舜陟方，死於蒼梧，號曰重華。二妃死於江湘之間，俗謂之湘君。」[88]《昭明文選》李善（630－689）注：「如淳曰：『宓妃，宓羲氏之女，溺死洛水，為神。』」[89]河伯馮夷、湘水女神瀟湘二妃、洛神宓妃等都是歿於水而成為水神的。

歿於水而成為水神的信仰思維模式是中國水神生成的背景之一，因此在媽祖海神化的過程中，一些傳說敘事也吸收此種原始思維而塑造媽祖成為海神的過程也是歿於海水變成海神，即媽祖投水而成海神。宋黃巖孫《（寶佑）仙溪志》：「順濟廟，本湄洲林氏女。為巫，能知人禍福，歿而人祠之」[90]，一般傳說媽祖於28歲那年的9月9日升天或死亡，關於媽祖的死因有一說是媽祖蹈海而亡，明·朱淛〈天妃辯〉：宋元間，吾莆海上黃螺港林氏之女，及笄蹈海而卒，俚語好怪，傳以為神。......而天妃以女身獨存，又云顯跡海上，故海人尤尊事之。[91]朱淛〈天妃辯〉言媽祖「及笄蹈海而卒」，媽祖的死亡首度出現了蹈海而卒的說法，媽祖蹈海而卒當與媽祖營救海難有關，因此媽祖因救海難而亡的敘事也在日後媽祖身世的傳說中開展，台灣馬祖、大陸海南、日本琉球等地都可蒐羅到媽祖蹈海而卒的故事情節，如大陸海南省海口市流傳一則〈南海女神媽祖〉傳說的附記載：宋雍熙四年（987），九月初九日，她營救海難，不幸被船桅擊中身死，時年28歲。後人敬她為「女神」。[92]媽祖蹈海而亡的敘事衍化出投海救（尋）父而卒的敘事情節，如張學禮《使琉球記》：「天妃姓蔡，閩海中梅花所人，為父投海身死，後封天妃。」[93]媽祖投海身亡的傳說也伴隨信仰流傳到日本，長崎高玄岱〈大日本國鎮西薩摩州娘媽山碑記並銘〉：

87 今本《抱朴子》無〈釋鬼〉篇，此見洪興祖：《楚辭補注》（北京：中華書局，1983年），頁78。
88 黃清泉：《新譯列女傳》（台北：三民書局，1996年），頁7。
89 蕭統編、李善注：《文選》（台北：五南圖書出版有限公司，2002年10月），頁481。
90 蔣維錟：《媽祖文獻資料》，頁18。
91 朱淛：〈天妃辯〉，收入《媽祖文獻史料彙編（第一輯）散文卷》，頁33。
92 中國民間文學集成全國編輯委員會：《中國民間故事集成·海南卷》（北京：中國ISBN中心，2002年9月），頁45。
93 張學禮：《使琉球記》，收入自《媽祖文獻史料彙編（第一輯）散文卷》，頁76。

媽祖破驚濤遂救嚴親。(圖像來源:許葉珍匯輯《天后聖母事蹟圖志》)

> 古老之言曰:有中華神女,機上閉睫遊神,顏色頓變,手持梭,足踏機軸而眠,其狀若有所挾。母怪急呼之,醒而梭墜。神女泣曰:阿父無恙,兄沒矣。頃而報至,果然。……神女酷哀,出柔軟音誓願曰:當來世海中遇難者,念我乞救護,我必應之,令得度脫。遂投身入海。其肉身臨此,皮膚麗如桃花,身體軟如活人。觀者如堵,遠近大驚之。知其非凡人也。舉而以禮葬焉。後三年,中華來尋彼,欲令其神骨以歸葬耳。……[94]

媽祖救父兄投海身死的傳說彰顯了儒家孝道的德性,但同時也貼合中國水神形成的模式,或許可以視為媽祖海神造像的內蘊思維之體現。

關於媽祖投海救(尋)父而卒的敘事情節在浙江省寧波市象山縣石浦鎮漁山村也有類似的傳說,不過人物非媽祖,而是當地傳為媽祖妹妹的如意娘娘,如意娘娘是浙江沿海漁民的信仰對象之一,台灣台東市富岡區富岡石浦海神廟主祀神即是如意娘娘。關於如意娘娘神祇的緣起:

94 高玄岱:〈大日本國鎮西薩摩州娘媽山碑記並銘〉。

> 據傳如意娘娘為福州的一位女孩，其父親來到漁山島謀生，在採海菜時跌落海中而亡。女兒在海邊傷心哭泣過度，跳下海中。村民尋找數日未獲，幾日後浮出一根木材，乩童說該女靈魂附於其上，需將之雕成神像祭祀，於是為之建廟，稱之為如意娘娘。後來成為漁山島非常重要的神明。[95]

如意娘娘因投海救（尋）父而卒而衍為海神，因著類似的敘事內容而產生媽祖與如意娘娘為姊妹的想像，這套類似的敘事結構的確存有襲受的痕跡，從中也內蘊著海神衍成的原始思維之一—歿於水而成為水（海）神。

這種歿於水而成為水神的思維模式在民俗信仰中頗為常見，這種思維的基礎其實就是「靈魂不滅」，「靈魂不滅」是一種原始思維。大約到了舊石器時代中期，原始人的靈魂觀念開始萌芽。[96]遠古時代人們即以相信「靈魂不滅」，亦即認為人死後、靈魂是以其他型態存在著，因此祖靈崇拜、鬼神信仰等祭拜儀式很早就開始了。這種靈魂不滅的原始思維在早期神話即已顯現，諸如精衛填海具有死而再生的民俗想像便是根源於靈魂不滅的神話思維。

靈魂不滅是漢人民間信仰中的神話思維，靈魂類似於中國人所說的魂魄，他居於人或其他物質軀體之內並起主宰作用，大多數信仰認為人死後將脫離這些軀體而獨立存在，不過人若死於非人類生活空間則亡靈將留駐其處而難流轉，因此人歿於水則靈駐於水。人類對於未知的亡靈通常多存有恐懼的意念，害怕亡靈作祟或降禍於人，因此對亡靈畏懼而產生崇拜心理，其後再從原來懼怕亡靈作祟而轉化成為寄望—亡靈轉化成具有庇護止災的力量，尤其是對於看不見的靈魂，如同面對神秘的無形力量般，更是充滿敬畏之情。因著這樣的想像與思維，所以漢族許多水神都是歿於水而被期待成為具有救溺的力量，諸如日後漢人民間信仰中的水仙尊王—屈原、伍子胥、李白、王勃等皆是如此，《拾遺記》：「屈原以忠見斥，隱於沅湘。……被王逼逐，乃赴清冷之水。楚之思慕，謂之水仙，立祠。」[97]王充《論衡．書虛》：「《傳書》言：『吳王夫差殺伍子胥，煮之於鑊，乃以鴟夷橐投之於江。子胥恚恨，驅水為濤，以溺殺人。今時會稽丹徒大江，錢溏浙江，皆立子胥之廟。蓋欲慰其恨心，止其猛濤。』」[98]這種歿於水而成為水神的思維模式從古代神話中傳衍下來，形成中國水神成神的模式之一。

這種死後化作俗神在閩南地區頗為常見，戴冠青指出在閩南民間故事中，好人死後

95 林美容、陳緯華：〈馬祖列島的浮屍立廟研究：從馬港天后宮談起〉，《臺灣人類學刊》，第6卷第1期，2008年12月，頁122。

96 徐吉軍：《中國喪葬史》（南昌市：江西高校出版社，1998年1月），頁3．

97 王嘉：《拾遺記》（台北：黎明文化出版公司，1996年12月），頁9563。

98 王充原著：《論衡今註今譯》（台北：國立編譯館，2005年4月），頁451。

五水仙多為歿於水而成為水神。

幻化為神靈再繼續庇佑民眾的想像非常豐富，如救死扶傷的民間醫生吳夲，保駕護航的漁女媽祖等皆是，她作出如下的闡釋：

> 沿海地區則風浪凶險，討海人只能靠天吃飯，而且時時面臨海洋的暴怒給生命帶來的威脅。在這種蠻荒惡劣的自然環境下，人類的力量顯得十分渺小，生命顯得格外脆弱，閩南先民由此產生了對強大的自然力量充滿了敬畏和崇拜的心理經驗，希望藉助長存的神靈力量來保護自己。……在這種心理經驗的左右下，在閩南民間故事的生命想像中，德高望重的人同樣是不死的，或者說是能夠再生，他們或者化為天上神靈，或者化為動植物神仙，在凡人遇到困難時即時出現，出手相救，由此鮮明的傳達出閩南民眾那種死而再生、生命長存的生死觀。[99]

99 戴冠青：《想像的狂歡：作為文化鏡像的閩南民間故事研究》（廈門：廈門大學出版社，2012年9月），頁177。

媽祖成為海神的敘事也出現這種死而化為天上神靈並在凡人遇到困難時即時出現相救的敘事，這種靈魂不死、死而再生顯聖的敘事中遺留早期靈魂不滅的原始思維，從而承衍先民的神話思維。

四、儒釋道三教文化質素的融入

儒釋道三教是長期活躍於中國古代社會的三支主要思想力量，它們是獨立的，　但又在相互矛盾和相互鬥爭中逐漸地走向融合。漢魏兩晉是三教接觸史的開始階段，東晉之後，中國進入南北分裂和對峙狀態，三教開始鼎立，三教之稱也因此而起。隋唐五代三教鼎立局面最後形成，它們獨立生輝，又互相映造。在媽祖信仰誕生和大行發展的宋元時期，是三教鬥爭趨向緩和，融合呈現盛狀的時代，其主要標誌是「三教一家」、「萬善歸一」的論調，蔚然成風。[100]

思維的疊合現象可以說是民族文化一個動態性的建構過程，這個過程由原始層、歷史層與現實層等流水般地續接而成。[101]漢族思維文化的形成與發展也在原始層、歷史層與現實層等三個層次間的沉積與融攝中而形成其基本型態，由之儒釋道三家形成漢人社會的基礎思維底蘊，彼此間存在著複合、因襲、轉換等關係，成為漢族文化的基本質素與思維特徵。鄭志明以為儒釋道三教在中國的基層社會相互包容交織在一起，其間存在著兩種走向，一個是原始層的崇拜意識藉助儒釋道三家的新思維模式，在吸收、滲透、融合的過程中形成更深層的文化結構；一個是儒釋道三家理性精神擺脫與舊有的崇拜意識，形成了理性的文化追尋與價值取向。[102]媽祖信仰的發展也存在類似的趨勢，從原始層的崇拜意識，經過各種文化交錯與複合的歷史層之建構，內蘊儒釋道三家的思維模式，在吸收、滲透、融合的現實層中衍化其信仰文化，其中有著理性的思維，然而舊有的崇拜意識並未因此而全然被取代。王蘭鳳〈媽祖形象研究〉指出：

> 中國傳統文化的整體結構是儒釋道三家，他們結合在一起，你中有我，我中有你。從北周開始,儒釋道被統稱「三教」，約西元6世紀中後形成三足鼎立之勢，經過隋唐時期三教講論與融通，三教合流於北宋時期大致成型，明代以後成為社會主流思想。出生在宋代的媽祖，經歷了儒釋道對其形象的吸納、神化，成為儒釋道共同尊崇的偶像，體現了三教合一的歷史發展趨勢。[103]

100 參見吳國平：《辦香湄洲》（福州：海潮攝影藝術出版社，2003年9月），頁142－143。
101 王鐘陵：《中國前期文化－心理研究》（四川重慶：重慶出版社，1991年），頁511。
102 參見鄭志明：《中國社會的神話思維》（台北縣淡水鎮：谷風出版社，1993年6月），頁209－210。
103 王蘭鳳：〈媽祖形象研究〉，《懷化學院學報》，第32卷第6期，2013年6月，頁14。

媽祖信仰的發展過程中，同時經歷了儒釋道對其形象的吸納、神化，自身也吸收、複合儒釋道三家的思維，成為一種融通儒釋道的崇拜偶像，體現了中國文化的「三教合一」之趨勢。李露露《媽祖神韻—從民女到海神》言「所以將媽祖歸於任何一種傳統宗教都是不恰當的。媽祖信仰是一種經歷代混合而成的民間信仰，又帶有佛、道和儒諸教色彩。這種信仰是在明末清初形成的，也就是所謂的佛教、道教、儒教三位一體」。[104]

謝重光〈媽祖信仰與儒釋道三教的交融〉一文更進一步地說明：媽祖信仰與三教的成功融合，不但使媽祖吸納了佛教觀音菩薩消災解厄、救苦救難、普渡眾生的神性，吸納了道教碧霞元君、四海龍王等神仙的神通，吸納了儒家忠義孝悌的思想觀念，使媽祖的神功神性大為擴張，神格不斷提升，更重要的是，媽祖信仰在與不同宗教相互融合的實踐中，不斷強化了自己的相容性和開放性品格，適應各種不同的環境，滿足不同人群的需求。[105]從整體來說，媽祖信仰以儒家經典為其精神動力，又借用佛、道兩教的「肌體」而「活著」，這個「肌體」就是包括祭祀儀式、傳說故事、祠廟制度等；作為國家主流文化的儒教以及佛、道兩家，都注意在諸多具體環節上對媽祖加以富有自身色彩的塑造。[106]

媽祖信仰的發展就在其開放性格下而成其大，在眾多的媽祖信仰敘事與身世、靈應故事中，同時充滿儒家、佛教及道教思想，促成其多元化的拓衍，廣納更多的庶民信仰，林國平、彭文宇撰《福建民間信仰》說：「實際上魏晉以後就有不少學者主張『儒、道、釋三教一致』，在民間社會，大眾信仰具有為我所用的相容性的傾向，把媽祖塑造成既有仙質又有佛性的多姿多彩的女神，更容易為廣大崇拜者所接受。」[107]或可言之，媽祖信仰對於儒釋道三家文化的吸收與疊合是其信仰得以不斷地拓展的內緣因素，緣於現實生活的貼合，媽祖信仰與儒釋道三教文化存在著彼此融攝的關係，這樣的特點又構成媽祖信仰體系的基礎思想與價值觀，從而反映漢族民間文化的本色。緣此，本處特以媽祖故事來考察，分析、闡釋媽祖身世故事與儒釋道三家的歷史淵源與聯繫。

(一) 媽祖身世故事與道教文化的接連－神仙下凡救世

媽祖信仰從女巫發展至天后的過程中，其神性不斷地提升，祂吸收了儒釋道三家的文化，以海納百川之勢而成其大，這種開放性格也促成媽祖廣納眾多群眾崇拜。然而，觀察媽祖信仰與其他宗教的關係時，媽祖信仰與其他宗教的彼此借用應合了「魚幫水，水幫魚」的作用。

104 李露露：《媽祖神韵—從民女到海神》（北京：學苑出版社，2003年），頁55。

105 謝重光：〈媽祖信仰與儒釋道三教的交融〉，《汕頭大學學報》（人文科學版），1997年第5期，頁48－51。

106 吳國平：《瓣香湄洲》，頁143。

107 林國平、彭文宇撰：《福建民間信仰》（福州：福建人民出版社，1993年），頁156。

道教善於改造吸收各種神靈信仰並通過或隱或顯的方式將其納入自己的神靈體系之內，從而呈現出豐富多彩的神靈崇拜現象。[108]關於媽祖信仰與道教的關係，媽祖信仰的發軔是在崇道背景下蘊生，因此媽祖信仰的拓展之初便與道教存在著難以切割的糾葛。或可言之，媽祖信仰的發展是儒家精神的體現，然而其外顯的特徵與形象頗多與道教文化相涉。宋·李丑父〈靈惠妃廟記〉：「妃林氏，生於莆之海上湄洲，洲之土皆紫色，咸日必出異人。」[109]道教以紫色為尊，以紫為祥瑞的顏色，因此經土皆紫色的異相來暗示神仙異人的降誕，林國平、彭文宇《福建民間信仰》言「把媽祖出生隱喻為神仙的下凡，顯然是想渲染媽祖誕生非同尋常，同時道教也視媽祖為道教中人」[110]，李丑父該文似乎隱喻著媽祖為道家神仙下凡的想像。

宋代輪迴轉世之說和道教的神仙之說結合，發展出一套神仙下凡投胎為人的模式－神仙須下凡，歷經劫難，在人世行善立功，造福庶民，修得正果，重返天庭。媽祖信仰在道家盛行仙人下凡的思想下而隱約發展出媽祖為道家神仙下凡的想像。元代關於媽祖的敘事並沒有太多的新變，因此媽祖故事與道教並沒有建立更明顯的聯繫。到了明代，媽祖為仙人下凡的敘事有所拓衍，道教信眾將祂較為明顯地納入道教的神靈體系，如《太上老君說天妃救苦靈驗經》謂太上老君在無極境中，觀見人民舟船飽受威脅，遂派斗中妙行玉女下凡，救渡生民。其文：

> 爾時，太上老君在無極境界，觀見大洋溟渤，河瀆川源，四海九江，五湖水澤，蛟蜃魚龍，出沒變化，精妖鬼怪，千狀萬端，有諸眾生，或以興商買賣，採寶求珍，出使遐荒，交通異域，外邦進貢，上國頒恩，輸運錢糧，進納貢賦，舟船往復，風水不便，潮勢洶湧，驚濤倉卒，或風雷震擊，雨雹滂沱，其諸鬼神，乘此陰陽變化，翻覆舟船，損人性命，橫被傷殺，無由解脫，以致捉生代死，怨怒上衝，何由救免？
> 於是，廣救真人上白天尊曰：斗中有妙行玉女，於昔劫以來，修諸妙行，誓揚正化，廣濟眾生，普令安樂。
> 於是，天尊乃命妙行玉女，降生人間，救民疾苦，乃於甲申之歲三月二十三日辰時，降生世間，生而通靈，長而神異，精修妙行，示大神通，救度生民，願與一切含靈，解厄消災，扶難拔苦，功圓果滿，白日上升，土神社主，奏上三天。[111]

《太上老君說天妃救苦靈驗經》出於明初，假託太上老君及廣救真人來說媽祖降世救

108 李利安：《觀音信仰的淵源與傳播》，頁406。
109 李丑父：〈靈惠妃廟記〉，收入《媽祖文獻史料彙編（第一輯）碑記卷》，頁4。
110 林國平、彭文宇：《福建民間信仰》，頁155。
111 《太上老君說天妃救苦靈驗經》，收錄於《正統道藏》洞神部本文類傷字號。

媽祖九九證仙班升天。(圖像來源:許葉珍匯輯《天后聖母事蹟圖志》)

苦護民之事，並將媽祖的出身託言為斗中妙行玉女下凡，從而將媽祖納入道教神明之列。施舟人(Kristofer Schipper)指出「此經分明為道士之作，它竭力賦予這位湄洲島上的民間女神一個符合道教神學的由來，云太上老君見舟船翻覆，損人性命，乃命北斗星中的妙行玉女降生人間，救民疾苦」[112]道教崇拜三光，即日月星，尤其特別崇奉鬥星，媽祖為斗中妙行玉女之說，乃將媽祖納入道教的星宿神。媽祖這一套傳衍自道教仙人下凡的母題敘事，歷來多有傳衍，迄於近代不少關於媽演繹媽祖故事的小說、戲劇以及部分的民間口傳敘事頗多可以發現媽祖為仙人下凡降世、救苦護民之事，內蘊著道教文化的質素，其中仙人下凡的母題敘事即是一種顯現。

媽祖身世故事與道家文化的鏈結過程中，除了道教仙人下凡的相關敘事外，媽祖神性的養成也出現一些源自於道述的詮釋。關於媽祖靈力的來源與修習的法術，宋元時期多半只是「預知人禍福」、祈雨、醫病等巫術之屬，究竟媽祖使的是什麼性質的靈力並未

112 施舟人(Kristofer Schipper):〈《道藏》所見近代民間崇拜資料的初步評論〉,《漢學研究通訊》,12卷2期(總46期),1993年6月,頁96。

有太多的著墨，到了明代，在部分信眾將媽祖推向道教之神祇時，媽祖不僅外相有襲受道教神祇的痕跡，最為明顯的是媽祖所使的靈力應為道術，明末清初出現的《天妃顯聖錄》更是直接說明媽祖是修習道家仙術而成，《天妃顯聖錄·天妃誕降本傳》：「十三歲時，有老道士玄通者往來其家，妃樂捨之。道士曰：『若具佛性，應得渡人正果』。乃授妃玄微秘法。妃受之，悉悟諸要典。」[113]緣於媽祖習道術的敘事日漸衍化，由之出現將媽祖貼合道教神祇形象或稱號的敘事。清代，民間傳說崇禎皇帝敕封媽祖為「天仙聖母青靈普化碧霞元君」，以及「青賢普化慈應碧霞元君」，道教的神仙譜系中以男仙曰真人、女仙曰元君，把媽祖「天妃」的封號稱為「元君」，反映了部分群眾把媽祖定位為道教之神的努力。

媽祖形象除了被部分信眾納入道家神祇之列外，媽祖的形象也有襲受道家神祇的痕跡，其中最為明顯的便是對於西王母形象的襲受。媽祖從女巫到女神、天妃、天后的神性晉升過程中，因其為女神的身份自然地也從古代其他女神或女性英雄汲取某些質素來擴充其外在形象的特徵，其間媽祖的外在形象也從漢族的至上女神－西王母獲得造像質素。關於媽祖的外顯形象，早期的相關敘事並無太多著墨，迄於明初《太上老君說天妃救苦靈驗經》的刊行，媽祖有較具體形象的描述，此時媽祖已經以天妃之態出現，其外形依《太上老君說天妃救苦靈驗妙經》言：

> 是時。老君聞天妃誓言。乃敕玄妙玉女。錫以無極輔斗助政普濟天妃之號。賜珠冠雲履。玉珮寶圭。緋衣青綬。龍車鳳輦。佩劍持印。前後導從。部衛精嚴。黃蜂兵帥。白馬將軍。丁壬使者。檉香大聖。晏公大神。有千里眼之察奸。有順風耳之報事。青衣童子。水部判官。佐助威靈。顯揚正化。[114]

《太上老君說天妃救苦靈驗妙經》將媽祖所著繫服飾、法器以及陣仗等作了較為詳細地描述。根據李奕興考證，當前存世稱為明代的媽祖神尊造像在服飾表現則較吻合《太上老君說天妃救苦靈驗錄》「珠冠雲履，玉佩寶圭，緋衣青綬」的形制，在造像形制部份，媽祖頭戴飾物有二類，一是形狀帝后級的九旒冕冠及左右帽翅或冕冠造型較模糊而近似包巾帽式；另一是高髻綴飾展翅鳳鳥，腦後也有形似包巾飄帶，以示其天妃本色。[115]這樣的形象，羅春榮《媽祖傳說研究》一書指出媽祖的形象基本上是西王母形象的借用轉化而成。[116]

113 《天妃顯聖錄·天妃誕降本傳》，收入《媽祖文獻史料彙編（第二輯）著錄卷·上編》，頁87。
114 《太上老君說天妃救苦靈驗經》，收錄於《正統道藏》洞神部本文類，頁28－29。
115 參見李奕興：〈百變造像，金身如一－台灣媽祖造像的形式與特徵〉，收入《流動的女神：台灣媽祖進香文化特展》（台中：國立自然科學博物館，2011年10月），頁55。
116 參見羅春榮：《媽祖傳說研究》，頁55。

關於西王母的形象，漢．班固撰《漢武帝內傳》對西王母的形貌有生動的刻劃：「王母上殿東向坐，著黃金褡襦，文采鮮明，光儀淑目，帝靈飛大綬，腰佩分景之劍，頭上太華髻，戴太真晨嬰之冠，履元璚鳳文鳥，視之年三十許，修短得中，天姿掩靄，容顏絕世，真靈人也。」[117]《太平御覽》描寫西王母的形象為「乘紫雲之輦，駕九色斑龍，帶天真之策，佩金剛靈璽，黃錦之服，金光奕奕，結飛雲文綬，戴天太真晨纓之冠，躡方瓊鳳文之履，天姿掩霞，真絕世之人也。」[118]《太上老君說天妃救苦靈驗錄》所敘述的媽祖形象為「賜珠冠雲履，玉珮寶圭，緋衣青綬，龍車鳳輦，佩劍持印」，較之《太平卸覽》的西王母，「賜珠冠雲履」類同「戴天太真晨纓之冠，躡方瓊鳳文之履」，「緋衣青綬」類同「結飛雲文綬」，「龍車鳳輦」類同「乘紫雲之輦，駕九色斑龍」，「佩劍持印」類同「佩金剛靈璽」，反此等等都可以發現列入道家祀神的媽祖在其形象上某種程度上借用了西王母「女神」形象。

這種將媽祖的外顯形象以西王母來作範本的情形反映了媽祖信仰道教化的趨勢。這樣的發展型態在明代萬曆年間成書的《三教源流搜神大全．天妃娘娘》也可以發現，其文：「居無何，儼然端坐而逝，芳香聞數里，亦猶誕之日焉。自是往往見神於先後，人亦多見其輿從侍女擬西王母云。」[119]反映信眾將媽祖神格與排場規制以西王母作為基型來塑造，從而可以窺見媽祖形象對於西王母的襲授，這也是媽祖信仰吸收道家文化的顯現。

（二）媽祖身世故事與佛教文化的聯繫－觀音大士、龍女的化身

從媽祖故事中，我們可以發現媽祖的身世、形象的衍化與中國通俗佛教有著密切的關係，其中媽祖身世的衍化以及生平事蹟的敘事都與通俗佛教有關，尤其是通俗佛教的觀音信仰滲入媽祖信仰的現象是極為明顯的，由此促動媽祖信仰形象的建構。媽祖與觀音的神性鏈結是媽祖信仰發展過程中頗為明顯可見的，歷來學界有許多研究論文據此討論，侯坤宏〈當觀音遇見見媽祖－探討觀音信仰與媽祖信仰的關係〉統整歷來探討媽祖與觀音的關係之論著，以「雙慈信仰」、「雙慈同廟雙供奉」等現象、語彙來體現媽祖與民俗觀音兩女神的特質與崇祀形態間的密合關係。[120]民間信仰中頗多視媽祖為觀音大士信仰的延伸，蔡相煇指出觀音信仰的上游神就是觀音菩薩[121]，游祥洲更提出媽祖觀音化、觀音媽祖化而造就「媽祖觀音一家親」的現象[122]，因而促成兩神形象的類同性頗高。或許可以這麼說，唐代以降觀音大士從佛教神明經由俗神化的發展而契合民間信眾

---

117 參見羅春榮：《媽祖傳說研究》，頁55。

118 《太平御覽》。

119 《三教源流搜神大全．天妃娘娘》，收入《媽祖文獻史料彙編（第一輯）散文卷》，頁55。

120 侯坤宏：〈當觀音遇見見媽祖－探討觀音信仰與媽祖信仰的關係〉，《府城大觀音亭與觀音信仰研究》，頁383－425。

121 蔡相煇：〈媽祖信仰的宗教本質〉，《空大人文學報》第19期，2010年12月，頁137－138。

122 釋厚重：《觀音與媽祖》序言（台北縣永和市：稻田出版社，2005 年12月），頁5－7。

的情思，逐漸發展成為最貼合漢人民間信仰的慈悲女神，這一在民間流傳普遍的民俗民俗觀音成為媽祖信仰發軔後的範本，媽祖信仰從女巫衍化至正神的發展過程中，無論是身世、靈應等敘事勢必有所演化，因此俗神化的觀音大士是趨於正神化的媽祖最普遍可以襲受的參考對象，因此媽祖信仰有意無意地借用了觀音信仰的質素來發展自己的信仰內容。

大致而言，媽祖信仰對於觀音大士的襲受主要表現在中國化、世俗化的觀音信仰。大約在南北朝以前，中國佛教基本恪守著印度佛教關於觀音菩薩的一切說教，觀音繼續保持「偉丈夫」的瀟灑形象；宋代以後，中國人大膽地將其從男人變成了女人，適應觀音形象的這種重大變革，中國民俗佛教史上出現了觀音菩薩新的身世說，即妙善公主的傳說。[123]考察媽祖與觀音二神的身世故事，明代萬曆年間成書的《三教源流搜神大全·天妃娘娘》將媽祖的出生套上感生異孕的說法，這種感生異孕的身世背景猶如觀音大士的翻版，宋·蔣之奇(1031-1104)撰〈大悲菩薩傳〉：

> 往昔過去劫，有王名妙莊嚴王，夫人寶德，無生太子，惟有三女。長曰妙顏，次曰妙音，小曰妙善。始孕妙善，夫人夢呑月。及誕之夕，大地震動，異香天華遍及內外，國人駭異。[124]

觀音大士為其母夢吞月而孕，媽祖則為其母夢吞優缽花或觀音所贈丸藥而孕。觀音誕生時呈現大地震動、異香遍及內外的異相，媽祖誕生之時呈現地變紫、異香聞裡許的異相，此等關於兩神的異孕]感生、誕生異相等詮釋都是極為類似的，由之可以想見其中或存承襲關係。

再觀察兩神在家庭倫理上同樣彰顯孝道文化也是相似的。觀音與媽祖顯聖內容都具有與中國傳統融合，從靈驗故事，知觀音的神力救難中土化，媽祖則是本土化了，如同二者極力宣揚「孝道」，以啟發大眾，平日盡孝事親。是其信仰能夠深入、持久於人心的關鍵作用。[125]關於媽祖體現孝道的事蹟，一說為媽祖投海救父，張學禮《使琉球記》：「天妃姓蔡，閩海中梅花所人，為父投海身死，後封天妃。」[126]此等傳說反映媽祖為父捨身而成其道，這種為父捨身的敘事情節在觀音大士的身世故事也可以發現，宋·蔣之奇撰〈大悲菩薩傳〉：

123 參見李利安：《觀音信仰的淵源與傳播》，頁392－392。
124 蔣之奇：〈大悲菩薩傳〉（刻於石碑，此石碑現存香山寺）。
125 釋厚重：《觀音與媽祖》，頁232。
126 張學禮：《使琉球記》，收入自《媽祖文獻史料彙編（第一輯）散文卷》，頁76。

宣王敕命曰：國王為患迦摩羅疾及今三年，竭國神醫妙藥莫能治者。有僧進方，用無嗔人手眼乃可成藥。今者，竊聞仙人修行功著，諒必無嗔。敢告仙人，求乞手眼治王之病。使臣再拜，妙善思念：我之父王不敬三寶，毀滅佛法，焚燒刹宇，誅斬尼眾，招此疾報。吾將手眼以救王厄。既發念已，謂使臣曰：汝之國王膺此惡疾，當是不信三寶所至。吾將手眼以充王藥，惟願藥病相應，除王惡疾。王當發心歸向三寶乃得痊癒。言訖，以刀自抉兩眼，複令使臣斷其兩手。爾時，偏山震動，虛空有聲，贊曰：稀有稀有，能救眾生，行此世間難行之事。[127]

觀音為妙莊王第三公主妙善，因為治癒其父妙莊王病，乃挖眼斷臂為藥引來治癒其父。雖然觀音與媽祖的救父敘事略有不同，但同樣有為父捨身的情節敘事都以彰顯孝道為核心事件，兩種敘事詮釋的意念是相通的。因此，觀音大士成為媽祖形象建構的主要範本之一。

談及媽祖的出身，宋·丁伯桂〈順濟聖妃廟記〉：「神莆陽湄洲林氏女，少能言人禍福，歿廟祀之，號通賢神女，或日龍女也。……」[128]關於龍女所指為何？一說為龍王之女，貼合媽祖海神的形象；另一說則指為觀音大士二位脇侍之一龍女。蔡相煇〈媽祖信仰的宗教本質〉指出：《華嚴經》中龍女是佛講經時佈放法雲的使者，是一個引導眾生接受佛法開示的仲介者，丁伯桂指媽祖為龍女，應是指媽祖生前曾扮演類似龍女的角色，也就是為觀音散佈法雲接引眾生的使者。[129]

如果要考察媽祖與觀音大士的關係，這是目前最早疑似連結媽祖與觀音大士的宋代文獻史料。媽祖的龍女身份是否為觀音大士的脇侍者仍有待確認，不過元代以來，媽祖的神性發展過程中逐漸強化媽祖與觀音大士的繫連，元代黃四如〈聖墩順濟祖廟新建蕃釐殿記〉：

按舊記，妃族林氏，湄洲故家有祠，即姑射神人之處子也。泉南、楚越、淮浙、川峽、海島，在在奉嘗；即補陀大士之千億化身也。[130]

該文指出媽祖為「補陀大士之千億化身」，亦即媽祖就是觀音的化身。媽祖與觀音形象的疊合或與南海護航使者的身份有關，媽祖信仰發軔之初便以海上護航救難作為其神性的雛形，這樣的形象其實與觀音大士相涉。宋·徐兢（1091—1153）《宣和奉使高麗圖

127 蔣之奇：〈大悲菩薩傳〉（刻於石碑，此石碑現存香山寺）。
128 丁伯桂：〈順濟聖妃廟記〉，收入《媽祖文獻史料彙編（第一輯）碑記卷》，頁3。
129 參見蔡相輝：〈媽祖信仰的宗教本質〉，《空大人文學報》第19期，2010年12月，頁139。
130 黃四如：〈聖墩順濟祖廟新建蕃釐殿記〉，收入《媽祖文獻史料彙編（第一輯）碑記卷》，頁10。

經》：「其深麓中有蕭梁所建寶陁院，殿有靈感觀音......自後海舶往來，必詣祈福，無不感應......」[131]可見至少從宋代開始觀音即為航海之人奉為守護神，因此出海之人往來多向觀音求庇護。由之可見，媽祖護航救難的神職與觀音大士類同，因此民間容易產生形象的混同，這樣的情形或許是促成媽祖與觀音大士產生鏈結的原因之一。

元代以來，媽祖為觀音大士的化身已見媽祖信仰與通俗佛教的聯繫，由之詮釋媽祖與觀音大士的關係在明代三教合一的時代思潮下更為發展，明代《三教源流搜神大全·天妃娘娘》：

> 妃，林姓，舊在興化路寧海鎮，即莆田縣治八十里濱海湄洲地也。母陳氏嘗夢南海觀音與以優缽花，吞之，已而孕十四月，始免身得妃；以唐天寶元年（742）三月二十三日誕，誕之日，異香聞里許，經旬不散。幼而穎異，甫週歲，在繈褓中，見諸神像，叉手作欲拜狀；五歲能誦《觀音經》，十一歲能婆娑按節樂神，如會稽吳望子、蔣子文事……。[132]

媽祖故事貼合觀音大士在元代已開始，《三教源流搜神大全》所述天妃事可能是承衍元代併同在明代三教合一的背景下所衍化而來，因此《三教源流搜神大全·天妃娘娘》滲進了媽祖與觀音大士的因緣，諸如天妃母夢見觀音送予優缽花、天妃五歲能誦《觀音經》等，都經由故事講述貼合媽祖與觀音大士的神性關係。優缽花為優缽羅，梵語utpala，意譯作青蓮花，是一種極樂世界裡極其獨特的蓮花，為佛教文化下的產物，媽祖母親吞優缽花而孕，暗喻著媽祖從佛界而來。《天妃顯聖錄·天妃降誕本傳》則是觀音賜丸藥而異孕，其文：

> 父年四旬餘，每念一子單弱，朝夕焚香祝天，願得哲胤為宗支慶。歲己未（959）夏六月望日，齋戒慶讚大士，當空禱拜曰：『某夫婦兢兢自持，修德好施，非敢有妄求，惟冀上天鑒茲至誠，早錫佳兒，以光宗祧』！是夜王氏夢大士告之曰：『爾家世敦善行，上帝式佑』。乃出丸藥示之云：『服此當得慈濟之貺』。既寤，歆歆然如有所感，遂娠。二人私喜曰：『天必錫我賢嗣矣』！」[133]

由之揭示元明代以來，媽祖源於觀音而來的說法愈加發展，明·林堯俞〈天妃顯聖錄序〉：「生而靈異。少而穎慧，長而神化，湄山上白日飛昇，相傳謂大士轉身。其救世利人，扶

131 徐經：《宣和奉使高麗圖經》卷34（台北：台灣商務印書館，1971年），頁119。
132 《三教源流搜神大全·天妃娘娘》，收入《媽祖文獻史料彙編（第一輯）散文卷》，頁55。
133 《天妃顯聖錄·天妃降誕本傳》，收入《媽祖文獻史料彙編（第二輯）著錄卷·上編》，頁87。

危濟險之靈，與慈航寶筏，度一切苦厄，均屬慈悲至性。」[134]該文指出媽祖即觀音大士轉身而來，因而兩神的性格、神性頗為一致。這與媽祖的神性與形象發展，到了明清之際，更傾向「觀音化」的趨勢是一致的，其慈悲性從元代「不以禍福生死人」流傳至明清以至現今，其位階、神力也逐漸增高，與觀世音菩薩的「慈悲」與「法力強」的形象幾乎重疊，同為民間所仰賴的高階神祇。[135]

媽祖與觀音大士的聯繫也反映在祂的兩大部將，《天妃顯聖錄·降伏二神》：

> 先是西北方金水之精，一聰而善聽，號「順風耳」，一明而善視，號「千里眼」。二人以金水生天，出沒西北為祟，村民苦之，求治於妃。妃乃雜跡於女流採摘中，十餘日方與之遇。彼誤認為民間女子，將近前，妃叱之，遽騰躍而去，一道火光如車輪飛越，不可方物。妃手中絲帕一拂，霾障蔽空，飛揚卷地。彼仍持鐵斧疾視。妃曰：『敢擲若斧乎』？遂擲下，不可復起。因咋舌伏法。越兩載，復出為厲；幻生變態，乘濤騎沫，滾盪於浮沉蕩漾之中，巫覡莫能治。妃曰：『江河湖海，水德攸鍾，彼乘旺相之鄉，須木土方可克之』。至次年五、六月間，絡繹問治於妃。乃演起神咒，林木震號，沙石飛揚。二神躲閃無門，遂拜伏願皈正教。時妃年二十三。[136]

把他們（二神）安排到媽祖傳說體系中來，當是為了一種需要，也代表海神媽祖具有無限的法力，我國古代航海技術尚不發達，對於天氣的預測手段也很落後，漁民們出海常會遇上惡劣氣候的襲擊，所以，他們幻想和渴望著有一種神靈，在千里之外能聽到或看到大海上的情況，一旦有情況好及時傳遞消息，實施救助。[137]千里眼、順風耳概從佛經所說「佛有六通」的「天眼神」和「天耳通」等佛性而來概從佛經所說「佛有六通」的「天眼神」和「天耳通」等佛性而來。千里眼執行觀察眾生疾苦的任務，順風耳則執行聽取眾生聲音的任務，輔助媽祖普渡眾生；由於千里眼和順風耳的功能主要是在「觀」及「音」的方面，二者相合，正為「觀音」之意，故元代人民遂以媽祖為觀音的化身。[138]由千里眼、順風耳二神來悉之，媽祖與觀音似為名異而實同。

明代以降，媽祖為觀音化身或受觀音渡化而成就其功蹟的敘事母題已然成為媽祖身世故事相當重要的環節，也是民間普遍對於媽祖的認知，我們從各地多座媽祖廟的楹聯對句便可發現媽祖與觀音大士的關係，如：

134 〈天妃顯聖錄序〉，收入《媽祖文獻史料彙編（第二輯）著錄卷·上編》，頁72。
135 吳艷珍：《媽祖顯聖研究：一個人神關係的思考》（淡水：私立淡江大學中國文學研究所碩士論文，1995年）。頁102。
136 《天妃顯聖錄·機上救親》，收入《媽祖文獻史料彙編（第二輯）著錄卷·上編》，頁89。
137 吳國平：《辦香湄洲》，頁70－71。
138 陳庭恩、陳嫣雪：〈媽祖形象轉變、宗教信仰及政治形態之考釋〉，收入《神話與文學論文選輯》，頁125。

媽祖降伏二神。(圖像來源:仙遊楓塘宮藏《天后顯聖故事圖軸》)

安徽省宿松縣天妃殿楹聯:

左宗棠(1812-1885)作

天后是大士分身,只分前後降世;法像應小姑同體,不同遲早飛來。[139]

上海市揭普豐會館天后殿楹聯:

以母坤儀天下,與佛家觀世音,同具慈悲法力;

自宋代迄昭代,合皇輿大一統,共欽神聖威靈。[140]

139 徐玉福編著:《媽祖廟宇對聯》,頁51。

140 徐玉福編著:《媽祖廟宇對聯》,頁30。

此等楹聯反映了許多信眾視媽祖為觀音大士化身，媽祖為觀音大士化身而來通常也結合媽祖身世出身乃「觀音大世賜丸巽孕而生」的母題，觀音大士在媽祖信仰以及其身世故事始終是不可或缺的角色。媽祖與觀音在神性上的接連也反映在媽祖為龍女之說的衍化，民間也有流傳媽祖就是觀音大士協侍龍女降生而來。

除了媽祖為觀音大士的化身之敘事外，在許多媽祖身世故事中，觀音大士的角色具有渡化媽祖的作用，儼然是媽祖精神上的師父，如明代《三教源流搜神大全·天妃娘娘》言「五歲能誦《觀音經》，十一歲能婆娑按節樂神，如會稽吳望子、蔣子文事」誦《觀音經》意蘊著媽祖神性的養成乃源於觀音大士而來，媽祖是觀音弟子的想像因此等敘事與龍女之說而衍化，緣於媽祖為觀音弟子的想像，1995年台灣中國電視台古裝劇以《媽祖拜觀音》為名演繹媽祖的故事，從而可以想見媽祖為觀音大士渡化而成的民俗思維。

媽祖與觀音的形象聯繫與關係也反映在媽祖的祭祀文化，媽祖是因觀音大士的授藥而感生，幼時又習觀音經等佛經，因此有些信眾認為觀音和媽祖是師徒關係，也有人直接指稱媽祖就是觀音的化身。因此觀音與媽祖的祭祀或靈應事蹟之雜揉也是常見的，如《天妃顯聖錄·藥救呂德》：

> 洪武十八年，興化衛官呂德出海守鎮，得病甚危篤，求禱於神。夢寐間見一神女儼然降臨，命侍鬼持丸藥，輝瑩若晶珀，示之曰：『服此當去二豎』。正接而吞之，遽寤，香氣猶藹藹未散。口渴甚，取湯飲，嘔出二塊物，頓覺神氣爽豁，宿痾皆除，遂平復如初。是夕夢神云：『疇昔之夜，持藥而救爾者，乃慈悲觀音菩薩示現也，當敬奉大士』。呂德感神靈赫奕，遂捐金創建觀音堂於湄嶼。[141]

《天妃顯聖錄》所記為媽祖靈應事蹟，然〈藥救呂德〉所載施展靈力者為觀音大士，並指出呂德因感觀音的靈驗而於湄洲闢建觀音堂，並將此等事蹟載於《天妃顯聖錄》裡頭，由之反映觀音與媽祖有著密切的關係，因此再以媽祖為主題的專著中也雜錄觀音的靈應故事。

大體而言，元代以降媽祖信仰接合通俗佛教的質素，其中又以世俗化的觀音信仰為重心，因此媽祖為觀音化身而來或是媽祖師承觀音的想像敘事發展開來，此等想像甚至衍為民間知識，因此在通俗性極強的戲劇，幾乎都以觀音作為媽祖信仰的源頭，如：新編大型神話京劇國光劇團的《媽祖》之「序曲」交代媽祖乃觀音大士的一滴血所化而來，第三場「行善豈為己」演繹觀音勸默娘修道與盡孝應並行，並指示千里眼、順風耳協助默娘行善；動畫《海之傳說－媽祖》演繹媽祖12歲隨父母到寺廟燒香時，得觀音菩薩指

141 《天妃顯聖錄·藥救呂德》，收入《媽祖文獻史料彙編（第二輯）著錄卷·上編》，頁97。

藥救呂德。(圖像來源:許葉珍匯輯《天后聖母事蹟圖志》)

引，拜仙道玄通為師學習法術，最後觀音菩薩超度了默娘的元神，幫助默娘成仙。凡此等等，大多數以媽祖作為題材的戲劇多會演繹媽祖與觀音兩女神的淵源與互動，從而可見媽祖身世故事滲入通俗佛教的質素頗深。

(三) 媽祖身世故事與儒家思維的接合－孝女形象的強化

儒教信仰的神明化大多來自於聖賢崇拜，將功臣、名將與聖人轉而為崇拜的神明；這種崇拜來自於古代的英雄崇拜，如神話中的神人都轉為儒教的聖人，再與祖先崇拜合流，氏族的先人也由其豐功偉業轉化為神明；後來各朝代的傑出人士亦依循這個模式成為人們祭拜的神明。[142]觀察漢人民間信仰的祀神，從其信仰的起源來分類，有自然崇拜祀神、神話人物崇拜祀神、亡靈崇拜祀神、動物崇拜祀神、庶物崇拜祀神以及祖先崇拜等類型，其中由人走向神的亡靈崇拜祀神多有一套人衍神的過程，一個可以說明人成神

142 鄭志明:《中國社會的神話思維》，頁211。

的詮釋，這套詮釋多在儒家道德化的思維下開展，亦即人成神的詮釋往往是道德化的事蹟。長久以來，儒家的倫理道德觀影響著大多數漢人的價值觀，緣於擬人化的神觀，因人而興的亡靈崇拜祀神也自然地以倫理道德為歸向，因此亡靈崇拜必須貼合漢人價值觀的肯定，亡靈才有辦法超越一般人死後成鬼的想像，取得群眾的肯定而成為祀神，從而獲得群眾的肯定往往是其生前的道德化事蹟。緣此，亡靈崇拜神頗多是因道德化事蹟而成神，將眾神道德化是亡靈崇拜常見的發展過程。

從民間信仰來觀察漢人的亡靈崇拜，常常可以發現－亡靈因生前的道德化事蹟而成神，或是亡靈成神後被賦予道德化的事蹟，顯見儒家處世的道德標準深刻地影響著民間的信仰崇拜，因此眾神時時體現仁民愛物、樂善崇德的精神。經由儒家道德思想的薰染，漢人亡靈崇拜多依循著儒家道德準則而發展，「忠孝節義」等儒家所講究的生存價值觀經常是檢視亡靈能否成神的標準，也就是彰顯儒家道德化的行誼往往是人往生後成神祭祀的關鍵。因此，亡靈崇拜祀神的展過程中，道德化的事蹟是不可或缺的，即便生前沒有顯著的道德化事蹟，信眾在其信仰的發展過程中往往會賦予道德化的靈蹟或作為。媽祖信仰在漢人民間社會發展自然免不了內蘊著這一套亡靈崇拜祀神的思維模式，因此媽祖信仰的發展一直處處散發著道德化的光環，我們從媽祖故事的衍化過程中，便可以發現的儒家道德化的處世標準的確深刻地影響媽祖信仰的敘事。或可言之，媽祖信仰的發軔與推波助瀾，一直貼合儒家德行我的生命重心，這樣的發展型態透過媽祖信仰敘事來塑造，這也是媽祖從人走向神的關鍵，同時也是媽祖從鄉土雜神步入國家祀典神明的橋樑。

整體而言，媽祖信仰體現了儒家所講究的道德生命，因此媽祖祀神獲得民間庶民的肯定而成為陽神，我們從其身世故事與靈應故事來觀察，媽祖故事的確多是顯現儒家「孝道」與「仁愛」的精神，這也是媽祖成神與神性提升的核心價值。下述，筆者從媽祖故事來分析，闡釋媽祖成神與其信眾彰顯其靈力的民間思維，從而發現媽祖信仰與儒家思想的聯繫。

民間信仰崇尚有靈即興，然而有靈即興的信仰發展多必須有一套解釋信仰對象的源起，民眾經由解釋而認識這個信仰對象，並相信這個信仰對象會以其靈力來庇佑他們，而非是一股為禍作祟的邪惡力量，民眾判別靈力的正邪善惡與否往往就是以儒家的道德觀來分析的，具有儒家道德化形象的靈力會被視為神來崇祀，反之便成為人間作祟的鬼妖精怪等之類。即便民眾初始以恐懼靈力為禍的心態來祭祀，當將此靈力視為神時，也多會再賦予一些道德化的事蹟與行事來證明他們信仰的對象是正面賜福避禍的陽神。緣於這樣的發展態勢，神明信仰不管是發展之初抑或發展後，信眾往往會以道德化的事蹟來詮釋他們信仰的對象。

分析媽祖如何得以成神？媽祖憑藉什麼來獲取信眾認同她是神？除了有靈即興的現實需求外，在其信仰發軔之初恐怕還需要一套解釋，詮釋她為何能獲得群眾認同而展現有靈即興的能力。首先，從宋代幾則文獻史料來分析，媽祖死後得以獲得祭祀的原因為「知人禍福」、「言人禍福」、「言人休咎」等，這些說法似為媽祖具有巫術能力而呈現有靈即興的信仰質素。實際上，靈力的施展有助人與害人兩種，媽祖死後得以為群眾信服而建廟祠祀的原因當屬前者，媽祖透過其預知禍福的靈力來幫助人，因此死後依然為眾信所崇拜信仰。媽祖的原始身份為巫，「言人禍福」等靈力是其對於古代民間社會的作用，早期社會民間需要巫來治病、祈福驅災，媽祖就是以這種助民攘禍趨吉的形象而獲得信眾肯定與認同，因此她成為民間祀神的一員，這種助民攘禍趨吉的行為就是儒家仁民愛物的精神，這種「仁愛」的道德化事蹟促成媽祖死後成神。

媽祖成神的關鍵當是其生前傳衍的事蹟契合「仁愛」的儒家道德要求，因此在媽祖信仰的發展過程中，媽祖助人濟民的仁愛作為不斷地擴衍，迄於明末清初的《天妃顯聖錄》，媽祖生前助人濟民的事蹟已經敷衍開來，〈天妃降誕本傳〉云：「驅邪救世，屢顯神異。常駕雲飛渡大海，眾號曰『通賢靈女』。」[143]驅邪救世以至於天妃誕降本傳以下臚列媽祖生前靈異事蹟，諸如化草渡商、禱雨濟民、降伏二神、靈符回生等再再訴說著媽祖生前助人濟民的仁愛精神，至於《天妃顯聖錄》羅列其成神後的靈應故事更是媽祖仁愛精神的展現。承而觀之，媽祖信仰的發軔與其日後所衍生的助人濟民的事蹟都圍繞著「仁愛」核心精神；或可言之，媽祖以「仁愛」的特質促成其成神以至於擴展正神的形象。因此，其後媽祖身世故事中也衍化彰顯媽祖仁愛精神的敘事情節，如《天妃顯聖錄》載「十三歲時，有老道士玄通者往來其家，妃樂捨之。道士曰：『若具佛性，應得渡人正果』。乃授妃玄微秘法。」，後世衍化出玄通化作乞丐來考驗默娘的敘事，如何世宗、謝進炎彙輯：《媽祖信仰與神蹟》載錄一則〈初遇玄通道士〉故事：

> 有一天默娘和姊姊們出去遊玩，在街上看見一位既髒又臭的乞丐，在市街上行乞，眾人都不理會他的乞求，只有默娘心生慈悲，將身上穿戴的銀鐲子及姊姊的銀鐲子都借來送給了乞丐，乞丐心想這真是個佛根未退的孩子，生性慈悲，乞丐一轉身就不見了，大家這時才議論紛紛的說，這個乞丐一定是神仙化身，下凡來試探人心的善惡，這個乞丐其實就是玄通道士的化身，也就是後來到默娘家，傳授她法術的師父。[144]

求道法修佛的考驗母題在中國歷來不少，如黃石公三化作老人考驗張良，張良終以至誠

143 林堯俞供稿、釋照乘等修訂刊佈：《天妃顯聖錄．天妃降誕本傳》，收入《媽祖文獻史料彙編（第二輯）著錄卷．上編》（北京：中國檔案出版社，2009年10月），頁87。

144 何世宗、謝進炎彙輯：《媽祖信仰與神蹟》（台南市：世峰出版社，2001年1月），頁13。

打動黃石公。此則敘事媽祖以慈悲仁愛的精神通過玄通道士的考驗而得以日後獲玄通道士授玄微祕法，敘事的重心其實便在凸顯媽祖的仁民愛物的形象。再見一則關於彰顯媽祖仁愛與孝道的敘事：

> 相傳默娘小時候常在街上玩，有一次在街上遇見一個老乞丐，負母討乞，可憐之極。默娘心善給老乞丐一些銀子，老乞丐則給他一個小木人，囑附她遇到危難時，用煙熏木人之背，便有解救之法。後來默娘媽媽病了，她以煙熏木人背，木人身上出現「尋南山玄通道士」。她獨去南山，遇一似道士之石像，跪拜禱求，道士感其心誠，遂由石變成真人，與之相見，贈以靈丹妙藥。默娘回家後，救了母親。[145]

這一則傳說同時鋪陳媽祖仁愛與孝道的精神，媽祖因仁愛而救濟老乞丐，因救濟老乞丐而成就其救母的孝心，呈現出媽祖對於儒家倫理道德的實踐。

媽祖信仰除了體現「仁愛」的特質外，媽祖成神的說法另外開展出一套媽祖以孝悌作為成神的敘事。「百行孝為先」，孝道是儒家講究道德的根基，媽祖在成神後，信眾在詮釋其生前事蹟而衍為神的敘事傳衍中，明代以後「孝道」成為形塑媽祖形象的重心，許多後出的媽祖身平傳說把敘事重心放在孝道的凸顯，媽祖孝女的形象也成為其顯著的特徵。或可言之，媽祖死後成神所體現的價值觀之一便是媽祖以孝成神。明·王權作於嘉靖34年（1555）〈天妃廟碑記〉：「妃，莆人，宋都巡檢林願之女，生而神靈，沒後鄉人立廟於此。又或謂以孝女成神。」[146]，我們從各地多座媽祖廟的楹聯對句便可發現媽祖孝女形象是信眾頗為肯定的特質，如：

> 湄洲祖廟楹聯：
> 螺港鐘靈奇女子救父尋兄惟孝悌亦惟忠信，
> 鯑江著跡真聖人扶危拯險大慈悲即大英雄。[147]

> 長島縣顯應宮楹聯：
> 救父海中，渾身是銅牆鐵壁；警心夢裡，夙世有慧業靈根。[148]

這些楹聯呈現媽祖「救父海中」、「扶父尋兄」等孝女形象是民間所津津樂道的，媽祖孝

145 李露露：《華夏諸神—媽祖》（臺北市：雲龍出版社，1999年6月），頁40。
146 王權：〈天妃廟碑記〉，收入《媽祖文獻史料彙編（第一輯）散文卷》，頁62。
147 徐玉福編著：《媽祖廟宇對聯》（南昌：江西人民出版社，2000年4月），頁111。
148 徐玉福編著：《媽祖廟宇對聯》，頁155。

機上救親是媽祖重要的靈應事蹟。(圖像來源:仙遊楓塘宮藏《天后顯聖故事圖軸》)

道的體現可以說是其成神的質素之一，因此後世言其媽祖身世故事多不會忽略媽祖為孝女的敘事。關於媽祖生前所體現的孝道精神，《天妃顯聖錄·機上救親》:

> 秋九月，父與兄渡海北上。時西風正急，江上狂濤震起。妃方織，忽於機上閉睫遊神，顏色頓變，手持梭，足踏機軸，狀若有所挾而惟恐失者。母怪，急呼之，醒而梭墜，泣曰:『阿父無恙，兄沒矣』！頃而報至，果然。彼時父於怒濤中倉皇失措，幾溺者屢，隱似有住其舵與其兄舟相近，無何，其兄之舵摧舟覆。蓋妃當閉睫時，足踏者父之舟，手持者兄舵也。[149]

149 《天妃顯聖錄·機上救親》，收入《媽祖文獻史料彙編(第二輯)著錄卷·上編》，頁87—88。

機上救親的傳說乃彰顯媽祖以其靈通欲救父兄，充分展現具儒家「孝悌之道」的精神，其結果雖未能成功救其兄長，然救父的事蹟已形塑成「孝女」的形象，顯現儒家重視孝道的思想。緣於媽祖孝女形象的強化，機上救親或遊魂救父兄的敘事在清代以降頗多衍為救父未成而加強媽祖傷心的刻劃，甚至出現不少媽祖媽祖因父死而哭死或投海救（尋）父而死的說法。關於媽祖的死，普遍的說法是「飛升」和「羽化」，也有人說是「救海捐軀」[150]；不過，也有不少傳說故事衍為媽祖因父而死，如如張學禮《使琉球記》：「天妃姓蔡，閩海中梅花所人，為父投海身死，後封天妃。」[151]，福建省連江縣馬港天后宮〈重修媽祖廟（天后宮）碑記〉：

> 媽祖娘娘，宋代閩省林氏女，事親至孝，父兄捕魚遇難，抱屍漂流斯島。嗣後，常顯靈異護佑漁航，沿海居民感受恩澤，立廟尊祀祭，易島名曰馬祖。康熙年間冊封天后。時際紅禍橫流，人心陷溺，超奉命戍守斯島，進剿寇逆治軍之餘，深體治心為本，固疆圖裕民生，端風氣正人心，守土有責，庶政並舉，正本清源，深維心為萬事主，孝居百行先，而孝女之事蹟足式懿範可風，孝義足昭日月，廟食宜享千秋，敬重修廟宇以彰孝烈用，勒於石永崇祀典。[152]

媽祖救父而亡的傳說在台灣也有所流傳，如〈重建「鳳芸宮」廟誌〉：「凡人終不免於一死，豈有因無疾而終者，故有海中救父，而為巨浪吞噬之說，時值重九日焉」[153]媽祖身世故事因父而死的衍化趨勢主要應當在塑造媽祖孝女的形象，刻意凸顯儒家所重視的孝道精神　媽祖成神也頗多被詮釋為因孝道而成，此等傳說反映著信眾將孝道黏合媽祖信仰，促成媽祖成神有一套合理而廣為大家認同、讚許的事蹟。

綜而言之，立德、立功、立言等三不朽是漢族人文思想的重心，對於漢人的思想和人生追求有著重要的意義。媽祖信仰的發軔或是媽祖成神源流的詮釋，無論是仁愛精神的體現，或是孝道文化的彰顯，「仁愛」與「孝道」堪稱是敘述媽祖得以成神的核心精神，因而媽祖所傳衍的敘事恰好就是立德、立功的體現，所以媽祖歷來的受封彰顯其有功於國更是立功的表現，或可言之媽祖生前的敘事是以儒家思想所追求的三不朽為根基。

---

150 吳國平：《瓣香湄洲》，頁57。

151 張學禮：《使琉球記》，收入自《媽祖文獻史料彙編（第一輯）散文卷》，頁76。

152 馬祖守備區陸軍中將彭啟超：〈重修媽祖廟（天后宮）碑記〉。

153 王三慶：〈重建「鳳芸宮」廟誌〉，收錄《漁父編年詩文集》（臺南市：臺南市文化局，2004年2月），頁40。

第叁章

媽祖靈應故事的發展與特點

吳國平《瓣香湄洲》指出：「一千多年來，關於媽祖的神話傳說散見於各種正史、官書、地方志、林氏族譜及各種私人筆記等文獻史籍中，總共約四五百條之多；內容多是以救疫、救水旱、濟饑、助堤滅禍、護使、助戰、平寇等為主，為中國古代神話傳說單個神中最為豐富、最為完整的寶庫，放射出十分瑰麗的光芒。」[1]實際上，關於媽祖的傳說故事除了文獻史料所載之外，各地媽祖信仰區所流傳的媽祖故事之數量相當龐雜，尤其是民間口傳的靈應敘事更是難以數計。統而觀之，媽祖故事的發展與衍化與媽祖俗信的發展密不可分，媽祖俗信的內涵更是潛藏在媽祖信仰的敘事裡頭，亦即探析媽祖信仰的發展脈絡與其內涵時，媽祖靈應故事是不容忽略的素材。

大抵而言，媽祖身世故事雖有衍化，但基本上多依循著穩定的敘事而傳衍，因此敘事的類型並沒有很大的變化；相較於此，媽祖靈應故事接合各地、各時代的需求而衍化，因而媽祖靈應故事的類型是多元而繽紛的，其與媽祖神性的發展也最為密切。媽祖故事歷經千餘年的發展，媽祖靈應故事也應時勢的推移而呈現出不同的時代面貌，從而伴隨著媽祖信仰的變化產生變異與拓衍，發展出一套體系頗為宏偉的信仰敘事素材，這一套龐大的媽祖靈應故事是研究媽祖信仰的珍貴素材，同時也是考察媽祖俗信文化的橋樑。

緣此，本章先整理分析古今文獻中關於媽祖靈應的敘事或記錄，從而闡述歷代媽祖靈應故事的發展脈絡，並探討各種媽祖靈應故事的流傳面向，並闡述媽祖靈應故事的特點及其及其內蘊的文化意涵、敘事思維，從而漸次闡釋媽祖靈應故事與其俗信活動的發展存在什麼樣的關係，以見媽祖靈應故事所潛藏的俗信文化之傳達訊息。

1 吳國平：《瓣香湄洲》（福州：海潮攝影藝術出版社，2003年9月），頁66。

第一節 媽祖靈應故事的類型與發展

一般說來，靈應故事大多為民間傳說，靈應故事是社會生活中人們的精神產物，是研究文化人類學的重要素材。媽祖靈應故事或與地域風土環境、民情相繫，頗具考察價值與意義，是探析俗信文化的絕佳素材。

本節，筆者以ATU分類法所涉及的母題（motif）、類型（type）來作媽祖靈應故事的分類與討論。關於故事類型，金榮華認為：「就整個故事的內容和結構作分析，把基本內容和主要結構相同而細節卻或有異的故事歸集在一起，取同捨異，就成為一個故事類型。」[2]談及故事類型牽涉到母題、類型的觀念。一個故事至少由一個以上的母題所構成，一個單一的敘事母題也可能成為一個完整的敘事故事。因此一個類型是一個獨立存在的傳統故事，可以把它作為完整的敘事作品來講述，組成它的可以僅僅是一個母題，也可以是多個母題。[3]由於靈應故事的重心在靈驗、感應的敘事，因此靈應故事類型的分類應當從單一事件的敘事母題著手。考諸靈驗故事的敘事結構，我們往往會發現它們有時候由若干的事件所組成，然而其中必然有一個最主要的事件－神鬼靈應過程的敘事，它應當就是這個故事的核心事件。羅鋼《敘事學導論》：

> 在故事中發生的大大小小的事件，有一種等級次第的關係，從敘事學的角度看，有的重要一些，有的意義小一些。法國敘事學家巴爾特把重要的事件稱為『核心』事件（kernel），把意義小一些的稱為『衛星』事件（Satellites），巴爾特認為，前者屬於功能性事件，後者是非功能性事件，功能性事件必須在故事發展的兩種可能性中作出某種選擇，這種選擇一旦作出，必然引發故事中接踵而至的下一個事件。[4]

核心事件是故事的關鍵點或轉折點，衛星事件則是核心事件的補充說明、情節延續、串起事件的功能。因此在故事中，核心事件是最基本的敘事邏輯，具有不可取代性的意義，核心事件如果改變則牽涉到故事旨趣的變異；衛星事件則是豐富、完成核心事件而已，改變衛星事件並不會破壞故事的中心思想。對照靈應故事的敘事結構，靈應過程的敘事必然是這個故事的核心事件之一，這個核心事件通常由單一的敘事母題所組成，有時卻也可能包含若干個母題。本文進行媽祖靈應故事的類型分類，便是以靈應故事的核心事件（靈應過程敘事）來作為分類的依據。

---

2 金榮華：《中國民間故事與故事分類》（新店：中國口傳文學學會，2007年），頁9。

3 參見〔美〕斯蒂·湯普森著（鄭海等譯校）：《世界民間故事分類學》，頁499。

4 羅鋼：《敘事學導論》（昆明：雲南人民出版社，1995年），頁82－83。

其次，我們如何作故事類型的分類？如何處理為數頗多的故事文本？丁乃通《中國民間故事類型索引》指出：像湯普遜和羅伯斯一樣，我覺得只有一二個變體的故事不能稱做一個類型，因此必須至少要有三個不同的故事異文，才能構成一個中國特有的類型。[5]因此本文在進行故事類型的分類時，大抵以「流傳的故事已經有相當數量的文字記錄，而且其中有不少篇章有著類同的核心事件」作為權宜的標準，因此目前若只發現單一的故事類型之文本則暫時不作故事類型的分類，這樣的標準亦可檢視這靈應故事類型的流傳是否普遍，從而思索這樣的故事類型是否足以反映媽祖信仰的現象。

綜覽方志、宮廟志、各地民間文學集以及媽祖信仰文獻史料等，宋代廖鵬飛〈聖墩祖廟重建順濟廟記〉、洪邁（1123－1202）《夷堅志•林夫人廟》、丁伯桂（1171－1237）〈順濟聖妃廟記〉構築了媽祖靈應故事的初始面貌。迄於明末清初，《天妃顯聖錄》的出現堪稱是宋元明以來媽祖靈應故事的集大成者，媽祖的神職屬性以及海神權威形象的塑造也在該書載錄的故事有所定位，媽祖信仰的隆盛發展也在該書的基礎下而推波助瀾，逐漸發展成為多元神力的中華女神。緣此，本節取諸媽祖靈驗故事的核心事件來作分類，並以宋代的廖鵬飛〈聖墩祖廟重建順濟廟記〉到明末清初的《天妃顯聖錄》以至於各地媽祖靈應故事為考察至主軸，從而勾勒各種媽祖靈應故事的發展與傳衍脈絡。

本節，筆者針對歷代媽祖靈驗故事的發展作說明，概析幾種媽祖信仰中較為普遍的靈應故事類型，進而闡述各時期各種媽祖靈應故事的歷史發展概況。

一、宋代媽祖靈應故事的發展

宋代媽祖信仰發軔之初，媽祖信仰由巫－神的發展過程中也逐漸衍生不少媽祖靈應的事蹟，諸如媽祖護助路允迪使高麗、聖墩枯槎顯聖、媽祖助平大溪寇等事蹟頻傳。大抵而言，這一時期媽祖的靈應仍帶有不少巫的色彩，諸如治病除瘟、祈雨止旱等都是古代巫師的作為，然而伴隨著媽祖信仰的神性發展，媽祖護航、助戰的事蹟也是頗為發達的。大致而言，宋代媽祖靈應故事類型主要因應媽祖信仰的發軔地莆田地區的海島型環境而生，復以宋代以來海上盜賊猖行，在應時應地所需，衍生許多媽祖護航免難、媽祖助戰禦敵的靈應故事類型，成為日後媽祖靈應故事最具代表性的兩種類型。分析宋代媽祖的靈應故事類型主要有六：

1.媽祖靈示民眾祭祀：媽祖透過靈力、顯異象或托夢來指示信眾祭祀祂。此種故事類型在媽祖靈應故事中不少，諸如廖鵬飛〈聖墩祖廟重建順濟廟記〉的枯槎顯聖、丁伯桂〈順濟聖妃廟記〉提及白湖廟、艮山祠也都是述說民眾感媽祖夢示而建。明末清初《天妃顯聖錄》內的〈顯夢闢地〉、〈銅爐溯流〉、〈起蓋鐘鼓樓及山門〉等篇章也都有都是透

---

5 丁乃通編著、鄭建成等譯校：《中國民間故事類型索引·導言》（北京：中國民間文學出版社，1986年），頁14。

歷代媽祖靈驗故事傳衍不已。

過神明以神物飄來或夢示等途徑來獲得民眾崇拜、建祠奉祀的敘事。

2.媽祖護航免難：媽祖以靈力來救助渡海民眾免於水難。媽祖以海神著稱，歷來媽祖護航免難的事蹟頻傳，媽祖護路允迪使高麗的海上救濟之故事更是媽祖信仰傳播初期很重要的神蹟，媽祖信仰傳播初期很重要的神蹟。明末清初《天妃顯聖錄》載錄不少媽祖護航免難的靈應故事，如〈朱衣著靈〉、〈怒濤濟溺〉、〈神助漕運〉、〈擁浪濟舟〉、〈廣州救太監鄭和〉、〈東海護內使張源〉、〈琉球救太監柴山〉、〈托夢護舟〉、〈燈光引護舟人〉、〈琉球陰護冊使〉、〈神助漕運〉等皆是此種類型的靈應敘事。

3.媽祖助戰禦敵：媽祖以自身靈力或引領部將參與戰事，或暗助軍士降伏敵寇。媽祖助戰禦敵的靈應故事最早載於南宋·洪邁《夷堅志·浮曦妃祠》，丁伯桂作〈順濟聖妃廟記〉則載錄了五則關於媽祖助戰禦敵的故事。明末清初《天妃顯聖錄》的靈應事蹟，媽祖助戰禦敵的靈應故事類型頗多，計有〈溫臺剿寇〉、〈平大奚寇〉、〈紫金山助戰〉、〈助擒周六四〉、〈火燒陳長五〉、〈舊港戮寇〉、〈夢示陳指揮全勝〉、〈助戰破蠻〉、〈湧泉給師〉、〈澎湖神助得捷〉、〈清朝助順加封〉、〈妝樓謝過〉等，數量上僅次於媽祖護航免難的靈應故事。

4.媽祖止旱澇天災：媽祖以靈力克服自然災難，主要包含水災、旱災等。宋·丁伯桂〈順濟聖妃廟記〉有二則關於媽祖止旱澇天災的敘事，媽祖止旱澇天災的靈應敘事從宋代以降頗為傳衍，明末清初《天妃顯聖錄》內〈奉旨鎖龍〉、〈救旱進爵〉、〈甌閩救潦〉等三篇都是媽祖止旱澇的靈應故事。

5.媽祖治病除瘟：媽祖以靈力或降符、開藥方等方式除去疾病或瘟疫。媽祖治病除瘟的靈應故事最早載於宋·丁伯桂〈順濟聖妃廟記〉，明末清初《天妃顯聖錄》也有載錄媽祖治病除瘟的敘事，如〈聖泉救疫〉、〈靈符回生〉等敘述媽祖以符令、菖蒲治癒病篤的縣令。

6.媽祖示警止禍：媽祖降乩或經由夢境、異象來預示災難的到來，尤其是對於水災、震災以及戰禍的示警。媽祖示警止禍的靈應故事最早見於宋·丁伯桂〈順濟聖妃廟記〉，其後仍有所傳衍，明末清初《天妃顯聖錄》載有3則媽祖示警止禍的靈應傳說：〈琉球救太監柴山〉、〈庇太監楊洪使諸番八國〉、〈托夢護舟〉等三篇。

下述，略述宋代這六種靈應故事類型的發展面向：

(一) 媽祖靈示民眾祭祀

鄉土神明從人至神的發展過程，除了經由道德化的事蹟來獲取民眾的認同崇拜外，常常會需要「有靈即興」的靈應敘事，促使民眾感應祂的靈力來崇拜牠。媽祖的原始形象為巫，分析其從女巫過渡到群眾祭祀的神祇之過程，信仰的發軔常常是神明顯靈示意群眾祭祀為開端，媽祖信仰的發展應當也有這樣的傾向，因此媽祖靈示民眾祭祀的信仰敘事便成為媽祖靈應故事最初發展的類型之一。我們考察現今載錄媽祖靈應故事的文本，最早的兩種史料－宋代廖鵬飛〈聖墩祖廟重建順濟廟記〉、洪邁《夷堅志·林夫人廟》都有媽祖靈示民眾祭祀的故事，由之可見，媽祖靈示民眾祭祀的故事類型是媽祖靈應故事發展的源頭之一。

關於這一故事類型，南宋·洪邁《夷堅志·林夫人廟》載有二則：

1.里中豪民吳翁育山林甚盛，深袤滿谷。一客來指某處欲吳許之，而需錢三千緡。客酬以三百，吳笑曰：君來求市，而十分償一，是玩我也。無由可諧，客即去。是夕大風雨至旦，吳氏啟戶，則三百千錢整疊於地。正疑駭次，外人來報，昨客所擬之木，已大半倒折走。往視其見.存者每皮上皆書林夫人三字，始悟神物所為。亟攜香楮詣廟瞻謝，見群木皆有運致於廟偰者。意神欲之，遂舉此山之植，悉以獻。仍辇元直還主廟人，助其營建之費。遠近聞者，紛然而來。[6]

2.一老翁家最富，獨慳吝，只施三萬。眾以為太薄，請益之，弗聽。及遣僕負錢出門，加重物壓皆不能移足。惶懼悔過，立增為百萬。新廟不日而成，為屋數百間，殿堂宏偉，樓閣崇麗，今甲于閩中云。[7]

雖然〈聖墩祖廟重建順濟廟記〉被視為是目前年代最早的媽祖文獻資料，但洪邁《夷堅志·林夫人廟》的資料來源可能早於〈聖墩祖廟重建順濟廟記〉。[8]洪邁《夷堅志·林夫人廟》兩則媽祖靈示民眾祭祀的故事保留了媽祖草創期的形象，媽祖透過靈力強勢迫

6 洪邁：〈林夫人廟〉，收入《媽祖文獻史料彙編（第一輯）散文卷》，頁1。

7 洪邁：〈林夫人廟〉，收入《媽祖文獻史料彙編（第一輯）散文卷》，頁1。

8 參見俞信芳：〈從媽祖的早期文獻看造神過程——兼論媽祖與寧波的關係〉，《中共寧波市委黨校學報》，第26卷第1期，2004年，頁92—95。該文指出洪邁《夷堅志·林夫人廟》早於〈聖墩祖廟重建順濟廟記〉的依據有二：一、洪文以「林夫人」為題，可見成文於賜廟額以前；二、洪文樸拙，講到媽祖施法，基本上是巫術的一套，保留了媽祖草創期的形象，與神祇形象相比，還有待于發展和完善。

媽祖靈應，明前跡復現神槎。（圖像來源：許葉珍匯輯《天后聖母事蹟圖志》）

使民眾捐木材、捐款來協助建廟的敘事帶有巫術色彩，同時其形象、行事也帶有雜祠淫祀的色彩，這樣的靈應敘事顯現媽祖成為奉祀對象的初始面貌。另一則廖鵬飛〈聖墩祖廟重建順濟廟記〉：

> 聖墩去嶼幾百里，元佑丙寅歲，墩上常有光氣夜現，鄉人莫知為何祥。有漁者就視，乃枯槎，置其家，翌日自還故處。當夕編夢墩旁之民曰：我湄洲神女，其枯槎實所憑，宜館我於墩上。父老異之，因為立廟，號曰聖墩。[9]

「當夕編夢墩旁之民曰：『我湄洲神女，其枯槎實所憑，宜館我於墩上。』」即是靈應的顯現，媽祖示意建廟祭祀是透過群眾感夢的方式來進行，夢示仍舊帶有巫術色彩，然相較於洪邁《夷堅志·林夫人廟》的載錄，〈聖墩祖廟重建順濟廟記〉載錄媽祖靈示民眾祭祀的敘事已經淡化女巫的形象。枯槎顯聖的故事類型類同東晉·王嘉（？－390），《拾遺記》：「堯登位三十年，有巨槎浮於西海，槎上有光，夜明晝滅，海人望其光，乍大乍小，若星月

9 廖鵬飛：〈聖墩祖廟重建順濟廟記〉，收入《媽祖文獻史料彙編（第一輯）碑記卷》，頁1。

之出入矣。槎常浮繞四海，十二年一周天，周而復始，名日貫月槎，亦謂掛星槎。羽人棲息其上，群仙含露以漱，日月之光則如瞑矣。虞夏之季，不復記其出沒，游海之人，猶傳其神偉也。」[10]，槎為媽祖所憑的敘事或為此類敘事的衍化。再看丁伯桂〈順濟聖妃廟記〉：

1.莆寧海有堆，元祐丙寅夜現光氣，環堆之人一夕同夢，曰：我湄洲神女也，宜館我。於是有祠曰聖堆。[11]

2.其年白湖童邵一夕夢神指爲祠處，丞相正獻陳公俊卿聞之，乃以地券奉神立祠，於是白湖又有祠。[12]

3.京畿艮山之祠，舊傳監丞商公份尉崇德日，感夢而建。祠臨江滸，前有石橋，經久摧剝。一日，里人取凉於橋，坐者滿地，忽有白馬自廟突而出，人悉駭散，橋隨圮，無一陷者，人知神之爲也。[13]

丁伯桂〈順濟聖妃廟記〉載錄了不少媽祖的靈應故事，其中有三則都是媽祖夢示民眾建廟的事蹟，第一則聖堆祠與廖鵬飛〈聖墩祖廟重建順濟廟記〉的聖墩廟為同一故事，第二、三則的白湖廟、艮山祠也都是述說民眾感媽祖夢示而建。綜覽宋代媽祖靈應故事頗多都是媽祖夢示民眾建廟故事類型，其中媽祖以枯槎靈示民眾建聖墩廟更是此一故事類型傳播的重心，見諸南宋·黃公度（1109－1156）〈題順濟廟詩〉：「枯木肇靈滄海東，參差宮殿翠晴空。」枯木肇靈所指當是聖墩廟的枯楂顯聖之靈應事蹟，可知聖墩廟的枯槎顯聖敘事在當時有相當程度的流傳，堪稱是媽祖信仰發軔的靈應敘事。

綜而言之，媽祖靈示民眾祭祀的靈應故事類型是媽祖信仰發軔的詮釋性敘事，因此這種類型的信仰敘事成為媽祖靈應故事的發展源流之一。此等故事類型隨著聖墩廟枯楂顯聖的傳衍而成為媽祖靈應故事的常見類型之一，尤其歷來許多媽祖信仰或媽祖廟肇建源流常有媽祖靈示民眾祭祀的靈應敘事，這也是媽祖信仰文化的一環。

（二）媽祖護航免難

媽祖護航免難的靈應敘事可以說是媽祖從人走向神的橋樑，民間信仰向來以「有靈即興」，媽祖亡後從人過渡到神的過程必須有靈力的張顯來助長其信仰，因此靈力的顯現是其獲得民眾認同的重要力量。或可言之，媽祖從巫到神的發展過程，除了媽祖靈示民眾祭祀的敘事外，最足以彰顯其靈力表現的詮釋便是媽祖護航免難的靈應故事，這也是媽祖信仰發展初期最重要的靈力表現。

關於媽祖護航的文字記錄，南宋·洪邁《夷堅志·林夫人廟》：「蓋嚐有大洋遇惡風而

10 王嘉：《拾遺記》（台北：黎明文化出版公司，1996年12月），頁29。
11 丁伯桂：〈順濟聖妃廟記〉，收入《媽祖文獻史料彙編（第一輯）碑記卷》，頁3。
12 丁伯桂：〈順濟聖妃廟記〉，收入《媽祖文獻史料彙編（第一輯）碑記卷》，頁3。
13 丁伯桂：〈順濟聖妃廟記〉，收入《媽祖文獻史料彙編（第一輯）碑記卷》，頁3。

遙望百拜乞憐，見神出現於檣竿者。」[14]廖鵬飛〈聖墩祖廟重建順濟廟記〉：「故商舶尤藉以指南，得吉卜而濟，雖怒濤洶湧，舟亦無恙。」[15]這兩種最早的媽祖文獻記錄都點出媽祖海上救濟的神力，呈現出媽祖靈應的顯現最初便是以媽祖護航免難為基礎的。〈聖墩祖廟重建順濟廟記〉文中特別指出媽祖海上救難護航的敘事，並列舉了媽祖靈驗故事：

> 寧江人洪伯通，嘗泛舟以行，中途遇風，舟幾覆沒，伯通號呼祝之，言未脫口而言未脫口而風息。既還其家，高大其像，則築一靈於舊廟西以妥之。宣和壬寅歲(1123)也，給事中路允迪出使高麗，道東海，值風浪震盪，舳艫相銜者八，而覆溺者七。獨公所乘舟，有女神登檣竿，為旋舞狀，俄獲安濟。……[16]

〈聖墩祖廟重建順濟廟記〉在媽祖以枯槎靈示民眾建聖墩廟的靈應敘事後，接著載錄了兩則媽祖護航免難的靈應故事。第一則載錄寧江人洪伯通遇海難，洪伯通呼神號禱之，媽祖救濟止風；第二則載錄宣和五年媽祖護航路允迪出使高麗的神蹟，從洪邁《夷堅志·林夫人廟》、廖鵬飛〈聖墩祖廟重建順濟廟記〉這兩種被視為媽祖最早文獻的載錄來分析，媽祖信仰從護航開始，因此護航免難的靈應故事類型便成為媽祖靈應故事發展的源流之一。宋寧宗嘉定7年(1214)李俊甫《莆陽比事》：

> 湄洲神女林氏，生而神靈，能言人休咎。死，廟食焉。宣和五年(1123)，路允迪使高麗，中流震風，八舟溺七，獨路所乘，神降于檣，安流以濟。使還奏聞，特賜廟號順濟，累封夫人。今封靈惠助順顯衛妃。誥詞云：居白湖而鎮鯨海之濱，服朱衣而護雞林之使。[17]

「路允迪使高麗、神降于檣護航」的敘事類同於〈聖墩祖廟重建順濟廟記〉。再見南宋·丁伯桂作〈順濟聖妃廟記〉，該文載錄了二則媽祖護航免難的故事：

1.宣和壬寅(1123)，給事路公允迪載書使高麗，中流震風，八舟沉溺，獨公所乘神降於檣，獲安濟。[18]

2.莆之水市，朔風彌旬，南舟不至，神爲反風，人免艱食。[19]

---

14 洪邁：〈林夫人廟〉，收入《媽祖文獻史料彙編(第一輯)散文卷》，頁1。

15 廖鵬飛：〈聖墩祖廟重建順濟廟記〉，收入《媽祖文獻史料彙編(第一輯)碑記卷》，頁1。

16 廖鵬飛：〈聖墩祖廟重建順濟廟記〉，收入《媽祖文獻史料彙編(第一輯)碑記卷》，頁1。

17 李俊甫：《莆陽比事》，收入《媽祖文獻史料彙編(第一輯)散文卷》，頁3。

18 丁伯桂：〈順濟聖妃廟記〉，收入《媽祖文獻史料彙編(第一輯)碑記卷》，頁3。

19 丁伯桂：〈順濟聖妃廟記〉，收入《媽祖文獻史料彙編(第一輯)碑記卷》，頁3。

第一則記載的靈應故事為媽祖護路允迪使高麗的海上救濟之事，可見媽祖庇路允迪使高麗的靈應敘事是媽祖信仰傳播初期很重要的神蹟，媽祖海上護航救難的靈應故事便是以此為基礎而傳衍，真實反映了早期媽祖救難護航的形象。經此種類型的靈應故事形塑出媽祖護航的形象，媽祖的形象具備海神的質素，從而媽祖護航免難的敘事在日後媽祖靈應故事中成為最基本的類型。

（三）媽祖助戰禦敵

觀察媽祖靈應故事，可以發現媽祖助戰禦敵的故事頗為普遍。考察媽祖助戰禦敵的靈應故事之發展，南宋·廖鵬飛〈聖墩祖廟重建順濟廟記〉：「歲水旱則禱之，癘疫祟降則禱之，海寇盤亘則禱之，其應如響。」[20]談及祈禱媽祖免除海寇盤亙的威脅頗為靈應，但無相關靈應故事例證。從目前可稽的文獻史料來看，媽祖助戰禦敵的靈應故事最早載於南宋·洪邁《夷堅志·浮曦妃祠》：

> 紹熙三年（1192），福州人鄭立之，自番禺泛海還鄉，舟次莆田境浮曦灣，未及出港，或人來告：有賊船六隻在近洋，盍謀脫計。於是舟師詣崇福夫人廟求救護，得三吉珓。雖喜其必無虞，然遲回不決。聚而議曰：我眾力單寡，不宜以白晝顯行迎禍;且安知告者非賊候邏之黨乎，勿墜其計中。不若侵曉打發，出其不意，庶或可免，況神妃許我邪!皆曰：善。迨出港，果有六船翔集洪波間，其二已逼近，舟人窘迫，但遙瞻神祠致禱，相與被甲發矢射之。矢幾盡，賊舳艫已接，一寇持長叉將跳入。忽煙霧勃起，風雨欻至，驚濤駕山，對面不相睹識，全如深夜。既而開霽帖然。賊船悉向東南去，望之絕小。立之所乘者，亦漂往數十里外，了無他恐。蓋神之賜也。其靈異如此。夫人今進為妃云。[21]

洪邁該文載錄媽祖在海上以其制風雨的靈力驅使賊船遠離，護助福州人鄭立之等人免於賊寇侵襲，該故事已有助戰的內涵潛蘊其中。《夷堅志·浮曦妃祠》堪稱是目前文獻中談及媽祖助戰故事的源流，這一文獻史料是最早載錄媽祖事蹟的文本之一，可見媽祖助戰禦敵的靈應故事是媽祖靈應故事發展頗早的一種故事類型。早期媽祖助戰禦敵的敘事背景多為海上助戰或退敵，該故事可以視為媽祖護航免難故事類型過渡到媽祖助戰禦敵故事類型的橋樑。《夷堅志·浮曦妃祠》後，南宋·丁伯桂作〈順濟聖妃廟記〉則載錄了五則關於媽祖助戰禦敵的故事：

---

20 廖鵬飛：〈聖墩祖廟重建順濟廟記〉，收入《媽祖文獻史料彙編（第一輯）碑記卷》，頁1。

21 洪邁：〈浮曦妃祠〉，收入《媽祖文獻史料彙編（第一輯）散文卷》，頁1－2。

媽祖靈應，助陰兵金人碎首。（圖像來源：許葉珍匯輯《天后聖母事蹟圖志》）

1.逾年，江口又有祠，祠立二年，海寇憑陵，效靈空中，風搶而去。州上厥事，加封昭應。[22]

2.越十有九載，福興都巡檢使姜特立捕寇舟，遙禱響應，上其事，加封善利。[23]

3.朝家調發閩禺舟師，平大奚寇，神著厥靈，霧瘴四塞，我明彼晦，一掃而滅。[24]

4.開禧丙寅，金寇淮甸，郡遣戍兵載神香火以行，一戰花黶鎮，再戰紫金山，三戰解合肥之圍，神以身現雲中著旗幟，軍士勇張，凱奏以還。[25]

5.海寇入境，將掠鄉井，神爲膠舟，悉就擒獲。[26]

宋代媽祖助戰禦敵靈應故事的衍化應從護航免難而來，因為南宋時期海寇猖獗，依清-黃任、郭賡武、章倬標等纂修《泉州府志·紀兵》所載，南宋期間泉州共發生海寇犯泉事件六起[27]，顯見海寇成為航行的困題之一。宋代南海一帶官民面臨海寇的威脅，因此媽祖護航免難的任務便被賦予退除海寇侵擾的期待，由之衍成媽祖助戰禦敵的靈應故

22 丁伯桂：〈順濟聖妃廟記〉，收入《媽祖文獻史料彙編（第一輯）碑記卷》，頁3。
23 丁伯桂：〈順濟聖妃廟記〉，收入《媽祖文獻史料彙編（第一輯）碑記卷》，頁3。
24 丁伯桂：〈順濟聖妃廟記〉，收入《媽祖文獻史料彙編（第一輯）碑記卷》，頁3。
25 丁伯桂：〈順濟聖妃廟記〉，收入《媽祖文獻史料彙編（第一輯）碑記卷》，頁3。
26 丁伯桂：〈順濟聖妃廟記〉，收入《媽祖文獻史料彙編（第一輯）碑記卷》，頁3。
27 泉州市地方志編纂委員會點校：（乾隆版）《泉州府志》（泉州市：泉州市地方志編纂委員會，2003年）。

事，媽祖助戰禦敵的環境多發生於海上，媽祖基於護航的使命因此而衍為具有禦海寇的能力，助戰的環境也從海戰逐漸地衍為水路戰皆可，因此南宋時期媽祖傳說已有不少媽祖協助抗金平寇的故事，如媽祖於紫金山助戰顯聖的傳說基本上就是媽祖護國平定金人入侵的敘事。媽祖助戰禦敵的靈應故事標幟著媽祖信仰從民間走向朝廷，經由官方的認可，所以媽祖成為官方助戰禦敵的神性英雄，也促成媽祖信仰加速地傳衍。統而析之，媽祖助戰禦敵成為媽祖信仰拓展初始的外顯靈力，媽祖從護航而衍生助戰禦敵的靈力也造就媽祖信仰的推展，這點從宋代媽祖的幾次褒封多源於剿寇或退敵之事跡可以發現。

(四) 媽祖止旱澇天災

考察媽祖止旱澇天災的靈應故事之發展，南宋·廖鵬飛〈聖墩祖廟重建順濟廟記〉：「歲水旱則禱之，癘疫崇降則禱之，海寇盤亘則禱之，其應如響。」[28]談及信眾祈禱媽祖解決水旱之災頗為靈應，但無相關靈應故事例證。從目前可稽的文獻史料來看，媽祖止旱澇天災的靈應故事最早載於南宋·丁伯桂〈順濟聖妃廟記〉有二則關於媽祖止旱澇天災的敘事：

1.丁未(1187)旱，朱侯端學禱之。庚戌(1190)夏旱，趙侯彥勵禱之。隨禱隨荅，累其狀聞於兩朝，易爵以妃，號惠靈。

2.慶元戊午 (1198)，甌閩列郡苦雨，莆三邑有請於神，獲開霽，歲事以豐。[29]

媽祖止旱澇天災的敘事思維源於媽祖海神的形象，媽祖在民間信仰具備海神、水神的基本特質，因此信眾罹水災則求媽祖止水，逢旱災則求媽祖賜水。所謂「水能載舟，亦能覆舟」，水太多造成水災不可，缺水而造成旱災亦是不行。緣此，在媽祖化解天災的故事類型中，也有頗多是媽祖賜水來化解旱災的，也有媽祖止水來防止水患，丁伯桂〈順濟聖妃廟記〉擇錄兩類媽祖止旱澇天災的靈應敘事，恰好一類屬於旱災祈雨，另一類為苦雨祈霽，由之可以發現媽祖信仰發軔初期便有這種止旱澇天災的靈應故事類型出現。宋·黃公度〈題順濟廟〉詩：「萬戶牲醪無水旱，四時歌舞走兒童」，體現了媽祖止水旱災而助民生豐收的民俗生活面向；趙師俠〈訴衷情·莆中酌白湖靈惠妃三首〉中的「專掌握，雨暘權。屬豐年」反映著民間視媽祖具有左右「雨暘」的神力。

28 廖鵬飛：〈聖墩祖廟重建順濟廟記〉，收入《媽祖文獻史料彙編（第一輯）碑記卷》，頁1。
29 丁伯桂：〈順濟聖妃廟記〉，收入《媽祖文獻史料彙編（第一輯）碑記卷》，頁3。

（五）媽祖治病除瘟

早期醫療水準低落，常有瘟疫蔓延，因此民間也就出現冀望媽祖除瘟的神蹟故事。考察媽祖治病除瘟的靈應故事之發展，南宋·廖鵬飛〈聖墩祖廟重建順濟廟記〉：「歲水旱則禱之，癘疫崇降則禱之，海寇盤亙則禱之，其應如響。」[30]說明了袪疫療疾為媽祖重要神職之一，但無相關靈應故事例證。從目前可稽的文獻史料來看，媽祖治病除瘟的靈應故事最早載於南宋·丁伯桂〈順濟聖妃廟記〉：

> 時疫，神降且曰：去潮丈許，脉有甘泉，我爲郡民續命於天，飲斯泉者立痊。掘泥坎，甘泉涌出，請者絡繹，朝飲夕愈，甃爲井，號聖泉。[31]

媽祖以泉水治癒瘟疾為目前可見媽祖治病除瘟靈應故事類型的最早文本，顯見宋代媽祖信仰已有媽祖治病除瘟的靈力顯現，媽祖治病去疾延續古代巫師治病的基本功能，這或許也是媽祖從巫到神發展過程中的靈力移轉，因此媽祖治病除瘟也是媽祖信仰發軔時期即有的靈應故事類型。

（六）媽祖示警止禍

考察媽祖示警止禍的靈應故事之發展，目前現存的史料敘事最早見於南宋·丁伯桂〈順濟聖妃廟記〉，該文：

> 京畿艮山之祠，舊傳監丞商公份尉崇德日，感夢而建。祠臨江滸，前有石橋，經久摧剥。一日，里人取凉於橋，坐者滿地，忽有白馬自廟突而出，人悉駭散，橋隨圮，無一陷者，人知神之爲也。[32]

媽祖顯靈藉白馬衝散原來聚集於危橋的人群，橋傾圮時群眾已散去而無難，媽祖透過白馬衝出的異象來警示群眾離開危橋避禍，此一靈應敘事堪稱是目前媽祖示警止禍靈應故事類型的嚆始之作，反映媽祖示警止禍的故事類型在宋代已經出現。

媽祖示警的敘事傳達媽祖具有預知的能力，媽祖具有預知的能力也與媽祖早期女巫的形象相契，此種靈力的來源想像或與媽祖女巫的初始形象有關。

30 丁伯桂：〈順濟聖妃廟記〉，收入《媽祖文獻史料彙編（第一輯）碑記卷》，頁3。
31 丁伯桂：〈順濟聖妃廟記〉，收入《媽祖文獻史料彙編（第一輯）碑記卷》，頁3。
32 丁伯桂：〈順濟聖妃廟記〉，收入《媽祖文獻史料彙編（第一輯）碑記卷》，頁3。

二、元代媽祖靈應故事的承襲與發展

元代媽祖的身世背景多依承著宋代的身世傳說而來，媽祖身世故事的相關敘事仍是簡單的。至於媽祖靈應故事的發展，就現存可稽的文獻來加以查考，這時期傳頌媽祖靈應事蹟的敘事以程端學（1278－1334）〈靈濟廟事蹟記〉等為代表；元代媽祖靈應故事的傳衍多是依循宋代而來，亦即這時期媽祖靈應故事多是宋代媽祖靈應事蹟的再度傳頌，主要流傳媽祖靈應故事類型有：媽祖護航免難、媽祖助戰禦敵、媽祖助堤止水患、媽祖止旱澇天災、媽祖治病除瘟。至於宋代所傳衍的媽祖靈示民眾祭祀、示警止禍等二種故事類型在現存的文獻中已是罕見。這個時期媽祖靈應故事相較於前朝，大多是宋代媽祖靈應事蹟的再流傳，比較顯著的特點有二：

1.媽祖護航免難故事類型增添不少媽祖護衛漕運的敘事。大抵而言，媽祖靈應故事應時代需求而生，元代朝廷仰賴漕運甚殷，媽祖應時勢所需，在漕運沿途所經要站建立信仰據點，並傳衍著媽祖護衛漕運的靈應敘事，充分彰顯媽祖靈應故事應時應地所需而衍生的特點。

2.出現新的媽祖靈應故事類型－媽祖助堤止水患：媽祖以其靈力助堤、護堤來避免水患的產生。該靈應故事類型最早見於元．程端學〈靈濟廟事蹟記〉，明末清初《天妃顯聖錄．錢塘助堤》為同一故事的改寫。

下述，略述元代媽祖靈應故事類型的承襲與發展面向：

（一）媽祖護航免難

元代媽祖的靈應敘事仍以護航免難為其外顯的屬性表徵，元代媽祖護航免難的靈應敘事仍是媽祖信仰的靈力顯現之重心，除了承續南宋媽祖靈應故事的發展，因應元代漕運的需求，媽祖護航免難的敘事鏈結了許多護衛漕運的情節，成為最具時代表徵得靈應敘事。元．程端學〈靈濟廟事蹟記〉：

> 宣和五年（1123），給事中路允迪以八舟使高麗，風溺其七，獨允迪舟見神女降于檣而免。事聞於朝，錫廟額曰順濟。紹興二十六年（1156）封靈惠夫人。三十年海寇嘯聚江口，居民禱之，神現空中，起風濤煙霧，寇潰就獲。……大德三年（1299），以漕運效靈封護國庇民明著天妃。延祐元年（1314），封護國庇民廣濟明著天妃。天曆二年（1329），漕運副萬戶八十監運，舟至三沙，颶風七日，遙呼於神，夜見神火四明，風恬浪靜，運舟悉濟，事聞，加廟號曰靈慈。納臣公言：至順三年（1332），予押運至萊州洋，風大作，禱之，夜半見神像，轉逆以順，是歲運舟無虞；其隨感而應類此。[33]

---

33 程端學：〈靈濟廟事蹟記〉，收入《媽祖文獻史料彙編（第一輯）碑記卷》，頁19。

程端禮〈重修靈慈廟記〉：

> 至正元年(1340)冬十月庚申，重修靈慈廟成，廟史述鄞人之意，以事狀來曰：國朝歲漕米三百萬石給京畿，千艘龍驤，鯨波萬里颶風或作，視天若畝，號神求援，應捷枹鼓，靈光一燭，易危為安。舍我護國庇民廣濟福惠明著天妃，其將誰賴？[34]

程端學〈靈濟廟事蹟記〉大致是丁伯桂〈順濟聖妃廟記〉的續寫，較之〈順濟聖妃廟記〉，〈靈濟廟事蹟記〉多了不少元代媽祖護漕運的敘事，程端禮〈重修靈慈廟記〉同樣是敘述了元代漕糧仰仗海運供給，而媽祖的護漕作用尤為重要。元朝以後，政經權勢逐漸北移，朝廷仰賴江南漕糧甚深，因此漕運成為其時北方政權很重要的命脈，媽祖信仰源於護航的靈力而流傳，承續宋代護航的事蹟而被賦予護漕運的時代任務，因此元代媽祖受冊封的因素幾乎都與保護「漕運」有關，吳國平《辦香湄洲》指出：元代的漕運，使媽祖信仰的傳播進入了第二個高峰期，有學者稱之為「進入了一個空前繁榮的拓展期」。[35]因著漕運的庇護期待，媽祖護漕運的靈應敘事也就時有所聞，成為媽祖護航免難靈應故事類型的時代表徵。媽祖護航免難的靈力呈現是元代媽祖靈應故事的敘事重心，如元·張翥〈天妃廟序〉：

> 天妃其海嶽之氣，形而至神者乎？故始生而地變紫，幼而通悟秘法，長而席海以行，逝而見夢以祠。至於禱而雨暘應，寇亂殄，發光怪於漲海猝颶間，以濟人于阽危者，若虛無縹緲，眩幻譎詭矣。[36]

再如元·佚名〈崇福夫人神兵〉：

> 廣州城南五里，有崇福無極夫人廟，碧瓦朱甍，廟貌雄壯。南船往來，無不乞靈於此。……船有遇風險者，遙呼告神，若有火輪到船旋繞，縱險亦不必憂。[37]

〈天妃廟序〉敘述媽祖「席海以行」，呈現出媽祖海上通行的靈力的想現，「席海以行」成為媽祖海上救難的靈力彰顯。「發光怪於漲海猝颶間，以濟人于阽危者」、「船有遇風險者，遙呼告神，若有火輪到船旋繞，縱險亦不必憂。」亦是宣揚媽祖護航救難的神力。

---

34 程端禮：〈重修靈慈廟記〉，收入《媽祖文獻史料彙編(第一輯)碑記卷》，頁21。

35 吳國平：《辦香湄洲》，頁89。

36 張翥：〈天妃廟序〉，收入《媽祖文獻史料彙編(第一輯)散文卷》，頁14。

37 佚名：〈崇福夫人神兵〉，收入自《媽祖文獻史料彙編(第一輯)散文卷》，頁9。

(二) 媽祖助戰禦敵

在丁伯桂廟記的媽祖助戰傳說後，助戰禦敵仍然是元代媽祖靈應表現的方式之一，元·張翥〈天妃廟序〉：「至於禱而雨暘應，寇亂殄，發光怪於漲海猝颶間，以濟人于阽危者，若虛無縹緲，眩幻譎詭矣。」[38]寇亂殄即是平寇亂，媽祖以其神力制伏寇亂仍是媽祖靈應敘事的重心之一，元·程端學〈靈濟廟事蹟記〉敘述媽祖助戰禦敵的神蹟：

> 三十年(1160)海寇嘯聚江口，居民禱之，神現空中，起風濤煙霧，寇潰就獲。州上其事，封靈惠昭應夫人。……又海寇作亂，官兵不能捕，神迷其道，俾至廟前就擒，封靈惠昭應崇福夫人。淳熙十一年(1184)福興都巡檢使薑特立捕溫台海寇，禱之即獲，封靈惠昭應崇福善利夫人。……
>
> 時方發閩濶舟師平大奚寇，神複效靈（起大霧），我明彼暗，賊悉掃滅。……嘉定十年(1217)，亢旱，禱之雨；海寇犯境，禱之獲，封靈惠助順顯衛英烈妃。……景定三年(1262)，禱捕海寇，得反風，膠舟就擒，封靈惠顯濟嘉應善慶妃。[39]

該文指出媽祖在宋代紹興30年(1160)、淳熙11年(1184)、嘉定10年(1217)、景定3年(1262)皆以禦敵寇的靈蹟而獲朝廷敕封，顯示媽祖因官方政治需求而獲得提倡，媽祖助戰禦敵的靈應敘事可以說是媽祖信仰獲得官方認同與支持而衍成的敘事類型。

(三) 媽祖助堤止水患

媽祖助堤止水患是元代媽祖靈應故事新見的故事類型。毗鄰海邊、水岸的聚落居民在舊時經常要面臨海水潮汐或溪水侵襲堤岸的威脅，民眾往往懼怕大水溢堤的災難產生，因此媽祖作為護航免難的海神也被賦予助堤止水患的任務。考察媽祖助堤止水患的靈應故事之發展，目前現存的史料敘事最早見於元·程端學〈靈濟廟事蹟記〉，該文簡錄媽助堤止潮的神蹟：

> 嘉熙三年(1239)，以錢塘潮決堤至艮山祠，若有限而退，封靈惠助順顯衛英烈嘉應妃。……是歲，又以浙江堤成，加封靈惠協正嘉應善慶妃。[40]

程端學〈靈濟廟事蹟記〉指出宋嘉熙年間錢塘潰堤，傳說媽祖顯靈化解水患，其後又因浙江堤防築成而受封，這則記錄都存有媽祖助堤止潮水為禍的想像。

---

38 張翥：〈天妃廟序〉，收入《媽祖文獻史料彙編（第一輯）散文卷》，頁14。
39 程端學：〈靈濟廟事蹟記〉，收入《媽祖文獻史料彙編（第一輯）碑記卷》，頁19。
40 程端學：〈靈濟廟事蹟記〉，收入《媽祖文獻史料彙編（第一輯）碑記卷》，頁19。

媽祖神蹟：築堤岸越水潮平。（圖像來源：許葉珍匯輯《天后聖母事蹟圖志》）

(四) 媽祖止旱澇天災

媽祖止旱澇天災的靈應敘事從宋代以降頗為傳衍，元·張翥（1287—1368）〈天妃廟序〉：「至於禱而雨暘應，寇亂殄，發光怪於漲海猝颶間，以濟人于阽危者，若虛無縹緲，眩幻譎詭矣。」[41]禱而雨暘應說明了媽祖具有控制降雨、天氣陰晴的靈力。然而元代媽祖媽祖止旱澇天災的敘事並無太多的發展，大抵多是宋代媽祖止旱澇天災的敘事再傳頌而已，如元·程端學（1278—1334）〈靈濟廟事蹟記〉簡錄媽祖止旱澇的神功：

> 淳熙十一年(1184)……既而民疫、夏旱，禱之愈且雨。……慶元四年(1198)，甌閩諸郡苦雨，唯莆三邑禱之霽，且有年，封靈惠助順妃。……。嘉定十年(1217)，亢旱，禱之雨；海寇犯境，禱之獲，封靈惠助順顯衛英烈妃。……寶祐二年(1254)旱，禱之雨，封靈惠助順嘉應英烈協正妃。[42]

41 張翥：〈天妃廟序〉，收入《媽祖文獻史料彙編（第一輯）散文卷》，頁14。
42 程端學：〈靈濟廟事蹟記〉，收入《媽祖文獻史料彙編（第一輯）碑記卷》，頁19。

程端學〈靈濟廟事蹟記〉錄四則宋代媽祖以止旱澇的事蹟，雖無具體的故事情節，仍然可見媽祖止旱澇的靈力仍在元代傳衍下來。

（五）媽祖治病除瘟

媽祖治病除瘟的靈應顯現歷來多有，元代媽祖治病除瘟的敘事也是傳衍宋代媽祖治病除瘟的敘事而來，並沒有什麼新意。如元．程端學〈靈濟廟事蹟記〉載錄媽祖止旱澇的神蹟：「乾道二年（1166），興化大疫，神降曰：去廟丈許，盱泉可愈病，民掘斥鹵，甘泉涌出，飲者立癒。」[43]類同於丁伯桂〈順濟聖妃廟記〉的紀事。

三、明代媽祖靈應故事的的承襲與發展

明代媽祖靈應故事的發展大抵延續宋、元二朝而來，媽祖靈應故事有所傳衍，也有新變。這個時期，考之文獻，主要承襲的媽祖靈應故事類型有：媽祖護航免難、媽祖助戰禦敵、媽祖靈示民眾祭祀、媽祖助人死而復生、媽祖庇婦助孕；至於宋代以來流傳的媽祖止旱澇天災、媽祖治病除瘟、媽祖示警止禍、媽祖助堤止水患等敘事在相關文獻中的靈應記事較少罕見，不過民間口傳的靈應敘事應該也有所傳承。觀之於明代媽祖靈應故事類型，因應著鄭和下西洋等外交需求，媽祖靈應故事出現許多護吏渡洋傳說，成為時代的表徵。整體而言，明代媽祖靈應故事的發展，比較顯著的特點有三：

1.媽祖護航免難、媽祖助戰禦敵、媽祖靈示民眾祭祀等故事類型有所衍化，產生新的靈應事蹟或情節單元。

2.出現新的媽祖靈應故事類型－媽祖助人死而復生：媽祖透過靈力，助人死後而復生。明．沈周〈寺僧得返魂香〉、明末清初的《天妃顯聖錄．靈符回生》以至於戰後台灣北港朝天宮、大甲鎮瀾宮、彰化南瑤宮都有媽祖顯靈讓兒童死而復活的神蹟都是屬於此種故事類型。

3.出現新的媽祖靈應故事類型－媽祖庇婦助孕：媽祖庇佑婦人懷孕。明代萬曆年間成書的《三教源流搜神大全．天妃娘娘》舉出媽祖助孕的神蹟，這種類型的靈應故事並不多，然現今天津地區流傳媽祖送子、台灣朴子配天宮流傳牡丹花求子的傳說都是屬於此種靈應故事類型。

下述，略述明代媽祖靈應故事類型的承襲與發展面向：

（一）媽祖護航免難

明代媽祖的信仰型態大抵是宋元以來的延續，媽祖仍以海神為其主要神職，明代唐肅（1321－1374）〈上虞孝女朱娥詩序〉：「及至吳，見海濱有廟祀天妃某夫人者，云本閩

---

43 程端學：〈靈濟廟事蹟記〉，收入《媽祖文獻史料彙編（第一輯）碑記卷》，頁19。

中處女，死為海神」[44]，因此媽祖顯聖的靈應故事多是環繞護航救難的事。

明代媽祖獲得官方的認同雖不若玄天上帝，媽祖信仰仍因護航免難的靈應敘事而持續傳播，其中庇護官吏出使的靈應敘事頗為發達。吳國平《辦香湄洲》指出：

> 明代社會雖說民眾普遍信仰媽祖的宗教式狂熱和敬畏心理在減退，但放在媽祖信仰的整個發展史上看，它仍有其可圈可點的閃光之處。表現最為突出的就是護使。這樣，有一個人便凸現了出來，它就是偉大的航海家—鄭和。……要下西洋，必須要做好兩方面的準備。一是綏靖海道，使海上交通順暢，以保證遠渡重洋時人員和物資的安全；二是要建立一支龐大的海上軍事力量，包括巨艦和水師。這兩方面的準備，包括將來大隊人馬出使，都必須選擇一個保護神。鑒於宋元兩代460多年對海神天妃的崇尚，明王朝自然選中了媽祖。[45]

鄭和（1371—1433）下西洋，規模之大，人數之多，時間之長，足跡之廣，在中國和世界航海史上都是一個空前的壯舉和奇跡，鄭和開闢了從中國到紅海及東非地區的航道，是海上「絲綢之路」之開拓者；在鄭和每一次出洋的過程中，都有獲得媽祖庇護而順利航行的傳說流衍，後來的《天妃顯聖錄》和《湄洲志》等文獻中也都有相對應的靈應敘事之補充。[46]媽祖保佑鄭和七下西洋的靈應傳說，〈御制弘仁普濟天妃宮之碑〉記載：

> 恒遣使敷宣教化于海外諸番國，導以禮義，變其夷習。其初使者涉海洋，經浩渺，颶風黑雨，晦冥黯慘，雷電交作，洪濤巨浪，摧山倒嶽。龍魚變怪，詭形異狀，紛雜出沒，驚心駭目，莫不錯愕。乃有神人飄搖雲際，隱顯揮霍，上下左右，乍有忽無，以妥以侑。旋有紅光如日，煜煜流動，飛來舟中，凝輝騰躍，遍燭諸舟，熇熇有聲。已而煙消霾霽，風浪帖息，海波澄鏡，萬里一碧。龍魚遁藏，百怪潛匿。張帆蕩艫，悠然順適，倏忽千里，雲駛星疾。咸曰：此天妃神顯示靈應，默加佑相。歸日以聞，朕嘉乃績，特加封號：護國庇民妙靈昭應弘仁普濟天妃。建廟於都城之外，龍江之上，祀神報貺。[47]

明成祖執政開始，外交政策以敷教化於海外諸番國為名，頻頻遣使出使東西洋數十個國家，這些外交使吏必須涉洋交涉，面臨海險的威脅，媽祖應時成為護航庇使的企求，媽祖護航助使免難的靈應故事於焉開展，成為明代推動媽祖信仰發展的敘事重心。

---

44 唐肅：〈上虞孝女朱娥詩序〉，收入《媽祖文獻史料彙編（第一輯）散文卷》，頁17。

45 吳國平：《辦香湄洲》，頁98。

46 參見吳國平：《辦香湄洲》，頁102。

47 明成祖：〈御制弘仁普濟天妃宮之碑〉，《媽祖文獻資料》（福州：福建人民出版社，1990年）。原碑立於永樂14年4月6日，現存南京建寧路。

媽祖神蹟：聞鼓吹鄭和免險。（圖像來源:許葉珍匯輯《天后聖母事蹟圖志》）

明清之際，隨著海上事業的開展，官方遣使涉洋冊封也頗為頻繁地出現，許多冊封使面對海險的威脅時也衍生出媽祖助舟護航的靈應敘事，其中明·陳侃（1489—1507）《使琉球錄》尤為代表。陳侃《使琉球錄·天妃靈應記》：

> 迺者琉球國請封，上命侃暨行人高君澄往將事，飛航萬里，風濤叵測，璽書鄭重，一行數百人之生，厥繫匪輕。爰順輿情，申閩人故事，禱於天妃之神，且官舫上方爲祠事之，舟中人朝夕拜禮，必虔真若懸命於神者。靈貺果昭，將至其國，逆風蕩舟，漏不可禦，羣譟乞神，風定塞衲，乃得達。及成禮還解纜，越一日，中夜風大作，檣折舵毀，羣譟如初。須臾紅光若燭龍自空來，舟皆喜曰：「神降矣，無恐。」顧風未已。又明日，黑雲四起，議易舵未決，卜珓於神，許之。易之時，風恬浪靜，若在沼沚，舵舉甚便，若插籌然，人心舉安，允荷神助。俄有蝶戲舟及黃雀上檣，或曰：「山近矣。」或曰：「蝶與雀飛不百步，山何在？其神使報我以風乎？」予以其近於載鳴鳶之義，頷之曰：「謹備諸。」已而，颶風夜作，人力罔攸施，衆謂胥及溺矣。予二人朝服正冠坐祝曰：「我等貞臣，恪共朝命，神亦聰明正直而一者，庶幾顯其靈。」語畢，風漸柔，黎明達閩。[48]

48 陳侃：《使琉球錄》明萬曆刻本（台北：台灣商務，1966年）。

陳侃載錄出使琉球時屢獲媽祖靈應護航，遭遇逆風蕩舟、檣折舵毀、颶風夜作等困境，媽祖以其神力止難，或紅光若燭示現，或淺蝶與雀警示航行，或止風浪靜，皆是媽祖護航免難的靈應記事，媽祖護使渡洋的靈應事蹟在明清時期頗為發達。

(二) 媽祖助戰禦敵

迄於明代，永樂年間以降倭寇於南海為禍，御倭緝盜成為官民共同的期待，因此屢傳海上助戰靈蹟的媽祖持續被賦予助戰禦敵的任務，媽祖助戰禦敵的傳說仍屢有所聞，如明·俞大猷〈祭天妃神文〉：

> 以牲醴祭于敕封天妃娘娘之神曰：劇賊曾一本，橫行海上，毒害生靈，非惟居民上者之咎，亦爾神明好善惡惡之道有未至也。今大猷等統領舟師，會合閩師，始戰之銅山，賊已喪敗而走；再攻之柘林，尚期首從盡殲。願我神明，臨戰之際，助以順風，俾此醜賊無一遺遁。爾神明之威靈斯顯，而遠近之感戴無已也。尚饗。[49]

俞大猷冀以媽祖庇護來退賊之祭文，恰好彰顯其視媽祖具有助戰的神職，反映了宋代以降媽祖信仰中的助戰神性一直傳衍不歇。

(三) 媽祖靈示民眾祭祀

媽祖靈示民眾祭祀的故事類型在後世傳衍過程中經常可見，許多媽祖信仰或媽祖廟的肇建經常會有靈木飄來、信眾塑神或建廟祭祀的傳說，如明代郎瑛〈天妃顯應〉：

> 復入京領敕。又行。下舟時。夢天妃曰。賜爾木。此回當刻我像。保去無虞也。明日。有大木浮水而來。舟人取之。乃沉香。至今刻像於家。[50]

媽祖透過靈應來獲取民眾的信服而建祠奉祀，是媽祖靈應故事發展初始的類型之一，經由歷代的傳衍而成為媽祖靈應故事的常見類型，

(四) 媽祖助人死而復生

媽祖助人死而復生的敘事與媽祖治疾除瘟的靈應敘事或有相涉，考察媽祖靈應故事的文獻史料，媽祖信仰在明代顯聖的故事類型，較之前期而有所不同的是死而復生的

49 俞大猷：〈祭天妃神文〉，收入《媽祖文獻史料彙編（第一輯）散文卷》，頁46。
50 郎瑛：〈天妃顯應〉，收入《媽祖文獻史料彙編（第一輯）散文卷》，頁37。

靈力。明·沈周〈寺僧得返魂香〉：

> 太倉劉家河天妃宮，永樂初建，以僧守奉香火。一日，僧自外歸，見廚下鍋中湯沸，揭而視之，見二卵煮將熟。詢於僕，言：「行童於鸛巢中取者。」僧命還之巢中，僕曰：「卵已熟矣，還之無生理。」僧曰：「吾豈望其生，但免其鸛之悲鳴而已。」後數日，忽出二雛，僧異之，令僕探其巢，見一木尺許，五彩錯雜，成錦紋，香風馥鬱，持以與僧，供之佛前。後有倭入貢，因風打舟，至劉家河收港泊舟登岸。入寺拈香，見佛前所供之木，問僧買之。僧紿之曰：「此香是三寶太監舍供天妃宮者，豈敢賣錢。有能蓋造後殿觀音閣者，則與之。」倭曰：「我是入貢之人，安可留以待閣成，但願酬之以價。」因與白金五百兩，僧得厚利，遂與之。去後數年，倭人複來入貢，訪前老僧，已故矣，因留金作享。其徒詢所取之香何物也？倭曰：「此仙香也，焚之，死人之魂複返，聚窟洲所出返魂香是也。」[51]

此傳說以外邦資助劉家河收港天妃宮興建觀音殿，宮內僧人以廟內供神之木酬之，而此木所焚之香具有死而返生的作用，此一敘事亦有連繫媽祖與觀音大士的隱喻，同時拓衍出媽祖助人死而復生的神力。媽祖助人死而復生的靈應故事在明末清初的《天妃顯聖錄》也有載錄，《天妃顯聖錄·靈符回生》：

> 歲祲疫氣盛行，黃縣尹闔家病篤。吏告以湄嶼神姑法力廣大，能起死回生，救災恤難。尹齋戒親詣請救。妃曰：『此係天數。何敢妄干』！尹哀懇曰：千里宦遊，全家客寓，生死懸於神姑，幸憫而救之』！妃念其素稱仁慈，代為懺悔。取菖蒲九節，並書符咒，令貼病者門首，煎蒲飲之，病者立瘥。尹喜再生之賜，舉家造門拜謝。自此神姑名徹寰宇矣。[52]

該文指出媽祖有起死回生之靈力，媽祖以符咒施法，並以菖蒲為藥引，助原來病篤將死的縣尹病癒，此傳說其實是媽祖治疾除瘟的靈應故事類型，然而也暗喻著媽祖具有起死回生的靈力。

51 沈周：〈寺僧得返魂香〉，收入《媽祖文獻史料彙編（第一輯）散文卷》，頁21－22。

52 《天妃顯聖錄·靈符回生》，收入《媽祖文獻史料彙編（第二輯）著錄卷·上編》，頁90。

（五）媽祖庇婦助孕

漢人向來重視子嗣，民間對於生育之事是相當重視的，久而未孕的婦人所必須面對的家庭壓力也是難以言喻的，沒有子嗣的壓力更是一個家族性的重大問題，因此媽祖信仰在深入民間的過程中，也被期待具有庇婦助孕的靈力。考察媽祖靈應故事的文獻史料，媽祖庇婦助孕的靈應敘事在明代即已出現，明·朱淛〈天妃辯〉：

> 俗傳天妃之神能偃風息雨，出死入生，是以凡以海為業者尤所敬信，而有急則皈依焉。然風濤漂沒，葬於魚腹者何限也，幸而不死，則歸功天妃，指天畫日，以為得天助也，互相誑誘，轉相陷溺。至於居常疾疫，孕育男女，行旅出門，必以紙幣牲物求媚而行禱焉。……[53]

此文敘事後頭特別陳述民眾在面對居常疾疫、孕育男女、行旅出門等問題時經常祈禱媽祖庇佑，揭舉媽祖具有庇佑生兒育女的生育職能。大體而言，明代媽祖靈應故事的發展承續宋元兩代而來，媽祖在海神、助戰神的核心屬性上持續拓展多元的神職功能，其中媽祖與觀音大士的連繫在明代順勢發展，媽祖司孕嗣的屬性與此或有關連。明·吳還初《天妃娘娘傳》第二十八回天妃媽莆田護產：

> 妃遂敕起九龍法水，將王氏身之左右前後，灑淨數次，王氏精神略蘇。妃以法水仍灑一遍，王氏遂分娩得一男子。縣主及衙內大小，不勝欣喜。妃見王氏分娩無事，即飛身趕擒妖怪而去。[54]

萬曆年間成書的《三教源流搜神大全·天妃娘娘》舉出媽祖助孕的神蹟：

> 然尤善司孕嗣，一邑共奉之。邑有某婦，醮於人，十年不孕，萬方高禖，終無有應者，卒禱於妃，即產男子。嗣有凡不育者，隨禱隨應。[55]

《天妃娘娘傳》言媽祖以九龍法水除妖護產，《三教源流搜神大全·天妃娘娘》言「十年不孕，萬方高禖，終無有應者，卒禱於妃，即產男子。嗣有凡不育者，隨禱隨應。」皆呈現媽祖具有司孕的屬性，媽祖司孕嗣的職能之衍化或與觀音大士形象的疊合而所關係。

---

53 朱淛：〈天妃辯〉，收入《媽祖文獻史料彙編（第一輯）散文卷》，頁33。

54 吳還初：《天妃娘娘傳》，收入《媽祖文獻史料彙編（第二輯）著錄卷·上編》，頁60。

55 《三教源流搜神大全·天妃娘娘》，收入《媽祖文獻史料彙編（第一輯）散文卷》，頁55。

四、清代以降媽祖靈應故事的的承襲與發展

明末清初梓行的《天妃顯聖錄》之內容包含：歷朝顯聖褒封二十四命、歷朝褒封致祭詔誥、天妃降誕本傳、靈應事蹟等四個部分。《天妃顯聖錄》的刊行，初步整理、載錄歷來媽祖相關的靈應事蹟，促成媽祖靈應故事類型的發展契合媽祖多元神職、神力的建構。相較於明代以前媽祖靈應故事的相關敘事，除了傳述前期的幾種故事類型：媽祖靈示民眾祭祀、媽祖護航免難、媽祖助戰禦敵、媽祖止旱澇天災、媽祖治病除瘟、媽祖示警止禍、媽祖助堤止水患、媽祖助人死而復生、媽祖庇婦助孕，迄於《天妃顯聖錄》出現了四種新的媽祖靈應故事類型：

1.出現新的媽祖靈應故事類型－媽祖伏妖制祟：媽祖以靈力制伏鬼怪妖精等作祟邪物。就目前可見的資料來說，迄於明代媽祖收妖的靈應敘事才多了起來，《天妃顯聖錄》等載錄了不少媽祖伏妖的傳說故事，〈降伏二神〉、〈收伏晏公〉、〈伏高里鬼〉、〈收伏嘉應、嘉祐〉等都是媽祖為民伏妖的靈應敘事。清代以降，台灣一地演為媽祖信仰的重心，媽祖伏妖的靈應故事類型也頗為流傳，

2.出現新的媽祖靈應故事類型－水族朝聖：水族朝聖即是魚、蝦、蟹等水族生物朝謁媽祖，從而彰顯媽祖海神的至上神格。水族朝聖的靈應敘事迄於明末清初的《天妃顯聖錄》才出現，清代以降水族朝聖的靈應敘事頗有傳衍，台澎等地都可以發現水族朝聖的靈應故事類型，如關渡宮落成之日出現巨魚數千來禮拜媽祖的異象、澎湖地區媽祖聖誕時鯨魚三躍來拜謁媽祖的傳說等。

3.出現新的媽祖靈應故事類型－媽祖拯饑：媽祖以靈力解決民生饑荒。媽祖拯饑的靈應故事一直迄於《天妃顯聖錄．拯興泉饑》的載錄才出現比較獨立性的靈應敘事，以媽祖拯饑作為主要的核心事件之靈應故事並不多；不過閩台兩地歷來也傳衍一些媽祖拯饑的故事，如1950年代台灣新竹市竹林書局印行的《媽祖傳新歌》也有媽祖拯饑的敘事。

4.出現新的媽祖靈應故事類型－媽祖助農物成長：媽祖以靈力助農作物得以成長，其常見的靈力展現便是媽祖降雨解旱災或驅除農害。明末清初的《天妃顯聖錄．菜甲天成》有較為直接的載錄，現今台灣台北市文山區迎關渡媽的傳說、臺中市東區樂成宮的東保迎媽祖傳說都屬於此種靈應故事類型。

大致而言，清初以降《天妃顯聖錄》的刊行促成媽祖靈應事蹟有一套完整的敘事來詮釋媽祖的多元神力，其後《天后顯聖錄》、《昭應錄》、《敕封天后志》以至於現今各方所刊行的媽祖靈應故事大多以《天妃顯聖錄》為本而加以拓衍，從而媽祖靈應故事也趨於一套類同的敘事。或可言之，清初以降媽祖靈應故事的類型已初步建構完成，包含：(1) 媽祖靈示民眾祭祀；(2) 媽祖護航免難；(3) 媽祖助戰禦敵；(4) 媽祖止旱澇天災；(5) 媽祖治病除瘟；(6) 媽祖示警止禍；(7) 媽祖助堤止水患；(8) 媽祖助人死而復

生；(9) 媽祖庇婦助孕；(10) 媽祖伏妖制祟；(11) 水族朝聖；(12) 媽祖拯饑；(13) 媽祖助農物成長等十三種成為媽祖靈應故事最主要的敘事類型。其後，媽祖靈應敘事仍多有衍化，配合著各時代、各地理環境的生活需求而衍生出各種靈應故事，如台灣出現媽祖抱接炸彈、分開溪水來助行的故事，由之反映媽祖神力應時所需而衍生各種靈力的特點。大致而言，清初以降媽祖靈應故事的故事類型還是以這十三種為主。下述，略述清代各種媽祖靈應故事類型的承襲與發展面向：

(一) 媽祖靈示民眾祭祀

《天妃顯聖錄》統整歷來媽祖多數媽祖的靈應故事，其中就有若干此一故事類型的敘事，如《天妃顯聖錄·枯楂顯聖》：

> 宋哲宗元祐元年丙寅 (1086)，莆海東有高墩，去湄百里許，常有光氣夜現。漁者疑為異寶，伺而視之，乃水漂一枯楂發燄，漁人拾置諸家。次晨視之，楂已自還故處。再試復然。當夕托夢於寧海墩鄉人曰：『我湄洲神女，其枯楂實所憑也，宜祀我，當錫爾福』。父老異之，告於制乾李公。公曰：『此神所棲也。吾聞湄有神姑，顯跡久矣。今靈光發見昭格，必為吾鄉一方福。叩神之庇，其在斯乎』！遂募眾營基建廟，塑像崇祀，號曰「聖墩」，禱應如響。[56]

《天妃顯聖錄·托夢建廟》：

> 紹興二十六年丙子 (1156)，以郊典特封為靈惠夫人。二十七年，莆城東五里許有水市，諸舶所集曰「白湖」。歲之秋，神來相宅於茲。章氏、邵氏二族人共夢神指立廟之地。丞相俊卿陳公聞之，驗其地果吉，因以奉神。歲戊寅，廟成。三十年，流寇劉巨興等嘯聚，直抵江口。居民虔禱於廟，忽狂風大震，煙浪滔天，晦冥不見，神靈現出空中。賊懼而退。既而復犯海口，神又示靈威，賊遂為官軍所獲。奏聞，天子詔加封靈惠、昭應夫人。[57]

〈枯楂顯聖〉以水漂枯楂發光的異相並託夢群眾建聖墩廟，成為聖墩廟信仰發軔的源頭；〈托夢建廟〉所述為白湖廟建廟源流，章氏、邵氏二族人共夢媽祖指立廟之地而建白湖廟；《天妃顯聖錄》內的〈顯夢闢地〉、〈銅爐溯流〉、〈起蓋鐘鼓樓及山門〉等篇章也都有都是透過神明以神物飄來或夢示等途徑來獲得民眾崇拜、建祠奉祀的敘事。

---

56 《天妃顯聖錄·枯楂顯聖》，收入《媽祖文獻史料彙編（第二輯）著錄卷·上編》，頁92。
57 《天妃顯聖錄·托夢建廟》，收入《媽祖文獻史料彙編（第二輯）著錄卷·上編》，頁93。

媽祖枯楂顯聖的神蹟流傳不已。(圖像來源:仙遊楓塘宮藏《天后顯聖故事圖軸》)

綜而言之，媽祖靈示民眾祭祀的靈應故事類型是媽祖信仰發軔的詮釋性敘事，因此這種類型的信仰敘事成為媽祖靈應故事的發展源流之一。此等故事類型隨著聖墩廟枯楂顯聖的傳衍而成為媽祖靈應故事的常見類型之一，尤其歷來許多媽祖信仰或媽祖廟肇建源流常有媽祖靈示民眾祭祀的靈應敘事，這也是媽祖信仰文化的一環。

（二）媽祖護航免難

南宋以降，媽祖護航免難的靈應故事類型一直傳衍不絕，充分顯現媽祖信仰的海洋性格，因此媽祖護航免難的靈應故事類型一直也是媽祖靈應故事的敘事重心。統而觀之，《天妃顯聖錄》載錄的媽祖靈應故事主要便是媽祖護航免難神蹟，該書對於歷來媽祖的護航免難靈應故事多有載錄，如〈朱衣著靈〉便是編寫宋代媽祖庇護路允迪使高麗的故事，〈神助漕運〉便是編寫元代媽祖助漕運得靈應故事，〈廣州救太監鄭和〉便是編寫明代媽祖庇鄭和下西洋的護航救難故事，再見《天妃顯聖錄·琉球陰護冊使》：

> 康熙二十二年（1683），欽差冊封琉球，賜蟒玉正一品汪、林等官時在福省，於六月二十日諭祭天妃於怡山院。是時東風正猛，不意行禮甫畢，旗幟忽皆北向，遂解纜而行。所有應曆水程，悉若飛渡而下，才二晝夜即到馬齒山，遽至那霸港，直達迎恩亭前。琉球之人皆謂從來封駕未有若此飛渡而來。迄夫典禮告竣，開駕而回，狂濤震撼，巨浪滔天。舟中人皆顛覆，煙灶等物盡委逝波，茫無彼岸，誠萬難獲全。天使官肅將簡命，共籲神妃求佑：『返節無恙，當為奏請春秋祀典，永荷神庥』！虔禱方終，神應如響。黑夜中漂泊，眾見舟竿上有二燈籠光焰在前。時束桅鐵箍已斷十三，桅應散而尚全；系篷之頂繩斷不可續，篷宜墮而猶懸：桅拴裂逾尺，桅應倒而仍柱。船不及壞，因急駛往歸閩海港。……[58]

此則傳說言媽祖庇護欽差一行人順利航行琉球，從而可以發現媽祖護航免難的靈應故事一直是媽祖信仰發展過程中的主要類型。

承續媽祖護航免難的靈應故事類型，清代以來衍為媽祖信仰重心的台灣也有數量龐大的媽祖護航免難的靈應故事，清中葉李元春《臺灣志略·勝蹟》：「倘有危難，輒呼媽祖·洋中風雨晦冥，慘黑如墨，往往於檣端見神燈示祐，舟必無恙。」[59]媽祖以神燈庇佑遭罹狂風巨浪的船民是歷來媽祖靈應故事發展過程的典型之一。

58 《天妃顯聖錄·琉球陰護冊使》，收入《媽祖文獻史料彙編（第二輯）著錄卷·上編》，頁103。
59 李元春：《臺灣志略》（台北：臺灣銀行經濟研究室，1958年），頁45。

考察媽祖相關的史料文獻，媽祖護航免難的靈應敘事發展早，宋代以降迄今傳衍出數量龐大的媽祖救助海難的傳說故事，其中媽祖庇路允迪使高麗的靈應傳說在該故事類型發展過程中具有啟後的關鍵位置，媽祖庇路允迪使高麗的護航免難敘事歷來傳衍不已，由之開展出各種媽祖護航免難的傳說。同時，媽祖護航的靈力顯現有擴展出不同的情節，如媽祖於桅檣端以神燈、紅光或派遣鳥等指引、護助求救難民，這些靈應故事類型都在在反映媽祖作為護航海神的外像特點。

（三）媽祖助戰禦敵

清代，倭寇與海盜在海上作亂，復以清政權對於台澎的經略，海上作戰難免，媽祖助戰禦敵的靈力仍舊有其時代需求，因此媽祖一直被視為海神而被船夫與將士所信奉，於焉產生許多軍士得到媽祖幫助的事蹟。總地來說，清朝媽祖信仰的傳播與發展，遠遠超過宋元明三個朝代，清廷對於上奏媽祖靈應而要求嘉封、致祭的事蹟頗多是助戰禦敵的敘事，因此清代媽祖在軍事中的積極作用促使媽祖具有濃厚的軍事助戰色彩。源於這樣的歷史背景，清代媽祖信仰也有不少關於媽祖助戰禦敵的靈應傳說，如《天妃顯聖錄·澎湖神助得捷》：

> 康熙二十二年（1683）六月內，將軍侯奉命征剿臺灣。澎湖系臺灣中道之衝，萑苻竊踞，出沒要津，難以徑渡。侯於是整奮大師，嚴飭號令。士卒舟中，咸謂恍見神妃如在左右，遂皆賈勇前進。敵大發火砲，我舟中亦發大砲，喊聲震天，煙霧迷海。戰艦銜尾而進，左衝右突，凜凜神威震懾，一戰而殺傷彼眾，並淹沒者不計其數。其頭目尚踞別嶼，我舟放砲攻擊，遂伏小舟而遁。澎湖自是肅清。
> 先是，未克澎湖之時，署左營千總劉春夢天妃告之曰：『二十一日必得澎湖，七月可得臺灣』。果於二十二日澎湖克捷，其應如響。又是日方進戰之頃，平海鄉人入天妃宮，咸見天妃衣袍透濕，其左右二神將兩手起泡，觀者如市。及報是日澎湖得捷，方知此時即神靈陰中默助之功。將軍侯因大感神力默相，奏請敕封，並議加封。奉旨：神妃已經敕封，即差禮部郎中雅虎等賚御香、御帛到湄，詣廟致祭。時將軍侯到湄陪祭，見佛殿僧房尚未克竣，隨即捐金二百兩湊起。[60]

此則傳說言施琅攻取澎湖乃得媽祖神助，媽祖助戰的情節安排相當生動，如「平海鄉人入天妃宮，咸見天妃衣袍透濕，其左右二神將兩手起泡，觀者如市」暗示著媽祖兵將助戰的用力頗深。再見康熙24年（1985）的《澎湖臺灣紀略·澎湖志略》：「按天后即媽祖，

60 《天妃顯聖錄·澎湖神助得捷》，收入《媽祖文獻史料彙編（第二輯）著錄卷·上編》，頁102－103。

康熙二十三年六月靖海侯施琅奉命征鄭克塽，取澎湖；入廟拜謁，見神衣半濕，始知實默佑之。」[61]乾隆17年（1752）的《重修臺灣縣志·祠宇志》：「二十二年，我師征澎湖，恍有神兵導引·及屯兵媽宮澳，靖海將軍侯施琅謁廟，見神衣袍半濕，臉汗未乾，始悟實邀神助。」[62]等文獻都刻意描繪媽祖暗助施琅、助戰取澎湖的靈力，並以「媽祖神衣袍半濕，臉汗未乾（神明流汗）」的母題來暗示媽祖助戰的努力。

迄於現今，媽祖信仰區域內的戰事已經罕見，媽祖助戰禦敵的戰神形象已經逐漸淡化，然而不可否認的是－媽祖助戰禦敵的靈應敘事曾經是戰前媽祖靈應故事的主要類型之一，這一類靈應故事類型的發展常常與官方的需要有關，媽祖神格也因官方緣於助戰褒封而持續提升，因此媽祖助戰禦敵的靈應故事類型對媽祖信仰的拓展也產生很大的作用，經此靈應故事的傳衍，媽祖成為官民共同崇敬的信仰神祇。

（四）媽祖止旱澇天災

旱澇之災對於民間生活與作物成長的影響甚鉅，因此媽祖具有止旱澇的靈力是其信仰普及於民間的重要橋樑。這一類的靈應敘事干係到民生生活，因此也是媽祖彰顯靈力的重要素材，明末清初的《天妃顯聖錄》載錄了幾則媽祖止旱澇天災的敘事，其中有一則屬於媽祖生前的異事蹟，《天妃顯聖錄·禱雨濟民》：

> 妃年二十一歲時，莆大旱，山焦川涸，農民告困。通郡父老咸曰：『非神姑莫解此厄』！縣尹詣妃求禱。妃往祈焉。擬壬子申刻當雨。及期，日已午，烈燄麗空，片雲不翳。尹曰：『姑殆不足稱神乎』！未幾，陰霾四起，甘澍飄灑，平地水深三尺，西成反獲有秋。眾社賽日，咸懽呼頂禮，稱神姑功德不可思議！[63]

此則傳說呈現媽祖生前巫師的形象，莆田旱災，地方求媽祖祈雨，果真天降甘霖，眾人皆感不可思議，由之體現媽祖具有止旱澇的靈力。既然媽祖生前即有祈雨濟民的神力，成神後自然或有止旱澇的靈應顯現，《天妃顯聖錄》內〈奉旨鎖龍〉、〈救旱進爵〉、〈甌閩救潦〉等三篇都是媽祖止旱澇的靈應故事，〈奉旨鎖龍〉為媽祖為民請命，鎖龍來平息浙江省的水患。〈甌閩救潦〉即是丁伯桂〈順濟聖妃廟記〉所載慶元甌閩列郡苦雨之事，禱之媽祖而天霽。〈救旱進爵〉則是丁伯桂〈順濟聖妃廟記〉所記庚戌夏旱趙侯彥勵禱雨的事蹟。經由《天妃顯聖錄》的載錄事蹟，顯現宋代媽祖止旱澇的靈應故事傳衍不息。

---

61 杜臻：《澎湖臺灣紀略》（台北：臺灣銀行經濟研究室，1961年），頁34。
62 王必昌等人編修：《重修臺灣縣志》（南投：臺灣省文獻會，1993年），頁171。
63 《天妃顯聖錄·禱雨濟民》，收入《媽祖文獻史料彙編（第二輯）著錄卷·上編》，頁88－89。

（五）媽祖治病除瘟

媽祖治病除瘟的敘事在《天妃顯聖錄》也有載錄，《天妃顯聖錄·聖泉救疫》：

> 宋高宗紹興二十五年（1155）春，郡大疫。神降於白湖旁居民李本家曰：『瘟氣流行，我為郡請命於帝；去湖丈許有甘泉，飲此疾可瘳』。境內羅拜神賜。但此地斥鹵，疑無清流，以神命鑿之，及深猶不見泉。咸云此系神賜，勉加數鋤，忽清泉沸出，人競取飲之，其冷若醴。汲者絡繹於路，至相爭攘。朝飲夕瘥，人皆騰躍拜謝曰：『清泉活人，何啻甘露，真有回生之功』！乃甃為井，號曰「聖泉」。郡使者奏於朝，詔封「崇福夫人」。[64]

聖泉救疫基本上仍是丁伯桂〈順濟聖妃廟記〉所載傳說的衍化，可見媽祖以泉水止瘟的救難事蹟是頗為流傳的，聖水救疫也成為媽祖治病救瘟常見的藥引，這樣的敘事情節也在其他媽祖除疫的靈應故事中可以發現。《天妃顯聖錄》除了〈聖泉救疫〉載錄媽祖治病除瘟的敘事外，〈靈符回生〉敘述媽祖以符令、菖蒲治癒病篤的縣令，也是媽祖治疾除瘟的靈應傳說；〈藥救呂德〉一文雖然持藥丸治病的神靈為觀音菩薩，然該文載於媽祖靈應事蹟，復以媽祖與觀音的身世想像，仍有兩女神共顯神力的想像。

宋代以降，媽祖治病除瘟的靈應敘事是其信仰深耕於民間生活的橋樑，媽祖透過神力來治病的神蹟或許流於迷信之談，因此歷來正式文獻史料的載錄並不多，但卻不意味著媽祖治病除瘟的靈應敘事少，這個現象可以從清朝以降衍為媽祖信仰重心的台灣獲得佐證，如台灣南部流傳：

> 咸豐七年（1857）台灣南部瀉吐流傳，患者不計其數紛紛祈求媽祖救助，憑神筶指示，以蔭香及鹽米水，二碗煎一碗，兼用聖符化飲，大多痊安，疫癘消除。[65]

瘟疫傳染病是早期危及台灣民眾生命的禍源之一，因此信眾同樣冀望媽祖具有驅除瘟疫的靈力，配合著時勢的需求，台灣民間信仰傳衍媽祖治病除瘟的神蹟故事，並透過藥引、符水等方式來治癒患者。

考察媽祖治病除瘟的靈應故事類型，宋代媽祖以聖泉治疫的靈應傳說是該故事類型最為重要的敘事，從清代迄今，媽祖經由泉、水止瘟的情節經常是媽祖顯示靈力治癒疾瘟的方式之一，由之拓衍出更多媽祖治病除瘟的靈應敘事。

64　《天妃顯聖錄·聖泉救疫》，收入《媽祖文獻史料彙編（第二輯）著錄卷·上編》，頁93。

65　何世宗、謝進炎彙輯：《媽祖信仰與神蹟》（臺南：世峰出版社，2001年），頁114。

（六）媽祖示警止禍

宋代以後，媽祖示警止禍的靈應故事仍有發展，《天妃顯聖錄》載有3則媽祖示警止禍的靈應傳說：〈琉球救太監柴山〉、〈庇太監楊洪使諸番八國〉、〈托夢護舟〉等三篇。在《天妃顯聖錄》裡，媽祖示警頗常是夢示災難將至並進一步救難，如《天妃顯聖錄·琉球救太監柴山》：

> 洪熙元年（1425）四月，欽差內官柴山往琉球，載神香火以行。至外洋，一夕，雲霧晦冥，山方假寐，夢神撫其几曰：『若輩有水厄，當慎之！吾將為汝解』。及寤，不敢明言，只嚴戒舵工加謹。正揚帆而進，突陰霾蔽天，濤翻浪滾，咫尺不相辨，孤舟飄泊於洪波之中，桅檣顛倒，舟中墜水者數人。舵工急取大板亂擲水中，數人攀木而浮，隨波上下，呼天求救，哀聲震天。迨薄暮，見燈光自天而來，風倏靜，浪倏平，舵工函撥棹力救，墮水者爭攀附登舟，感慶再生之賜。回京奏上，奉旨遣官致祭，拜答神功。[66]

《天妃顯聖錄·托夢護舟》：

> 隨征同知林昇同總兵官遊澎奉委往撫臺灣，於康熙二十二年（1683）九月初五日由湄洲放洋，初六晚至臺灣。十五日自彼開駕，而十八夜夢天妃在船；有四人戴紅帽從水仙門而上，問其所來，答曰：『舟船有厄，將為爾護』。十九早，舟過柑桔嶼，舟次擱淺，舵折四尺，將溺，眾驚懼，投拜神前，懇求庇祐。倏見天妃現身降靈保護，乃得平穩。十九晚收進八罩，報復成功。總督慰甚。同知林昇到家虔誠答謝。[67]

〈琉球救太監柴山〉、〈托夢護舟〉兩篇都是媽祖經由夢示提醒欽差內官柴山、同知林昇將有水厄，示警後媽祖再以其靈力救助海難。媽祖示警的方式除了夢示而再救助外，也有媽祖以異象引人避禍的，如《天妃顯聖錄·庇太監楊洪使諸番八國》：

> 宣德五年庚戌（1430）十二月，欽差太監楊洪統領指揮千百戶及隨從人等，駕船大小三十只，裝載彩幣，賞賜阿丹、暹羅、爪哇、滿剌加、蘇門答剌、木骨都束、卜剌哇、竹步八國，虔恭奉祀神妃，朝夕拜禱保祐。一日，舟至中流，天日清霽，遠望大嶼橫峙海中，上多怪石，錯生海物。眾曰：『舟中沉鬱已久，盍登岸少舒』。各奪磴而上。又見旁有小磯，一女子攜筐採螺蜃，競赴磯迫視之。洪恐其肆慢，趨前呵止。女子忽不見。

66 《天妃顯聖錄·琉球救太監柴山》，收入《媽祖文獻史料彙編（第二輯）著錄卷·上編》，頁99。
67 《天妃顯聖錄·托夢護舟》，收入《媽祖文獻史料彙編（第二輯）著錄卷·上編》，頁101。

回首大嶼已沒，方知前所登嶼，即巨鰲浮現，其美女乃天妃現身救此數十人也。各叩首謝。歸奏上，奉旨賫香致祭。[68]

該文媽祖化身美女攜筐採螺蛋，吸引原來欲趨往巨鰲浮現所化島嶼的眾人免於海難，此等透過海上異象同具有示警作用，並進一步引導民眾避難，也算是媽祖示警止難的靈應顯現。

（七）媽祖助堤止水患

元·程端學〈靈濟廟事蹟記〉載出宋嘉熙年間錢塘潰堤，媽祖顯靈化解水患，其後又因浙江堤防築成而受封，《天妃顯聖錄》衍為〈錢塘助堤〉的靈應故事：

宋理宗嘉熙元年（1237），浙省錢塘潮翻，江堤橫潰，大為都省患。波湧浩蕩，版築難施。都人號祝於神妃。忽望水波洶湧，時濤頭上艮山祠，若有所限拒而水勢倒流不前者，因之水不衝溢，堤障得成，永無氾圮之患。眾咸稱神力捍禦。有司特奏於朝，奉旨神功赫濯，大有裨於朝家，議加封號，以答靈感。[69]

這則媽祖靈應故事則明確指出媽祖的神力助水不衝溢、堤障得成。助堤止水患的靈應顯現與宋元以降的漕運背景有關，運河的水道依循著堤岸而通行，水運的順勢通暢有賴堤岸的穩固，因此大水襲堤成為官民的威脅。宋元以降，媽祖助漕運的靈蹟頗為流傳，然訴諸文獻史料的文字記錄之敘事重心較少直接談及助堤，不過可以想像的是，止潮水為禍的方式之一便是堤防擔負起功能，自然就不會潰堤的水患產生，因此媽祖護漕運的靈力展現之一便是讓堤防穩固，這樣的想像思維同樣反映在生活於溪河兩岸的民間生活，不少苦於水患的信眾也冀以媽祖穩固堤岸的靈力，希望媽祖可以助堤來防止水患，於是媽祖助堤止水患的靈應敘事便在民間流傳。

（八）媽祖助人死而復生

媽祖助人死而復生的靈應故事在明末清初的《天妃顯聖錄》也有載錄，《天妃顯聖錄·靈符回生》：

歲祲疫氣盛行，黃縣尹閩家病篤。吏告以湄嶼神姑法力廣大，能起死回生，救災恤難。尹齋戒親詣請救。妃曰：『此係天數。何敢妄干』！尹哀懇曰：千里宦遊，全家客

68 《天妃顯聖錄·庇太監楊洪使諸番八國》，收入《媽祖文獻史料彙編（第二輯）著錄卷·上編》，頁99。
69 《天妃顯聖錄·錢塘助堤》，收入《媽祖文獻史料彙編（第二輯）著錄卷·上編》，頁95。

媽祖神蹟：聞鼓吹鄭和免險。（圖像來源：許葉珍匯輯《天后聖母事蹟圖志》）

> 寓，生死懸於神姑，幸憫而救之』！妃念其素稱仁慈，代為懺悔。取菖蒲九節，並書符咒，令貼病者門首，煎蒲飲之，病者立瘥。尹喜再生之賜，舉家造門拜謝。自此神姑名徹寰宇矣。[70]

該文指出媽祖有起死回生之靈力，媽祖以符咒施法，並以菖蒲為藥引，助原來病篤將死的縣尹病癒，此傳說其實是媽祖治疾除瘟的靈應故事類型，然而也暗喻著媽祖具有起死回生的靈力。媽祖助人死而復生的靈應敘事則在台灣頗為流傳。

媽祖助人死而復生的靈應故事類型呈現出媽祖無所不能的靈力，連死都可以復生，從而顯現媽祖在信眾心理的全能形象。

70 《天妃顯聖錄·靈符回生》，收入《媽祖文獻史料彙編（第二輯）著錄卷·上編》，頁90。

（九）媽祖庇婦助孕

媽祖庇婦助孕的靈力在媽祖信仰中有所發展，尤其是媽祖衍為全能之神，媽祖助孕的靈力也是其中一環，因此求媽祖助孕的崇拜行為或靈應敘事也就發展開來。天津地區媽祖作為司孕神的特點是相當明顯的，當地流傳一則媽祖送子的傳說：

> 俗有天姥送生子說……有童某行八，夢一老嫗與一僕人抱一小娃而來，年若數歲者，面目極修整，手執數朵牡丹，問郝姓何住？童八夢中云，此家好幾門，你送到誰家去？因指明龍友姪乳名，乃實告予家之居址。慈忽得重孫，喜甚。清早往娘娘廟焚香，路遇童八之母。伊曰三太太准得一重孫，因白其子之夢。云予次子十兒降生，內人所夢彷彿似之。[71]

這則傳說反映了天津信眾對於媽祖庇婦助孕賜子的崇信，因此媽祖庇護助孕的敘事伴隨而生。作為媽祖信仰重心的台灣地區，更有以求助孕子嗣維特點的媽祖廟，如嘉義縣朴子配天宮便是以祈花求子而聞名，緣於祈花求子而衍生不少媽祖庇婦助孕的靈應敘事，配天宮流傳一則牡丹花求子的傳說：

> 在早期配天宮媽祖有拿手(輦)轎幫人辦事時，某年春節御賜燈花展覽期間有位信徒向媽祖祈求能夠有子嗣，媽祖細查此人與他的祖先並沒有做失德的事且行善布施、樂善助人，因此手轎就指向旁邊的白色牡丹花樹，當時辦事人員就對此信徒說媽祖聖諭「要賜你白花(男丁)」若真的如願要將此兒子做媽祖的誼子，故當下便在白牡丹花樹折一朵白牡丹花回家，放置在夫妻床頭，不久後真的懷孕且生下白白胖胖的壯丁，後來樸仔腳子民也都因媽祖神助，如願求得子嗣，久而久之，樸仔媽有賜子嗣神力的消息便傳開來，遠播國際享有美名，這就是早期樸仔媽賜子嗣(白花)的由來。[72]

媽祖庇護助孕的靈應故事類型內蘊著漢人重視子嗣傳衍的思維，這種基於「不孝有三，無後為大」的傳統思維一直是漢人民俗中的質素，媽祖俗信接合了民俗的需求而被賦予助孕的職能，由此衍化出庇婦助孕的靈應故事類型。

（十）媽祖伏妖制祟

吳國平《瓣香湄洲》指出：在媽祖傳說中，有一部分是專門講媽祖如何降服在人間

71 清．郝福森：《津門聞見錄》卷二（北京：中華全國圖書館文獻縮微複製中心，1999年）。
72 朴子配天宮全球資訊網：http://www.peitiangung.org.tw/particular_2.html，2015年2月24日搜尋。

興難的妖魔鬼怪的。非常典型的有降服千里眼和順風耳，收服水妖總管晏公，收服高里鬼，收服嘉應、嘉佑二妖等。有意思的是，這些鬼怪被媽祖收服後，大多都成了媽祖祖廟的陪神。[73]

媽祖伏妖制祟的靈應事蹟在宋元明的相關事跡中是罕見的，其與漢人著述存有不語怪力亂神的思維有關，因此考察宋元明時期的文獻史料，媽祖伏妖制祟的敘事不多，就目前可見的資料來說，迄於明代媽祖收妖的靈應敘事才多了起來，《天妃娘娘傳》、《天妃顯聖錄》等載錄了不少媽祖伏妖的傳說故事，尤其是《天妃顯聖錄》更以媽祖伏妖作為其生前靈異事蹟的重心，〈降伏二神〉、〈收伏晏公〉、〈伏高里鬼〉、〈收伏嘉應、嘉祐〉等都是媽祖為民伏妖的靈應敘事，媽祖伏妖的靈力隨著媽祖收伏千里眼、順風耳、晏公、高里鬼等神蹟而為人津津樂道，因此在鬼怪之說盛行的舊時代裡，民眾對於無法解釋的異象常附會為地方鬼妖作祟，從而媽祖也成為制伏地方鬼妖的神祇，如《天妃顯聖錄·收伏嘉應、嘉祐》：

> 時有二魔為祟，一曰嘉應，一曰嘉祐；或於荒丘中攝魄迷魂，或於巨浪中沉舟破艇。妃至，遂逃於雲天杳渺之外。適客舟至中流，風翻將沉，見赤面金裝當前鼓躍。妃立化一寶貨舟拍浮而遊。嘉祐即舍客舟乘潮而前。妃以咒壓之，擊刺落荒，遂懼而伏。妃又從山路獨行，嘉應不知為民間美姝，將犯之。妃拂飛塵靁，彼遂幻變騰掀，終不越故處；若有限距而無門突出者，因悚然退避。但魔心未淨，歲餘復作蠱害。妃曰：『此物不歸正道，畢竟為妖為孽』。令人各焚香齋戒，奉符咒，自乘小艇象漁者遨遊煙波之中。嘉應見之，即衝潮登舟，坐於桅前，不覺舟駛到岸。妃佇立船頭，遽悔罪請宥，並收為將，列水闕仙班，共有一十八位。凡舟人值危厄時，披發虔請求救，率得其默佑。[74]

《天妃顯聖錄》載錄了媽祖收服嘉應、嘉佑等作祟的妖精，並納入其麾下，列入水闕仙班輔助水事，由之強化媽祖統御海事的地位。

《天妃顯聖錄》特意著錄媽祖收妖與水族朝聖的事跡或有目的。然而隨著《天妃顯聖錄》傳衍媽祖收妖的靈應敘事，媽祖伏妖的靈應敘事成為媽祖靈應故事的常見類型。

（十一）水族朝聖

考察媽祖靈應故事的文獻史料，水族朝聖的靈應敘事迄於《天妃顯聖錄》才出現，《天妃顯聖錄·龍王來朝》：

---

73 吳國平：《瓣香湄洲》，頁70。

74 《天妃顯聖錄·收伏嘉應、嘉祐》，收入《媽祖文獻史料彙編（第二輯）著錄卷·上編》，頁91。

媽祖神蹟：龍王來朝。（圖像來源:仙遊楓塘宮藏《天后顯聖故事圖軸》）

> 東海多神怪漁舟多溺。妃曰：「此必怪物為殃』。乃命舟鼓枻至中流，風日晴霽，頃望見水族輳集，錦鱗彩甲，跳躍煦沫，遠遠濤頭，擁一尊官類王子儀容，鞠躬嵩呼於前，水潮洶湧，舟人戰慄不已。妃曰：『不須憂』。傳示免迎。突然水色澄清，海不揚波，始知龍王來朝。以後凡遇妃誕辰，水族會洲前慶賀。是日，漁者不敢施罛下釣。[75]

〈龍王來朝〉呈現龍王鞠躬朝見媽祖，顯示媽祖的神格高於制海龍王，其文後有又指出凡遇媽祖誕辰，水族會前來朝聖慶賀。〈龍王來朝〉與媽祖伏水怪、水妖的靈應故事似有目的，此目的與海神權威性的建構有關，筆者下章再作討論。

水族朝聖的靈應敘事隨著《天妃顯聖錄》的載錄而傳衍，此一靈應故事類型的相關人事物與情節單元相對穩定，因此後世所傳衍的水族朝聖的故事基本上變異不大。清代以降，水族朝聖的靈應敘事頗有傳衍，台澎等地都可以發現水族朝聖的靈應故事類型，如清康熙56年（1717）周鍾瑄主修《諸羅縣志·雜記志》：

> 靈山廟：在淡水干豆門。前臨巨港，合峰仔峙、擺接東西二流與海潮匯，波瀾甚壯。康熙五十一年（1712）建廟，以祀天妃。落成之日，諸番並集。忽有巨魚數千隨潮而至，如拜禮然；須臾，乘潮復出於海：人皆稱異。[76]

靈山廟即台灣新北市北投關渡宮，該廟建於康熙51年（1712），此紀錄關渡宮落成之日出現巨魚數千來禮拜媽祖的異象。除了關渡宮，澎湖地區也流傳著鯨魚朝拜媽祖的敘事，如乾隆36年（1771）左右刊行的《澎湖紀略·土產紀》：

> 海豎：狀如海翁，其大次之；亦有千餘斤及數百斤者。三月媽祖誕時，海翁來潮，必三躍而後去。躍時，水浪滔天如雨，土人所云如此。其不可網也明矣。[77]

每逢媽祖聖誕，鯨魚三躍來拜謁媽祖的傳說突顯了媽祖作為海界至上神的表徵，同時也凸顯了媽祖的靈力。

（十二）媽祖拯饑

考察媽祖拯饑的靈應故事之發展，南宋·丁伯桂〈順濟聖妃廟記〉：「莆之水市，朔

75　《天妃顯聖錄·龍王來朝》，收入《媽祖文獻史料彙編（第二輯）著錄卷·上編》，頁89。

76　周鍾瑄主修：《諸羅縣志》（南投：臺灣省文獻會，1993年），頁286。

77　胡建偉：《澎湖紀略》（南投：臺灣省文獻會，1993年），頁1820。

風彌旬，南舟不至，神爲反風，人免艱食。」[78]媽祖以改變風勢來護航助船運糧，從而化解了莆田一帶的糧荒，這樣的傳說敘事重點其實還是環繞護航、助航的靈力，助糧運或拯饑只是依隨護航的靈力而來，不過丁伯桂的載文仍可視為目前關於媽祖拯饑故事類型的嚆始。宋代以後，元代媽祖護漕運的護航免難之靈應故事，其實也潛藏著助民免於饑荒的結果，然而拯饑的神功仍是伴隨媽祖護航免難的靈力而衍生的成果。

從目前可稽的文獻史料來看，媽祖拯饑的靈應故事一直迄於《天妃顯聖錄》的載錄才出現比較獨立性的靈應敘事，《天妃顯聖錄·拯興泉饑》：

> 寶祐改元（1253），莆與泉大旱，谷值騰湧，饑困弗支，老幼朝夕向祠前拜禱。夢神夜告曰：『若無憂，米艘即至矣』。
> 初，廣地賈客挺裝米上浙越，偶一夜神示夢曰：『興泉若饑，米貴，速往可得利』。客寤而喜謂神示必獲利滋倍，遂載入興、入泉。南艘輻輳，民藉以不饑，米價反平。郡人頗矜天幸，商人怏怏，言神夢不驗。詢其得夢之由，方悟神為二郡拯饑。又思前夕米艘即至之夢，果屬不虛。咸嘆再造神功，焚香拜謝。天子聞之，詔褒封「助順、嘉應、英烈、協正妃」。三年（1255），又以顯靈加封「靈惠、助順、嘉應、慈濟妃」。四年丙辰（1256），以浙江堤岸告成，加封「靈惠、協正、嘉應、善慶妃」。[79]

媽祖夢示米賈將米糧轉往興化泉州一帶販售，成功化解兩郡的糧食危機，此乃媽祖拯饑的靈應敘事。以媽祖拯饑作為主要的核心事件之靈應故事並不多，媽祖拯饑的敘事情節之衍生與糧船的駛航有關，媽祖護航的靈力向為廣傳，因此經護助糧船前往缺糧之地而衍為拯饑的神功，這樣的靈應事蹟堪稱也是媽祖護航免難故事類型的衍化。不過，媽祖拯饑的靈應敘事並非媽祖靈力施展的主要顯像，因此獨立以媽祖拯饑為靈應的敘事類型就顯得較為貧乏。

（十三）媽祖助農物成長

考察媽祖助農物成長的靈應故事之發展，黃公度（1109-1156）〈題順濟廟詩〉：「萬戶牲醪無水旱，四時歌舞走兒童。」這首詩勾勒出在媽祖的庇佑下無水旱災，民眾豐收而誠敬祭祀的場景，媽祖止旱澇的靈力在其信仰發軔之初便已被賦予，農作物生長與氣候密切相關，因此媽祖止旱澇的靈力自然也對農作物的成長產生作用，這應是媽祖助農物生長的靈力之淵源。然而早期媽祖靈應故事罕見以助農物成長作為核心事件，助農物成

78 丁伯桂：〈順濟聖妃廟記〉，收入《媽祖文獻史料彙編（第一輯）碑記卷》，頁3。
79 《天妃顯聖錄·拯興泉饑》，收入《媽祖文獻史料彙編（第二輯）著錄卷·上編》，頁95。

媽祖神蹟：油成菜資生民食。（圖像來源：許葉珍匯輯《天后聖母事蹟圖志》）

長的想像潛藏在媽祖止旱澇的神功。媽祖助農物成長的靈應敘事，迄於《天妃顯聖錄》則有較為直接的載錄，《天妃顯聖錄·菜甲天成》：

> 湄洲有小嶼，住旁流中。一日，妃遊至其地。適母遣人以菜子油遺之。妃傾之地上。遂抽芽解甲，燦然青黃，佈滿山塍。不煩播種，四時不絕，自生自熟於荒煙斷沁之間。莖幹花葉，可以薦神供佛，名曰菜子嶼。鄉人采之為仙葩神卉。至今猶野香鬱鬱；斥鹵之外，洵為勝概。[80]

〈菜甲天成〉一文指出媽祖以其靈力助花菜燦然成長、四時豐收，這是媽祖助農物成長故事類型的典型文本。媽祖助農物成長的靈應敘事載於文獻史料其實不多，早期媽祖在神性發展過程中，農業神的性格並不強，因此強調媽祖助農物成長的敘事也就不多。大抵而言，清代以降，媽祖助農物成長的靈應故事類型以台灣最為多見。

80 《天妃顯聖錄·菜甲天成》，收入《媽祖文獻史料彙編（第二輯）著錄卷·上編》，頁88。

第二節 媽祖靈應故事的特點

承上節所述，媽祖靈應故事經過千餘年的發展，衍化出各種的故事類型；大抵而言，迄於《天妃顯聖錄》的出現，建構出媽祖靈應故事較為普遍的十三種類型。統而觀之，媽祖靈應故事的發展以北宋為發軔期，南宋時期是媽祖靈應故事發展的第一波熱潮，從而衍生出媽祖靈示民眾祭祀、媽祖護航免難、媽祖助戰禦敵、媽祖止旱澇天災、媽祖治病除瘟、媽祖示警止禍等六種故事類型，堪稱是媽祖靈應故事發展的成長期。進入元、明時期，媽祖靈應故事的發展大抵多是宋代時期媽祖靈應故事的再傳播，新生的靈應事蹟或故事類型並不多，期間又新增了媽祖助堤止水患、媽祖助人死而復生、媽祖庇婦助孕等三種故事類型，可以說媽祖靈應故事發展的延續期。迄於於《天妃顯聖錄》的刊行，再新增媽祖伏妖制祟、水族朝聖、媽祖拯饑、媽祖助農物成長等四種故事類型，媽祖靈應故事的發展至此宣告初步的完足，從合契合、呼應媽祖的全能神力，可以說是媽祖靈應故事發展的成淑期。考察媽祖信仰較為常見的十三種靈應故事類型之演化情形，大致如下表：

表3—1：媽祖信仰較為常見的十三種靈應故事類型之演化情形

		宋	元	明	清以降
1	媽祖靈示民眾祭祀	○		◎	◎
2	媽祖護航免難	○	◎	◎	◎
3	媽祖助戰禦敵	○	◎	◎	◎
4	媽祖止旱澇天災	○	◎		◎
5	媽祖治病除瘟	○	◎		◎
6	媽祖示警止禍	○			◎
7	媽祖助堤止水患		○		◎
8	媽祖助人死而復生			○	◎
9	媽祖庇婦助孕			○	◎
10	媽祖伏妖制祟				○
11	水族朝聖				○
12	媽祖拯饑				○
13	媽祖助農物成長				○

資料來源：筆者整理。 ○首度出現 ◎傳衍

觀察媽祖靈應故事的歷來演化以及其內容敘事的情節，媽祖靈應故事的類型以及其內容存有一些特點，諸如巫術道術的使用、服朱衣救難的形象、海神形象的營造以及伴隨儒釋道三教合一而顯現的敘事衍化都是可以發現的。下述，筆者試著從媽祖靈應故事所顯露的幾種特點來逐項闡析之。

一、巫術顯靈解厄的想像

回顧媽祖信仰的發展過程中，媽祖信仰原為女巫信仰，宋廖鵬飛〈聖墩祖廟重建順濟廟記〉：「姓林氏，湄洲嶼人，初，以巫祝為事，能預知人禍福，既沒，眾為立廟於本嶼。」[81]宋·李俊甫《莆陽比事》：「湄洲神女林氏，生而神異，能言人休咎，死廟食焉。」[82]宋·黃巖孫《（寶佑）仙溪志》：「順濟廟，本湄洲林氏女。為巫，能知人禍福，歿而人祠之。」[83]這些紀錄呈現媽祖原始信仰是屬女巫崇拜。[84]自宋代以降，媽祖信仰日漸發展，神性由女巫雜祀成為神格頗高的天后女神，神職則躍升為漢人海神的代表，更甚者成為無所不庇佑的全能之神。

弗雷澤《金枝》（The Golden Bough）分析人類智力發展歸納為「巫術－宗教－科學」三個連貫的階段[85]，顯見巫術是人類文化啟蒙時期的一種外相，巫術的想像是是原始思維的表現。韋伯認為：一切宗教都可以在原始巫術中找到其起源的痕跡，而人的思想是趨向理性的。因此宗教理性化的重要標誌是「去除巫魅」，他雖然承認宗教中的巫術、禁忌因素不乏合理性，但他更強調，高級宗教有一個去除巫魅的過程。[86]早期人類對巫術的想像表現了原始人的思維特點，泰勒指出：

> 巫術是建立在聯想之上而以人類的智慧爲基礎的一種能力，但是在相當大的程度上，同樣也是以人類的愚鈍爲基礎的一種能力。這是我們理解魔法的關鍵。人類早在低級智力狀態中就學會了在思想中把那些他發現了彼此間的實際聯繫的事物結合起來。但是，以後他就曲解了這種聯繫，得出了錯誤的結論：聯想當然是以實際上的同樣聯繫為前提的。以此爲指導，他就力求用這種方法來發現、預言和引出事變，而這種方法，正如我們現在所看到的這種，具有純粹幻想的性質。[87]

---

81 蔣維錟：《媽祖文獻資料》（福州：福建人民出版社，1990年），頁1。

82 李俊甫：《莆陽比事》，收入自《媽祖文獻史料彙編（第一輯）散文卷》，頁3。

83 蔣維錟：《媽祖文獻資料》，頁18。

84 參見林茂賢：〈從台灣媽祖神蹟看媽祖屬性的轉化〉，收入《2008年彰化縣研究學術研討會論文集－媽祖信仰國際研究文化觀光研究》（彰化：彰化縣文化局，2008年），頁63－88。

85 弗雷澤（James G. Frazer）：《金枝》（The Golden Bough）

86 參見王德保：《神話的意蘊》，頁119。

87 愛德華·泰勒著（連樹聲譯）：《原始文化》，頁93。

劉婷《中國「天梯」神話與巫文化》指出：

> 人類在原始時代隨時都可能遭遇種種天災人禍。原始先民相信，只有依賴超自然的威力，憑藉神靈的力量，才能避免這些天災人禍。他們把精靈的咒力認定為超自然的威力，崇拜神靈。隨著智慧的提高及經驗的積累後，再加上偶然性的體驗，就漸漸產生了對崇拜物件的控制意識與追求。這種心態以某種具體行為來體現，其中有效的行為經不斷累積、反復實行後便成為一種規範的做法。這種原始心態及智慧水準就導致了巫術和巫覡的產生。[88]

巫術是一種透過聯想而被賦予超自然的力量，原始先民相信這樣的力量可以讓他們避免災禍，這種原始思維聯繫起神靈的力量，這樣的思維文化反映了早期人們對自然的體驗與生命的安頓[89]。以中國的崇拜文化來說，巫與巫術是很重要的一環，作為神與人溝通的巫使用巫術來預知人的災病、禍福以至於降福免災。安德留·蘭論證了各民族的神話乃是原人生活和思想的產物，將原人之心理概括為六個方面的特點：第一，相信萬物和人一般，都有生命、思想和感情，即所謂「泛靈論」；第二，相信魔術迷信，認為人、獸可以互變，魔術甚至可以招致風雨雷電等自然現象的變化；第三，相信人死後的靈魂可以獨立存在，在另一個世界和生前一樣地活動；第四，靈魂還可以變成其他動物，相信鬼魂附體；第五，認為人遭死亡，是因為仇人巫術的暗算；第六，對自然現象的千變萬化及人的夢境有好奇心，希求得到解釋。[90]其中第二項「相信魔術迷信，認為人、獸可以互變，魔術甚至可以招致風雨雷電等自然現象的變化」以及第五項「認為人遭死亡，是因為仇人巫術的暗算巫術」，魔術、巫術的使用是原始人類的心理思維之特點，「魔術」、「法術」或「巫術」等都是巫術（magic）從西方傳入後被翻譯的語彙。

弗雷澤提出：在原始人的世界觀中，人類與自然之間始終存在著某種交互感應的關係，人可以通過各種象徵性的活動把自己的願望、意志強行投射到自然中去，達到操縱和控制自然客體的目的。亦即原始思維中的「物我交感」；具體的象徵活動就是交感巫術的信仰，所謂「呼風喚雨」即其一例。[91]媽祖信仰原為「巫祝」信仰，宋代碑文、文獻記載多述媽祖為「巫祝」的原始形象，所以巫術使用的想像自然在其靈應故事中屢屢出現，如《天妃顯聖錄》中便有不少媽祖使用巫術解厄的敘事，《天妃顯聖錄》載〈禱雨濟民〉、〈化草救商〉、〈伏高里鬼〉等篇章都運用巫術止災難的想像，《天妃顯聖錄·化草救商》：

---

88 劉婷：《中國「天梯」神話與巫文化》（武漢：中南民族大學碩士學位論文，2006年5月），頁4。

89 鄭志明：〈巫術文化的哲學省思〉，收入《第七屆儒佛會通暨文化哲學》（彰化：彰化縣文化局，2008年），頁67。

90 參見〈人類學派學說與茅盾神話觀〉：http://www.mythschina.com/thread-501-1-1.html，2014年12月搜尋。

91 張史寶：《桃的神話與文學原型研究》，頁26。

嶼之西有鄉曰門夾，當港口出入之衝，石〈石多〉礁錯雜。有商舟渡此遭風，舟衝礁侵水，舟人哀號求救。后曰：『〈石多〉頭商舟將溺，可急拯』。眾見風濤震盪，不敢向前。后乃擲草數根，化成大杉，排駕至前。舟因大木相附，得不沉。少頃，風漸平，浪漸息，舟中人相慶，皆以為天助。及閣岸整理舟楫，倏見大木飄流，不知所向，詢鄉人方知化木附舟，悉神姑再造力。[92]

《天妃顯聖錄·伏高里鬼》：

高里鄉突有陰怪，含沙侵染百病。村人共詣神姑求治。后知為山僻小木精作祟，取符咒貼病者考頭。眾如命而行，聞屋瓦響處，一物如鳥，拚飛而去。后跡其所之，掃穴除之。比至，遽幻作一小鳥匿樹抄，只見渺渺林端，炎起一團黑氣。后曰：『不可留此為桑梓憂』！追擒之。唯一鴟鴞唧唧。將符水一灑，鳥踏空而墜，並無形體，僅存一攝枯發。舉火焚之，突見本相，兀兀一小鬼子，叩拜曰：『願皈臺下服役』；收之。先是符咒未至之前，一宵，於民間忽語人曰：『我將別，當饗我』！主人具儀禮宴之。次晨，符咒至，即從屋上出去。蓋亦預知法力難逃也。[93]

上述媽祖的靈應故事，媽祖用媽祖求雨止雨化解災厄、用幾小草變成一排大杉來助船中人免難、取符咒貼病者考頭等敘事反映媽祖信仰源于福建地方的巫術信仰。原始巫覡多會唸咒語，施法術以及使用咒物，媽祖靈應敘事頗常是使用咒物咒術的。使用巫術伏妖的敘事也在媽祖靈應故事中可見，鄭志明指出降神術是以懷柔祭祀的方式來要求具有作福禍的超自然力不要作怪人間而要賜福下民[94]，媽祖將符水一灑伏高里鬼便是如此。

鄭志明也指出民間不少的神祠是由降神的巫術流傳的，甚至是神自己顯靈，要求民眾立祠祀之，否則降災人間。[95]媽祖靈應故事也有顯靈夢示建廟的敘事，如《天妃顯聖錄·枯楂顯聖》記載：媽祖顯靈要民眾建祠祀之也是巫術信仰思維下的產物。綜而言之，在媽祖的靈應故事中，媽祖使用巫術祛災祈福與療病、治精怪鬼魅以及預卜吉凶等敘事頗多，媽祖透過巫術促使人們趨吉避凶而成為人們心目中的偶像或英雄，這是媽祖信仰發展過程中的一環，這一類的敘事根本上也是源自原始神話思維而來。

---

92 《天妃顯聖錄·化草救商》，收入《媽祖文獻史料彙編（第二輯）著錄卷·上編》，頁88。
93 《天妃顯聖錄·伏高里鬼》，收入《媽祖文獻史料彙編（第二輯）著錄卷·上編》，頁90。
94 鄭志明：《中國社會的神話思維》，頁105－107。
95 鄭志明：《中國社會的神話思維》，頁106。

二、媽祖「海神」造像的聯繫

從媽祖靈應故事的內容來加以討論，媽祖靈應故事的母題衍化的確有貼合海神造像的想像，主要有二：一是「服朱衣」顯聖的神話思維；一是神話「海神」形象的吸收與轉化：遙繫鳥形海神形象。下述闡析之。

(一)「服朱衣」顯聖的神話思維

觀察漢人的民間信仰，神像的雕塑以至於神衣色系搭配內蘊著民間知識與民俗想像，從而展現神明的特色與個性，諸如觀音佛祖的神衣多採白色系、關聖帝君的神衣多採綠色系、土地公穿藍色系，其中晚近媽祖的神衣多為橘色色系。然而，考察媽祖神衣的發展歷程，我們可以發現紅色系才是媽祖早期普遍採用的色系，如：台灣島內歷史悠久的媽祖神像所穿著之早期神衣多為紅色，湄洲祖廟早期媽祖神尊的神衣亦採取紅色，凡此皆標誌紅色系乃媽祖神衣的本色。時至今日，漢人民間信仰的媽祖神尊也有不少以紅色來作為神衣色系的情形，「服朱衣」的傳統並非偶然，這一現象有著若干的文化意涵，串聯著早期媽祖信仰的民間敘事，甚至鏈結著上古神話的想像力，或可窺見媽祖信仰在海神造像過程中的文化傳衍。我們從媽祖信仰的敘事過程中，可以發現從媽祖信仰與自然崇拜的關係，媽祖服朱衣的敘事系統是明顯的，相較於其他神祇的顯靈救難，媽祖靈應故事頗常提及身著朱衣來救難的敘事，因此大多數媽祖顯靈救難的畫冊幾乎多以媽祖身著紅衣的色彩圖像來詮釋媽祖的救難事蹟。或可言之，何以媽祖顯靈被刻意地圖顯其著紅衣的情節，此一紅衣的隱喻或所指為何？媽祖著朱衣與自然崇拜存有聯繫？本處筆者試著闡釋媽祖服朱衣的文化意涵。

民間信仰神祇頗多由自然崇拜演化而來，自然崇拜則多與古代神話有所交涉。自然崇拜多是人類對於自然萬象充滿敬畏、想像而形成的崇敬行為，這種崇敬的心理想像頗常衍化各種具有詮釋性的神話，因此古代神話與原始崇拜頗多源於類同的原始思維或想像力而來，從而原始自然崇拜的想像力成為許多宗教信仰以及神話的活源。自然崇拜的對象就是神靈化的自然現象、自然力與自然物，可以說是一種極為普遍的崇拜現象。[96]恩格斯說：「在原始人看來，自然力是某種異己的神秘的和超越一切的東西，在所有文明民族所經歷的一切階段上，他們用人格化的方法來同化自然力，從而創造了許多神。」[97]因此，許多神的本質是自然崇拜或潛藏自然崇拜的質素。

分析媽祖海神屬性的建構中，可以發現一些傳衍自古代原始自然崇拜的想像力之質素。王三慶〈四海龍王在民間通俗文學上之地位〉：

96 鄭志明：《中國社會的神話思維》，75。
97 《馬克思恩格斯全集》第20卷，頁672。

媽祖傳統神衣普遍採用紅色系，圖為大陸遼寧省錦州天后宮媽祖神尊。

> 人類面對寬廣的海洋，所知道的只是侷限於沿海一帶，如果離開陸地太遠，自然陷入水天一色，茫然未知的世界。何況東南沿海，又處於亞熱帶季風的盛行區，每年夏天，總有無數的颱風，來自海洋，吹向陸地，夾帶著大量的雨水和狂烈的風暴，造成屋毀人亡，財產生命損失的慘狀，這種大自然界的力量，對於沿海居民來說，完全和上古陸地盛行的洪水災害傳說，沒有兩樣。[98]

一般來說，海神被信眾所賦予的期待主要有二：一是汪洋指引、一是平波救難。其中汪洋指引概為原始航海民眾最需要的指引力量，面對汪洋無際的大海，指引方向成為安穩海民最重要的力量，因此具有汪洋指引的星辰燈火成為了海民崇拜的力量，海民心理想像著星光燈火能為大家指引一條安全的航線，從而具有指引方位星象崇拜成為海神信仰的原型之一，如明代以前的海神權威玄天上帝便是從傳衍原始自然崇拜而來。有人以為由北方七宿可以預測氣象變化，又與北極星相對，亦可作為航行的指南而得人民的奉祀，因北方屬水，水能勝火，故玄武帝被視為能防禦水火的神明被人們崇拜，由北方星宿轉而為能避水火。[99]玄天上帝從北極星崇拜與玄武崇拜而來，北極星是海上船隻定位的重要目標，從而北極星被賦予護航的力量而受崇拜，因此早期海民以北極星作為航線指標，由之演化成為玄天上帝信仰。從海神玄天上帝的信仰發展過程中，可以發現汪洋指

98 王三慶：〈四海龍王在民間通俗文學上之地位〉，《漢學研究》，第8卷第1卷，1990年6月，頁335。

99 鄭志明：《中國社會的神話思維》，196。

引的力量成為古代海神信仰形成的原始思維之一，因此具有汪洋指引的星辰燈火成為具有指引海民安全航行的想像力量。

我們觀察媽祖相關的顯聖傳說，的確可以發現若干的媽祖信仰傳說潛流著原始海洋自然崇拜的原始思維。南宋·廖鵬飛〈聖墩祖廟重建順濟廟記〉：「聖墩去嶼幾百里，元佑丙寅歲，墩上常有光氣夜現，鄉人莫知為何祥。有漁者就視，乃枯槎，置其家，翌日自還故處。當夕編夢墩旁之民曰：我湄洲神女，其枯槎實所憑，宜館我於墩上。」[100]光氣夜現隱喻著媽祖示現。海間的漁火燈光在視覺上偏紅，紅色貼合汪洋指引的視覺效果，因此媽祖作為海洋救難的神祇便以「紅色」來顯現其為海上救難的本質，從而媽祖海上救難時出現一套服朱衣救世的敘事傳統。如宋·李俊甫《莆陽比事·神女護使》：

> 湄洲神女林氏，生而靈異，能言人休咎，死廟食焉。宣和五年（1123），路允迪使高麗，中流震風，八舟溺七，獨路所乘，神降于檣，安流以濟。使還奏聞。特賜順濟廟號，累封夫人，今特封靈惠助順顯衛妃。告詞云：居白湖而鎮鯨海之濱，服朱衣而護雞林之使。[101]

該誥祠載錄了「服朱衣」顯聖的情節，朱衣顯聖成為後來媽祖靈應故事的常見情節。其他張燮（1574—1640）《東西洋考》：

> 厥後常衣朱衣飛翻海上，里人祠之，雨暘禱應。宣和癸卯（1123），給事中路允迪使高麗，中流震風，八舟俱溺，獨路所乘，神降於檣，竟無恙。使還奏聞，特賜廟號曰「順濟」。[102]

又如《天妃顯聖錄·朱衣著靈》：

> 宋徽宗宣和四年壬寅（1122），給事中允迪路公奉命使高麗，道東海，值大風震動，八舟溺七，獨公舟危蕩未覆。急祝天庇護，見一神女現桅竿，朱衣端坐。公叩頭求庇。倉皇間風波驟息，藉以安。及自高麗歸，語於眾。保義郎李振素及墩人備述神妃顯應。路公曰：『世間惟生我者恩罔極，我等飄泊大江，身瀕於死，雖父母愛育至情，莫或助之，而神姑呼吸可通，則此日實再生之賜也』。復命於朝，奏神顯應。奉旨賜「順濟」為廟額，蠲祭田稅，立廟祀於江口。[103]

---

100 廖鵬飛：〈聖墩祖廟重建順濟廟記〉，收入《媽祖文獻史料彙編（第一輯）碑記卷》（北京：中國檔案出版社，2007年10月），頁1。
101 李俊甫：《莆陽比事·神女護使》，收入自《媽祖文獻史料彙編（第一輯）散文卷》，頁3。
102 張燮：《東西洋考》，收入《媽祖文獻史料彙編（第二輯）史摘卷》（北京：中國檔案出版社，2009年10月），頁35。
103 《天妃顯聖錄·朱衣著靈》，收入自《媽祖文獻史料彙編（第二輯）著錄卷·上編》，頁92—93。

媽祖「服朱衣」顯聖傳衍不已。(圖像來源:仙遊楓塘宮藏《天后顯聖故事圖軸》)

又如王必昌（1704－1788）等人編修《重修臺灣縣志》：

> 十六歲，觀井得符，能布席海上濟人。雍熙四年丁亥秋九月九日昇化。或云二月十九日。年二十有八。是後，常衣朱衣，乘雲遊島嶼間。里人祠之，有禱輒應。[104]

凡此皆為媽祖服朱衣（紅衣）海上救難的敘事。關於朱衣的「朱」之色彩為何？楊伯峻《論語集注》言「古代大紅色叫『朱』」[105]，紅色在民俗上被視為是尊貴的色彩，具有喜慶、吉祥、光明的象徵，也有黑暗中的希望的意象。在媽祖信仰發軔時期，媽祖便以服朱衣救難的形象出現，媽祖以朱色顯像於海上救難猶若晦暗海中的希望，一如一盞引領安全航駛的星光燈火。相較於其他神祇亦有穿帶紅衣的習慣，媽祖服朱衣是媽祖救難中屢被提述的母題，同時清代以來相關繪有媽祖故事的畫冊以至於戲劇演出，幾乎都賦予媽祖服朱衣的形象。朱衣可以說是從紅光衍化而來，因著這樣的敘事，民間信眾在為媽祖塑形時或因而以紅衣來覆其神尊，媽祖神像以紅衣作為主要色系在早期頗為普遍，此現象當與民間敘事交涉而來，這些民間敘事上承上古神話的民俗心理想像。所以在媽祖救海難的敘事，經常出現紅色來暗示媽祖的護助，紅色在汪洋中成為一道指引的明光或是海神最初的崇拜的原始想像，媽祖也透過紅燈、紅火、媽祖火、媽祖燈來隱喻其汪洋指向的形象，遙繫古代的神話思維，如《天妃顯聖錄·冊使顯應記九則》：

> 乾隆二十一年，冊使全魁、周煌舟泊姑米候風，忽颶飈作，連三晝夜，椗繩盡斷，龍骨觸礁而折，底穿入水。呼籲之頃，眾見神火起於桅頂，焚招風旗而落。又海面燈光浮來，若煙霧籠罩狀，船遂牢擱礁上，得不沉溺，以次獲濟登岸。歸舟至石盤，阻霧不進。禱得見山。既起椗，霧複合，風雨雷電交作，落帆葉不下，舟欹甚。再禱再齋，賴以安行。[106]

《天妃顯聖錄·燈光引護舟人》：

> 及到湄洲澳中，見人船無恙。且喜且駭曰：似此風波，安得兩全。答曰：昨夜波浪中，我意為魚腹中物矣；不意昏暗之中，恍見船頭有燈籠，火光晶晶，似人挽厥纜而徑流至此。眾曰：此皆天妃默佑。即棹回上。[107]

---

104 王必昌等人編修：《重修臺灣縣志》（南投：臺灣省文獻會，1993年），頁170。

105 楊伯峻：《論語集注》（北京：中華書局，2004年），頁101。

106 《天妃顯聖錄·冊使顯應記九則》，收入《媽祖文獻史料彙編（第二輯）著錄卷·上編》，頁。

107 《天妃顯聖錄·燈光引護舟人》，收入自《媽祖文獻史料彙編（第二輯）著錄卷·上編》，頁102。

紅燈為妃之靈、神火起於桅頂亦如媽祖現於檣竿，紅燈、神火為媽祖示現救難的隱喻，這樣的想像思維我們從大陸福建省福州市石行天后廟堂楹聯可見一般：「萬石運舟中，眾所籲兮，風帆無恙；一燈懸海上，神之來矣，水波不興。」[108]一燈隱喻媽祖。在媽祖眾多的海上救難敘事中，紅燈、神火、紅光、紅燈籠等經常可見，它們是媽祖示現的表徵，或可直說紅光、紅燈就是媽祖。

福建省連江縣地區流傳：「先民討海捕魚，遇暴風雨前夕或迷航時，岸邊乍現一團火球，引導漁船歸返避風險，據聞這團紅火是由媽祖靈穴發出，於是先民稱為『媽祖火』或『媽祖燈』。」[109]紅燈、紅火、媽祖火、媽祖燈都隱喻著汪洋指引的神話思維，羅春榮《媽祖傳說研究－一個海洋大國的神話》指出「紅燈」宛如晦暗的海洋突然日月星當空，使航船得以撥正航向。[110]

更甚者，源於北極星具有汪洋指引的作用，也有直指媽祖為具有指引方位的星宿之降身，如明·吳還初《天妃娘媽傳》：「天妃者，乃北天妙極星尊之女玄真是也。」[111]《太上老君說天妃救苦靈驗經》：「......於是廣救真人上白天尊曰：斗中有妙行玉女，於昔劫以來，修諸妙行，誓揚正化，廣濟眾生，普令安樂。於是天尊乃命妙行玉女降生人間，救民疾苦，乃於甲申之歲，三月二十三日辰時，降生世間。......」[112]媽祖在這些敘事中更由普通的海神一躍而成「北斗降身」的妙行玉女。

從服朱衣、紅燈、紅火、媽祖火、媽祖燈以至於北斗降身的傳說都遙繫「汪洋指引」在海神造像的原始神話思維，這些敘事也都傳衍著古代民眾面對海洋的豐富之想像力。除了汪洋指引的原始思維外，服朱衣或紅光與古代四方空間與五行觀念的原始思維或有牽涉。漢族神話中對於空間的詮釋，早期有四方之神的想像，《山海經》述「南方祝融，獸身人面，乘兩龍。」、「西方蓐收，左耳有蛇，乘兩龍。」、「東方有句芒，身鳥人面，乘兩龍。」、「北方禺疆，黑身手足，乘兩龍。」，這四方神的想像又與五行的觀點結合，關於五行觀念的源流，《尚書·洪範》：「五行：一曰水，二曰火，三曰木，四曰金，五曰土。水曰潤下，火曰炎上，木曰曲直，金曰從革，土曰稼穡。潤下作鹹，炎上作苦，曲直作酸，從革作辛，稼穡作甘。」[113]由之可見五行屬性抽象的思維發展頗早，五行觀念推衍至四方神而成五方位神，構成一個固定的組合形式。《左傳》裡已見五行說移入四方神的神話，《左傳·昭左二十九年》：「少皞氏有四叔，曰重曰該曰脩曰熙，實能金木及水，使重為句芒，該為蓐收，脩及熙為玄冥。」[114]金春峰在《月令·圖騰與中國古代思維方式的特點及其對

---

108 徐玉福編著：《媽祖廟宇對聯》（南昌：江西人民出版社，2000年4月），頁71。

109 連江縣立中正國中小製作－靈穴傳奇：http://163.32.83.200/student/D005/vision.html，2013年11月1日搜尋。

110 參見羅春榮：《媽祖傳說研究－一個海洋大國的神話》，頁58。

111 吳還切：《天妃娘媽傳》，收入自《媽祖文獻史料彙編（第二輯）著錄卷·上編》，頁3。

112 《正統道藏·洞深部·本文類》第342冊（臺北：新文豐出版社，1988年），頁60。

113 漢·孔安國傳、唐·孔穎達疏：《尚書正義·周書》卷第十二（台北，台灣古籍出版公司，2001年9月），頁357。

114 《左傳》藝文版，頁925。

科學、哲學的影響》裡說到：

> 在西方，古希臘很早就產生了純時間與空間觀念。亞里士多德在其範疇表中，分析了時間與空間範疇，提出時間與空間本身加以界說。時空單位是客觀的時空的量度。這種時空觀對近代自然科學的發展無疑起了極其有利的作用。但在《月令》圖式中，時間卻是與空間結合的。東方與春季相結合，由木主持；南方與夏季相結合，由火主持；西方與秋相結合，由金主持；北方與冬相結合，由水主持。土兼管中央與四季。作為地上及地上皇權的代表，土在天人關係中，實際是人的代表。因此，不僅沒有脫離特定空間的純時間觀念，亦沒有脫離特定時間的純空間觀念。[115]

由此，可得出古代帝王配合的方位論，即：東：句芒、木。南：祝融、火。西：蓐收、金。北：玄冥、水。後世推衍的五行相對組合頗多，其中有：

五行	木	火	土	金	水
五材	木	火	土	金	水
五色	青	赤	黃	白	黑
五方	東	南	中	西	北
五獸	青龍	朱雀	黃麟/螣蛇/勾陳	白虎	玄武
五蟲	鱗蟲	羽蟲(鳥類)	裸蟲(人類)	毛蟲(哺乳類)	介蟲

《周禮．考工記》：「畫繢之事，雜五色，東方謂之青，南方謂之赤，西方謂之白，北方謂之黑，天謂之玄，地謂之黃。」[116]也與上表方位與色彩的組合相似。

這種神話思維體現在民間信仰也有所反映，如四海龍王信仰。龍王源於古代龍神崇拜和海神信仰，傳說中最負盛名的四海龍王，即東海龍王敖廣、南海龍王敖欽、西海龍王敖閏、北海龍王敖順，《太平預覽》稱東海龍王為勾芒、西海龍王為蓐收、南海龍王為祝融、北海龍王為玄冥，從而可以窺見四海龍王從四方神衍化而來。其中南海龍王所處方位為南方，南方所對五行的材色為火與赤[117]，因此南海龍王的基本色系及為赤色，此乃神話思維的遺緒。

南海龍王以朱色為其特徵乃神話思維的傳衍，這樣的神話思維似乎也在媽祖形象中有所反映。媽祖相傳為福建省湄洲嶼，地處中國南方，因此被傳為南海女神。明初《元

115 《十三經注疏．周禮注疏》（台北：新文豐出版社，2001年），頁1776。

116 《左傳》藝文版，頁925。

117 晉．傅玄《太子少傅箴》：「故近朱者赤，近墨者黑；聲和則響清，形正則影直。」赤與朱色相近，都被視為是紅色，”

史·祭祀志》云:「南海女神靈惠夫人,至元中,以護海運有奇應,加封天妃神號,積至十字,廟曰靈慈。」[118]該文稱媽祖為南海女神,列為祀典。明·黃衷《海語·海神》:

> 風柔浪恬,島嶼晴媚,倏然紅旗整整,擁浪而馳,迅若徹電。火長即焚香長跪,率衆而拜曰:此海神遊也。整整紅旗者,夜義隊也。遇者吉矣。(南海最靈驗,勅賜廟宇,春秋二祭,國有大事,天子為遣使進香。廟舊有波羅樹一本,海中大暨魚,一歲間歲來朝。民間舟中所事海神不一,廣瓊有天妃祠,亦受勅封王祭;昌化有峻靈王祠,蘇子膽謫海南,為作碑記,餘不盡録。予携家浮海還横,巨浪幾不能濟,舟人呼神而共禱之,頃刻順風入港矣。)[119]

以紅旗來標誌南海海神,符合南方為朱色的五行思維。該文標注媽祖為南海海神之一,媽祖作為南海海神,其所處南方對應五行:火、赤色、羽蟲(鳥類)以至於朱雀祥獸都恰好貼應,媽祖著朱衣顯應與其化形紅火、鳥雀來救難的敘事或有五行觀念以及傳衍的神話思維內蘊其中。茅盾指出:「『五行』之說,支配了幾千年的中國人的宇宙觀和人生觀,《山海經》全書就有『五行』的五根線貫穿著。中國神話和傳說幾乎處處跟『五行』發生關係。有許多神話非用了『五行』這把鑰匙,就難以索解。」[120]媽祖故事所呈現的朱衣、紅燈、紅火、鳥雀或可視為結合原始信仰的五行思想而來,此或可視為媽祖海神造像所傳襲的神話思維。

(二)神話「海神」形象的吸收與轉化:遙繫鳥形海神形象

大致上來說,中國古代神話的海神形象最早見於古籍《大荒東經》:「東海之渚中,有神,人面鳥身,珥兩黃蛇,踐兩黃蛇,名曰禺虢。黃帝生禺虢,禺虢生禺京,禺京處北海,禺虢處東海,是為海神。」[121]《大荒西經》:「西海陼中,有神人面鳥身,珥兩青蛇,踐兩赤蛇,名曰弇茲。」[122]《海外北經》:「北方禺彊,珥兩青蛇,踐兩青蛇」[123]。四海海神的神形特徵,東海海神禺虢,西海海神弇茲,北海海神禺彊都是人面鳥身,鳥成為原始神話中的海神形象。關於海神形象作為鳥形,應當與古代人類的想像思維有關,因為鳥能飛躍水面,行動不受海水所限制,因此鳥成為超越海水力量的想像,所以早期神話中的海神有不少為鳥形。

---

118 宋濂:《元史·祭祀志》卷七十六,收入《媽祖文獻史料彙編(第二輯)史摘卷》(北京:中國檔案出版社,2009年10月),頁10,

119 黃衷:《海語·海神》,收入自《媽祖文獻史料彙編(第一輯)散文卷》,頁23。

120 茅盾:〈讀《中國的水神》〉,收入自《茅盾說神話》(上海:上海古籍出版社,1999年7月),頁177。

121 袁珂校注:《山海經校注》(台北:里仁書局,1982年8月),頁350。

122 袁珂校注:《山海經校注》,頁401。

123 袁珂校注:《山海經校注》,頁248。

《海外北經》所述海神禺彊形象。

我們再看與海神、水神相繫的雷神。雷神在多神宗教中的地位同雨神的地位極為相似，甚至常常同它完全一致。[124]雷神常被想像其與雨神一同行雲佈雨，從而與水產生關係。王孝廉針對《伏羲考》反論，提出：西南族洪水神話中的雷公雷神，只是超自然神威中的水神（如其他故事中的玉皇、龍王，他國神話中的上帝、宙斯一樣），與「振洪水以薄空桑」的共工除了同有水神性格外，並無直接相關。[125]關於雷神的外形，經常可見的形象特徵之一便是鳥形，有翅膀、鷹嘴、鳥爪等都是鳥形的外顯，雷神在原始神話的想像過程當也被賦予控制水的力量，或許也因這種操縱水的力量而產生了鳥形的形象。愛德華·泰勒著《原始文化》提出北美部落等處的雷神為雷鳥、天鳥或巨鳥變形而來，從而可以窺見雷神頗多被聯想為鳥形。[126]

鳥成為超越大海力量的想像，因此戰勝大海的想像頗多也以鳥形象來進行，中國神話中的〈精衛填海〉便是如此。鳥形成為上古時代人類想像征服海水力量的思維，促

124 愛德華·泰勒著（連樹聲譯）：《原始文化》（桂林：廣西師範大出版社，2005年1月），頁611。
125 王孝廉：《中國神話世界－西南民族創世神話研究的綜合結論》（台北：紅葉文化公司，2006年），頁387。
126 參見愛德華·泰勒著（連樹聲譯）：《原始文化》，頁611。

成古代海神或欲征服海水者常為鳥形。這樣的原始思維與形象敘事成為古代神話的質素，媽祖在建構其海神形象的過程中，也或多或少地傳襲了這樣的敘事思維。宋·洪邁（1123—1202）《夷堅志·林夫人廟》：「蓋嚐有大洋遇惡風而遙望百拜乞憐，見神出現於檣竿者。」[127]指出媽祖現身於檣竿救難，媽祖靈應故事發展之初頗常以神出現於檣竿「神出現於檣竿」來揭示媽祖護航救難；在媽祖顯聖的傳說故事中，比較有趣的是－明代以後出現許多具有飛行能力的神物來暗示媽祖來拯，如飛鳥環繞檣竿是媽祖來拯的顯像。明末清初《天后顯聖錄·封舟救濟靈蹟》：

> 崇禎元年（1628），冊使杜三策、楊掄歸舟颶作，折柁牙數次，勒索皆斷。舟中有奇楠木，高三尺。三策等捐千金，購刻神像。俄有奇鳥集檣端，舟行若飛，一夜抵閩。[128]

又如清·趙翼（1727—1814）《陔餘叢考》：

> 相傳大海中，當風浪危急時，號呼求救，往往有紅燈或神鳥來，輒得免，皆妃之靈也。[129]

清乾隆53年（1768）《欽定平定臺灣紀略》：

> 據福康安奏：蘇楞額等船隻飄至大洋，正在危險之際，忽有異鳥一雙，赤喙、赤足，眉作金色，飛集船頭，頗甚馴熟。船戶等謂得神佑，必可無虞。既而，果得遇救全生。過後，詢之官兵船戶等，言之鑿鑿。並奏上年自崇武澳開船後，即聞船戶等傳說，有靈異之事等語。向聞海上船隻遭風，其蒙救者，每有飛鳥、紅燈來船，即知萬無一失之語。以今驗之，洵為不爽云。[130]

《天妃顯聖錄》奇鳥集檣端猶若神出現於檣竿，鳥似為媽祖變形而來；《欽定平定臺灣紀略》的飛鳥、紅燈所指或為媽祖變形顯象。《陔餘叢考》：「相傳大海中，當風浪危急時，號呼求救，往往有紅燈或神鳥來，輒得免，皆妃之靈也。」[131]凡此媽祖海上救難的靈應敘事都潛藏著媽祖化作鳥形的想像，遙攝中國鳥面人身的海神形象，若此可視為古代變形神話的遺風。鳥在媽祖靈應示顯的過程中，除了暗示著媽祖的幻形外，也有直指是

127 洪邁：〈林夫人廟〉，收入《媽祖文獻史料彙編（第一輯）散文卷》，頁1。
128 《天后顯聖錄·封舟救濟靈蹟》，收入《媽祖文獻史料彙編（第二輯）著錄卷·上編》，頁130。
129 趙翼：《陔餘叢考》，頁401。
130 台灣銀行經濟研究室：《欽定平定臺灣紀略》（台北：台灣銀行經濟研究室，1960年），頁64。
131 趙翼：《陔餘叢考》（台北：世界書局，1990年11月），頁401。

媽祖遣使引導避災的敘事，清·張學禮《使琉球記》：

> 二十一日，有一鳥，綠嘴、紅足，形若雁鶩，集戰臺。舟人曰：『天妃遣來引導也』！相狎如馴鳥。……[132]

再如連橫（1878—1936）《雅言》：

> 至白水洋，遇巨魚鼓鬣而來，舉其首如危峰障日。每一潑刺，浪湧如山，聲砰訇如霹靂。移數刻，始過盡，計其長當數百里。舟人云：「來迎天使」；理或然歟？既而颶風四起，舟幾覆沒；忽有小鳥數十，環繞檣竿。舟人喜躍，稱「天后來拯」風果頓止，遂泊澎湖。聖人在上，百神效靈；不誣也。[133]

《使琉球記》直指鳥為天妃遣來引導也，《雅言》所述飛鳥與小鳥數十或有指媽祖所派遣的救難使者，隱約暗示媽祖派遣飛鳥來救助難民。從這些媽祖顯聖的敘事中，不管是媽祖自身可化為鳥形海神或者其部屬為鳥形海神，我們可以發現媽祖海神造像的演變過程中似乎有對於「鳥」海神形象有所吸收與轉化。

鳥成為初始海神的形象之想像，當與牠們具又「飛」的能力，因為飛的能力讓他們克服海水的阻隔而暢行無阻，因此具有「飛」能力的動物成為海神形象的塑像來源。除了鳥以外，會飛的蝴蝶、蜻蜓也成為媽祖的變形或使者，如明·蕭崇業（？—1588）〈敬神跋〉：

> 忽一蝶飛繞於舟、疑者曰、『蝶質甚微、在樊圃中飛不越百步。安能遠涉滄溟。此殆非蝶也、神也』。復一黃雀立於桅上、令以米飼之、馴馴啄盡而去。是夕疾風迅發、白浪拍天、巨艦漂蕩如葦。風聲雷吼、而水聲助之、眞不忍聞。舟一欹側、流汗淫淫至踵矣。二人乃遂冠服默禱、矢以立碑、奏聞於上。言訖、風若少緩。黴曉、已見閩之山矣。神明之助、詎偶然哉。……居無何、開洋回國、中見麻雀一雙、宛宛來泊艙篷、須臾巨颶大發、舵忽折去。[134]

---

132 張學禮：《使琉球記》，收入自《媽祖文獻史料彙編（第一輯）散文卷》，頁77

133 連橫：《雅言》（台北：臺灣銀行經濟研究室，1963年），頁29。

134 蕭崇業：〈敬神跋〉，收入自《媽祖文獻史料彙編（第一輯）散文卷》，頁50－51。

明·謝傑(1545－1605)〈敬神〉：

> 使者往還，每值風發，必有先徵：或為蜻蜓、蛺蝶，或為黃雀、紅燈籠，令人得預為之計。[135]

《天后顯聖錄·封舟救濟靈蹟》：

> 嘉靖十三年（1534），冊使陳給事侃、高行人澄，舟至姑米山發漏，呼禱得塞而濟。歸，值颶風，桅檣俱折，忽有紅光燭舟，乃請筊起柁，又有蝶雀示象。……
> 萬曆七年（1579），冊使蕭給事崇業、謝行人傑針路舛錯，莫知所之，且柁葉失去。虔禱之次，俄有一燕一蜻蜓飛繞船左右，遂得易柁，舟乃平安。[136]

蕭崇業〈敬神跋〉、《天妃顯聖錄》等著述皆呈現蝶、蜻蜓等具有飛行能力的動物也成為媽祖或其使者的顯現，蕭崇業〈敬神跋〉述「此殆非蝶也、神也」概指蝴蝶為媽祖變形而成。然伴隨媽祖神格的提升，信眾多半會以鳥、蝴蝶來比擬媽祖似有不妥，因此鳥、蝴蝶、蜻蜓、紅燈籠多被詮釋為媽祖的使者，具有預警的通報之效。然而，無論鳥、蝴蝶、蜻蜓、紅燈籠為媽祖或其使者，飛的想像是媽祖造像鏈結海神形象的原始思維。

三、媽祖靈應故事與儒釋道三教的文化疊合

考察媽祖靈應故事的發展，一如媽祖身世故事的拓衍逐漸融入儒釋道三教的質素，在儒釋道三教合一的時代思潮下，元明時期以降媽祖靈應故事的發展也有疊合儒釋道三教文化趨勢，因此媽祖靈應故事中可以發現不少涉及儒釋道三教的文化質素或敘事情節。下述，略而闡釋之。

（一）儒家倫理道德的實踐與肯定

儒家思想曾長期受到封建統治階級的提倡和支援，成為中國人處理日常生活和社會生活的基本原則，對中國的民族心理特徵和倫理道德觀念產生了巨大的影響。[137]儒家處世的道德規範與生命價值是促動媽祖信仰發展的動力，從而媽祖成神的關鍵便是透過彰顯仁愛與孝道的精神來完成的，因此媽祖故事的發展過程中，媽祖生前的故事持續地鋪衍其孝道與助人濟民的仁愛精神。在媽祖信仰的發展過程中，媽祖信仰除了透過道德化形象來成神外，媽祖靈應故事敘事也一直顯現媽祖對於儒家倫理道德的實踐與

---

135 謝傑：〈敬神〉，收入自《媽祖文獻史料彙編（第一輯）散文卷，頁51。
136 《天后顯聖錄·封舟救濟靈蹟》，收入《媽祖文獻史料彙編（第二輯）著錄卷·上編》，頁129－130。
137 李利安：《觀音信仰的淵源與傳播》（北京：宗教文化出版社，2008年4月），頁415。

媽祖破魔道二嘉伏地。(圖像來源:許葉珍匯輯《天后聖母事蹟圖志》)

肯定,象徵著漢人社會對於儒家「仁愛」和「孝順」精神的敬仰。在媽祖靈應故事中,媽祖多是透過實踐倫理道德來救拯助人的,前文將媽祖靈應故事約略分為十三種類型,其中媽祖護航免難、媽祖助戰禦敵、媽祖止旱澇天災、媽祖治病除瘟、媽祖示警止禍止禍、媽祖助堤止水患、媽祖助人死而復生、媽祖庇婦助孕、媽祖伏妖制祟、媽祖拯饑、媽祖助農物成長等十一種類型都是救助災難、護國庇民的事蹟,處處體現為國盡忠、仁民愛物、救助義行等儒家理想的道德典範,李雄之〈論媽祖信仰的教統歸屬〉言「這些故事充滿了儒教忠君、愛國、及安民的教化,也帶有『聖人以神道設教』的儒教思想」[138]。宋、元、明、清以來,透過媽祖故事的傳述,媽祖以實踐儒家德性來護國庇民,彰顯儒家道德化的生命追求。在媽祖故事中,媽祖除了自身實踐儒家的道德行為外,同時也積極引導他人趨善行義,如《天妃顯聖錄·收伏嘉應、嘉祐》載錄了媽祖收服嘉應、嘉佑等作祟的妖精,媽斥其不歸正道,透過顯應致使嘉應、嘉祐悔悟請罪,並納入媽祖麾下,改邪歸

138 李雄之:〈論媽祖信仰的教統歸屬〉,《媽祖研究學報》,第1輯,2004年.4月,頁99。

正，進而庇護舟人避海險。其他又如〈降伏二神〉、〈收伏晏公〉、〈伏高里鬼〉等篇也是如此，〈降伏二神〉該篇言千里眼、順風耳二妖在民間作祟，在媽祖作法制伏下，「二神躲閃無門，遂拜伏願皈正教。」[139]。〈收伏晏公〉該篇言晏公海上興風作浪，媽祖以法術制伏，晏公「始懼而伏罪。妃囑之曰：『東溟阻險，爾今統領水闕仙班，護民危厄』。由是永依法力，為部下總管。」[140]。在媽祖伏妖制祟的靈應故事中，媽祖制伏妖祟的作為都不是將其消滅，而是以德服人、導邪為正，感化惡徒變為善徒，促使這些為禍作亂的妖精改過向善，進而促使他們協助救難庇民的任務，實踐儒家的道德行誼。

此外，在媽祖靈應故事中，媽祖對於儒家道德實踐者的救拯也是積極的，如《天妃顯聖錄．靈符回生》一篇，媽祖因感念黃縣尹素稱仁慈，因此代為懺悔，助其再生，由之彰顯神明特別護助有德者的想像，具有鼓勵儒家道德實踐的意涵。再如台灣雲林縣〈北港孝子釘〉的故事：

> 朝天宮後殿右階上有一支孝子釘，傳說有一蕭姓孝子隨母親渡海來台尋找生父，不料船隻在海上遇難，母子雙雙落海彼此失去音訊。蕭姓孝子遍尋不著母親，乃至朝天宮祈求媽祖指示，曰若能尋得母親下落則鐵釘能釘入石階，禱畢果然將鐵釘釘入石階中。不久孝子探知母親亦被救起，正在某人家幫傭，母子終於相會，其父聞訊亦前來相認，全家終能團圓共享天倫。[141]

媽祖信仰文化對於孝道的張顯是顯著的，在其靈應故事中也有一些對於孝道的肯定，因此媽祖感念孝子而助其一家團圓的敘事也是對於孝道的肯定。

總而言之，媽祖信仰文化的形成以至於拓衍，儒家的道德化思維始終都是媽祖形象塑造的基礎，媽祖的靈異事蹟處處都契合儒家的道德規範。在眾多的故事中，媽祖除了是儒家倫理道德的實踐者外，同時也是儒家道德思想的倡行者，因此祂對於彰顯儒家德性的民眾總是適時予以救助，對於儒家講究的倫理道德起了積極的鼓勵作用，這也促使媽祖信仰與儒家思想有著「魚幫水，水幫魚」的相繫關係，因此在媽祖故事中總是不難發現儒家的道德思維橫亙其間。

（二）通俗佛教故事的襲受

闡析媽祖靈應故事，可以發現媽祖對於通俗佛教的襲受，主要表現在媽祖顯應的形象或事蹟頗有襲自觀音大士的痕跡。觀察媽祖與觀音兩者的靈應敘事，「稱名救難」

---

139 《天妃顯聖錄．降伏二神》，收入《媽祖文獻史料彙編（第二輯）著錄卷．上編》，頁89。

140 《天妃顯聖錄．收伏晏公》，收入《媽祖文獻史料彙編（第二輯）著錄卷．上編》，頁89－90。

141 林茂賢：〈台灣媽祖傳說及其本土化現象〉，《國家與教育》，第1期，2007年.3月。

是兩種頗為類同的情節。李利安《觀音信仰的淵源與傳播》把中國化的觀音信仰分為六種型態，其一是「稱名救難型」：「最具代表性的經典根據是《普門品》，基本特徵是相信觀音具有『觀其音聲』的『方便之力』和隨緣顯相的『威神之力』、『無作妙力』；相信觀音具足大慈與眾生樂和大悲拔眾生苦的品格。......所以，佛教認為，眾生在現實生活中若遇到各種難以解決的問題和災難時，只要一心稱念觀音名號，就可以獲得神奇的感應，從而解決現實的一切問題。」[142]觀音信仰最初的發展是南印度人渡海時，常遇海難，祈求觀音救難而衍生，只要稱唸觀音名號，就得解救，因此觀音信仰的出現就與「稱名救難」信仰有形影不離的關係。[143]妙法蓮華經觀世音菩薩普門品：「或漂流巨海，龍魚諸鬼難；念彼觀音力，波浪不能沒。」妙法蓮華經觀世音菩薩普門品：「若為大水所漂，稱其名號，即得淺處。」再如宋·洪邁《夷堅志》：

> 程氏。樂平徐熙載之母也。信奉佛法。年七十餘。雞鳴起。即炷香誦經。寒暑不輟。奉觀音大士尤謹。紹熙四年。熙載挈二子夜渡江。暴風起。江漲。舟且覆。熙載與同舟人齊唱觀世音菩薩。良久。值一巨桑觸舟。挽之系舟旁乃定。到曉視之。則舟在淺沙。而巨桑已無有矣。午後至家。母迎笑曰。夜夢一婦人抱汝歸來。不妄也。熙載以前事告。輒相感歎。自是奉法益虔(夷堅志)王宜人陸氏。錢塘人。朝請王璵妻也。常誦法華。篤意淨土。禮懺一會。唱佛萬聲。如是三十年。偶感微疾。忽聞天鼓自鳴。即面西端坐。兩手結印而逝。其侄陸師壽著續淨土傳。表其事焉。[144]

「稱名救難」儼然為觀音救難的標誌，而這種稱名號來拯的情節也在媽祖靈應故事中經常可見。戴文鋒〈「媽祖」名稱由來試析〉一文指出媽祖與觀音有著如出一轍的「稱名救難」信仰－媽祖信仰在中國民間的崛起，似乎也有著觀音「千處祈求千處現，苦海常作渡人舟」的神蹟傳說，特別閩臺航海者，如遇海難，亦有「呼之立應」的傳說。[145]如元·佚名〈崇福夫人神兵〉：

> 廣州城南五里，有崇福無極夫人廟，碧瓦朱甍，廟貌雄壯。南船往來，無不乞靈於此。…‥船有遇風險者，遙呼告神，若有火輪到船旋繞，縱險亦不必憂。[146]

142 李利安：《觀音信仰的淵源與傳播》，頁427。
143 戴文鋒：〈「媽祖」名稱由來試析〉，《庶民文化研究》，第3期，2011年3月，頁56－57。
144 洪邁：《夷堅志》（上海市：上海古籍出版社，2002年）
145 戴文鋒：〈「媽祖」名稱由來試析〉，頁57。
146 佚名：〈崇福夫人神兵〉，收入自《媽祖文獻史料彙編（第一輯）散文卷》，頁9。

再如清中葉·李元春《臺灣志略·勝蹟》：

> 倘有危難，輒呼媽祖．洋中風雨晦冥，慘黑如墨，往往於檣端見神燈示祐，舟必無恙。[147]

媽祖被視為觀音的化身，因此媽祖顯聖的形象中也潛藏著觀音的形象。宋代以降觀音以頭覆白巾，身著白袍，慈眉善目為其形象，元·耶律楚材〈贊李俊英所藏觀音像〉言：

> 白衣大士足威神，運智興悲詎可陳。
> 金色界中垂萬臂，碧蓮花上露全身。
> 鎮州鑄就金難似，天竺鐫來玉未真。
> 不識觀音真面目，鶯吟燕語過殘春。[148]

「白衣」成為民間俗眾對「觀音大士」的主要意象之一，白色成為觀音的外顯色彩。前文曾談及媽祖服朱衣的意蘊，相較於觀音的白色，朱色則為媽祖外顯的代表色。然而，我們考察媽祖的靈應故事，訴及媽祖衣著的色彩約可以分為兩種，其一為朱色，其一為白色。戴文鋒〈臺灣媽祖「抱接砲彈」神蹟傳說試探〉指出台灣二次世界大戰期間全臺各地媽祖多以「白衣大士」之身姿抱接砲彈神蹟[149]，如《新港奉天宮志》載：

> 民國三十四年（1945），第二次世界大戰接近尾聲，……五架B24轟炸機，飛臨新港古民村上空，丟下六顆炸彈，想炸古民國小，每顆炸彈重達五百公斤，眼看古民村就要成為灰燼，村民驚恐萬分，紛紛下跪，祈求媽祖顯靈保佑。千鈞一髮之際，村民親眼看見媽祖出現了，媽祖全身穿著白色的衣服，她用大加沙衣裙接住從空中丟下來的炸彈，方才離去，結果，六顆炸彈都沒有爆炸，村民發現，其中五顆丟在古民村水池裡，一顆丟在一位人家的廚房大灶裡。[150]

「媽祖抱接砲彈」是台灣媽祖靈應故事最廣為流傳的，神蹟敘事往往是民間知識與認知的傳達。所以臺灣民間所傳二次大戰期間媽祖「抱接砲彈」的神蹟，該神蹟的第一項外顯性的特徵就是「白衣」妝扮，此正符合媽祖為觀音轉世之傳說。[151]除了媽祖著白衣抱

---

147 李元春：《臺灣志略》（台北：臺灣銀行經濟研究室，1958年），頁45。
148 耶律楚材：《湛然居士文集》卷二（北京，中華書局，1985 年），頁21－22。
149 戴文鋒：〈臺灣媽祖「抱接砲彈」神蹟傳說試探〉，《南大學報》，第39卷第2期，2005年10月，頁51－52。
150 林德政：《新港奉天宮志》（嘉義縣：財團法人新港奉天宮董事會，1993 年），頁188。
151 戴文鋒：〈臺灣媽祖「抱接砲彈」神蹟傳說試探〉，頁52。

接砲彈外，媽祖在其他靈應事蹟的敘述中，媽祖著白衣也是經常可見的現象，如台灣苗栗縣後龍慈雲宮流傳：

> 日據時代昭和庚午年六月十八日晨，山洪爆發，溪水洶湧滔天，大街小巷變成澤國，水深幾及樓齋，危險殊甚，近郊人民發現一行白鷺飛越而去，又見一女白衣飄飄立於鐵道之上。而此刻鐵軌自斷，路基自潰坍塌成沼，其波滾滾而出，後龍之險解除，人民生命財產無恙。[152]

從上述二則傳說可以發現媽祖助戰除險也有著白衣白袍的敘事，顯見民間對於媽祖與觀音大士的淵源有所想像，因此有意或無異將觀音的形象特徵疊合到媽祖形象上，從而可見觀音信仰對於媽祖形象與信仰敘事的影響。

媽祖信仰為觀音化身而來的思維想像，或許也促成媽祖與觀音大士的靈應事蹟出現了雜揉、類同的發展。釋厚重《觀音與媽祖》針對二神感應事跡作比較，指出：二神皆以社稷民生為重，能使風雨予時、兵戈不起，國泰民安，此是大回向，因此能與帝王建立良好的互動關係；再則疾病能治癒、求子得子等等，而獲得民眾的皈依。[153]又言：二神能同與當代社會生活型態緊密結合，因神祇要樹立威望，首先須注意到農業社會所關注的事，亦是民眾對神祇的寄望，在於能天降甘霖、治平洪水、消除蝗災的神異，保佑農事順利，秋成豐碩，歲歲平安，萬民生活得以富裕安定，則引之而來的必是人民的至誠感恩酬神，頂禮膜拜，香火必然鼎盛。[154]考察媽祖與觀音靈應故事類型，的確可以發現兩者的靈力呈現與神性是多麼類同，尤其是庇婦助孕故事類型被視為是媽祖襲受觀音而來，媽祖早期的靈應故事在司孕方面是不明顯的，明代萬曆年間成書的《三教源流搜神大全·天妃娘娘》舉出媽祖助孕的神蹟：

> 然尤善司孕嗣，一邑共奉之。邑有某婦，醮於人，十年不孕，萬方高禖，終無有應者，卒禱於妃，即產男子。嗣有凡不育者，隨禱隨應。[155]

媽祖具有司孕的屬性，媽祖司孕嗣的職能之衍化與觀音大士形象的疊合而所關係。觀音是漢人民間信仰的送子神之一，六朝以後送子觀音信仰開始廣泛流傳；唐代以後，民間已把送子作為觀音最主要的功能之一。唐·釋道世《法苑珠林》卷第十七：

---

152 後龍慈雲宮宮網：http://www.houlong-mazu.tw/01_mazu-B.html，2014年8月28日搜尋。

153 釋厚重《觀音與媽祖》，頁232。

154 釋厚重《觀音與媽祖》，頁232－233。

155 《三教源流搜神大全·天妃娘娘》，收入《媽祖文獻史料彙編（第一輯）散文卷》，頁55。

晉孫道德益州人也奉道祭酒。年過五十未有子息。居近精舍。景平中沙門謂德。必願有兒。當至心禮誦觀世音經。此可冀也。德遂罷不事道。單心投誠歸觀世音。少日之中而有夢應。婦即有孕。遂以產男云。[156]

宋·贊甯《宋高僧傳》卷第十七〈道丕傳〉記載：

母許氏為求其息，常持《觀音普門品》，忽夢神光燭身，因而妊焉。及其誕生，挺然岐嶷，端雅其質，屬籍諸親異而愛之，如天童子。[157]

凡此皆反映出觀音大士庇婦助孕的神力，媽祖司孕的特質原來並不強，明代以後媽祖在與觀音大士形象更趨於疊合的過程中而衍生出媽祖庇婦助孕的敘事記錄，此或許可以視為媽祖襲自觀音大士而生的靈應故事類型。

比較媽祖與觀音的靈應故事，除了庇護助孕的靈應故事有所承衍外，媽祖幾種常見的靈應故事類型在觀音信仰的靈應故事也多可以發現，媽祖護航免難的靈應故事頗多，而此種類型的靈應敘事在觀音信仰中也是不少，如東晉·王琰《冥祥記》：

劉宋沙門竺惠慶，廣陵人。元嘉十二年將入廬山，乘船至江，暴風忽起，飄揚江心，風急浪湧，勢必淪覆。惠慶正心端意，誦《觀世音經》。洲際之人，望見其船迎飆截流，如有數十人牽挽之者，逕安然抵岸。[158]

宋代以降迄今傳衍出數量龐大的媽祖救助海難的傳說故事，這樣的發展趨勢也可發現媽祖與觀音的類同點。

媽祖靈應故事除了有承衍觀音故事而來的跡象外，媽祖的靈應敘事也與一些通俗佛教的神佛顯聖事蹟相似，其間或有某種程度的衍化關係。談及媽祖海上救難所顯的靈力，元·張翥〈天妃廟序〉：

天妃其海嶽之氣，形而至神者乎？故始生而地變紫，幼而通悟秘法，長而席海以行，逝而見夢以祠。至於禱而雨暘應，寇亂殄，發光怪於漲海猝颶間，以濟人于阽危者，若虛無縹緲，眩幻譎詭矣。[159]

156 釋道世：《法苑珠林》卷第十七（台北市：台灣商務印書館，1983年）
157 贊甯著：《宋高僧傳》（台北：文津出版社，1991年8月），頁432。
158 侯秋東、楊梓茗譯：《新譯觀音靈感錄》（台北市：福峰圖書光碟有限公司，2002年4月），頁18。
159 張翥：〈天妃廟序〉，收入《媽祖文獻史料彙編（第一輯）散文卷》，頁14。

明·何喬遠(1558－1631)纂《閩書》:

妃姓林,唐閩王時統軍兵馬使願之女上人也。始生而地變紫,幼通悟秘法,長能乘席渡海,雲遊島嶼。人呼神女,又曰龍女。[160]

又如《天妃顯聖錄·掛蓆泛槎》:

妃時欲渡江,值舟中篷槳不備。舟子以風濤洶湧,不敢解纜。妃曰:『無事!此即草蓆代之』。令人懸於桅端。帆起舟駛,恍若鳧鷗之浮沫。白雲一葦,入水不濡,碧海孤帆,與波俱出。追狂飆而鼓棹,破巨浪而旋槎。觀者驚為飛渡。[161]

前二則以「席海以行」來彰顯媽祖海神靈力的顯現,〈掛蓆泛槎〉形容媽祖飛馳海面猶如「白雲一葦,入水不濡」,明·林堯俞〈天妃顯聖錄序〉:「即有危瀑驚飆,顛連呼吸,舟人望空號祝,神妃閃忽遙臨,或香聞座次,或火耀桅頭,則萬疊狂濤,一葦飛渡,帖若安瀾。」[162]。清·方岱、璩之燦纂修《昌化縣志》:

天妃宮:在小嶺(知縣璩之燦、典史陳漢捐資重修)。按記,莆田人,父林公愿,母王氏。宋建隆元年(960)三月二十三日生,少長能乘葦飛渡,常浮雲捧足由於海嶼。[163]

「席海以行」、「白雲一葦,入水不濡」、「一葦飛渡」、「乘葦飛渡」所勾勒出來的靈應畫面猶如佛教禪宗初祖菩提達磨(Bodhidharma)的「一葦渡江」。

關於達磨「一葦渡江」的靈應事蹟最早記載於克勤禪師《碧巖集》,故事說達磨祖師訪問過中國的南朝之後,旋即折下一莖蘆葦,乘著它渡過長江到北朝去;南宋末釋本覺禪師(1265－1274)《釋氏通鑑》卷五云:「遂去梁,折蘆渡江,23日北趨魏境。」[164]自此「折蘆渡江」從傳說正式編入禪門的史書;其後可能緣於《三國志》載有吳國重臣邵續向吳國末代君主孫皓上疏稱倘使不加強長江沿岸防務則敵人「一葦可航」的譬喻,民間產生「達磨一葦渡江」的傳說。[165]

達摩祖師「一葦渡江」的靈力呈現在民間頗為流傳,後出的媽祖「席海以行」、「白雲

160 何喬遠:《閩書》卷二十四。
161 《天妃顯聖錄·掛蓆泛槎》,收入《媽祖文獻史料彙編(第二輯)著錄卷·上編》,頁88。
162 〈天妃顯聖錄序〉,收入《媽祖文獻史料彙編(第二輯)著錄卷·上編》,頁72。
163 方岱、璩之燦纂修:《昌化縣志》,收入《媽祖文獻史料彙編(第三輯)方志卷·下編》(福州:海風出版社,2011年9月),頁157。
164 釋本覺禪師:《釋氏通鑑》卷五,頁421
165 曹仕邦:〈「一葦渡江」與「喫肉邊菜」－兩個著名禪宗故事的歷史探究〉,《中華佛學學報》第13期(臺北:中華佛學研究所,2000年),頁267－280。

一葦，入水不濡」之靈力表現似乎從「一葦渡江」獲得啟發而衍生，此等敘事也同時反映媽祖信仰在元明之際受到中國通俗佛教的影響，因此媽祖故事滲入了不少通俗佛教的質素，從而媽祖故事也襲用了佛教神明靈應的敘事情節。

(三) 媽祖靈力與道教道術

考察媽祖身世故事與靈應故事，媽祖信仰與道士、道術有著密切的聯繫。整體而言，媽祖故事內蘊著儒家的倫理道德思想，敘事情節外顯的多是佛道文化，其中牽涉媽祖靈力展現的敘事多以道術而來。可以這麼說，媽祖故事中的靈力來源與施展幾乎多是從道教仙術而來。關於媽祖法術的來源敘事之一是道士玄通授與玄微祕法而來，其二則是神人賜銅符而成。神人授銅符乃媽祖靈力的主要來源。道教很重視符籙，接受真師傳授的符契圖籙，叫作受符；道教稱這是掌握道法的鑰匙，故特別重視秘密傳承。[166]關於「銅符」所指涉疑與晉·吳猛《銅符鐵卷》有關，一日一壑居士於《銅符鐵卷》所作的序文：

> 《銅符鐵卷》秘文乃晉朝吳猛真人所傳，此外丹聖典古來皆秘密傳授，實乃天人重寶！所謂外丹者，即真正的起死回生，長生不老之藥也。外丹之分類有四，一藥法，此即現代所謂鍍金術，不能作為服食之用；二、中草藥礦物藥的煉製，此可作服食之用；三、黃白術，即世謂點石成金術也，可作為服食之用；四、神丹術，即長生不死之藥也。[167]

銅符由此衍為各種道術的祕法，為道教的祕重寶，具有起死回生、點石成金之效。概出於元代《修真十書》述蘭公言：「後晉代當有真仙許遜傳吾孝道之宗，是為眾仙之長。因付蘭公祕旨，及金丹、寶經、銅符、鐵券，姆，且戒之日當以此授之。」[168]銅符已成為道家修練的法寶之一，因此《天妃顯聖錄》以媽祖獲銅符而修練成仙，法力日見玄通，可以神遊各處，言人吉凶禍福，以符咒辟邪伏妖。因此媽祖在生前便以符咒術來助人濟民，考察《天妃顯聖錄》，其言媽祖以符咒靈力來救世伏妖的篇章有：

表3—2：媽祖使符咒術的靈應故事內容梗概

篇章	媽祖使符咒術的內容
降伏二神	乃演起神咒，林木震號，沙石飛揚。二神躲閃無門，遂拜伏願皈正教。
靈符回生	妃念其素稱仁慈，代為懺悔。取菖蒲九節，並書符咒，令貼病者門首，煎蒲飲之，病者立瘥。

166 朱越利：《道教答問》（臺北市：貫雅文化，1990年10月），頁257。
167 吳猛：《銅符鐵卷》。
168 元·不著編者：《修真十書》玉隆集卷之三十六。

伏高里鬼	妃知為山僻小木精作祟，取符咒貼病者考頭。眾如命而行，聞屋瓦響處，一物如鳥，拚飛而去。 妃曰：『不可留此為桑梓憂』！追擒之。唯一鵂鶹唧唧。將符水一灑，鳥踏空而墜，並無形體，僅存一攝枯髮。 次晨，符咒至，即從屋上出去。蓋亦預知法力難逃也。
奉旨鎖龍	妃焚靈符，忽有神龍面王冠荷戟而前曰：『奉帝罰此一方，何可逆命』？妃曰：『誠知玉旨降災，但生民遭困已極，下界天子為民請命，當奏上帝赦之』。遂鎖住白虯，彼一青一黃尚騰波翻覆。妃乃焚香祭告。遽有金甲神人逐潮似追尋狀，天大霽，秋且告稔。
收伏嘉應、嘉佑	妃立化一寶貨舟拍浮而遊。嘉祐即舍客舟乘潮而前。妃以咒壓之，擊刺落荒，遂懼而伏。 妃曰：『此物不歸正道，畢竟為妖為孽』。令人各焚香齋戒，奉符咒，自乘小艇象漁者遨遊煙波之中。嘉應見之，即衝潮登舟，坐於桅前，不覺舟駛到岸。妃佇立船頭，遽悔罪請宥，並收為將，列水闕仙班。

資料來源：筆者整理。

符咒術是符籙與咒語，符籙是道士使用的一種文字或圖形，道教稱它們具有神力，可以遣神役鬼、鎮魔壓邪、治病求福等；咒語在道教系統中指具有法力的語言，可以作為治病、驅邪、禱祝之用。[169]李露露《華夏諸神—媽祖》指陳：「符本是巫教驅鬼的一種手段，是一種以畫驅鬼模仿巫術的一種形式。道教認為符是天上神的文字，筆劃屈曲，似篆字形狀，道家稱為「雲篆」、「丹書」、「符字」、「墨篆」等。......。說明道教從巫教中吸取了符籙，用以避邪驅鬼，祈福禳災，其形式甚多。如水符是畫符籙或燒符籙於水中，飲之可治病。」[170]葛兆光《道教與中國文化》：「這種巫覡之術和各地新興的神祇，後來漸被宋代以後的道教所吸收、容納，甚而取代之。其教法科儀重心一部份移向依靠咒法謀求治病、驅邪、除災、役鬼等具有現世觀的符籙、祝咒、齋醮等方式。這些方式與儀式，主要是從祀神、詛咒、厭勝的巫術中衍生來的。」[171]

大體而言，道教的宗派可以分為符籙、丹鼎二大系統。道教符籙派源於中國南方的巫術，此派形成於東晉南北朝時期，以符咒等方術治病驅鬼為主要特徵，五斗米道、太平道以及靈寶派、上清派，迄於正一道都屬於符籙派。符籙一系主要源於古代巫術，傳行符籙科儀，以齋醮祈禳為事。宋代帝王崇道，重視道教那套所謂能夠為人祈福禳災、除妖驅邪的功用，所以注重符籙咒語、齋醮法事的符籙派得以興盛 一時，它促使一些歷史傳統本不注重符籙法術的派別也朝這個方向發展。[172]元代中葉以後，道教各派漸漸合歸於正一和全真兩大派，符籙派統一於正一道，正一道多用符籙祈禳。明代，正一道較為活

169 參見朱越利：《道教答問》，頁255－258。
170 李露露：《華夏諸神—媽祖》，頁42。
171 葛兆光：《道教與中國文化》（上海：上海人民出版社，1987年），頁81。
172 參見金正耀：《中國的道教》（北京：中國國際廣播，2011年）

媽祖現神蹟，無舟楫鐵馬渡江。(圖像來源:許葉珍匯輯《天后聖母事蹟圖志》)

躍，全真道則顯沒落之勢。隨著正一道的興盛發展，用符籙以消災卻禍、治病除瘟、濟生度死等職事的信仰型態滲入漢人民間俗信之中，因此《天妃顯聖錄》出現了不少媽祖以符咒術伏妖治病的故事。

符咒為道家從巫術吸取而來，魏晉六朝以降道士更是取此等巫術，取而代之成為道教文化的表徵。明代以來，三教合一的時代思潮促使儒佛道的合流及其世俗化，媽祖信仰也就融入更多的道教質素，復以媽祖具有巫的原始形象， 因而衍生媽祖以符咒術來伏妖治病的靈力。

媽祖顯聖除了以道術來救難止禍外，媽祖靈應的事蹟也有襲自道教神明的情形。《天妃顯聖錄·鐵馬渡江》：

> 時漁民往北採捕，海岸乏舟。妃渡水無楫，取簷前所懸鐵馬，鞭而策之，跨江如奔電追風。人見青驄行水，天馬騰空，且怪且愕。及登岸，又不見解鞍嘶秣，尤為驚異。[173]

媽祖將鐵馬化成真馬並在海上躍馳，由之顯化其靈力，此種靈力或與銅符具有點石成金之效的想像有關。然而，鐵馬渡江的敘事情節與民間頗為流傳的泥馬渡康王的傳說頗

173 《天妃顯聖錄·鐵馬渡江》，收入《媽祖文獻史料彙編(第二輯)著錄卷·上編》，頁88。

為類似。關於泥馬渡康王的傳說，明·陳仁錫　《潛确類書》卷一「康王泥馬」條引《南渡錄》云：

> 王，宋徽宗第九子，質于金。一日与金太子共射，三箭中鄒（括）。太子疑其宗室中之武藝者，非真王也，留之無益，命宋換質。康王間道奔竄，倦息崔府君廟，夢神人曰：「金人追騎且至，王宜速去，已備馬門首候矣。」康王惊覺，馬已在側。王躍馬南馳，一日行七百里。河既渡，馬不前，視之，乃泥馬也。入村子庄謁飯間，追者果至。老嫗言已去，追者回騎，繇是得歸，以延宋祚。[174]

該則敘事施展靈通者為崔府君，崔府君名崔玨，唐朝樂平人，因救民與靈異事蹟而被奉為神靈，並被敕封護國顯應真君。真君乃道教男仙的稱譽，由之顯現崔府君被歸為道教俗神之屬。媽祖鐵馬渡江與康王泥馬渡江都有幻化假馬為真馬的敘事情節，並進一步以假馬奔馳水面來顯其靈通，由之可見媽祖鐵馬渡江的靈力顯現似從泥馬渡康王之類的道教神明之靈應敘事而來，此或可視為媽祖信仰滲入道教文化的反映。

四、媽祖靈應故事的異彩：助戰禦敵的女神

分析媽祖靈應故事，共有十三種比較普遍而常見的故事類型，這十三種故事類型契合媽祖全能神力的發展，但它們在媽祖信仰發展過程中卻有不同的意義。整體而言，媽祖靈應故事類型並非媽祖神祇獨有，各種靈應故事類型散見於其他神祇，亦即每一種靈應事蹟並非媽祖獨有，但卻少有單一神祇可以如此有系統地發展出一套全能神祇的靈應故事之詮釋，媽祖信仰有系統地發展、傳衍多元的靈應故事類型可以說是其信仰的特殊之處。

以媽祖信仰的發祥地福建省來加以考察，出身自福建而享有名氣並足以媲美媽祖信仰的神祇尚有保生大帝、臨水夫人。若從神明靈應故事來加以考察，媽祖、保生大帝、臨水夫人三神在其相顯靈的事蹟存有一些差異，參見表3－3。大抵而言，較之臨水夫人，護航免難、助戰禦敵、示警止禍、助堤止水患、助人死而復生、水族朝聖、助農物成長等故事類型是媽祖有而臨水夫人較為缺乏的靈應事蹟；較之保生大帝，護航免難、示警止禍、助人死而復生、庇婦助孕、水族朝聖、助農物成長則是媽祖有而保生大帝較為缺乏的靈應事蹟。若將兩者併同觀之，可以發現的特點有：

1.媽祖信仰普遍融攝了各種靈應故事敘事，亦即媽祖信仰較保生大帝、臨水夫人傭擁有更多元的靈應事蹟，媽祖全能的神力是明顯可見的。

2.媽祖靈應故事類型中的護航免難以至於示警止禍、助堤止水患、水族朝聖等與海神神

---

174 陳仁錫：《潛确類書》卷一。關於顯應神祇另有保生大帝等說法。

性相涉的靈應故事，保生大帝、臨水夫人信仰少見。

3.男神保生大帝助戰禦敵的靈應事蹟頗多，女神臨水夫人罕有助戰禦敵的靈應事蹟，然而女神媽祖卻傳述數量龐大的助戰禦敵之靈應事蹟。

從上述的特點分析，相較於保生大帝、臨水夫人信仰，媽祖護航免難等海神屬性的靈應敘事是其他神祇普遍缺乏的，媽祖以女性角色而與男神保生大帝同具頗多的助戰禦敵事蹟是特點。或可言之，媽祖護航靈應敘事、助戰禦敵的女神之敘事是媽祖靈應故事類型的兩大特點。

表3－3：媽祖、保生大帝、臨水夫人三神的靈應事蹟之比較：

神祇	靈應故事類型	神職屬性
媽祖	媽祖靈應事蹟的流傳情形： 1.流傳普遍：靈示民眾祭祀、護航免難、助戰禦敵、止旱澇天災、治病除瘟等。 2.流傳尚可：示警止禍、助堤止水患、助人死而復生、庇婦助孕、伏妖制祟、水族朝聖、拯饑、助農物成長等	海神
臨水夫人	臨水夫人的靈應事事蹟大抵多依循明·黃仲昭《八閩通志》：「順懿廟，在縣口臨水。神陳姓，父名昌，母葛氏。生於唐大稼二年(767)。嫁劉杞，索白蛇斬之。鄉人詰其姓名，日：我江南下渡陳昌女也。忽不見，亟往下渡詢之，乃知其為神，遂立廟於洞上，凡禱雨暘，驅疫厲，求嗣續，未不響應。宋淳祐間封崇福昭、惠、慈濟夫人，賜額順懿。」為本。臨水夫人靈應事蹟的流傳情形： 1.流傳普遍：靈示民眾祭祀、止旱澇天災、治病除瘟、庇婦助孕、伏妖制祟。 2.少或缺乏：護航免難、助戰禦敵、示警止禍、助堤止水患、助人死而復生、水族朝聖、拯饑、助農物成長。	婦孺保護神
保生大帝	保生大帝靈應事蹟主要有漳泉旱災施米濟、跨鶴退潮除賊寇、絲線過脈醫國母、露幡救駕、袪癘擊魔、靈泉袪疾、旗退群賊、除旱豐收等，保生大帝靈應事蹟的流傳情形： 1.流傳普遍：助戰禦敵、止旱澇天災、治病除瘟、伏妖制祟、拯饑。 2.少或缺乏：靈示民眾祭祀、護航免難、助堤止水患、示警止禍、助人死而復生、庇婦助孕、水族朝聖、助農物成長。	醫神

資料來源：筆者整理。

分析堪稱是媽祖靈應敘事的初步集成的《天妃顯聖錄》，裡面載錄了不少媽祖護航免難的靈應故事，主要媽祖生前靈異事蹟計有〈機上救親〉、〈化草渡商〉、〈神助漕運〉、〈掛席泛槎〉等4則，媽祖成神後靈應事蹟計有〈禱神起碇〉、〈朱衣著靈〉、〈怒濤濟溺〉、〈神助漕運〉、〈擁浪濟舟〉、〈廣州救太監鄭和〉、〈東海護內使張源〉、〈琉球救太監柴山〉、〈托夢護舟〉、〈燈光引護舟人〉、〈琉球陰護冊使〉、〈神助漕運〉、〈庇太監楊洪使諸番八國〉等13則；這些媽祖護航靈應敘事的應故事彰顯了媽祖海神神性的特點。

至於媽祖助戰禦敵的靈應故事類型頗多，計有〈溫臺剿寇〉、〈平大奚寇〉、〈紫金山助戰〉、〈助擒周六四〉、〈火燒陳長五〉、〈舊港戮寇〉、〈夢示陳指揮全勝〉、〈助戰破蠻〉、〈湧泉給師〉、〈澎湖神助得捷〉、〈清朝助順加封〉、〈妝樓謝過〉等12則，數量上僅次於媽祖護航免難的靈應故事。〈溫臺剿寇〉、〈平大奚寇〉、〈紫金山助戰〉等皆是歷來頗為傳衍的媽祖助戰故事。《天妃顯聖錄》後，清代《敕封天后志》載錄49則媽祖故事，其中有20餘篇反映這方面的內容，其中又大多數是幫助朝廷，為其服務的。[175]顯見媽祖信仰迄於清代，救助海難或幫助官軍渡海征戰的靈應敘事仍是其信仰靈力的重心。

整體而言，媽祖的神職屬性為海神因此流傳頗多護航救難的事蹟並不意外，就如同醫神保生大帝傳衍為數頗多的治病除瘟的靈應事蹟、婦孺保護神臨水夫人傳衍頗多助產庇幼的靈應事蹟一般。相較於此，媽祖以女性而傳衍數量頗為龐大的助戰禦敵的靈應事蹟就顯得很突出。

觀察歷來記錄媽祖的相關碑記、著錄雜記等，可以發現歷來媽祖靈應事蹟的紀錄多偏向在護航免難、助戰禦敵兩種敘事類型。大體而言，媽祖信仰得以從雜祠淫祀轉為超越地域性的正神，主要的關鍵便在獲得官方的認同與支持，媽祖信仰因應官方的政治需求而衍生一套護國庇民的神蹟，促成其獲得官祀的機會，這一套護國庇民的靈應需求便是以媽祖護航免難、助戰禦敵為核心內容而開展的，這一種「魚幫水、水幫魚」的現實需求引領了媽祖信仰與政治上有了接軌，在政教互用互利的時勢下，促成了媽祖信仰的隆盛開展，並由地方淫祀衍為國家認同的正神，推動媽祖信仰傳衍各地。

華琛（James L. Watson）在神明標準化的論述中，認為：國家透過官方認可的形式—封號、祠典—建立與推廣地方信仰的象徵性結構，但在之中容納各種歧異性的信仰內容與詮釋，也就是國家雖難以真正控制神明信仰，卻得以透過信仰象徵體系傳達國家價值觀，達到表面文化的高度整合，神明標準化主要表現在地方神由國家認可的神明取代。[176]媽祖信仰就在這樣的模式下在各地開展，媽祖信仰迎合官方所需而衍生出一套套的靈應神蹟－官方敕封護航、助戰的靈應事蹟也就隨而傳衍各地，因而媽祖海神、戰神的形象是鮮明的，媽祖護航免難、助戰禦敵的靈應敘事也是傳衍不斷的。統觀歷代媽祖屢獲官方敕封，多是護航免難、助戰禦敵之功而來，這些靈應事蹟基本上是媽祖信仰接合官方所需而來，由此等敘事搭起媽祖信仰與官方有了互動，這套神明標準化的衍生促成媽祖信仰拓衍各地，從而護航免難、助戰禦敵的敘事成為媽祖靈應故事的重心。

175 吳國平：《瓣香湄洲》，頁75。

176 參見華琛（James L. Watson）原著，陳仲丹、劉永華譯，〈神明標準化：華南沿海天后的推廣(960-1960)〉，劉永華主編《中國社會文化史讀本》（北京：北京大學出版社，2011年4月），頁122－149。

宋代媽祖被敕封的相關記錄共有23次，知道敕封原因的有17次，其中因助戰禦敵的有9次、止旱澇天災的有2次、護航救難之功的有1次、治病除瘟的有1次、助堤止水患的有1次、拯饑的有1次；元代媽祖被敕封10次，知道敕封原因的有7次，都是本護航護漕運之功而來；明代媽祖傳述被敕封的相關記錄共有2次，二次原因為「神功顯靈」、「屢有護助功」所指應是護航免難、助戰禦敵之屬；清代媽祖被敕封的相關記錄共有20次，知道敕封原因的有7次，其中因助戰禦敵的有3次、護航救難之功的有3次。從這些記錄可以發現媽祖助戰禦敵的靈應事蹟頻傳是其屢次獲官方敕封的原因；考察媽祖靈應故事的發展，南宋以降媽祖助戰禦敵的靈應敘事是媽祖靈應故事的主要類型之一，這一類靈應故事類型的發展常常與官方的需要有關，也與護國庇民的倫理思維相涉。

相較於其他女神，媽祖以助戰禦敵為其顯應之外徵顯得相當突出，女神助戰禦敵的敘事成為媽祖靈應故事的特點之一；[177]這種女戰神的形象也成為信眾認知的媽祖形象，我們從一些民間流傳的敘事便可以略見此種情形，如【英】David Wricht的一則記錄：

> 台灣漢人祭祀的七十二位神，第三十九個神是個女神，稱謂Nioma(娘媽)，也有人稱謂Matzou(媽祖)。她出生於Houkong地方的一個城市Kotzo，姓父親是Houkong地方的總督。這個Nioma決定她終生不嫁，並去住在Piskadores島或稱為Visschers Eiland(漁翁島)，當地人稱之為Pehoe(澎湖島)，位於Linie的北邊二十三浬，距離福爾摩沙十二浬;在那裡她很神聖地並很可惜地結束了她的一生。她的雕像照她生前的大小被立在那裡的廟裡，並雕有兩個女伺，一個在右邊，一個在左邊，每一個都手裡拿著一把扇，用以覆蓋在Nioma的頭上，她們也一起過神聖的生活。她還有兩個鬼靈受她指揮。
>
> 她被中國人當作有能力的女神供奉膜拜，甚至沒有一個皇帝不來恭敬地跪拜這個Nioma的。
>
> 為尊敬這個Nioma而設立的最大的祭日是第三個月的第二十三日，那時僧侶(Priesters)從全帝國各地來她所在的那地方朝聖進香;他們覺察她能預知，何時會有外國人從何國來到那裡，也能預知他們的來意是善是惡。阿，甚至於任何人在請問過她的意見以前，都不敢輕舉妄動。她被崇拜的原由，有中國史書如此記載:
>
> 「有一個水師統帥，名叫Kompo，率領一支戰艦要去跟外國人的戰艦作戰，但是被逆風吹來澎湖島，他們被迫需在澎湖拋錨停泊，當風向又轉變的時候，該水師統帥就

177 探察女神助戰禦敵的靈應事蹟，觀音大士的靈應故事也可以發現，如唐．釋道世《法苑珠林》卷第十七：「欒荀不知何許人也。少奉法。嘗作福富平令。先從征虜循值小失利。舫遭火垂盡賊亦交逼。正在中江風浪駭目。荀恐怖分盡。猶誦念觀世音。俄見江中有一人挺然孤立腰與水齊。荀心知祈念有感。火賊已切。便投水就之。體既浮涌腳以履地。尋而大軍遣船迎棲敗者。遂得免濟。」此等敘事勾勒出觀音助戰禦敵的戰神形象與媽祖頗為相似，雖然無法斷言媽祖助戰禦敵是否直接襲自觀音而來，但其間或有某種程度的關連性。不過，女神助戰的敘事大致並不多見，也少有女神信仰有著如同媽祖信仰流傳著一套完整而豐富的助戰敘事。

下令再反帆掛起來，把錨拉起來，但所有的船員都無法把錨拉起來，他因此親自要來鼓舞他的船員。那時候，他看見Nioma坐在錨的上面，他乃儘量靠近去請求她說：如果她是個仙姑，就請指示他應該怎麼辦。她遂回答他說：如果他想要得到祝福，就要親自把她放進船裡，她接著說，因為他要去對抗的那些外國人有大巫師，法師和魔術師，他們會用大法術，把油灑到海上，讓對方來的人看到整個艦隊，就好像著火了那樣。於是，該水師統帥親自請她上船，當他們來到作戰的地方時，就好像Nioma所說的，那些外國人，就灑油到海上去，但Nioma也灑油到海上，而且灑得比對方更有力量，更有效用，使他們的法術行不起來，因此那個外國的國王不得不放棄跟中國人的爭戰，那個水師統帥得以在Nioma的協助下，征服了那個外國國王。那個水師統帥很感念Nioma的法力，雖然他已經領受過了，但還希望她再表現一次，所以在要辭別時，請求她再顯一個神跡，以便他帶回去展現給皇帝看。那時，他手上剛好拿著一枝幹藤，Nioma一聽他的請求，立刻使那根幹藤長起來，也開起花來，並有特別的香氣。該水師統帥就把那藤放在船尾的高處，帶著一起回航。當他回到皇帝那裡的時候，就報告了他的航行情形，皇帝為了感念她的效力，下令全國要把Nioma認為女神敬奉。」

每一艘船的船尾都有Nioma的雕像，海員每天都向這個雕像祭拜。[178]

這則國外人士聽聞漢人所載錄的媽祖敘事也凸顯媽祖助戰禦敵的形象，顯見媽祖助戰禦敵的事蹟相當程度地在信眾間傳衍開來。

綜觀媽祖信仰的發展，媽祖以護航救難的形象在閩浙一帶傳衍開來，從而也拓衍出媽祖助戰禦敵、海上護吏的靈應事蹟；閩浙護航的神明不少，然多只是地方鄉土神之屬，媽祖因以其助戰靈應事蹟而屢受官方敕封，促成其衍為全國性神明。或可言之，媽祖的靈應事蹟以護航的海神、助戰的戰神為重心，並經由海上交通促成其信仰擴及世界各地。橫向觀察，媽祖相較於其他女性神明的靈應事蹟，在父權社會的思維下，媽祖應時、政權所需被賦予擁有男性作戰的能力，建構了一套豐富的助戰事蹟，這是其他女神罕見的靈應事蹟，甚至較之男性神明的顯應也不遑多讓，此一現象或與宋代女將作戰的出現有關[179]，媽祖信仰受其鼓舞而衍生出一套助戰禦敵的傳說，成為媽祖靈應故事的一道異彩，促成一位形象鮮明而罕見的女戰神之形象。

---

178 江樹生：〈荷據時期臺灣的漢人人口變遷〉，《媽祖信仰國際學術研討會論文集》（北港朝天宮董事會、臺灣省文獻委員會編印，1998年），頁26－27。原文載順治7年（1670）阿姆斯特丹出版的《荷蘭聯合東印度公司在大清的沿海及其帝國內部的重要活動》，江樹生摘譯中文載於《媽祖信仰國際學術研討會論文集》。

179 在宋代史籍中可以看到宋朝女子參與征戰的身影。李燾《續資治通鑒長編》記載：「寶元二年（1039），劉懷忠之與西賊（西夏軍）戰，其妻黃賞伯率兵來援，多所俘獲。」黃賞伯是南宋中興四將之一劉光世的祖奶奶。《宋史・韓世忠傳》：「戰將十合，梁夫人親執桴鼓，金兵終不得渡。」梁夫人是大將韓世忠妻子，後人讚美她「巾幗不讓鬚眉」。其他又如楊門女將佘太君、宋代女將劉金定等人也都有女戰將的形象傳衍後世。

第肆章
媽祖靈應故事的衍化與民間信仰的互動

在漢人民間信仰中，媽祖被視為是管理航務的海神之一，堪稱是大陸閩南地區以及台灣首屈一指的海神代表。回顧媽祖信仰的發展過程中，媽祖信仰原為女巫信仰，自宋代以降媽祖信仰日漸發展，神性由女巫雜祀成為神格頗高的天后女神，神職躍升為漢人海神的代表以及無所不庇佑的全能之神。

談及媽祖神性的議題，就必須探討媽祖具備何種靈力？關於信眾所認識或期待的媽祖靈力為何？這就必須從媽祖的靈應故事來發現，媽祖靈應敘事的重心多半是以媽祖經由靈力來解決、克服信眾的困境，因此靈應故事呈現出媽祖具備何種靈力，以及信眾面對何種困境時可能獲得媽祖的庇護。

關於媽祖的靈應故事所在多有，歷來流傳下來的有枯槎顯聖、朱衣著靈、聖泉救疫、紫金山助戰、錢塘助堤、拯興泉饑、廣州救太監鄭和、助戰破蠻等，這些靈應故事揭露著媽祖如何彰顯其靈力來救護信眾的神蹟，本章以媽祖靈應故事為研究重心，探討媽祖靈應故事如何衍生以及其與俗信間的關係，呈現媽祖如何取得海神的權威代表以及完成全能神力的神性。

第一節　媽祖靈應故事的衍化與其全能之神的拓展

承上章所述，《天妃顯聖錄》的刊行促成媽祖靈應故事建構出十三種代表性的故事類型：一、媽祖靈示民眾祭祀；二、媽祖護航免難；三、媽祖助戰禦敵；四、媽祖止旱澇天災；五、媽祖治病除瘟；六、媽祖示警止禍；七、媽祖助堤止水患；八、媽祖助人死而復生；九、媽祖庇婦助孕；十、媽祖伏妖制祟；十一、水族朝聖；十二、媽祖拯饑；十三、媽祖助農物成長。此十三種故事類型的衍化牽涉著媽祖神性的發展，可以說是初步完成了媽祖的全能神力之敘事系統。同時，這些故事類型潛藏著媽祖的各種形象，因此探討這些故事類型的衍化與其間的承續關係有著相當的意義，亦即分析媽祖靈應故事的衍化情形可以窺見媽祖形象的轉化，同時也可以進一步掌握媽祖神性是如何衍化而來。大抵而言，媽祖具有全能之神的形象已是公認的事實，自然不待多言；然而如果進一步地分析媽祖如何衍為全能之神？本文想要探討的重心不在媽祖成為擁有全能神力的結果，而是媽祖全能神力衍生的過程，亦即媽祖各種神力是如何衍生的？不同的神力間是否存有所關聯？

一般來說，媽祖神力的想像與衍生來自民間信仰，自然媽祖俗信的衍生也當然內蘊著民俗的思維，觀察媽祖神力的拓衍也可以發現民俗心理隱藏著一套邏輯來衍化媽祖的神力以及其靈應事蹟。下述，筆者試著闡析迄於《天妃顯聖錄》所衍生的十三種較為普遍的媽祖靈應故事類型，從這十三種媽祖靈應故事類型的衍生與發展來窺見媽祖信仰透過何種民俗的心理想像力來促成其全能神力的建構，以見媽祖靈力的衍化並非天馬行空而來，而有一套契合民間思維的邏輯性。

一、媽祖靈示民眾祭祀的故事類型之衍生

媽祖靈示民眾祭祀是媽祖從女巫過渡到女神間的敘事思維，媽祖透過靈力顯應促使民眾建廟或奉祀存有早期巫術的痕跡，這一種故事類型顯示著媽祖從女巫發展至正神的過程，可以說是媽祖靈應故事類型的源流之一。統而觀之，媽祖靈示民眾祭祀的故事類型頗多以水漂流神的信物而促成民眾建廟祠祀，如南宋．廖鵬飛〈聖墩祖廟重建順濟廟記〉所載的枯槎顯聖寓有水漂來枯槎的想像，因此《天妃顯聖錄．枯楂顯聖》：「漁者疑為異寶，伺而視之，乃水漂一枯楂發燄，漁人拾置諸家。」[1]再看宋．劉克莊〈風亭新建妃廟〉：「元符初，水漂一爐，遡沿而至，夜有人感夢，曰湄洲之神也。」[2]從此皆可見媽祖靈示民眾祭祀的故事類型早期多以神物由水而來作為敘事鋪陳，由之可以窺見媽祖靈示民眾祭祀的故事類型之衍生也存有因水而靈的內蘊思維。

1　林堯俞供稿、釋照乘等修訂刊佈：《天妃顯聖錄．枯楂顯聖》，收入《媽祖文獻史料彙編（第二輯）著錄卷．上編》（北京：中國檔案出版社，2009年10月），頁92。

2　劉克莊：〈風亭新建妃廟〉，收入《媽祖文獻史料彙編（第一輯）碑記卷》（北京：中國檔案出版社，2007年10月），頁5。

二、媽祖護航免難的故事類型之衍生

媽祖從女巫發展至女神的靈力顯應除了靈示民眾祭祀外，最重要的靈力呈現便是護航免難的敘事。媽祖的身世背景以閩南海邊為其生長環境，這樣的生成環境促成媽祖靈力的展現從「海」開始。生長海邊的民眾頗多以捕魚為業，居住海邊的住民自然多少都會感受到海洋懾人的威力，出海者面對無法全然掌握的海潮力量難免心生恐懼，因此謀取心安的信仰力量有了需求，於焉海邊的民眾或漁民需要庇護他們航行平安的信仰力量，媽祖便在這樣的需求背景下開始以護航展開她的神力。這一故事類型是媽祖早期從女巫崇拜衍化至女神信仰的橋樑，因著媽祖護航免難的敘事，媽祖衍為海神，從而具有制水的靈力，是媽祖因水而靈之神力的源頭。或可言之，媽祖護航免難的靈應故事乃媽祖初始的女巫形象彰顯其靈力的主要敘事，因而此種靈應故事類型在媽祖信仰發軔初期即已衍生。

三、媽祖助戰禦敵的故事類型之衍生

媽祖護航免難的敘事促成媽祖成為海上的救難英雄，宋代以來海上多賊寇出沒，因著媽祖護航的靈力，護航的任務之一便是不受海上賊寇的侵擾，由之衍生出媽祖助戰禦敵的靈應敘事，如洪邁《夷堅志‧浮曦妃祠》：

> 紹熙三年（1192），福州人鄭立之，自番禺泛海還鄉，舟次莆田境浮曦灣，未及出港，或人來告：有賊船六隻在近洋，盍謀脫計。於是舟師詣崇福夫人廟求救護，得三吉珓。雖喜其必無虞，然遲回不決。聚而議曰：我眾力單寡，不宜以白晝顯行迎禍；且安知告者非賊候邏之黨乎，勿墜其計中。不若侵曉打發，出其不意，庶或可免，況神妃許我邪！皆曰：善。迨出港，果有六船翔集洪波間，其二已逼近，舟人窘迫，但遙瞻神祠致禱，相與被甲發矢射之。矢幾盡，賊舳艫已接，一寇持長叉將跳入。忽煙霧勃起，風雨欻至，驚濤駕山，對面不相睹識，全如深夜。既而開霽帖然。賊船悉向東南去，望之絕小。立之所乘者，亦漂往數十里外，了無他恐。蓋神之賜也。其靈異如此。夫人今進為妃云。[3]

洪邁《夷堅志‧浮曦妃祠》這則靈應敘事雖沒有助戰的情節，卻依稀可以窺見媽祖從護航免難的神力拓衍出助戰禦敵的靈力之趨勢。或可言之，媽祖助戰禦敵的靈應故事之發展源頭是經由海上禦敵來完成護航之舉，最初媽祖的禦敵是為了護航而衍生，然而這樣的想像與敘事促成了助戰禦敵故事類型的發展，所以助戰禦敵的敘事有著從媽祖護航免難故事類型衍化而來的痕跡。

3 洪邁：〈浮曦妃祠〉，收入《媽祖文獻史料彙編（第一輯）散文卷》（北京：中國檔案出版社，2007年10月），頁1−2。

四、媽祖止旱澇天災的故事類型之衍生

媽祖初始的靈力顯現主要是護航免難，從而媽祖衍為海神或水神，因水神具有控制水的靈力，從而民間自然想像媽祖對於自然界水的多寡有著駕馭的能力，其中當然包含對雨水、溪流、海水的控制能力，由此衍出媽祖對於旱澇具有掌制的靈力，因此出現不少媽祖止旱澇天災的靈應故事。或可言之，媽祖止旱澇天災的靈應故事類型源於媽祖護航免難所衍生的因水而靈之特點。南宋·丁伯桂〈順濟聖妃廟記〉已錄有媽祖止旱澇天災的敘事：「庚戌夏旱，趙侯彥勵禱之。隨禱隨荅，......慶元戊午，甌閩列郡苦雨，莆三邑有請於神，獲開霽，歲事以豐。」[4]顯見媽祖靈應故事發軔之初即有止旱澇天災的靈力，此神力的衍生除了女巫巫術的想像外，概與海神具制雨水的神力之思維有關，因此媽祖止旱澇天災的故事類型可以說是從媽祖女巫原型以及護航海神等兩種形象匯流而成。

五、媽祖治病除瘟的故事類型之衍生

媽祖初始的形象為女巫，巫在古代社會往往被賦予行醫救疾的任務，不少民間俗神都有治病除瘟而獲俗眾崇拜成神的敘事，媽祖治病除瘟也是女巫形象發展至女神的靈應故事類型。值得注意的是，媽祖靈應故事類型的衍化過程中，似乎存在媽祖從護航免難的海神－因水而靈－透過聖泉之水治瘟的發展過程，即媽祖以治病除瘟的靈應敘事似乎存在著媽祖從護航免難故事類型－水神－因水而靈－媽祖治病除瘟靈應故事類型的衍化過程。因此媽祖治病除瘟的靈力往往都是透過水來治癒的，此種靈應敘事在許多媽祖治病除瘟的敘事多可發現，如台灣雲林縣麥寮拱範宮流傳：

> 民國九年庚申(1920)，台灣南部三廳，於同年四月二十六日起十六天，在嘉義召開共進會，並慶祝新廳落成。當時嘉市商工會特恭請本宮三媽蒞任嘉市城隍廟奉敬。區長蘇孝德、徐杰夫等率廣大民眾致祭。時嘉市郊區疫癘流行，乃恭請本宮三媽繞境並以符水賜飲，大多痊安。後由工商會奉獻金貢旗，以謝聖恩。[5]

媽祖以符水治瘟的靈力凸顯其因水而靈的神性特點，由之完成治癒疾瘟的任務。或可言之，媽祖治病除瘟的靈應故事類型源於媽祖原始女巫的巫術以及媽祖護航免難而衍生的因水而靈之特點。

---

4 丁伯桂：〈順濟聖妃廟記〉，收入《媽祖文獻史料彙編(第一輯)碑記卷》，頁3。
5 麥寮拱範宮管理委員會：《麥寮拱範宮誌》(麥寮：麥寮拱範宮管理委員會，2003年)，頁49。

六、媽祖示警止禍的故事類型之衍生

媽祖示警止禍的靈應故事早期多是媽祖護航時顯現靈力的方式之一，藉由示警來預告海險將起，如《天妃顯聖錄·琉球救太監柴山》透過夢示警戒柴山，預警海險將起，因此媽祖示警止禍的靈應故事類型也與媽祖護航免難的靈應敘事相涉。再者，媽祖先知預示也帶有「巫術」的想像，潛藏著媽祖女巫形象的痕跡。或可言之，媽祖示警止禍的靈應故事從媽祖女巫形象以及其護航免難的靈應故事類型衍化而來。

七、媽祖助堤止水患的故事類型之衍生

媽祖助堤止水患的靈力與媽祖護航免難、媽祖止旱澇天災的能力相涉，媽祖護航免難、媽祖止旱澇天災的故事較早出現，元代以降媽祖助堤止水患的靈應故事才逐漸普遍，由之可見媽祖從護航免難、媽祖止旱澇天災的水神神性之發展過程中，隨著海神神性的日益穩固，媽祖制水的能力獲得認同，因此元代以降貼合著民生需求與漕運需要而衍成媽祖助堤止水患的靈應故事，如元·程端學〈靈濟廟事蹟記〉：「嘉熙三年（1239），以錢塘潮決堤至艮山祠，若有限而退，封靈惠助順顯衛英烈嘉應妃。」[6]媽祖護航的神力促成其成為護漕運的守護神，護漕運的靈力展現之一便是讓堤防穩固，由之開展出來媽祖助堤止水患的神蹟；或可言之，媽祖助堤止水患的靈應故事可以溯源自媽祖護航免難而衍成的因水而靈之神力。

八、媽祖助人死而復生的故事類型之衍生

媽祖助人死而復生的靈應故事與媽祖治病除瘟、巫術的使用有所相涉，這種助人死而復生的敘事出現較晚。或可言之，媽祖助人死而復生的靈應故事似乎從媽祖治病除瘟的靈應故事類型衍化而來，媽祖治病除瘟的故事類型多因聖泉或符水治瘟的水療靈力而來，從而媽祖護航免難的故事類型又是媽祖治病除瘟故事類型的源流，因此媽祖助人死而復生的靈應故事似乎可以上溯自媽祖女巫形象以及媽祖護航免難的靈應故事類型。

九、媽祖庇婦助孕的故事類型之衍生

媽祖故事貼合觀音佛祖在元代已開始，媽祖庇護助孕的故事類型之衍化似與觀音佛祖形象的汲取有關，《三教源流搜神大全·天妃娘娘》傳記言「然尤善司孕嗣，一邑共奉之。邑有某婦，醮於人，十年不孕，萬方高禖，終無有應者，卒禱於妃，即產男子。嗣有凡不育者，隨禱隨應。」特意呈現媽祖具有司孕的屬性，媽祖司孕嗣的職能之衍化與觀音佛祖形象的疊合而所關係。至於媽祖與觀音佛祖形象的鏈結又與南海女神的稱號有關，

---

6 程端學：〈靈濟廟事蹟記〉，收入《媽祖文獻史料彙編（第一輯）碑記卷》，頁19。

元代媽祖已被名為南海女神，明初刊行的《元史．祭祀志》：「惟南海女神靈惠夫人，至元中，以護海運有奇應，加封天妃神號」[7]因著南海女神的想像，媽祖與觀音大士就產生了形象的疊合，因此進一步衍生庇護助孕的靈蹟。或可言之，媽祖庇婦助孕故事類型的產生似為因南海（水緣）而與觀音大士產生鏈結，從而襲取觀音大士司孕的神力，由此可以想見媽祖庇婦助孕的故事類型與南海有所淵源。

十、媽祖伏妖制祟的故事類型之衍生

早期媽祖伏妖制祟的敘事多與海妖等邪物相涉，民間想像海難或為海水妖怪作祟而來，如《天妃顯聖錄．禱神起碇》：「季春有商三寶者，滿裝異貨，要通外國，舟泊洲前。臨發碇，膠弗起，舟人入水，見一怪坐碇不動。急報客，大驚。......」[8]媽祖護航止難的靈應表現之一便是制服水妖或作祟之物，因此媽祖制伏晏公、千里眼與順風耳以至於媽祖鎖龍等敘事都具有平波止難的想像。其次，媽祖伏妖制祟本身也具有施行法術制敵的想像，存有媽祖女巫的形象。或可言　靈應故事似乎從媽祖女巫形象、護航免難的靈應故事類型衍化而來，由此開展出媽祖伏妖制怪的靈力。

十一、水族朝聖的故事類型之衍生

媽祖海神權威的建立與水族朝聖的想像相通，水族朝聖的靈應故事類型反映媽祖為至高海神的代表，媽祖成為海神的權威自然源於媽祖護航免難的靈應故事類型而來，媽祖護航的至高神力反映其駕馭海洋的能力，由之想牽引出媽祖統御水族的想像，因此水族都必須朝拜媽祖，如《天妃顯聖錄．龍王來朝》：「以後凡遇妃誕辰，水族會洲前慶賀。是日，漁者不敢施罛下釣。」[9]。或可言之，水族朝聖的靈應故事承續媽祖護航免難的靈應故事類型而推衍。

十二、媽祖拯饑的故事類型之衍生

媽祖拯饑的靈應故事最早見丁伯桂作〈順濟聖妃廟記〉一篇：莆之水市，朔風彌旬，南舟不至，神爲反風，人免艱食。[10]媽祖拯饑的靈力來自海上護航所具備控制風向、水勢的能力，海上護航的靈力來自對於水與風的控制，媽祖透過風向的控制而促成糧食輸送，促使民眾免於飢荒。由之可見，媽祖拯饑的敘事情節之衍生與米舟糧船的駛航有關。媽祖護航的靈力頗為流傳，因此經護助糧船前往缺糧之地而衍為拯饑的神功，這樣的靈

7 宋濂：《元史．祭祀志》卷七十六，收入《媽祖文獻史料彙編（第二輯）史摘卷》（北京：中國檔案出版社，2009年10月），頁10。
8 《天妃顯聖錄．禱神起碇》，收入《媽祖文獻史料彙編（第二輯）著錄卷．上編》，頁92。
9 《天妃顯聖錄．龍王來朝》，收入《媽祖文獻史料彙編（第二輯）著錄卷．上編》，頁89。
10 丁伯桂：〈順濟聖妃廟記〉，收入《媽祖文獻史料彙編（第一輯）碑記卷》，頁2－3。

應事蹟堪稱也是媽祖護航免難故事類型的衍化。

十三、媽祖助農物成長的故事類型之衍生

媽祖止旱澇天災靈應故事類型與民間生活需求有關，水旱災衝擊的對象除了人命外，其次便是農作物了，因此媽祖止旱澇天災的意義之一便是保全農作物的生長，如台灣彰化縣鹿港天后宮關於〈同安寮十二庄迓媽祖〉由來的傳說：「清道光（1831）年間久旱不雨，農民無法耕作，......，恭請鹿港舊祖宮天上聖母巡視設壇祈雨，果真天降甘霖，農民歡欣鼓舞。」[11]媽祖助農物成長的靈應故事與媽祖止旱澇天災靈應故事在功能有所相契。或可言之，媽祖助農物成長靈應故事類型似從媽祖止旱澇天災的制水靈力而來。

綜而析之，各種媽祖靈應故事類型間存有衍化的關係，其關係主要如下表：

表4—1：媽祖全能神力的演化

<table>
<tr><th>女巫</th><th>女巫 > 女神 > 海神</th><th>海神 > 因水而靈的神力</th><th>全能之神</th></tr>
<tr><td rowspan="13">巫術</td><td>媽祖靈示民眾祭祀</td><td>媽祖靈示民眾祭祀</td><td>媽祖靈示民眾祭祀</td></tr>
<tr><td rowspan="12">媽祖護航免難</td><td>媽祖護航免難</td><td>媽祖護航免難</td></tr>
<tr><td>媽祖示警止禍</td><td>媽祖示警止禍</td></tr>
<tr><td>媽祖助戰禦敵</td><td>媽祖助戰禦敵</td></tr>
<tr><td rowspan="2">媽祖止旱澇天災</td><td>媽祖止旱澇天災</td></tr>
<tr><td>媽祖助農物成長</td></tr>
<tr><td rowspan="2">媽祖治病除瘟</td><td>媽祖治病除瘟</td></tr>
<tr><td>媽祖助人死而復生</td></tr>
<tr><td>媽祖拯饑</td><td>媽祖拯饑</td></tr>
<tr><td>媽祖助堤止水患</td><td>媽祖助堤止水患</td></tr>
<tr><td>媽祖伏妖制祟</td><td>媽祖伏妖制祟</td></tr>
<tr><td rowspan="2">水族朝聖</td><td>水族朝聖</td></tr>
<tr><td>媽祖庇婦助孕</td></tr>
</table>

資料來源：筆者彙整。

11 同安寮十二庄迓媽祖：http://tw.myblog.yahoo.com/bc-1831/article?mid=131&prev=133&next=127，2012年8月28日搜尋。

媽祖祈雨。(圖像來源:楓亭靈慈廟壁畫)

上表初步整理十三種靈應故事的衍化過程,經此可以發現媽祖靈應表現的方式有一套發展的軌跡,媽祖最初的靈力呈現應該是從其具有巫而來的巫術想像,其後媽祖從巫至神的發展過程中,媽祖靈示民眾祭祀靈應故事類型與媽祖護航免難靈應故事類型開始流傳,堪稱是媽祖初顯其靈力的敘事,經此兩種靈應敘事來促成媽祖形象的轉換,從而媽祖靈示民眾祭祀與媽祖護航免難的兩種靈應故事類型成為媽祖神性彰顯的兩種基本敘事。其後,媽祖神力的發展便以媽祖護航免難靈應故事類型為基型,因水而靈成為其神力的內蘊,從而衍化出各種靈應事蹟。

因著護航免難的敘事,海上救難的相關事件都在護航免難的基礎下開展,如海難的示警從而衍化出各種媽祖示警止禍故事,平息海上賊寇侵擾而衍生出媽祖助戰禦敵的故事,媽祖護航糧船而衍生出媽祖拯饑的故事,媽祖海上止水難而衍生出媽祖伏妖制祟的想像故事。再者，媽祖因護航免難的靈應故事類型而衍為海神，因著海神制水的想像又衍化出各種靈應故事，如媽祖止旱澇天災的靈應敘事與水神的職能相涉，媽祖助堤止水患的靈應故事也是水神制水的顯現，媽祖治病除瘟以聖泉治疫為以水治疾，水族朝聖為媽祖制水的權威呈現。此外，媽祖分開溪水來助行的靈應故事類型遲至後期才出現，然與媽祖制水的靈力有關，可視為是上承媽祖護航免難靈應故事的衍化。綜而言之，媽祖助戰禦敵、媽祖止旱澇天災、媽祖治病除瘟、媽祖拯饑、媽祖助堤止水患、媽祖伏妖制祟、水族朝聖、媽祖示警止禍等八種靈應故事類型基本上是從媽祖護航免難的因水而靈之特點衍化而來。

至於媽祖助農物成長的想像與媽祖止旱澇天災的靈應故事類型相涉（媽祖具有助農形象），媽祖助人死而復生的想像與媽祖治病除瘟的靈應故事類型相涉，媽祖庇婦助孕的靈應故事類型從南海女神的想像而來，整體而言，媽祖助人死而復生、媽祖庇婦助孕、媽祖助農物成長等三種靈應故事類型也可以說是上溯媽祖護航免難故事類型而來的因水而靈的神力。

整體而言，媽祖靈應故事類型的發展大抵以媽祖靈示民眾祭祀與媽祖護航免難等兩類發展最早，此兩種故事類型的發展直接或間接都與水有著密切的關係，從而媽祖因水而靈的俗信心理逐漸內化在信眾的心理，宋代時期媽祖因水而靈的神力促成其具有海上助戰、制水、以水治病的想像，因此媽祖助戰禦敵、媽祖止旱澇天災、媽祖治病除瘟、媽祖拯饑等故事類型便由此衍生。此外，媽祖護航時頗常示警民眾避禍的敘事也促成媽祖示警止禍故事類型在宋代即已出現，如南宋．丁伯桂〈順濟聖妃廟記〉：「一日，里人取涼於橋，坐者滿地，忽有白馬自廟突而出，人悉駭散，橋隨圮，無一陷者，人知神之爲也。」[12]宋代以後，媽祖護航的任務因應護漕運的時代需求而現媽祖助堤止水患的故事類型，到了明代媽祖繼續循著因水而靈的神力，衍生媽祖助農物成長、媽祖助人死而復生、媽祖庇婦助孕、媽祖伏妖制祟、水族朝聖等故事類型，至於清代以降台灣衍生的媽祖分開溪水來助行的故事類型也是因水而靈的顯現。

吳國平《辦香湄洲》云：「媽祖從民女走向神壇的過程，實際上也是其信仰興起與傳播的過程。它之所以能在百神中脫穎而出，由小神變成大神，一躍成為統一的航海女神，除了有一個經濟、社會文化等方面的大的歷史背景的原因在起作用外，還取決於一個又一個的機緣。這些機緣一個一個加起來，就是一個滾大了的「雪球」。……這一個機緣就是下一個機緣的根據，它們互為因果且又相對獨立，這個相對獨立的東西又吸引了更多因素的參與，注入新的內容，使其總能獲得令人鼓舞的階段性成果。」[13]媽祖靈應故事的衍化正如滾雪球一般，

12 丁伯桂：〈順濟聖妃廟記〉，收入《媽祖文獻史料彙編（第一輯）碑記卷》，頁3。
13 吳國平：《辦香湄洲》（福州：海潮攝影藝術出版社，2003年9月），頁76。

台灣台南市大天后宮流傳〈聖水去邪歸正〉神蹟。

「因水而靈」的靈力愈滾愈大，媽祖庇護的能力也就愈多元，甚至台灣臺南、鹿港地區流傳媽祖以聖水助人去邪歸正的傳說，台南市大天后宮流傳〈聖水去邪歸正〉：

> 清穆宗同治元年（1862）台海一帶海賊截劫商船，水師提督曾玉明，率兵西擊，匪首見一女將，帶白袍軍隊，由海岸而來，知是媽祖顯聖，知難撤退，是時媽祖大顯聖通，降乩指示，令備清水一紅燒符三道於其中，反有發誓去邪歸正者，掬之漱口，皆可洗去罪愆，一時爭掬漱口者，數以萬計，眾人莫不感念媽祖神恩浩蕩。[14]

又如〈鹿港媽祖的靈驗傳說連〉：

> 又當初戴萬生創設小刀會時，入會者計有四百，皆插血盟誓，禁洩祕密。時鹿港有從賊者自知錯誤，但想曾與盟誓，天譴難免，進退維谷，不知所措。斯時聖母為此等消滅罪業，備瓶於廟庭，滿盛清水，並燒神符投入瓶中，令其人掬水漱口，凡與賊盟誓，

14 曾吉蓮編撰：《祀典台南大天后宮志》（台南市：祀典台南大天后宮，2001年12月），頁152。

由此可消除其罪，復為良民云。因此遠近各鄉爭來漱口滅罪，而瓶中之水不曾歇，眾稱聖母之靈異，感其匡救之恩。[15]

媽祖以聖水助人掬之漱口除罪的敘事，媽祖的靈力顯現依然是「因水而靈」，從而媽祖靈應的能力經由因水而靈而更加貼合各行各業的民生需求，促成媽祖衍為全能之神。

觀察媽祖靈應故事類型的衍化，媽祖從女巫形象過渡到女神形象以至於全能之神，媽祖靈應故事類型同樣有著類似的發展。分析媽祖靈應故事類型的衍化，我們不可否認的是：媽祖靈應故事促使媽祖信仰活動有了根源與意義，媽祖信仰的傳播也促成媽祖靈應故事的的傳衍，兩者存在著相生相繫的緊密關係。至於媽祖靈應故事的衍化對於媽祖俗信到底存在著什麼樣的意義？林繼富〈同生共長，綿密互滲－中國民間傳說與民間風俗關係試論〉：

以民間風俗為依託生長出多個民間傳說的發散式結構，在中國民俗中屢見不鮮，象徵端午節來歷的解釋就發散出四種民間傳說：……從而造成一個民間習俗演生出多個民間傳說的文化現象。

由於民間傳說創作的靈活性，在其形成之初到成熟完善的漫長歲月裡，民間傳說骨架上留下許多文化生長點。而那些具有可信性和神秘色彩的民間風俗乘虛而入，粘合民間傳說之上，使一則民間傳說聚焦多種民間風俗，不僅成為可能，而且變成了現實。[16]

承上述，我們可以知道民間風俗與民間傳說存在著相當綿密的關係，因為民間傳說依託風俗而生長，從而也促使民俗活動有所依託；另外，民間傳說也成為民俗活動汲取素材的來源，從而聚焦了新的民俗內涵。不過，大抵民俗活動多半產生在先，其後才有詮釋其由來的傳說產生，因為一個民俗活動的初生多源於某個事件，而這事件多半為真而非傳說，傳說總是為了解釋民俗活動而不斷加工而形成的；但傳說形成之後，新生的民俗內容又從傳說獲得靈感而衍生，這是民間風俗與其相關傳說兩者間的共生關係。民間信仰堪稱是民俗最外顯的一環，因此民間信仰的發展過程中基本上與相關的信仰傳說也有著相生相繫的關係。

媽祖神性的發展與其靈應故事類型的衍化也具有同樣的發展模式，亦即靈應傳說伴隨媽祖神性、形象的轉化而變異，然而媽祖的神性、形象也在靈應故事的衍化中有所拓展，兩著間存著化不開來的關係。媽祖的俗信面貌與其昇化後的靈應敘事有著密不可分的關係，靈應故事是媽祖生前神通表現的延伸；而神蹟越多越能凸顯媽祖的靈驗，神

15 何世宗、謝進炎彙輯：《媽祖信仰與神蹟》（台南市：世峰出版社，2001年1月），頁97。

16 林繼富：〈同生共長，綿密互滲－中國民間傳說與民間風俗關係試論〉，《周口師範高等專科學校學報》，第16卷第4期，1999年7月，頁37。

蹟的類型愈多元也意味著媽祖服務的信眾越多。媽祖經由靈應的神蹟傳說來擴展祂的信仰，這些靈應的神蹟也給予信眾對其神力的想像，因而媽祖的神功在民間敘事中越來越多元，諸如戰神、醫神、授子神、農業神等神職都因應不同生活需求而衍生出相關的靈應傳說，而這些靈應傳說也強化民眾對於媽祖不同神功的認識與認同，因而媽祖的神功也就越來越多元化，終而形塑成為一個全能的女神。這一俗信演變的過程中，靈應故事居於一種引介橋樑的角色；媽祖神職屬性的擴衍過程中，我們從歷代媽祖靈應故事的衍化可以尋得蛛絲馬跡，甚至發現媽祖信仰與其靈應故事的共生關係。或可言之，媽祖信仰經由其靈應事蹟故事而擴衍出多元的神力與神功，從而完成一個全能之神的形象，這是我們觀察媽祖民間信仰展過程中不可忽視的現象。

第二節　媽祖故事的內容與取材範疇

「神是人的翻版，神性來自人性。」[17]人類在造神時，總是依循人們的需求以及審美情趣而賦予神明功能以及形象，如：波塞冬原是陸地之神，是車馬業的守護神，相當于主管當時陸地交通；後來希臘航海業發達起來，航海業對希臘人有特殊意義，因而他就演變為海神，成為航海業的保護神；後來農業在人類生活的位置愈益重要，她就轉變為豐收女神了。[18]神明的神性與形象常因人類在不同時空的需求而產生變異與轉化，這樣的情形在媽祖信仰也是頗為明顯的。

媽祖信仰的神職屬性從海上救難護航開始發展，歷經神性的衍化而成全能之神。宣和5年（1123）宋徽宗給媽祖廟御賜「順濟」廟額，伴隨著泉州海運事業的發展，媽祖信仰日益興盛，媽祖的神功趨向多元化。宋‧丁伯桂作〈順濟聖妃廟記〉反映媽祖信仰在當時期已有生而靈異、媽祖靈示信眾建廟祭祀、護航免難、媽祖助戰禦敵、媽祖治病除瘟、媽祖化解旱澇天災、拒洪築堤等神功，其中又以海上救難護航、祈雨止旱、助戰禦敵為主，海神、戰神的屬性成為媽祖信仰推展最初的重心，然經由海神顯聖等神蹟所衍播出來的敘事又提供了民間對於媽祖顯聖神功的想像，因此媽祖信仰從宋元以降已朝多種功能的神職屬性發展。迄於明末清初，《天妃顯聖錄》等載錄媽祖靈應故事的文獻資料，媽祖的靈應故事類型已經初步建構完成，媽祖神性在民間信仰已漸次發展為全能之神，其神格亦逐步由「神女」、「夫人」至「天妃」至「天后」，媽祖靈應故事類型的衍化與媽祖神性的發展密不可分，隨著媽祖靈應故事類型的多元化趨向，媽祖神性與形象也就愈加豐富，然而媽祖神性與形象在多元發展的過程中，是否有著什麼樣的本質存在？抑或俗眾對於媽祖形象的認識為何？本文試著從媽祖靈應故事的類型衍化來觀察媽祖形象的變化。

媽祖的形象（image）因時因地而異、因人因事而異，但是在種種各異分歧的形象中，是否有一種接近初始信仰型態，也就是媽祖形象的原型（originaltype），並且後來是否在媽祖的眾多形象中有某一個成為典範的代表性的形象，也就是典型（typical）的媽祖形象？典型也有可能是這個核心的原型的一種轉型（transformed type）的發展。原型和轉型之間存在著邏輯發生序列的先後性，多少也蘊含實存　形象之時間序列的先後性。[19]下述，筆者試著從媽祖的靈應故事之衍化來論證媽祖形象的「原型」、「典型」以及形象轉變過程中的「轉型」，「原型」、「典型」、「轉型」間的關係為何？參酌林美容〈台灣媽祖形象的顯與隱〉一文，可能存在如下圖的關係：

---

17 王守恩：《諸神與眾生—清代、民國山西太穀的民間信仰與鄉村社會》（北京：中國社會科學出版社，2009年），頁130。
18 王德保：《神話的意蘊》（北京：中國人民大學出版社，2002年9月），頁159。
19 參見林美容：〈台灣媽祖形象的顯與隱〉，《文化雜誌》，第48期，2003年，頁131－135。

媽祖信仰經歷千年的演變，神性也有若干變化。

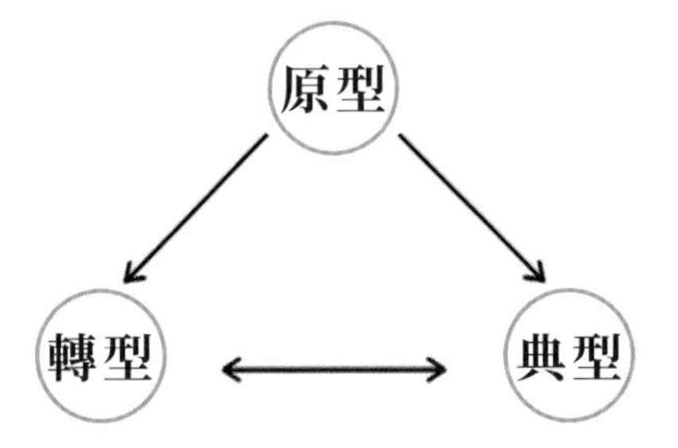

民俗學者劉魁立指出，每一個文化遺產項目都有一個最根本的、最基質性的東西存在，即本真性（authenticity），其中包括這一事項的基本性質、基本結構、基本形態、基本功能和人們對它的基本價值判斷，這些基本的東西制約著這一事項的發展變化。[20]媽祖信仰的發展雖然日益多元，然而其神性、形象也同樣存在著一些基本性質、基本形態、基本功能，媽祖形象的「原型」、「典型」或可視為媽祖俗信文化的基本質素，究竟媽祖媽祖形象的「原型」、「典型」為何？我們從媽祖靈應故事的類型衍化或許可以發現。

關於媽祖形象的「原型」為何？林美容〈台灣媽祖形象的顯與隱〉一文指出：「原型」牽涉到初始的認定，初始的認定需要依據史料，或是某種宗教理論的論述，可能較難著手。而轉型則牽涉到典範性的原型的認定，以及典範中的哪些質素發生轉變。[21]回

20 參見劉魁立：《我們的節日，我們的歌》，《溫州大學學報》（社會科學版），2010 年第6 期，頁2。
21 參見林美容：〈台灣媽祖形象的顯與隱〉，頁131－135。

顧媽祖信仰的發展過程中，媽祖信仰原為女巫信仰，宋・廖鵬飛〈聖墩祖廟重建順濟廟記〉：「姓林氏，湄洲嶼人，初，以巫祝為事，能預知人禍福，既沒，眾為立廟於本嶼。」[22]宋・李俊甫《莆陽比事》：「湄洲神女林氏，生而神異，能言人休咎，死廟食焉。」[23]宋・黃巖孫《（寶佑）仙溪志》：「順濟廟，本湄洲林氏女。為巫，能知人禍福，歿而人祠之。」[24]以巫祝為事、預知人禍福、能言人休咎等敘事呈現媽祖原始信仰屬女巫崇拜。福建地處中國東南，向以「信巫鬼，重淫祀」為特色，古代福建文化屬於百越巫文化圈；巫術是人類文化的源頭之一，也是民間造神運動的孵化器，媽祖信仰最初的形態是巫術的。[25]古代民間對巫術的心理需求是媽祖信仰得以形成的內緣基礎，因此媽祖的「原型」形象應該是類似女巫而具有趨吉避凶的巫術能力，從而獲取民間初步的崇拜。

媽祖形象的「原型」為女巫，然而當她步入民間信仰祀神之列時就必須「轉型」，這是從人至神發展過程中經常可見的現象。前文提及媽祖靈示民眾祭祀故事類型與媽祖護航免難故事類型堪稱是媽祖初顯其靈力的敘事，媽祖靈示民眾祭祀的敘事基本上仍是女巫形象的遺留，媽祖護航免難的敘事已經淡化了巫的色彩。或可言之，媽祖護航免難的形象是媽祖的轉型，這一轉型促成媽祖從巫成神，媽祖的形象也由女巫轉型為護航女神。媽祖轉型為護航女神，由此衍化出海神（水神）的形象，護航女神－海神是媽祖信仰轉型的關鍵，由此成為媽祖信仰的「典型」，賦予媽祖因水而靈的特點。以《天妃顯聖錄》的靈應事蹟而言，媽祖護航免難的靈應故事類型頗多，媽祖生前靈異事蹟計有〈機上救親〉、〈化草渡商〉、〈掛席泛槎〉等4則，媽祖成神後靈應事蹟計有〈禱神起碇〉、〈朱衣著靈〉、〈怒濤濟溺〉、〈神助漕運〉、〈擁浪濟舟〉、〈廣州救太監鄭和〉、〈東海護內使張源〉、〈琉球救太監柴山〉、〈托夢護舟〉、〈燈光引護舟人〉、〈琉球陰護冊使〉、〈神助漕運〉、〈庇太監楊洪使諸番八國〉等13則。《天妃顯聖錄》的靈應事蹟中計有54則，其中有17則以護航免難的靈應事跡為敘事重心，將近三分之一的比例顯示媽祖護航免難的靈應故事類型是媽祖信仰推波助瀾的橋樑，這也充分地標誌媽祖「海神」的形象。媽祖的典型可以說就是「海神」。

何以稱媽祖形象的「典型」為海神，我們觀察媽祖靈應故事的衍化來促成其成為全能之神的發展過程中，發現了媽祖常見的13種靈應故事類型除了媽祖靈示民眾祭祀、媽祖護航免難的故事類型外，媽祖助戰禦敵、媽祖止旱澇天災、媽祖治病除瘟、媽祖拯饑、媽祖助堤止水患、媽祖伏妖制祟、媽祖示警止禍、水族朝聖等8種靈應故事類型基本上便是以媽祖護航免難為基礎衍化而來，也就是上述8種靈應故事類型是以媽祖海神（水

22 蔣維錟：《媽祖文獻資料》（福州：福建人民出版社，1990年），頁1。
23 李俊甫：《莆陽比事》，收入自《媽祖文獻史料彙編（第一輯）散文卷》，頁3。
24 蔣維錟：《媽祖文獻資料》，頁18。
25 李積慶：〈文化生態學視野下媽祖民俗文化的傳承與創新〉，《2011媽祖國際學術研討會—民俗、觀光與文化資產論文集》，頁76。

台灣鹿耳門天后宮流傳著「媽祖引水助戰退敵」的神蹟。

神）的思維而產生出來的。此外，媽祖助人死而復生、媽祖助農物成長、媽祖庇護助孕的靈應故事類型也是上溯媽祖護航免難故事類型而來。

統而觀之，媽祖靈應故事的初始發展為媽祖靈示民眾祭祀、媽祖護航免難等二種故事類型，尤其是媽祖護航免難的靈應敘事成為媽祖顯聖的基本型態，其他11種靈應故事類型直接或間接地承繼媽祖護航免難、因水因靈的神職屬性。媽祖護航免難、媽祖助堤止水患、水族朝聖等靈應故事類型基本上就是以「海神」形象為其典範而衍生出的靈應敘事，其他靈應敘事的媽祖形象或有轉化，亦即媽祖形象出現轉型，主要有：

一、媽祖護航免難靈應故事衍化為媽祖助戰禦敵靈應故事類型，可以發現媽祖從海神轉型為戰神。媽祖助戰的敘事本於媽祖護航的需求而衍生，媽祖海上助戰更是常見的靈應故事之背景，因此產生媽祖「海神」形象轉型為「戰神」形象的發展趨勢。以媽祖助戰禦敵的靈應故事類型而言，媽祖具有海神的顯著形象，媽祖以水而靈的特點也展現在媽祖助戰的情節，如台灣鹿耳門媽祖廟的助戰禦敵故事中出現媽祖引海水助戰的情節，康熙24年（1985）的《澎湖臺灣紀略．澎湖志略》：「及行，恍見神兵導引；至鹿耳門，水漲數倍，戰艦得逕入，賊驚奔潰。」[26]清同治間編修的《清耆獻類徵選編．姚啟聖》更進一步地描寫：

26 杜臻：《澎湖臺灣紀略》（台北：臺灣銀行經濟研究室，1961年），頁34。

琅請由銅山蘇尖開洋，乘南風攻澎湖；公欲待北風，直趨臺灣。彼此意不合，各有奏聞。會南潮驟發，舳艫乘疾流偪壓賊壘，被賊圍困；琅駕樓船衝突入圍，公率兵相助。至鹿耳門，門仄水淺；鼓之，舟不得上。賊據高處曳足觀，揚揚自得。公禱天妃廟，借水；明日大戰，砲發，水驟長一丈，舟並行如鳥張翼而上。賊錯愕，不知所為；哭曰：『天也，夫復何言』！國軒與鄭經子克塽面縛反接，以臺灣降。[27]

「媽祖引水助戰退敵」的敘事在鹿耳門有二種版本，除了媽祖助施琅降鄭氏王朝的傳說外；另有媽祖助鄭成功驅逐荷蘭軍的傳說，如台南市鹿耳門媽祖廟的〈引潮水助鄭軍登陸〉：

鹿耳門媽祖在鄭成功驅逐荷蘭時即有助軍登陸之神蹟。傳說明永曆15年（1661），鄭成功船隊抵鹿耳門港外，因水淺無法登陸，鄭氏親設神案於船頭，禱告天地謂其志在反清復明，故冒險渡海，祈求神靈庇佑助潮水，以利行舟。禱畢果見潮水大漲，乃揮軍直入熱蘭遮城，鄭軍由鹿耳門登陸時，發現當地建有媽祖廟，方知媽祖庇助漲潮水以利鄭軍登岸。[28]

上述兩則異文同樣以「媽祖引水助戰退敵」作為媽祖靈應神蹟。媽祖助戰禦敵故事類型除了引水助戰的母題外，也出現了賜井水助戰的母題，如康熙24年（1985）的《澎湖臺灣紀略·澎湖志略》：：「又師苦無水，琅禱於神，井湧甘泉，數萬師汲之不竭。今其井尚存，名曰大井。」[29]光緒20年（1894）刊行的《澎湖廳志·封域》：

媽宮社大井：康熙二十三年，靖海侯施琅既克澎湖，駐兵萬餘於此，水泉甚少，不足供眾師之食。侯禱於天后神，甘泉立湧，汲之不竭，至今井泉甚旺，俗名萬軍井；但水味略有鹹氣耳。[30]

媽祖藉由水（引水、賜井水等）來助戰退敵的敘事在媽祖助戰禦敵故事類型中再三出現，暗示著媽祖助戰禦敵所潛藏的靈力來源－因水而靈，由之呈現媽祖「戰神」的轉型中仍有「海神」形象。

27 李桓等：《清耆獻類徵選編》（台北：臺灣銀行經濟研究室，1967年），頁5。
28 參見許炳南：〈「鹿耳門」天上聖母像之考據〉，《臺灣風物》，第11卷第7期，1961年7月，頁12—15。
29 杜臻：《澎湖臺灣紀略》，頁34。
30 林豪原纂：《澎湖廳志》（南投：臺灣省文獻會，1993年），頁210。

媽祖神蹟：示白湖鑿泉療疫。（圖像來源：許葉珍匯輯《天后聖母事蹟圖志》）

二、媽祖護航免難靈應故事衍化為媽祖治病除瘟以至於媽祖助人死而復生靈應故事類型，可以發現媽祖從海神轉型為醫神。觀察媽祖靈應故事類型的衍化過程中，似乎存在媽祖從護航免難的水神－透過聖泉之水－以聖泉治瘟的發展過程，宋丁伯桂作〈順濟聖妃廟記〉一篇：

> 時疫，神降且曰：去潮丈許，脉有甘泉，我爲郡民續命於天，飲斯泉者立痊。掘泥坎，甘泉涌出，請者絡繹，朝飲夕愈，甃爲井，號聖泉。郡以聞，加封崇福。[31]

媽祖以泉水治瘟疫的敘事，暗喻著媽祖從護航免難靈應故事類型－海神－媽祖治病除瘟靈應故事類型衍化，亦即媽祖透過制水靈力的水神形象而轉型成為醫神，「醫神」的形象仍遺有「海神」（水神）的形象。

31 丁伯桂：〈順濟聖妃廟記〉，收入《媽祖文獻史料彙編（第一輯）碑記卷》，頁3。

三、媽祖護航免難靈應故事衍化為媽祖止旱澇天災以至於媽祖助農物成長靈應故事類型，可以發現媽祖從「海神」轉型為「農業神」。在農業民族中，人們最關心的事莫過於四季氣候變化，最期望的是風調雨順，最害怕的是水旱之災。[32]水旱災關係到農作物的成長，因而止旱澇天災有助於農物的順利成長，因此止旱澇天災的靈力衍化出媽祖助農物成長的神功。同樣地，媽祖的「農業神」形象的衍生也與「海（水）神」形象相繫而生。

四、媽祖庇婦助孕敘事故事乃因「南海女神」與南海觀世音菩薩的形象疊合（南海水緣），因而衍生媽祖庇婦助孕的靈應故事，從而媽祖轉型為司孕神，因此大陸天津、台灣朴子等地的媽祖向以求子嗣為特色。分析媽祖「司孕神」形象的拓衍內蘊「南海女神」的想像。

承前所述，媽祖戰神、醫神、農業神、司孕神的形象建構基本上都是從「海神」轉型而來。即便是媽祖信仰發軔時期的媽祖靈示民眾祭祀的靈應敘事也都與「因水而靈」有關。媽祖靈示民眾祭祀故事類型是媽祖從巫過渡到神的敘事，然觀察這一種類型的靈應敘事似乎多與水有關，如《天妃顯聖錄·枯楂顯聖》乃水漂一枯楂發燄，《天妃顯聖錄·銅爐溯流》為銅爐漂流而來，台灣也有水邊漂流神像或神木建祠奉祀的傳說，凡此媽祖經由神物來靈示民眾建祠奉祀的信物頗多都是從水漂流而來，我們可以發現媽祖靈示民眾祭祀故事類型也帶有水的質素在裡頭。分析這樣的現象，我們可以發現媽祖的靈應故事類型基本上都帶有「水」質素在其中，即便是媽祖從「海神」轉型為「戰神」、「醫神」、「農業神」甚至是「司孕神」等形象，媽祖「海神」形象的「因水而靈」之特點始終不滅，因此內蘊「水」質素的海神的形象是媽祖形象的典範，媽祖信仰無論如何發展衍化，「海神」的形象始終是外顯或潛藏其中，所以媽祖的典型形象為「海神」是可以肯定的。

林美容〈台灣媽祖形象的顯與隱〉一文指出：以為越原始的，越屬於原型的，可能越隱而不見，但也有可能由於典範化的結果，某種屬於後來發展的轉型雖然事實上頗顯著，其形象卻未能有效傳播，在大眾的認識上反而隱而未顯。隱型可能是趨近於原型的，也可能是尚在轉型當中，或未能轉型成功的型態。之所以隱而未顯的原因，可能是傳播的管道的因素，也可能是原型的典範性太過強有力而難以突破，或是一種異說，偏離人們的認知太遠。[33]媽祖「海神」形象從其原型女巫轉型而成為典型，海神是其外顯的形象，即便是媽祖海神形象再轉型為「戰神」、「醫神」、「農業神」、「司孕神」等發展，海神以其「因水而靈」為核心擴展其神性與形象，因此媽祖的靈應傳說或其形象的轉型始終沒有脫離海神因水而靈的特點，所以媽祖海神的典範性始終難以被完全取代。至於媽祖女巫原型雖然是一種趨近於原始信仰的型態，因著媽祖海神典型的形象而隱而少見，

32 王德保：《神話的意蘊》，頁35。
33 參見林美容：〈台灣媽祖形象的顯與隱〉，頁131－135。

然媽祖故事多顯巫術的使用或體現巫文化的特質，這一現象也潛藏著媽祖的原型女巫形象。

觀察媽祖信仰以及其靈應故事等敘事，媽祖以女巫形象為其原型，其後從女巫初步轉型為海神，從而「海神」形象成為其典型，即便媽祖海神形象再轉型為戰神、醫神、農業神、司孕神等，海神形象始終是其信仰與敘事的重心。大體而言，媽祖的神性與形象歷經人至全能之神的發展過程中而產生變化，雖然媽祖的原型為女巫形象是比較隱蔽的，然而在其靈應故事依然隱約可以發現女巫的「原型」形象。至於媽祖的海神「典型」形象則是普遍而外顯的，其典型形象的建構與媽祖「因水而靈」的特性相關，即便媽祖形象的轉型也都離不開「因水而靈」的核心靈力，這些從媽祖的靈應敘事中多可發現。整體而言，「因水而靈」成為媽祖轉型的關鍵，這也是媽祖即便不斷地轉型而為全能之神，「海神」形象依然是其不可撼動的典型之內緣因素。

第三節　媽祖靈應故事與其海神權威的建立

媽祖信仰的發展過程中，媽祖從巫、神女、妃以至天后的神性發展過程中，媽祖的神職屬性一方面逐漸擴展為全能之神，一方面逐漸衍化成為權威性的海神代表，觀察媽祖俗信在這兩方面的發展，媽祖靈應故事的傳衍具有著共生共繫的關係。

觀察媽祖信仰的發展過程中，傳說媽祖的出生地為湄洲嶼，這樣的敘事背景推衍著媽祖的屬性往海神發展。的確，媽祖的信仰從宋代發軔以來一直以「海神」為核心作為信仰發展的本質，海神也一直是媽祖的外顯特徵之一，歷來相關的海上護航救難神蹟傳說也屢傳不輟。

進一步地，我們統觀漢人的海神信仰，歷來各種海神以至於水神所在多有。海神信仰經過時代的推移，逐漸衍化成為各種信仰神祇，諸如玄天上帝、四海龍王等都是頗為普遍的海神代表。迄於現今，若就閩台地區民間信仰所勾勒的神界組織來說，媽祖是海神的權威之一，職掌海事。然而，媽祖信仰如何取得閩台地區海神的權威代表？閩台地區民間信仰中如何形成媽祖是海神的代表?這個課題歷來也有討論，頗多關注於官方政權的推波助瀾而成。其實，閩台兩地媽祖成為海神權威的代表之一與清代官方的推崇有關，尤其清康熙59年(1720)，媽祖默佑封舟有功，朝廷「奉旨祀典」，媽祖納入祀典之列，自然大大提升媽祖信仰的代表性，然而民間信仰的發軔主體乃俗眾，官方力崇媽祖的源頭自然與民間信仰有關。如果進一步地探討，民間如何逐漸形成媽祖是海神代表的思維與想像，或許從民間流傳的敘事可以發現。

媽祖成為閩台海神的權威代表當落在清代，這個時期媽祖如何取代玄天上帝等具有海神特質的神祇？民間如何認同與接受媽祖是海神的權威？在這一發展的過程中，靈應傳說故事是一種民間知識的傳達，民間的知識往往來自於傳說等敘事，因此媽祖成為海神的權威代表或許可以從媽祖的靈應故事找到一些蛛絲馬跡，亦即媽祖信仰的發展過程中可能存在著一種媽祖作為海神權威的敘事。觀察媽祖的靈應故事，的確媽祖信仰曾經透過靈應事跡來傳達媽祖是海神權威的概念，這些故事主要表現就是媽祖將其他海神納入麾下而成取得主從關係。元·王敬方〈褒封水仙記〉：

> 國朝漕運，為事最重，故南海诸神，有功於漕者皆得祀，惟天妃功大號尊，在祀最貴。自妃而下，皆得受祀而廟食焉。若水仙五人，實天妃股肱，漕舟司命也。[34]

34 王敬方：〈褒封水仙記〉，收入《媽祖文獻史料彙編（第一輯）碑記卷》，頁29。

四海龍王、千里眼與順風耳衍為媽祖部屬。

該文點出南海諸神以媽祖最為功大尊貴，水仙五人為其部屬輔助漕舟通運。明·蕭崇業〈重修廣石廟碑記〉:「天妃蓋海神之最靈異者，世傳生自五代，姓林氏。」[35]明·謝傑（1536－1604）《敬神》:「航海水神，天妃最著。天妃者，莆陽人，生於五代，封於永樂間。」[36]這些都說明媽祖在元明時期已經取得至上海神的代表性。分析媽祖信仰在海神神性的發展中，逐漸超越區域性的限制，隨著其信仰的傳播而頗常取代各地的海神、水神，更有將其他水神納入其附祀的部屬之現象，由此擴大其海神的權威性。觀察媽祖的靈應事蹟，的確明清之際出現了媽祖制伏其他海神或水崇拜精怪的敘事，由之襯托出媽祖是海神之主的地位。

關於這方面的敘事，《天妃顯聖錄》無疑是相當重要的著錄，《天妃顯聖錄·收伏晏公》：

> 時有負海怪物曰「晏公」，每於水中趁江豚以噓風，鼓水妖以擊浪，翻溺舟楫，深為水途大患。妃遊至東溟，見一碧萬頃，水天涵泓，半晷間江心澎湃，舟子急呼曰：『桅舵搖撼矣』。妃令拋椗，見一神掀髯突睛，金冠繡袖，隨潮升降，觸纜拂檣，形如電掃雷震。妃色不動，顯出靈變。忽旋風翻浪，逆湃倒澎。彼伏神威，叩謝盪舟而還。但一時為法力所制，終未心服。繼假逞色相，變一神龍，挾霧翼雲，委蛇奔騰。妃曰：『此妖不除，風波不息』！乃拋椗中流。龍左翻右滾，機破技窮，仍還本象，唯見整然衣冠，儼一尊人，駐椗不動。妃命投下糹律繩，彼近前附攝，不覺隨攝隨粘，牢固難解，飄蕩浮於水上。始懼而伏罪。妃囑之曰：『東溟阻險，爾今統領水闕仙班，護民危厄』。由是永依法力，為部下總管。[37]

這一敘事指出媽祖收妖制伏的對象為晏公。晏公，名戍子，中國的水神。據說晏是元代初年江西人，因病辭官，乘船在舟上無疾而終，後傳聞他升天了，民眾奉為水神。晏公被視為是海神，而此靈應故事傳達媽祖制伏其他海神並納入部屬之列。再見《天妃顯聖錄·奉旨鎖龍》：

> 妃二十六歲春正月，霪雨至夏，淋漓弗止，閩浙盡罹其災。省官奏聞，天子命所在祈禱。莆人詣請神姑。妃曰：『上下多獲戾於帝，故龍為災，亦數使然。今既奉天子命，當除厥禍，為我邑造福』。見白虯奔躍衝突，又青、黃二龍洊盪於滓蒼之表。妃焚靈符，忽有神龍面王冠荷戟而前曰：『奉帝罰此一方，何可逆命』？妃曰：『誠知玉旨降災，但

35 蕭崇業：〈重修廣石廟碑記〉。

36 謝傑：〈敬神〉，收入《媽祖文獻史料彙編（第一輯）散文卷》，頁51。

37 《天妃顯聖錄·收伏晏公》，收入《媽祖文獻史料彙編（第二輯）著錄卷·上編》，頁89－90。

媽祖神蹟：投法繩晏公歸部。（圖像來源：許葉珍匯輯《天后聖母事蹟圖志》）

生民遭困已極，下界天子為民請命，當奏上帝赦之』。遂鎖住白虬，彼一青一黃尚騰波翻覆。妃乃焚香祭告。遽有金甲神人逐潮似追尋狀，天大霽，秋且告稔。有司特奏神姑鎖龍神功。奉旨致幣報謝。浙省水災亦漸平。[38]

龍王源於古代龍神崇拜和海神信仰，其後又有四海龍王主各區海域以及降水之事，龍王管制水事成了民間信仰的想像，由之不少俗眾認同四海龍王是海神也是雨神，衍為民間普遍的海神信仰之一。緣此，龍王信仰在民間被視為是海神掌海事，相傳龍王發怒時就會捲起狂風巨浪，《天妃顯聖錄·奉旨鎖龍》所述雖未名致災者是否為龍王，然而龍仍具有海神的內蘊，因此媽祖降龍仍舊暗喻著媽祖制伏海神龍王的想像。更甚者，《天妃顯聖錄·龍王來朝》：

38 《天妃顯聖錄·奉旨鎖龍》，收入《媽祖文獻史料彙編（第二輯）著錄卷·上編》，頁90。

龍王迎駕媽祖。(圖像來源:楓亭靈慈廟壁畫)

> 東海多神怪漁舟多溺。妃曰:「此必怪物為殃」。乃命舟鼓枻至中流,風日晴霽,頃望見水族輳集,錦鱗彩甲,跳躍煦沫,遠遠濤頭,擁一尊官類王子儀容,鞠躬嵩呼於前,水潮洶湧,舟人戰慄不已。妃曰:「不須憂」。傳示免迎。突然水色澄清,海不揚波,始知龍王來朝。以後凡遇妃誕辰,水族會洲前慶賀。是日,漁者不敢施罛下釣。[39]

此則傳說述龍王朝聖(媽祖),揭示媽祖神格高於龍王,因此龍王引領水族來朝拜,由此彰顯媽祖與龍王的從屬關係,廈門市霞浦松山天后宮楹聯:「風調雨順,四海龍王朝聖母;國泰民安,五洲赤子拜阿婆。」[40]此楹聯「四海龍王朝聖母」之語同樣地也反映出民間視龍王的神格屈於媽祖之下。王三慶〈四海龍王在民間通俗文學上之地位〉:

---

39 《天妃顯聖錄·龍王來朝》,收入《媽祖文獻史料彙編(第二輯)著錄卷·上編》,頁89。
40 徐玉福編著:《媽祖廟宇對聯》(南昌:江西人民出版社,2000年4月),頁73。

> 事實上，泉州地位轉盛，並且設司是在北宋年間，媽祖天妃的信仰也在這個時候出現。迄於南宋，泉州地位更凌駕廣州之上，尤其在武夷山上木材的充分供應及桐油漆料的塗抹下，使福船的造船技術，優越無比，滴水不漏，直讓大食船舶相形失色。致使沿海的海運，全由閩浙船工掌握，其結果，自然使地方上的神靈—天妃的地位扶搖直上，並且隨其船隻的往來傳遍全國各地，於是壓倒了四海龍王的海神地位。
>
> 天妃自宋元明以後，先有路允迪之奉使高麗，傳聞遭遇風難，受其救助。元朝更因借助閩地蒲壽庚之力，逼使南宋亡國，為著清除餘孽和對日東征，又在泉州設司造船，天妃因受地域之利，加封至十字。其後，恢復海外貿易，泉州當日的盛況，馬可波羅紀行直謂為世界二大貿易港，甚至易逢巴圖塔紀行肯定為世界第一大港。所以，天妃之信仰也就隨著福船的來往而取得優勢的地位，有元一代，受封之次數往往超過四海神祇，並且遠達北方一帶的天津立廟。兩者之間地位的升降，也就在這個時候分出高下了。[41]

元代以降，媽祖信仰與龍神信仰在制海的認同感產生此消彼長的態勢，媽祖信仰不僅有取代龍王海神權威的趨勢，甚至龍王亦有暗喻為媽祖部屬的想像，因此在閩南以及台灣地區的媽祖廟中也可以發現附祀四海龍王的情形，如湄洲祖廟有四海龍王殿、台南祀典大天后宮正殿旁祭祀四海龍王、北港朝天宮廟埕石柱上聳立著姿態雄偉的四海龍王彫像等現象都暗喻著四海龍王為媽祖部將的民俗思維。

除了龍王外，我們仍可看見其他具有海神特徵的神祇在媽祖的靈應故事中成為其部屬或助手。明·謝肇淛（1567－？）《五雜俎》：

> 羅源、長樂皆有臨水夫人廟，云：夫人，天妃之妹也。海上諸舶，祠之甚虔，然亦近于淫矣。大凡吾郡人尚鬼而好巫，章醮無虛日，至于婦女祈嗣保胎，及子長成，祈賽以百數，其所禱諸神亦皆里嫗村媒之屬，而強附以姓名，尤大可笑也。[42]

再見明·高澄〈臨水夫人記〉：

> 夜半，忽逆風作焉。山近多礁，亦喜；風少違順，可以徐行避之。奈東北勢猛，舟難與角。震蕩之久，遂致大桅箍折、遮波板崩；反側弗寧，若不可一息存者；眾心驚懼。乃焚香設拜，求救於天妃之神。時管軍葉幹戶平日喜扶鸞，眾人促其為之。符咒方事，天妃降箕，乃題詩於灰上曰：『香風驚動海中仙，鑒爾陳、高意思專！誰遣巽神撓海舶，我施陰隙救官船。鵬程遠大方馳步，麟閣勛名待汝還！四百人中多善類，好將忠

41 王三慶：〈四海龍王在民間通俗文學上之地位〉，頁343－345。
42 謝肇淛：《五雜俎》卷十五（上海：上海古籍出版社，2005年），頁1820。.

孝答皇天』！詩畢，復判曰：『吾已遣臨水夫人為君管舟矣，勿懼、勿懼』！逵旦，風果轉南，舟亦無恙。然不知臨水夫人何神也，祠何在也。

及歸閩，感神貺既彰，念報賽當舉；乃于水部門外敕賜天妃廟中立石以紀異，設祭以旌誠。行香正殿，忽見左廡有祀，額題曰臨水夫人祠。詢之道士曰：神乃天妃之妹也。生有神異，不婚而證果水仙，故祠於此。又曰：神面上若有汗珠，即知其從海上救人還也。今歲自夏至秋，汗珠不絕；或者勞於海舶焉！[43]

以福建海神信仰而言，臨水夫人也是地方信眾所敬仰的海神之一。臨水夫人俗名陳靖姑，傳說為唐代福州下渡人，該神祇以扶胎救產、保佑孩童為主要職責，又言其掌管江河水事，為閩江流域一帶船民的崇仰對象之一。在媽祖相關的靈應敘事中，臨水夫人衍為媽祖之妹，甚至敘述媽祖派遣臨水夫人為人管舟，顯示媽祖與臨水夫人的主從關係。

整體而言，媽祖在「海神」神性躍升的過程中，相關海上救難的靈應故事成為其信仰拓衍的宣傳工具，一些致力於宣揚媽祖信仰的人士透過媽祖收伏其他海神或將其他海神納入麾下的故事詮釋，逐漸建立起媽祖的海神權威之地位，強化媽祖「海神」的典型形象，媽祖信仰經此等靈應故事的宣傳而在民間形成一種知識或認同，促成媽祖成為漢人民間信仰的海神代表之一，甚至在閩南地區、台灣等地成為最具權威性的海神至尊。

43 高澄：〈臨水夫人記〉，收入《媽祖文獻史料彙編（第一輯）散文卷》，頁32。

第伍章
媽祖故事在中國沿海的傳播空間之考察

德國民族學家格雷布納（Fritz Graebner, 1877—1934）曾提出文化圈的概念，他認為：「文化圈是一個空間範圍，在這個空間內分佈著一些彼此相關的文化叢或文化群。從地理空間角度看，文化叢就是文化圈，文化圈不僅限於一個地理空間範圍，它在地理上不一定是連成一片的。世界各地可以同屬一個文化圈，一個文化圈可以包括許多部族和民族，是一個民族群。在一個文化叢相關的不同地帶，只要有一部分文化元素是相符的，它們就同屬一個文化圈。」[1]文化圈是具有相同文化特徵的空間之概念，媽祖文化圈就是媽祖信仰傳衍的空間場域所形成的一個大範圍的文化空間。

媽祖文化圈因著信仰傳衍許多的媽祖故事，這些媽祖故事包含媽祖身世故事以及眾多的媽祖靈應故事，甚至這些故事傳衍至非媽祖信仰圈的地區。或許可以這麼說媽祖文化圈自然會傳衍著各種關於媽祖信仰的故事，在非媽祖信仰地區也有可能會有媽祖故事的流傳，因此不妨把這些傳衍著各種媽祖故事的區域稱之為「媽祖故事圈」；亦即「媽祖故事圈」傳衍著各種以媽祖為主要對象的故事，其中傳衍的故事以媽祖身世故事為主，靈應故事則因各地差異而呈現出各個中小型的傳說圈[2]。

統觀媽祖文化圈，這個文化圈的內層以中國沿海和臺灣為主要，這些地區大概也是媽祖信仰最為興盛的地區。本章擬從媽祖信仰發軔的核心點以至於其在中國沿海的傳播作為考察，以見媽祖信仰的傳播空間與其信仰故事存在什麼樣的關係。

1 1911年格雷布納（Fritz Graebner，1877—1934）於《民族學方法論》（《Methode der Ethnologie》）一書中使用文化圈概念作為研究民族學的方法論。

2 關於傳說圈的義界，柳田國男《傳說論》（北京：中國民間文藝出版社，1985年）指出同一傳說在不同地區流傳，這些地區便構成了傳說圈；其後，烏丙安等學人提出了若干不同的觀點與詮釋。本文所指涉的傳說圈為傳說流佈的範圍，即一個傳說所流行的區域。

第一節 媽祖故事圈的起源點與核心點

考察媽祖故事圈時，首先必須釐清這個故事圈的核心點為何？談及媽祖故事圈的核心點，媽祖故事圈涉及民間信仰，其核心點當與媽祖信仰的源頭祖廟或故事的起源點有所關聯。本節，筆者試著分析媽祖故事圈的起源點與核心點，從而發現媽祖故事的傳播空間與媽祖信仰發展的關係。

一、媽祖故事圈的起源點－聖墩廟或湄洲廟

媽祖故事以傳說為主，日本‧柳田國男（1875－1962）《傳說論》：「傳說，有其中心點。……傳說的核心，必有紀念物。無論是樓臺廟宇、寺社庵觀，也無論是陵丘墓塚，宅門戶院，總有個靈光的聖址、信仰的靶的。也可謂之傳說的花壇發源的故地，成為一個中心。」[3]又說：「無論是多麼小的（不著名、範圍窄）傳說，也必有核心，這使傳說的吞併和同時共存，都發生相對困難。」[4]依循柳田國男的推論，媽祖故事圈當有某個核心點或中心點，這個核心點應當是傳說的發源故地，也就是核心點應是發源點。再者，以民間信仰來說，一般而言，傳說的發源地應當也是信仰的發軔地，也就是神明故事圈的起源點、核心點以至於信仰發軔的開基祖廟應是同一個據點。

觀察媽祖故事圈的起源點、核心點以至於媽祖信仰的發源地，其存在的空間型態是否符合常見的三合一模式（故事圈的起源點、核心點以及信仰發軔點同一）？我們先來談媽祖信仰的發軔地，媽祖信仰的發源地有二說，一說就是普遍認知的湄洲祖廟，另有聖墩祖廟的說法。[5]究竟此二地何者為是？如依目前可稽的文獻史料來說似乎偏向聖墩祖廟，若從民間信仰的角度來說似乎湄洲祖廟比較貼合信眾的民俗心理。既然媽祖信仰的發源地存在難以全然確認的狀況，我們不妨從媽祖故事圈的起源點來加以審視，或許可以窺見媽祖信仰發展的初始面向。

關於媽祖故事的源頭，目前發現的史料文獻以南宋廖鵬飛於紹興20年（1150）所撰寫的〈聖墩祖廟重建順濟廟記〉最早，該文載錄了三則媽祖的相關故事：

（一）墩上之神，有尊而嚴者曰王，有哲而少者曰郎，不知始自何代，獨為女神人壯者尤靈，世傳通天神女也。姓林氏，湄洲嶼人，初以巫祝為事，能預知人禍福；既歿，眾為立廟於本嶼。聖墩去嶼幾百里，元佑丙寅（1086）歲，墩上常有光氣夜現，鄉人莫知為何祥。有漁者就視，乃枯槎，置其家，翌日自還故處。當夕編夢墩旁之民曰：我湄洲神女，其枯槎實所憑，宜館我於

---

3 柳田國男著（連湘譯）：《傳說論》（北京：中國民間文藝出版社，1985年12月），頁26。

4 柳田國男著（連湘譯）：《傳說論》，頁49。

5 李獻璋《媽祖信仰研究》據黃公度詩云「枯木肇靈滄海東」等史料推測媽祖信仰起源於莆田寧海聖墩廟。台灣一些學人接受這樣的觀點，如林明峪《媽祖傳說》言「媽祖最初的開顯地是在莆田寧海聖墩，而非湄洲嶼。」；蔡相煇《媽祖信仰研究》認為聖墩為媽祖首廟，為探媽祖信仰起源的關鍵廟宇。

墩上。父老異之，因為立廟，號曰聖墩。[6]

（二）寧江人洪伯通，嘗泛舟以行，中途遇風，舟幾覆沒，伯通號呼祝之，言未脫口而風息。既還其家，高大其像，則築一靈於舊廟西以妥之。[7]

（三）宣和壬寅(1123)歲也。越明年癸卯，給事中路允迪出使高麗，道東海。值風浪震盪，舳艫相銜者八，而覆溺者七。獨公所乘舟，有女神登檣竿為旋舞狀，俄獲安濟。[8]

第一則傳說敘述聖墩廟的源起，以媽祖靈示民眾建廟的敘事似為媽祖入祠祀的原始說法，其空間定著在聖墩，故事敘事重心在聖墩廟的發跡；聖墩位於莆田西北方的木蘭溪出海口之寧海畔（今屬莆田市涵江區白塘鎮地界），西向興化灣。第二則洪伯通獲救濟的靈應故事以寧江為定著空間，寧江即寧海，因而此則傳說仍是以聖墩廟為地緣關係所發散出來的靈應故事，自然也是聖墩廟媽祖信仰的神蹟。至於第三則媽祖助路允迪使高麗的靈應故事為媽祖信仰發展過程中的重大事件，因此則靈應敘事，傳宋徽宗乃賜「順濟」匾額予聖墩廟，可知此則故事仍以聖墩廟為中心而傳衍。這三則故事中，媽祖助路允迪使高麗的靈應故事尤為重要，此則故事是媽祖故事圈中普遍傳衍的敘事，同時它促成媽祖由民間淫祀走向官方認同的陽神，是媽祖信仰得以從地方鄉土神擴衍為全國大神的關鍵之一。

關於媽祖助路允迪使高麗故事的發展空間，我們可以從其出使路線等相關空間來探討此故事的傳播狀況。路允迪使高麗的路線大致為：使臣一行在宣和五年(1123)三月十四日離開汴京，五月四日到達了明州(寧波)。五月十六日從明州出發，六月十二日到了松京(開城)。他們在松京呆了一個月，於八月二十七日回到定海。[9]此行由出海點明州即為寧波，回航的登陸點定海位於寧波西北方，現隸屬中國浙江省舟山市。路允迪一行出使高麗，閩浙一帶的船夫和商人起了很大的作用，根據《宣和奉使高麗國經》所記，在出發之前，委託閩浙(福建和兩浙)的官衙招募客舟船團，這次船團由2艘神舟和6艘客舟組成，乘船的總人員共有720名，推斷其中閩浙一帶的船夫占了大多數。[10]媽祖助路允迪使高麗的靈應故事應與這些船夫有關，其時媽祖信仰已經逐漸走入這些船夫的生活，考察媽祖信仰據點的建立，宣和5年(1123)以前已有莆田聖墩廟、莆田湄洲廟、莆田平海廟（平海位於湄洲島西北方）、仙遊楓亭廟等媽祖祠廟建立，隨著這些信仰據點的建立，媽祖信仰與這些船夫的關係愈來愈密切，因此閩浙一帶的船夫參與出使高麗的任務時也將護航成果歸為媽祖的靈應而來。比較值得注意的是－傳聞宋徽宗因媽祖助路允迪使高麗

6 廖鵬飛：〈聖墩祖廟重建順濟廟記〉，收入《媽祖文獻史料彙編（第一輯）碑記卷》（北京：中國檔案出版社，2007年10月），頁1。
7 廖鵬飛：〈聖墩祖廟重建順濟廟記〉，收入《媽祖文獻史料彙編（第一輯）碑記卷》，頁1。
8 廖鵬飛：〈聖墩祖廟重建順濟廟記〉，收入《媽祖文獻史料彙編（第一輯）碑記卷》，頁1。
9 朴現圭：〈高麗時代媽祖接觸考〉，《魯東大學學報》（哲學社會科學版）第26卷第3期，2009年第54月，頁26。
10 參見朴現圭：〈高麗時代媽祖接觸考〉，頁27－29。

媽祖神蹟：媽祖護路允迪使高麗。（圖像來源：仙遊楓塘宮藏《天后顯聖故事圖軸》）

白湖廟據傳為今莆田文峰宮。

而賜「順濟」匾額予聖墩廟，顯見媽祖助路允迪使高麗的靈應故事以聖墩廟為中心開展或是聖墩廟是當時媽祖信仰的主要代表據點。

再觀察宋代媽祖故事的其他敘事，洪邁於紹興年間所作《夷堅志·林夫人廟》：「興化軍境內地名海口，舊有林夫人廟，莫知何年所立，室宇不甚廣大，而靈異素著。凡賈客入海，必致禱祠下，求杯珓，祈陰護，乃敢行。蓋嚐有大洋遇惡風而遙望百拜乞憐，見神出現於檣竿者。」[11]興化軍境內地名海口即莆田寧海江口，江口位於聖墩廟西北側，江口廟建於宋紹興27年（1157），此則媽祖靈應敘事為「蓋嚐有大洋遇惡風而遙望百拜乞憐，見神出現於檣竿者。」應為媽祖助路允迪使高麗「有女神登檣竿為旋舞狀，俄獲安濟。」而衍化，江口廟鄰近聖墩廟，因而有類同的靈應敘事，江口廟是否為聖墩廟的分靈有待察考，然而江口廟的靈應敘事可視為聖墩廟助路允迪使高麗故事的衍化。

統而觀之，宋代已有不少媽祖信仰據點的建立，宋·丁伯桂於紹定2年（1229）作〈順濟聖妃廟記〉：「莆人户祠之，若鄉若里，悉有祠，所謂湄洲、聖堆、白湖、江口特其大者爾。神之祠不獨盛於莆，閩、廣、江、浙、淮甸皆祠也。」[12]從丁伯桂的紀錄，可以知道南宋中葉媽祖信仰緣於漕運而從莆田擴及福建、廣東、江蘇、浙江、淮河流域等處，其中又以湄洲、聖堆、白湖、江口等四座廟最具代表性。關於這四座廟，從媽祖信仰空間分佈來說，聖墩廟建廟較早，白湖、江口兩廟分別在聖墩廟東西兩側，聖墩廟地處兩廟的中心

11 洪邁：〈林夫人廟〉，收入《媽祖文獻史料彙編（第一輯）散文卷》（北京：中國檔案出版社，2007年10月），頁1。
12 丁伯桂：〈順濟聖妃廟記〉，收入《媽祖文獻史料彙編（第一輯）碑記卷》，頁2—3。

點，此二座廟因地緣關係而從聖墩廟分香而來的可能性頗高，前述提及江口廟的靈應故事有從聖墩廟關於媽祖助路允迪使高麗的敘事之痕跡，白湖廟與聖墩廟也有同樣的情形。白湖廟建於紹興30年（1157），位於宋代興化軍城東門外的白湖渡(今城廂區闊口村)一帶，舊時是興化軍的主要通商港口，許多商船匯泊於此，俗稱白湖水市；白湖廟因此地理位置，建廟後則逐漸衍為宋代媽祖信仰的核心，宋．陳宓〈白湖順濟廟重建寢殿上樑文〉：「今仰白湖香火，幾半天下」[13]或見白湖廟在其時媽祖信仰的代表性。

關於白湖廟與聖墩廟的關係，我們從白湖廟所傳衍的媽祖故事仍可見存有某種聯繫，宋．李俊甫於寧宗嘉定7年（1214）作《莆陽比事》：

> 湄洲神女林氏，生而神靈，能言人休咎。死，廟食焉。宣和五年(1123)，路允迪使高麗，中流震風，八舟溺七，獨路所乘，神降于檣，安流以濟。使還奏聞，特賜廟號順濟，累封夫人。今封靈惠助順顯衛妃。誥詞云：居白湖而鎮鯨海之濱，服朱衣而護雞林之使。[14]

本文原載錄於白湖廟碑，神女護使的靈應敘事類同於聖墩廟所傳衍的事蹟，媽祖助路允迪使高麗的故事成為聖堆、白湖、江口等三座廟信仰發軔的傳衍故事，其中聖墩廟可以視為是這一故事傳佈的核心點。除了神女護使的故事外，宋．丁伯桂〈順濟聖妃廟記〉：「其年白湖童、邵，一夕夢神指爲祠處，丞相正獻陳公俊卿聞之，乃以地券奉神立祠，於是白湖又有祠。」[15]白湖童、邵一夕夢神指爲祠處與媽祖夢示建聖墩廟頗有類同，從而可見白湖廟的媽祖靈應故事似有從聖墩廟衍化的痕跡。

從聖墩、白湖、江口等三座廟來觀察，聖墩廟在民俗信仰與媽祖故事的傳播上應為白湖、江口廟的源頭。至於湄洲廟，宋代的文獻史料在其歷史沿革與相關的故事傳衍上相當罕見，其在當時的信仰意義上的重點是媽祖是「湄洲人」，現今最早的媽祖文獻記錄－廖鵬飛〈聖墩祖廟重建順濟廟記〉提及「姓林氏，湄洲嶼人」，媽祖湄洲人在信仰上當然有其意義，雖然湄洲是否為其信仰最早的發源地有待確認，然而湄洲作為媽祖信仰的孕育地確是民俗心理普遍的想像，這也是湄洲廟在信眾的心理有著強勢代表性的原因所在。至於湄洲廟是否是最早信仰的發軔點？恐怕仍有待確認。以現存的史料來說，宋代媽祖的信仰發軔點存在著聖墩廟與湄洲廟等兩種說法，至於宋代媽祖故事圈的起源點、核心點似乎傾向於聖墩廟。宋代湄洲廟所傳衍的媽祖故事不明確，自然也難以看出它對於鄰近媽祖信仰據點在故事傳衍上的關係。以湄洲廟的信仰空間來說，湄洲嶼為孤懸的海島，鄰近較早成立的媽祖信仰據點要屬平海廟、楓亭廟。

---

13 陳宓：〈白湖順濟廟重建寢殿上樑文〉，收入《媽祖文獻史料彙編（第一輯）散文卷》，頁2。
14 李俊甫：《莆陽比事》，收入《媽祖文獻史料彙編（第一輯）散文卷》，頁3。
15 丁伯桂：〈順濟聖妃廟記〉，收入《媽祖文獻史料彙編（第一輯）碑記卷》，頁3。

平海廟傳聞創建於咸平2年（999，待考），位於位於福建莆田忠門半島南端，近臨賢良港，面向湄洲島。宋．洪邁《夷堅志•浮曦妃祠》所載即平海廟，此靈應敘事述福州人鄭立之回鄉經浮曦灣獲媽祖庇佑免禍，此敘事堪稱是媽祖護航與禦敵靈應故事的複合敘事；宋代聖墩廟、湄洲廟目前並未發現類似的複合型之故事類型，就媽祖故事圈來說尚難言其傳衍關係。至於楓亭廟，楓亭廟創建於元符元年（1098），位於仙遊縣楓亭，地理位置居於湄洲廟、聖墩廟間，關於楓亭廟的起源，宋．劉克莊約於寶佑4年（1256）作〈風亭新建妃廟〉：「妃廟遍于莆，凡大墟市、小聚落皆有之。風亭去郡六十里，有溪達海。元符初，水漂一爐，遡沿而至，夜有人感夢，曰湄洲之神也。迎致錦屏山，草創數楹祀之。」[16]水漂爐來並夢示建祠奉祀的靈應敘事與聖墩廟枯槎顯聖並夢示建祠奉祀的情節單元是相當類同的，此或可視為是聖墩廟枯槎顯聖故事的傳衍與變異。

綜合上述，考察宋代湄洲、聖墩、白湖、江口等四座最具代表性的媽祖信仰據點，可以發現白湖、江口兩廟在地理空間與初始的媽祖故事傳衍上都有襲自聖墩廟的痕跡，甚至離湄洲廟較近的楓亭廟也有媽祖靈應故事源於聖墩廟的現象；反觀湄洲廟，湄洲廟在宋代的文獻史料中並無太多著墨，談述的重心多為媽祖為湄洲人而已，從媽祖故事圈來觀察，湄洲廟不具有故事起源點的現象。所以從故事圈的起源點來說，可以發現聖墩廟為媽祖信仰敘事的嚆始之地，亦即聖墩廟為媽祖故事圈的起源點，同時也是宋代媽祖故事圈的核心點，因此白湖、江口、楓亭廟都有從聖墩廟擴衍故事的痕跡。總結而言，媽祖故事圈的起源點為聖墩廟，宋代媽祖故事圈的核心點也是聖墩廟；由此觀之，聖墩廟為媽祖信仰的發軔點之可能性也是即高的。元．黃四如〈聖墩順濟祖廟新建蕃釐殿記〉：

> 泉南、楚越、淮浙、川峽、海島，在在奉嘗；即補陀大士之千億化身也。而莆聖墩實源廟之祖。墩以聖命之何？妃憑浮槎現祥光，遍夢於墩之父老，遂祠之。賜「順濟」始於何時？妃護夕郎路公允迪使高麗舟，國使李公振請於朝也。[17]

黃四如指出元代泉南、楚越、淮浙、川峽、海島等處都有媽祖信仰的據點，並以為聖墩實源廟之祖。聖墩廟作為媽祖信仰的發軔點貼合媽祖故事圈的起源點、核心點等三合一的型態，由之推論聖墩廟是媽祖的信仰發軔點是極有可能的，這或許是分析媽祖信仰的起源地為聖墩或湄洲時可以考察的切入點。

16 劉克莊：〈風亭新建妃廟〉，收入《媽祖文獻史料彙編（第一輯）碑記卷》，頁5。
17 黃四如：〈聖墩順濟祖廟新建蕃釐殿記〉，收入《媽祖文獻史料彙編（第一輯）碑記卷》，頁10。

仙遊楓亭地區媽祖信仰的發軔極早，楓亭龍應宮持續傳衍當地媽祖信仰。

雖然聖墩廟作為媽祖信仰的發源地有較為可信的文獻以及故事圈的傳衍現象作佐證，不過媽祖的信仰發軔點也不能全然否定為湄洲廟的可能性。倘若媽祖信仰的發軔點確實為湄洲廟，何以湄洲未能成為媽祖故事圈的起源點或是宋代媽祖故事的核心點？這樣的現象與湄洲廟的地理環境有關，因為湄洲為孤立的海島，人口較少、信仰腹地有限，復以宋代莆田俗眾甚至福建人群對於湄洲恐怕是相當陌生的環境，因此媽祖故事若以湄洲環境來言傳便失去貼合民俗知識的想像，因此神明信仰接觸陸地的重要節點可能成為其信仰引介的橋樑，甚至成為神明信仰與其故事圈的核心點。假若湄洲廟真為媽祖信仰的發軔點，聖墩廟可能就是這樣的情形而衍為宋代媽祖信仰以及其故事圈的核心點。

關於聖墩廟與湄洲廟究竟何者為信仰發軔點？從早期元·黃四如〈聖墩順濟祖廟新建蕃釐殿記〉：「莆聖墩實源廟之祖」，復以宋代媽祖的敕封與贈匾皆以聖墩廟為主，併同為媽祖故事圈的起源點為聖墩廟，宋代媽祖故事圈的核心點也為聖墩廟，顯然符合民間信仰常見的三合一模式（故事圈的起源點、核心點以及信仰發軔點同一），從而筆者較傾向認同福建省莆田縣寧海聖墩廟為媽祖信仰的發軔點。至於湄洲廟疑有可能是聖墩廟發跡後，隨著媽祖信仰的發展，因著媽祖為湄洲人的敘事傳播，信仰再回傳至湄洲。

二、媽祖故事圈的核心點－從聖墩廟到湄洲廟

上文筆者推論媽祖故事圈的起源點為聖墩廟，並進一步地闡述其作為宋代媽祖故事圈的核心點之事實。然而，觀察現在媽祖信仰的發展情況，湄洲以祖廟之態而成為全世界媽祖信仰的核心點，同時媽祖故事圈也隨而以湄洲廟為核心點，到底湄洲廟何以能取代聖墩廟而為媽祖信仰的核心？

以聖墩廟所傳衍的媽祖故事來說，聖墩廟早期作為媽祖故事圈的起源點與核心點，其所傳衍的媽祖故事以神女為湄洲人，媽祖為湄洲人的敘事不受信仰發展而有所變化，這樣的敘事的確讓媽祖與湄洲烙下了難以切割的地緣關係。反觀聖墩廟僅以枯木顯靈來敘述媽祖信仰的起源，這樣的敘述並未讓媽祖神祇與聖墩廟產生進一步的貼合關係，因此作為媽祖信仰發源與核心點的聖墩廟在擴散其信仰圈與故事圈後，其故事敘事的空間多半因應不同時空背景而有所變異，媽祖為湄洲人的身世故事基本上並沒有什麼變化。然而，媽祖靈應故事多半會因應各地環境而變化，尤其靈應故事的時空背景多有在地化的趨勢，因此聖墩地名在各地媽祖靈應故事中不容易保留，亦即聖墩與媽祖故事的連結性不強。反觀湄洲一地與媽祖的敘事多半緊依相連，媽祖故事圈內的敘事傳衍著媽祖為湄洲人的身世基本上也不太有什麼變動，因而日後媽祖故事圈內的信眾多半會記得湄洲，而不一定記得聖墩，這種發展現象注定日後湄洲廟起而代之的趨勢。

在媽祖信仰發展之初，聖墩廟的確扮演信仰與故事傳衍的核心點之位置，當其信仰敘事向外擴衍之時，媽祖信仰圈、故事圈也隨而擴散，然而媽祖為湄洲人的敘事普遍傳衍，媽祖信仰圈、故事圈的信眾以媽祖為湄洲人的民間知識回歸聚合的核心點不是聖墩，而轉為湄洲，此與漢人重視血緣、地緣的民俗心理有關。這樣的發展趨勢，元代以降聖墩廟作為媽祖故事圈、信仰圈的核心點之位置逐漸由湄洲廟所取代，復以聖墩廟在元末明初因地理環境變遷或戰禍等因素而廢，媽祖故事圈的傳播核心點自然隨而隱沒，正如柳田國男《傳說論》：「傳說的核心，必有紀念物。無論是樓臺廟宇、寺社庵觀，也無論是陵丘墓塚，宅門戶院，總有個靈光的聖址、信仰的靶的」[18]，宋代媽祖故事圈的核心點為聖墩廟，聖墩廟的肇建傳衍著枯楂顯聖的傳說而成為核心點的紀念物，當這個紀念物消失時，傳說的核心也就跟著消逝了。因著此等發展趨勢，明代以來，湄洲廟代聖墩廟而成為媽祖信仰的核心點，同時也衍為媽祖故事圈的核心點，這點可以從明代萬曆年間成書的《三教源流搜神大全·天妃娘娘》以至於明末清楚刊行的《天妃顯聖錄》等媽祖敘事文本中發現。《三教源流搜神大全·天妃娘娘》所述的媽祖身世故事以湄洲為空間，並把媽祖助路允迪的靈應敘事歸於湄洲廟之功，如：

> 至宋路允迪、李富從中貴人使高麗，道湄洲，颶風作，船幾覆溺，忽明霞散綺，見有人登檣竿旋舞，持舵甚力，久之獲安濟。中貴人詰于眾，允迪、李富具列對南面謝拜曰：「夫此金簡玉書所不鯨鯢腹，而能宣雨露于殊方重譯之地，保君綸不絕命者，聖明力哉，亦妃之靈呵護不淺也。公等志之。」還朝具奏，詔封靈惠夫人，立廟於湄洲，致守香火百家，斫樸梓材，丹雘張矣。[19]

媽祖助路允迪使高麗的傳說原以聖墩廟為中心而開展，隨著元末明初以來湄洲廟衍為信仰與其故事圈的核心點，媽祖助路允迪使高麗的靈應敘事也隨而轉以湄洲廟為中心，甚至出現「道湄洲」、「立廟於湄洲」等敘事內容，此等敘事將此次靈應故事的場域貼合在湄洲廟，從而可見媽祖護路允迪使高麗的故事發展已由湄洲廟取代聖墩廟，這樣的現象反映媽祖故事圈的核心點從聖墩廟往湄洲廟的發展趨勢。

除了《三教源流搜神大全·天妃娘娘》外，明末清初刊行的《天妃顯聖錄》也呈現湄洲廟作為媽祖故事圈的核心點之現象。明·林堯俞〈天妃顯聖錄序〉：「余自京師歸，偶於案頭得顯聖錄一編，捧而讀之，不覺悚然而起曰：天妃之英靈昭著，有如是乎！余忝列秩宗，三禮是司，異日肇舉祀典，望秩山川，奉匕鬯以祝神庥，佐我國家億萬年無疆之治，

18 柳田國男著（連湘譯）《傳說論》，頁26。
19 《三教源流搜神大全·天妃娘娘》，收入《媽祖文獻史料彙編（第一輯）散文卷》，頁55。

余將有厚望焉。」[20]顯示《天妃顯聖錄》概以《顯聖錄》為底本而增修，因此在《天妃顯聖錄》前已有《顯聖錄》媽祖故事的集結本。從《天妃顯聖錄》來考察，該書為媽祖建構一套完整的身世傳說，為後世談及媽祖身世所依的祖本，天妃誕降本傳以下逐目臚列媽祖生前靈異事蹟十六則中，諸如窺井得符、機上救親、化草渡商、菜甲天成、湄山飛升等故事都以湄洲為敘事空間，這是傳說合理化的發展趨勢。

至於媽祖成神後靈應事蹟三十八則中，以宋朝為背景的故事大抵是宋·丁伯桂〈順濟聖妃廟記〉等文本所錄的靈應故事之擴寫，枯槎顯聖該篇所定著的背景環境為聖墩廟，銅爐溯流、聖泉救疫、托夢建廟等該篇所定著的背景環境為白湖廟，朱衣著靈該篇所定著的背景環境為江口廟，禱神起碇、溫台剿寇、救旱進爵、甌閩救潦、平大奚寇、紫金山助戰、助擒周六四、錢塘助堤、拯興泉饑、火燒陳長五等篇的空間述寫則難以定著為某廟的神蹟。除了上述等篇，《天妃顯聖錄》所錄的宋代媽祖靈應故事，比對前期的文獻史料，顯夢闢地則在先前史料上並沒有類似的記錄，是否為《天妃顯聖錄》編作者刻意編錄的資料仍待查考；此篇的敘事以湄洲廟為定著空間，顯夢闢地與宋代聖墩廟、白湖廟所流傳媽祖夢示民眾建祠奉祀的情節類同，似為枯槎顯聖、銅爐溯流等故事的衍化而來。整體來說，《天妃顯聖錄》以湄洲廟為核心來編寫媽祖故事，其所錄的宋代媽祖靈應敘事少有逕自以湄洲廟為定著空間，這樣的情形反映湄洲廟所傳衍的宋代媽祖靈應故事並不發達，從而顯現宋代媽祖故事圈的核心點並非湄洲廟。再者，《天妃顯聖錄》所錄的元代媽祖靈應故事僅有二則，怒濤濟溺、神助漕運都與元代漕運有關，兩則靈應故事的敘事空間以太倉、天津為中心，其中怒濤濟溺一則在故事後言「遣官黃份等馳傳具禮，專詣湄洲特祭，並致祭淮、浙、閩海等處各神廟，共祭一十八所。」[21]有意地將此靈應故事與湄洲廟聯繫起來。不過整體來說，湄洲廟在宋元時期流傳的媽祖靈應故事並不發達，因此《天妃顯聖錄》編輯湄洲廟的宋元媽祖神蹟則顯得乏力。

《天妃顯聖錄》所錄以湄洲廟為中心的宋元兩代媽祖靈應故事是貧乏的，相較於此，該書所列的明清二代媽祖靈應故事則幾乎多是以湄洲廟為中心來鋪寫，這也反映了媽祖故事圈的核心點從聖墩廟步入湄洲廟的現象。《天妃顯聖錄》所錄的明清時期媽祖神蹟共有十九則，除了託夢除奸一則，另十八則多與湄洲廟有關，其中擁浪濟舟、舊港戮寇、妝樓謝過、起蓋鐘鼓樓及山門、大闢宮殿、燈光引護舟人等六則以媽祖護航靈應而信眾捐建湄洲廟為題材，廣州救太監鄭和、夢示陳指揮全勝、助戰破蠻、東海護內使張源、琉球救太監柴山、庇太監楊洪使諸番八國、清朝助順加封、托夢護舟、湧泉給師、澎湖神助得捷等十則以信眾感媽祖護航助戰之功而前往湄洲致祭為題材，凡此等靈應敘

20 林堯俞供稿、釋照乘等修訂刊佈：《天妃顯聖錄·天妃降誕本傳》，收入《媽祖文獻史料彙編（第二輯）著錄卷·上編》（北京：中國檔案出版社，2009年10月），頁72。

21 《天妃顯聖錄·怒濤濟溺》，收入《媽祖文獻史料彙編（第二輯）著錄卷·上編》，頁96。

銅爐溯流所定著的背景環境為白湖廟。(圖像來源:許葉珍匯輯《天后聖母事蹟圖志》)

事都經由湄洲致祭或捐建湄洲廟而將靈應事蹟與湄洲廟聯繫起來，可見明代湄洲廟衍為媽祖信仰核心點的企圖與發展，從而湄洲廟也在這樣的發展態勢下成為媽祖故事圈的核心點。

本節，筆者試著探討媽祖故事圈的起源點以及核心點的演變，可以發現神明信仰敘事的故事圈之起源點、核心點與其俗信發展的關係，主要有：

（一）神明信仰發軔點與其故事圈的起源點當為同一點，神明信仰的核心點通常就是故事圈的核心點。

（二）神明信仰故事圈的核心點會伴隨著信仰的拓衍而變化，不過其故事圈的核心點通常環繞在神明的出生地以及成長地；即使故事圈的核心點曾因信仰發展所需而變遷，核心點最終多會回到神明的出生或成長地。

媽祖神蹟：建寢殿杉木自至與湄洲廟有關。（圖像來源：許葉珍匯輯《天后聖母事蹟圖志》）

（三）神明信仰因其出生地、成長地多會衍生出若干的神明記念物或祠廟，從而促成故事圈的核心點有著強而有力的依附點，這樣的發展其實繫於民間知識而來－神明信仰的發源應當就是神明生前的活動空間，這也是神明信仰故事圈終究會以神明的出生或成長地作為核心點的原因之一。

第二節　媽祖信仰發祥的鄉土環境與媽祖故事的衍化

媽祖信仰的核心點通常就是其信仰故事圈的核心點，究竟媽祖信仰的核心點或發祥地域對於其信仰有何影響？媽祖祀神的神性發展、靈應敘事與其信仰發祥地的鄉土環境又有何種關聯？本節，筆者試著從媽祖信仰的發祥地莆田作為主要空間，探討信仰發軔的空間對於其信仰故事的影響。

一、媽祖信仰的核心地區－從聖墩到莆田

前文談及宋代媽祖信仰與其故事圈的核心點為聖墩廟，其時聖墩廟與湄洲廟、白湖廟、江口廟等齊稱，堪稱是媽祖信仰發軔初期的四大信仰據點，此四座廟皆位於現今福建省莆田市。聖墩廟位於莆田木蘭溪出海口的寧海畔，今屬莆田市涵江區白塘鎮地界，木蘭溪是莆田最大河流，堪稱是莆田人民的母親河；木蘭溪發源於仙游縣，流經仙游縣和莆田市，最後注入台灣海峽，這一條水路注入台灣海峽的節點恰是聖墩廟一帶，由之聖墩廟所在的白塘鎮成為興化灣通往陸地的節點，也是媽祖信仰文化從海洋通往莆田陸地的發散點，這是觀察聖墩廟何以成為宋代媽祖信仰發軔點、核心點時不可忽視的地理環境條件。

聖墩廟為木蘭溪通往興化灣的渡口，由之成為海灣出入閩中地區的要塞。基本上，聖墩廟所在的白塘鎮以臨海為其地理環境的顯著特徵，海洋強烈地影響著該地的民俗生活，因此以聖墩廟為信仰發軔的媽祖信仰便充滿著海洋性格。觀察媽祖信仰發軔初期的幾處信仰據點，都以海洋港口為其特徵而傳衍，或許可以說是媽祖信仰的核心點以海洋文化為其發展背景，因此早期從此核心點擴衍的信仰據點也都在在體現海洋文化的表徵。若以聖墩廟為信仰核心點來觀察，江口廟與白湖廟這兩處媽祖廟堪稱是最早擴衍出來的信仰據點之一。江口廟位於聖墩廟東北側，地處莆田江口鎮東南沿海興化灣畔，地理環境雖然與聖墩廟相似，但不若聖墩廟居於要塞。白湖廟位於聖墩廟西側，地處白湖渡口（今城廂區闊口村），臨木蘭溪通向興化灣是其地理環境之特點。除了江口廟、白湖廟外，現今被視為是媽祖首屈一指的聖地－湄洲廟同樣是媽祖信仰發展極早的據點，湄洲廟位於湄洲島上，四面環海的海島型環境更是體現海洋文化的舞台。此外，媽祖信仰發軔之初即已建廟的平海廟等信仰據點也都是以臨海為其地理環境。整體而言，考察媽祖信仰發軔點、核心點－聖墩廟以至於初期擴衍出來的白湖廟、江口廟，再納入湄洲廟，這些信仰據點所在大抵在都在莆田地區的海岸線，莆田地區的海岸線成為媽祖信仰的核心地區。宋太平興國4年（979）置太平軍（興化軍），太平興國8年（983）興化軍軍治遷到莆田，其時轄莆田、仙遊、興化三個縣，莆田逐漸成為閩中一帶的政治、經濟、文化中心，這樣的地理環境也為媽祖信仰傳播提供了好的契機，同時也對媽祖信仰產生相當程度的影響。

二、媽祖故事的發祥地區與其故事衍化

研究民間故事，頗常可以發現不少地區、民族、國家流傳著類似的故事，這些現象的產生絕非偶然，其背後當存在著各種發展的深層質素。關於這些類同的故事類型，學界有「同源說」、「同境說」、「互相影響說」等多種詮釋來闡析故事出現類似的可能性；[22]實際上這些解釋也存有某些侷限，不過提供給我們一些認識：即類似的人文環境、地區間的文化交流的確會促成某些類似的故事之產生。

媽祖故事以傳說為主，比較媽祖故事與其他神祇也確實可以發現一些類似的發展，如果以媽祖故事圈的核心地區－莆田以至於福建沿海地區作為考察範疇，可以發現媽祖故事因著其信仰的核心地區而產生信仰故事的衍化。

(一) 媽祖故事的傳衍與在地人文環境的聯繫

本文第二章曾述及媽祖身世故事的發展與衍化，從縱向的時間發展脈絡來看，媽祖身世故事有幾種衍化的趨勢：一、「神性英雄」的衍化趨勢；二、以「巫」為發軔的信仰原型；三、海（水）神信仰神話思維之疊合；四、儒釋道三教文化質素的融入。如果從橫向的空間環境來分析，可以發現媽祖身世故事的衍化與其信仰的發祥地－莆田以迄於福建沿海有著若干的聯繫。討論莆田以迄於福建沿海的鄉土環境對於媽祖身世故事產生何種影響？或許我們可以併同福建沿海一帶的其他神祇故事來作分析，從其共項來窺見當地鄉土環境對於媽祖信仰以及其信仰故事的影響。

以福建沿海地區而言，媽祖與保生大帝、臨水夫人堪稱是三位在地鄉土神衍為較大信仰範圍的神祇。媽祖信仰發軔於閩南興化府莆田，衍為閩台一帶的海神代表；保生大帝發軔於閩南泉州、漳州府交界的白礁村，衍為閩台一帶醫神的代表；臨水夫人發軔於閩東福州府寧德古田縣，衍為閩台一帶婦孺守護神的代表。這三位神祇是福建沿海頗具地方代表性以及享有知名度的信仰對象，觀察這三位神祇的身世故事，可以發現祂們的身世衍化十分相似，大致都是巫或醫成神的敘事模式，其中衍化的敘事內容或母題也多頗為相似，從中可以略見福建沿海地區的信仰風尚，下表略錄媽祖與保生大帝、臨水夫人的身世故事之相似情節：

---

22 參見姜彬主編：《中國民間文學大辭典》（上海：上海文藝出版社，1992年6月），頁24－25。該辭典指出：
一、「同源說」：同類型的各種故事中，有一個共同的源頭。由於不同國家、民族、地區之間的物質文化交流，民間故事也從一地傳播到另一地，從而導致類似故事的存在。
二、「同境說」：認為類似故事是各民族自行產生的，而非流傳、轉借的結果。並認為民間故事產生於各民族的原始時代，現今所傳故事為原始時代的「殘留物」。因各民族的原始人信仰、風俗、思想大致相同，所以才產生相同或極為相似的民間故事。
三、「互相影響說」：不同的地區、民族、國家，存在著同類型民間故事的現象，是在彼此進行文化交流的影響下，結合自身具體狀況，進行創作的結果。

表5—1：媽祖、保生大帝、臨水夫人的身世故事之相似情節：

母題	媽祖	保生大帝	臨水夫人
出身	〈聖墩祖廟重建順濟廟記〉：姓林氏，湄洲嶼人，初以巫祝為事，能預知人禍福。	（白礁慈濟宮碑）：嘗業醫，以全活人為心。	《（寶佑）仙溪志》：生為女巫，歿而祠之。明·何喬遠編撰《閩書》：神陳氏女，家世巫覡
異孕而生	《天妃顯聖錄》：是夜王氏夢大士告之曰：『爾家世敦善行，上帝式佑』。乃出丸藥示之雲：『服此當得慈濟之貺』。既寤，歆歆然如有所感，遂娠。	白礁吳氏族譜《真君事實》：母夢見白衣長齋清素下降，竟而有孕。	《三教源流搜神大全·大奶夫人》：時觀音菩薩赴會歸南海，忽見福州惡氣沖天，乃剪一指甲化作金光一道，直透陳長者葛氏投胎。
降生異象	《天妃顯聖錄》：宋太祖建隆元年庚申（960），三月二十三日方夕，見一道紅光從西北射室中，晶輝奪目，異香氤氳不散。俄而王氏腹震，即誕妃於寢室。	《全國佛剎道觀總覽· 保生大帝神傳》：當生之時，異香滿室，毫光燦爛，五彩景雲覆室，紫氣盈庭。	《三教源流搜神大全·大奶夫人》：正月十五寅時誕聖。瑞氣祥光，罩體異香，繞闥金鼓聲，若有群仙護送進者。
異於常人的異貌異相	《天妃顯聖錄》：自始生至彌月，不聞啼聲，因命名曰『默』。	《全國佛剎道觀總覽· 保生大帝神傳》：帝生而穎異，長身魁梧，隆額大鼻。	
媽祖成長與神性養成	《天妃顯聖錄》：甫八歲，從塾師訓讀，悉解文義。十歲餘，喜淨幾焚香，誦經禮佛，旦暮未嘗少懈。婉孌季女，儼然窈窕儀型。十三歲時，有老道士玄通者往來其家，妃樂捨之。道士曰：『若具佛性，應得渡人正果』。乃授妃玄微秘法。妃受之，悉悟諸要典。十六歲，窺井得符，遂靈通變化，	白礁吳氏族譜《真君事實》：至仁宗癸酉年，承老君之妙敕，得至人之秘方。	《三教源流搜神大全·大奶夫人》：進姑年方十七，哭念同氣一系，徊往閭山學法，洞王女即法師傳，度驅雷破廟罡法。
成長時期的挫折	《三教源流搜神大全 ·天妃娘娘》父母始知妃向之瞑目，乃出元神救兄弟也。其長兄不得救者，以其呼之疾而神不及護也。恨無及。		《三教源流搜神大全·大奶夫人》：正值輪祭會首黃三居士供享，心惡其妖，思靖其害，不忍以無辜之稚啖命於荼毒之口，敬請二相行法破之，奈為海清酒醉填差文券時刻，以致天兵陰兵未應，誤及二相為毒氣所吸，適得瑜仙顯靈，憑空擲下金鍾罩，覆仙風所罩，邪不能近，兄不得脫耳
展現靈力	《天妃顯聖錄》：驅邪救世，屢顯神異。常駕雲飛渡大海，眾號曰『通賢靈女』。	白礁吳氏族譜《真君事實》：醫帝后線頭察脈，隔屏炙乳。	明·何喬遠編撰《閩書》：孕數月，會大旱，脫胎往祈雨，果如注，因祕洩，遂以產終。
成為人類趨吉避難的希望	《天妃顯聖錄》：天妃誕降本傳以下顯列媽祖生前靈異事蹟：化草渡商、禱雨濟民、奉旨鎖龍等皆是媽祖展現靈力行道救世的生前的傳說。	白礁吳氏族譜《真君事實》：向挽舟木以濟水旱，擁神兵以禦寇盜。湧甘泉以卻疾苦，傳靈寶經法，以救世人。	《（寶佑）仙溪志》：婦人妊娠者必禱焉。明·何喬遠編撰《閩書》：訣約「吾死後不救世人產難，不神也。」
逝後或昇天成神	《天妃顯聖錄》：越十三載，道成，白日飛昇；時宋雍熙四年丁亥（987）秋九月重九日也。	白礁吳氏族譜《真君事實》：至丙子五月初二日仙化。	

資料來源：筆者整理。

比較媽祖、保生大帝、臨水夫人的身世故事，的確存在不少相似的母題，暫且不談故事的傳衍是誰影響了誰或誰先誰後等問題；大抵而言，此三神祇的身世故事的共通處主要有：一、都是由巫或醫出身，再衍化為神；二、身世故事的衍化，明顯地疊合儒釋道三教。黃偉民、陳桂炳〈吳真人與媽祖傳說的比較研究〉：「把吳真人和媽祖的出身高貴化，出

莆田為閩中一帶的政治、經濟、文化中心。

生神秘化，並把他們所掌握的巫術來源與神仙掛上鉤，最後又把他們的結局說成中『白日升天』，進入神仙世界，這就大大提高了他們在信仰者心目中的威信，對於鞏固和傳播吳真人與媽祖信仰，是非常有用的。」[23]該文指出媽祖與保生大帝的傳說存有若干的相似處，並言「媽祖以巫祝為事，吳真人雖以醫為業，但古代巫醫頗有相通之處，故也時常雜以巫術。」[24]媽祖、保生大帝、臨水夫人的信仰發軔為巫或與巫有所交涉的醫，這樣的信仰發軔以及相關的信仰敘事，或多或少都與福建歷來尚巫的風氣有關。

宋·晉江人梁克家（1128－1187），於淳熙9年(1182)修成《三山志》指出福州民俗：「每一鄉率巫嫗十數家。」[25]宋·黃巖孫《（寶佑）仙溪志》：「祭法雲，法施其民則祀之，以死勤事則祀之，能禦大災捍大患則祀之。閩俗機鬼，故邑多叢祠。惟袁侯以死捍寇，於法得祀，余或以神仙顯，或以巫術著，皆民俗所崇敬者，載在祀典，所當紀錄。」[26]據《（寶佑）仙溪志》，許多巫在莆田、仙遊一帶是得到民眾祭祀的，有的還被列人地方的祀典。古代福建是一個信巫尚鬼的地方，老百姓有事最先想到的是通過巫覡向神靈請教，所以，巫覡在古代福建影響極大，媽祖信仰的產生與巫覡文化傳統有很大關係；在古代

23 黃偉民、陳桂炳：〈吳真人與媽祖傳說的比較研究〉：《泉州師範學院學報(社會科學)》，第22卷第5期，2004年9月，頁15。
24 黃偉民、陳桂炳：〈吳真人與媽祖傳說的比較研究〉，頁15。
25 梁克家：《三山志》（文淵閣四庫全書本），頁21。
26 黃巖孫：《（寶佑）仙溪志》，頁61－62。

保生大帝發軔於閩南泉州、漳州府交界的白礁村，衍為閩台一帶醫神的代表。

越人地方，女巫男覡都是社會中極為重要的成份，因此在福建古代農村，女巫的地位相當高。[27]

至於為什麼福建「信巫尚鬼」之風特盛？這與福建的地理環境及文化環境有關，徐曉望《媽祖信仰史研究》：

> 從地理環境而言，福建多山且地處亞熱帶，山地與丘陵覆蓋著連綿不斷的熱帶雨林，氣候悶熱、潮濕，各種疾病與瘟疫流行，…..於是，為了在自然界中求得生存權利，人們盼望溝通人與眾神世界，設法瞭解神明的意志，克服自然界的障礙。這樣，就產生了巫覡一類的人物，他們能通過巫術瞭解神的意志，用一定的儀式饗神、媚神，以求得神靈的保佑。以生病來說，這肯定是冒犯某種神靈的緣故，為了解脫神靈對人類的懲罰，這就需要向神明祈禱—或是請求被冒犯精靈的寬恕。[28]

福建的地理環境促成了尚巫之風，這樣的地理環境也間接促成媽祖等神祇的出身與信仰敘事多帶有巫的色彩。或可言之，媽祖信仰在巫風盛行的福建鄉土環境底下，其與保生大帝、臨水夫人等神祇都以巫或醫為其信仰發軔，從而也衍生許多與巫相關的祈雨止澇、治病除瘟的靈應敘事。

27 參見徐曉望：《媽祖信仰史研究》（福州：海風出版社，2007年4月），頁32－37。
28 徐曉望：《媽祖信仰史研究》，頁34－35

福建的自然地理環境除了促成巫的文化質素滲入媽祖信仰故事外，宋元以降三教合一的時代思潮漸興，明代中葉福建莆田一帶在三教合一的時代思潮衍生了三一教，從而促成媽祖等在地神祇信仰疊合儒釋道三教的質素益顯發展。黃偉民、陳桂炳〈吳真人與媽祖傳說的比較研究〉：「關於吳真人和媽祖信仰，人們大多把他們列入民間道教的範疇。在吳真人和媽祖的傳說中，我們看到了儒、釋二家對吳真人與媽祖信仰的滲透。」[29] 這樣的情形在臨水夫人的傳說也是非常明顯地，莊恒愷〈由巫至神轉變之靈驗傳說與美德故事的特點——以媽祖和陳靖姑為中心〉指出：

> 在福建歷史上，演變為祠神的巫覡為數不少，媽祖和陳靖姑是其中著名者。由巫至神之路，也是信民造神的過程。在這一過程中，靈驗傳說和美德故事起到了重要的作用。靈驗傳說的主要特點有:滿足信眾需要、神明功能多樣、實現本土化。美德故事的特點則是攀附制度化宗教(包括佛教和道教)和用儒家傳統倫理塑造神明形象。從信民編排的美德故事中，可以看出祠神信仰的道德取向。[30]

甚至臨水夫人同媽祖都是因觀音大士而異孕而生，被視為是觀音大士的化身。這些現象，當然與宋元時期以降三教趨於「三教一家」、「萬善歸一」的思潮有關，在共同時空下的造神運動促成各種神祇同時滲入儒釋道三教的色彩，尤其福建一帶三教合一的思想頗為發展，明代中葉以降福建莆田一帶三教合一的主張盛行，莆田赤柱人林兆恩（1517－1598，字懋勳，別號龍江）創立三一教，是地方性的民間宗教。何善蒙〈林兆恩「三教合一」的宗教思想淺析〉：「它最初流行於莆仙方言區，全盛時期，曾流行於閩、浙、贛、湘、皖、鄂、魯、直隸等地，備受當時士人推許；後傳至臺灣以東南亞諸國。目前在莆田地區仍有三教祠（堂）1285 座，門人81540人（依據2000年統計資料），仍有著重要的影響。」[31]媽祖就在莆田三一教、三教合一的思潮引領下，促使其身世敘事明顯地匯入儒釋道三教的質素，併同與保生大帝、臨水夫人的身世故事有著類似的敘事模式，這也是福建以至於莆田的在地人文環境對於媽祖故事衍化的影響。

雖然媽祖、保生大帝、臨水夫人的等神祇都在福建鄉土環境下衍生類似的身世故事以至於靈應敘事，諸如神明的巫出身、三教文化的疊合情形、祈雨治病的靈應等都是頗為相似的；然而媽祖發軔點聖墩（另一說湄洲）屬於海島型的環境又與保生大帝信仰發軔的白礁鄉、臨水夫人信仰發軔的古田縣有所差異，因此媽祖以其海島環境趨於海神的

29 黃偉民、陳桂炳：〈吳真人與媽祖傳說的比較研究〉，頁16。

30 莊恒愷：〈由巫至神轉變之靈驗傳說與美德故事的特點——以媽祖和陳靖姑為中心〉，《集美大學學報（哲學社會科學版）》，2014年第3期，2014年9月，頁18。

31 何善蒙：〈林兆恩「三教合一」的宗教思想淺析〉：《逢甲人文社會學報》第12期，2006年6月，頁205。

發展型態又與保生大帝、臨水夫人存有差異，因此媽祖故事的發展與保生大帝、臨水夫人可以說是同中有異，尤其是三神的靈應敘事就存有不同的發展趨向。

（二）媽祖靈應故事的發展與在地地理環境的聯繫

本文第參章提及歷來媽祖靈應事蹟的紀錄多趨於護航免難、助戰禦敵兩種敘事類型，這兩種敘事類型是媽祖靈應故事的重心所在。如果進一步地分析媽祖信仰如何以此兩種靈應故事為主，與媽祖信仰的發祥地－莆田之鄉土環境有關。鄭衡泌〈宋代媽祖信仰傳播的地理過程及其推力分析〉：「媽祖信仰肇興的最初100多年在湄洲灣及平海灣沿岸傳播。這一區域位於莆田東南部，屬半島島嶼低丘臺地區，主要由笏石半島和半島週邊海上的島嶼組成。另一方面，海岸曲折，海灣眾多，海域廣闊，水產資源豐富。古代居民點多沿海岸分佈，以漁民為主。」[32]鄭衡泌接著進一步指出：

> 媽祖信仰肇始於湄洲島漁民。平海廟、吉蓼順濟廟所在迄今仍是漁村。它們建在湄洲島周邊海岸它們建在湄洲島周邊海岸，規模小，是漁民的祈禱之所，體現漁民祈求航海平安的心理需要。宋代，受技術件和經濟條件限制，多數漁民行動範圍小，漁民建造的媽祖廟密集、緩慢地沿海岸在湄洲島附近短距離傳染性擴展擴散。這是媽祖信仰發展初期地理分佈和擴散的主要特徵，體現了濃厚的漁民活動特點。[33]

媽祖信仰以莆田地區為發祥地發展，莆田臨海的背景促成發祥地的信眾以漁民為主，因而媽祖信仰內蘊著海洋文化的特質，從而媽祖靈應敘事便是從海上護航救難開始的。

宋元時期媽祖信仰主要的發展空間便是以海洋為活動空間的環境，因此海洋成為媽祖信仰文化的溫床，從而媽祖故事也隨而以海洋作為題材而衍生。媽祖信仰的核心地－莆田以臨海、海島作為地理環境表徵，這樣的空間環境注定了媽祖信仰的發軔與海洋文化有著難以切割的關係。以海洋為生存環境的人們最直接遇到的困題便是海上航行的危險，古代航海充滿著許多的不確定性，在安全堪虞的心理下，祈求神明庇護航海有著現實的需要，媽祖便是因此環境而朝向護航的海神發展，媽祖信仰的靈應敘事也以護航免難開始傳衍。宋·廖鵬飛〈聖墩祖廟重建順濟廟記〉提及了三則媽祖靈應故事，除了媽祖枯楂顯聖而是靈示民眾建聖墩廟外，媽祖助路允迪使高麗、媽祖庇護寧江人洪伯通海上航行等兩則故事都是媽祖護航免難的靈應故事，此等媽祖護航免難的靈應故事隨著媽祖信仰向中國海岸線傳播而不斷地傳衍，媽祖護航免難的故事便是媽祖內蘊海洋

32 鄭衡泌：〈宋代媽祖信仰傳播的地理過程及其推力分析〉：《地理科學》第30卷第2期，2010年4月，頁300。
33 鄭衡泌：〈宋代媽祖信仰傳播的地理過程及其推力分析〉，頁302。

媽祖以海洋作為其信仰發展的主要場域。

文化最外顯的特徵。

媽祖以海洋作為其信仰發展的主要場域，因此媽祖故事也依附海洋而衍生相關情節。考察中國東南沿海，居於此的民眾除了航海的危險外，海上寇賊也對他們產生極大的威脅。南宋嘉定年間，海盜自江浙南下，剽掠海上商船，泉州知州真德秀在守泉州時，除祈求媽祖天妃保佑之外，還兩次派員到九日山祈求海神通遠王，以保官軍挫敗來自北洋的「溫、明之寇」。[34]元世祖至元20年（1283），刑部尚書向忽必烈報告：「江南盜賊，相挺而起，凡二百餘所，皆由拘刷水手，興造海船，民不聊生，激而成變。.......」[35]從此等記事便可以發現宋元時期中國東南沿海的海盜頗為猖獗，這對於出海漁商以及沿岸居民也產生威脅，因此媽祖海上庇民退賊寇以至於助戰的靈應敘事就在海洋環境下而衍生，宋·丁伯桂〈順濟聖妃廟記〉羅列幾種媽祖的靈應故事，其中數量作多的便是媽祖助戰禦敵的故事，如「逾年，江口又有祠，祠立二年，海寇憑陵，效靈空中，風揞而去。州上厥事，加封昭應。」[36]便言媽祖因庇民退海寇而加封「昭應」；又如「海寇入境，將掠鄉井，

34 吳國平：《辯香湄洲》（福州：海潮攝影藝術出版社，2003年9月），頁137。
35 清·畢沅撰：《續資治通鑒》卷第一百八十六（北京：中華書局，1979年6月第4刷），頁5078。
36 丁伯桂：〈順濟聖妃廟記〉，收入《媽祖文獻史料彙編（第一輯）碑記卷》，頁2—3。

神爲膠舟，悉就擒獲。」[37]同樣是敘述媽祖庇鄉民而協助擒獲海寇；其他又如平大溪寇、三戰金兵等也都是媽祖助戰禦敵的故事，媽祖助戰敘事的發展是以海上護航的需求而產生不少海上助戰的敘事，因著海上助戰的形象之深化而促使媽祖助戰的敘事頗為發達，溯本追遠，媽祖助戰故事類型基本上也是依循莆田的海洋環境背景而發展。

元末明初，隨著日本與蒙元的仇恨越結越深，倭商挺而走險的事也越來越多，日本海商慢慢地淪為海盜；大明實施海禁後，不少中國海商與倭寇合流為海盜，加上一些趁機渾水摸魚的日本浪人以及真正的倭寇—流竄在外的日本國罪犯，明代以降的倭患成為官方以及東南沿海民眾的困題。[38]緣此，媽祖助戰的形象與其靈應故事便在這樣的環境背景下而開展，從而可見海洋環境對媽祖信仰以及其靈應故事的影響。

中國東南沿海的倭患，除了促成媽祖助戰禦敵的靈應敘事之衍生外，福建一帶也成為官方海防的重心。在中國古代，福建水師是中國水師的核心力量，媽祖信仰在海洋環境的孳乳下，從而也成為水師的守護神，水手間傳衍著媽祖助戰禦敵的靈應敘事，除了促成媽祖從福建地方神走向全國外，也讓媽祖信仰與官方的聯繫更為緊密，這是觀察媽祖信仰與其靈應故事傳衍時所存在的傳播方式與發展趨勢。

大抵而言，媽祖信仰發祥地—莆田的海島環境促成其生活的人群：漁民、海商、水師等為主，由之引領媽祖的靈應故事趨於護航免難、助戰禦敵等故事類型發展，這是考察媽祖信仰發祥地的鄉土環境對於其信仰故事的衍化時可以發現的現象。

37 丁伯桂：〈順濟聖妃廟記〉，收入《媽祖文獻史料彙編（第一輯）碑記卷》，頁2—3。
38 梁二平：《海洋地圖—中國古代海洋地圖舉要》，頁156。

第三節　媽祖信仰故事在中國沿海的傳播與演變

媽祖信仰在宋代開始已從核心地區莆田逐步擴衍至中國沿海的港口，經過千餘年的拓展，中國沿海地區普遍多能發現媽祖信仰的蹤跡；伴隨著媽祖信仰在中國沿海的拓衍，媽祖信仰故事也隨而在各地傳衍開來，因著各地環境空間與信仰發祥地的聯繫或差異性，媽祖信仰故事也有所變異，本節試著闡析之。

一、媽祖信仰在中國沿海地區的傳播

鄭衡泌、俞黎媛〈媽祖信仰分佈的地理特徵分析〉指出：媽祖信仰的分佈與海岸線有密切的關係，且與易舶船和建港的地區有密切關聯。媽祖信仰源起地居民生活的最基本特徵—海洋，湄洲島的漁民們創造的信仰也反映著海洋帶給他們的壓力和希望，海洋這個因素是創造媽祖信仰的人群和環境帶給媽祖的。[39]媽祖信仰便是以海洋文化為內蘊而開展出來的民俗現象，因此媽祖信仰初期的傳播基本沿著中國東南海岸線擴衍，考察宋代媽祖信仰據點的建立與分佈情形，主要有：

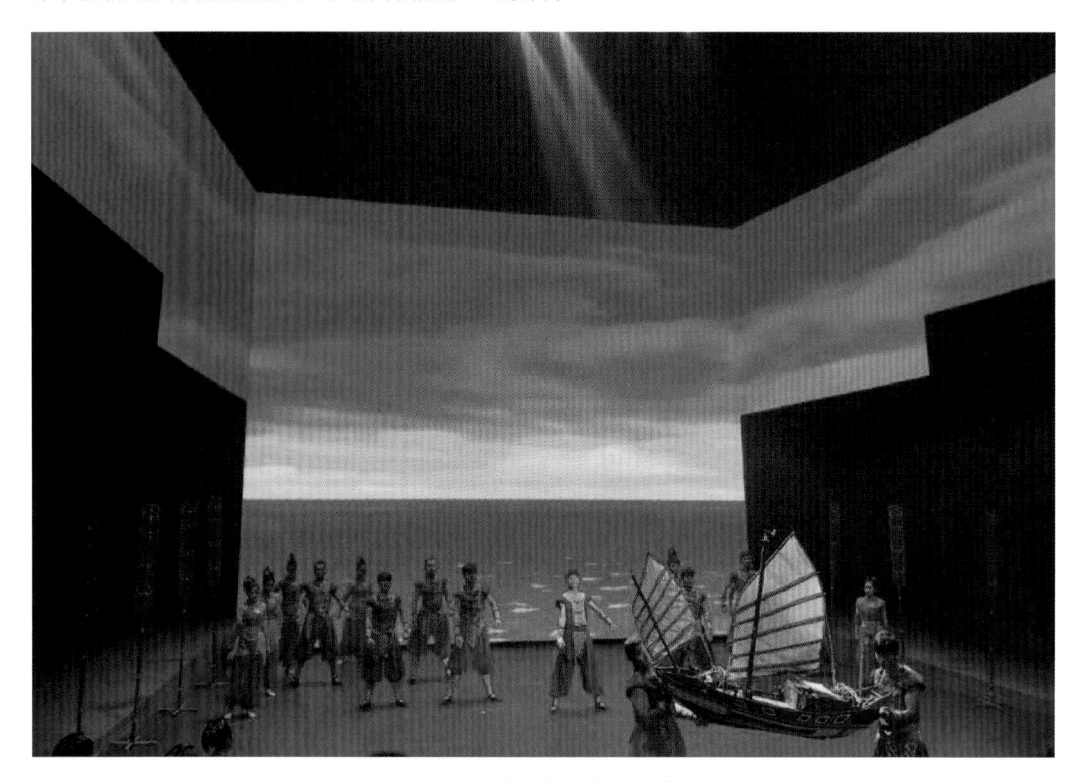

湄洲島四面環海的海島型環境是體現海洋文化的舞台。

39 鄭衡泌、俞黎媛：〈媽祖信仰分佈的地理特徵分析〉，《福建師範大學學報(哲學社會科學版)》，2007年第2期(總第143期，2007年3月)，頁19－27。

表5—1：宋代主要媽祖廟的分佈與其創建年代：

所在地	祠廟名	創建年代	資料來源	備註
福建莆田	聖墩順濟祖廟	元佑元年（1086）	廖鵬飛〈聖墩祖廟重建順濟廟記〉	
福建仙遊	楓亭聖妃廟	元符元年（1098）	劉克莊〈風亭新建妃廟〉	
福建福州	南台天妃宮	宣和年間（1119－1125）	乾隆《福建續志》	
浙江寧波	東渡門外靈濟廟	紹興3年（1132）	程端學〈靈濟廟事跡廟志〉	
福建莆田	湄洲祖廟	1150年以前		湄洲祖廟稱創建於雍熙4年（987），仍待考。
福建莆田	江口聖妃祠	紹興27年（1157）	丁伯桂〈順濟聖妃廟記〉	
福建莆田	白湖聖妃祠	紹興30年（1160）	丁伯桂〈順濟聖妃廟記〉	
福建莆田	平海天妃宮	1162年以前		黃仲昭（1435－1508）《八閩通志》指為咸平2年（999），仍待考。
浙江杭州	艮山門外順濟聖妃廟	紹興年間（1131－1162）	淳祐《臨安志》	
福建泉州	郡城南順濟宮（泉州天妃宮）	慶元2年（1196）	隆慶《泉州府志》	
浙江嘉興	碧海坊天妃廟	乾道年間（1165－1173）	崇禎《嘉興縣志》	
江蘇淮安	郡城靈慈宮	嘉定年間（1208－1224）	嘉靖《南畿志》	
福建泉州惠安	惠安聖妃宮	1230年前		據〈惠安縣管下聖妃宮祈雨祝文〉、〈惠安縣龍宮山聖妃祠再祈雨祝文〉諸文，至遲於1230年以前已有惠安廟。
浙江舟山	城南天妃廟	端平年間（1234－1224）	天啓《舟山志》	
江蘇鎮江	豎土山東聖妃廟	嘉熙2年（1238）	至順《鎮江志》	
江蘇上海	黃浦江順濟廟	咸淳年（1265－1274）前	正德《松江府志》	
福建霞浦	松山天妃宮	南宋	乾隆《福寧府志》	
廣東廣州	崇福無極夫人廟	南宋	《夷堅續集》	
廣東東莞	宮廳頭天妃廟	南宋	雍正《東莞縣志》	
廣東南澳	深澳鎮天后宮	南宋	康熙《潮州志》	
江蘇南京	盧龍山聖妃廟	南宋	景定《鎮江志》	
江蘇蘇州	郡北中路橋靈慈宮	南宋	洪武《蘇州府志》	
江蘇上海	市舶司左南聖妃宮	南宋	正德《松江府志》	
江蘇泰州	樂真橋北聖妃廟	南宋	正德《泰州志》	
浙江台州	城東天妃廟	南宋末	周伯琦〈《台州路重建天妃廟碑》〉	

資料來源：筆者整理，參見莆田湄洲媽祖廟董事會：《湄洲媽祖志》。

承上表所列，大致可以發現宋代媽祖信仰點分佈的情形，雖然上表一些媽祖廟的創建年代仍有待查考，但是大致可以窺見宋代媽祖信仰已從核心地區莆田拓衍至廣東、福建、浙江、江蘇等海岸線的要站。以媽祖信仰核心地莆田的沿海線而言，唐宋以來莆田擁有白湖港、江口港、寧海港、賢良港、小嶼港（即秀嶼港）等眾多港口，海上貿易興盛。現

白湖渡據傳位於莆田城廂區闊口村。

保存在三清殿裡的〈祥應廟記〉碑明確記載了宋代莆田對外對內海上貿易的經過：「往時游商海賈冒風濤、歷險阻，謀利於他郡、外番者」，其中載有「泉州綱首朱紡舟往三佛齊國」，三佛齊國即今印尼蘇門答臘的巴琳旁。[40]由之可見宋代莆田海運事業的發達。宋乾道5年(1169)修成《莆陽圖經》記載：「白湖東引滄江，介延壽、木蘭二水之間，南北商舟會焉。」[41]清乾隆年間《勅封天后志》載：「宋紹興二十七年(1157) 秋，莆田東五里許，有水市，諸船所聚，日白湖。」[42]由之可以想見莆田地區海上貿易的隆盛發展。因著這樣的發展趨勢，媽祖信仰經由商人、船夫等業緣關係的傳播，媽祖信仰發軔後即伴隨著海洋事業的發展，快速地從莆田海岸線往北、往南拓衍，顯示媽祖信仰的發展得之於宋代海洋事業的興盛。

觀察古代東南海岸線的時代面向，根據《唐會要》：「開元二年 (714) 十二月，嶺南市舶司右威衛中郎將周慶立，波斯 (今伊朗) 僧及烈等廣造奇器異巧以進，監造司、殿中侍御史柳澤上書諫曰。......」[43]嶺南道治即現今廣州，顯見唐代廣州成為古代中國第一

40 參見宋·方略：〈祥應廟記〉，立於南宋紹興8年 (1138)。
41 鐘離松、陸琰撰：《莆陽圖經》。
42 林清標輯：《勅封天后志》，收入《媽祖文獻史料彙編 (第二輯) 著錄卷·上編》，頁243。
43 王溥撰：《唐會要》(北京：中華書局，1955年)，頁1078。

個海關，海上貿易開始制度化。到了宋代，971年消滅嶺南的南漢政權後，即恢復廣州的口岸功能，建立宋代第一個海外貿易管理機構－廣州市舶司，太平興國3年（978）在東海設立兩浙市舶司；宋真宗咸平2年（999）將兩浙市舶司分為杭州市舶司、明州市舶司（今寧波）。宋哲宗元祐2年（1087）設泉州市舶司、密州市舶司（今青島）。宋徽宗政和3年（1113）設秀州華亭市舶司（今上海松江）。到了南宋高宗紹興15年（1145）設江陰港市舶司、溫州市舶司。南宋時代有8個市舶司，主要分布於東南沿岸，江陰、秀洲華亭、秀州澉浦、杭州、明州、溫州、泉州、廣州。媽祖信仰就是在東南沿海貿易發達的背景下發展，伴隨著海運的發展，以莆田信仰核心地區，先從具有地緣關係、業緣關係的東南海岸線傳衍，諸如宋代設立市舶司而衍為要塞的寧波、杭州、泉州等地在宋代即已陸續興建媽祖廟。媽祖信仰圈則隨著東南海洋事業的興盛而快速地拓衍，從而媽祖故事圈也隨而擴大。王三慶〈四海龍王在民間通俗文學上之地位〉：

> 事實上，泉州地位轉盛，並且設司是在北宋年間，媽祖天妃的信仰也在這個時候出現。迨於南宋，泉州地位更凌駕廣州之上，尤其在武夷山上木材的充分供應及桐油漆料的塗抹下，使福船的造船技術，優越無比，滴水不漏，直讓大食船舶相形失色。致使沿海的海運，全由閩浙船工掌握，其結果，自然使地方上的神靈—天妃的地位扶搖直上，並且隨其船隻的往來傳遍全國各地，……[44]

莆田、泉州一帶隨著福船的製造、運輸促成福建海上交通的發達，福建漁民、海商成為媽祖信仰最初的傳播者，宋．洪邁《夷堅志•林夫人廟》：「凡賈客入海，必致禱祠下，求杯珓，祈陰護，乃敢行。」[45]可見海商在媽祖信仰發軔之初即是其信仰的主力，鄭衡泌〈宋代媽祖信仰傳播的地理過程及其推力分析〉：

> 由於文獻記錄的缺失，大多數宋代媽祖廟最初興建者無法明確。湄洲灣以外廟宇多位於海岸港口和商業集鎮，可以推斷信仰帶入者基本成份為海員海商。圖表中所列位於莆田平原的廟宇中，楓亭、江口和聖墩分別是仙溪、萩蘆溪和木蘭溪出海口，白湖是莆田平原重要的商貿集鎮，白沙連接萩蘆溪上、下游，都是交通樞紐和商貿中心。莆田地區以外的廟宇都位於港口和地區商業中心，包括廣州、泉州、寧波、福州、鎮江、江陰和杭州，航海者和海商成為將媽祖信仰帶入這些地點的主要力量。[46]

---

44 王三慶：〈四海龍王在民間通俗文學上之地位〉，頁343－344。
45 洪邁：〈林夫人廟〉，收入《媽祖文獻史料彙編（第一輯）散文卷》，頁1。
46 鄭衡泌：〈宋代媽祖信仰傳播的地理過程及其推力分析〉，頁302。

泉州天后宮也是媽祖信仰拓展的重要據點。。

鄭衡泌指出海商的介入使媽祖信仰的傳播過程和空間分佈增加二個新特點：(一) 媽祖信仰傳播方式增加了遠距離跳躍式遷移擴散；(二) 媽祖信仰的傳播中心從單中心轉變為包括湄洲島在內的多中心傳播，形成了從莆田沿海向莆田以外的南北沿海港口和從港口沿江上溯至內陸商埠傳播的態勢。[47]

值得注意的是，媽祖信仰核心地區莆田與南宋國都臨安（杭州）以及鄰近的寧波貿易港具有地緣與業緣的關係，促成了媽祖信仰由民間走向官方。元·程端學〈靈濟廟事跡記〉：「鄞之有廟，自宋紹熙三年（1192）來遠亭北舶舟長沈法詢，往南海遇風，神降於舟以濟，遂詣興化分爐香以歸。異香滿室，乃舍宅為廟址。」[48]鄞位於明州，即今浙江省寧波市，宋代設有市舶司，是宋代對外貿易的重要港口，高麗、日本來使多在明州登陸，東南亞的一些商船也經常來明州貿易，因此媽祖信仰發軔後隨即從莆田地區向北拓衍至寧波。明州地處東海之濱，經由甬江、姚江通臨安，南宋遷都臨安府，治所在錢塘，杭州

47 鄭衡泌：〈宋代媽祖信仰傳播的地理過程及其推力分析〉，頁302。
48 程端學：〈靈濟廟事跡記〉，收入《媽祖文獻史料彙編（第一輯）碑記卷》，頁19。

由之衍為全國政治經濟中心，紡織、印刷、造紙業發達，對外貿易發達，成為全國四大商港之一。宋·丁伯桂〈順濟聖妃廟記〉：「京畿艮山之祠，舊傳監丞商公份尉崇德日感夢而建。」[49]，紹興26年（1156）高宗以郊典封神為靈惠夫人，指的就是杭州錢塘江畔的艮山祠。由上述可以發現，媽祖信仰核心地區莆田因著海運的關係，因地緣、業緣關係而促成媽祖信仰拓衍至寧波、杭州，這樣的發展趨勢聯繫起媽祖與國都的中央政治網絡，從而媽祖信仰與其故事圈也就擴衍至國都與官方，從而加速媽祖發展成為全國性的神明，媽祖靈應故事中最具代表性的海上護航神蹟便是庇護路允迪使高麗，這個信仰敘事也與寧波一帶具有地緣關係，宣和年間路允迪應就是以寧波為出入口，因此媽祖故事的傳播即早便與寧波、杭州一帶繫下了信仰情緣。丁伯桂〈順濟聖妃廟記〉羅列了幾項媽祖靈應故事，其中一則便是杭州艮山祠的靈應敘事：

> 京畿艮山之祠，舊傳監丞商公份尉崇德日，感夢而建。祠臨江滸，前有石橋，經久摧剥。一日，里人取凉於橋，坐者滿地，忽有白馬自廟突而出，人悉駭散，橋隨圮，無一陷者，人知神之爲也。[50]

這種媽祖示警、驅人避禍的場域便是位於杭州，從而可見媽祖故事隨著信仰的拓展傳衍至國都，並產生在地化的靈應事蹟。值得注意的是一，宋代媽祖故事圈迅速擴衍至國都是媽祖信仰發展得以從鄉土神明步入全國性信仰的關鍵所在之一。

整體而言，以海洋文化為表徵的媽祖信仰與其靈應敘事便是從海洋開始發展，因著業緣、地緣關係而快速地拓衍寧波、廣州、泉州等地中國東南海岸線的要塞，並進一步地連結南宋國都臨安（杭州），從而媽祖信仰也順勢從民間走入官方，媽祖故事也從莆田核心地區擴衍至東南沿海以及南宋國都。鄭衡泌〈宋代媽祖信仰傳播的地理過程及其推力分析〉指出宋代媽祖信仰地理空間傳播的三個階段，其中第二、三階段為：

> 第二階段為12世紀，傳播中心轉移到莆田平原的地區政治中心。海員海商攜帶下增加了遷移擴散方式，傳播的範圍仍局限在興化方言區。
> 第三階段為12世紀末到13世紀末，信仰區擴展到興化方言區外，進入江南主要商港、航運要衝和帝都政治中心區。傳播中心轉移到杭州。海商和官宦成為推動其發展的主要力量，長距離遷移擴散成為突出特點。[51]

---

49 丁伯桂：〈順濟聖妃廟記〉，收入《媽祖文獻史料彙編（第一輯）碑記卷》，頁3。
50 丁伯桂：〈順濟聖妃廟記〉，收入《媽祖文獻史料彙編（第一輯）碑記卷》，頁3。
51 鄭衡泌：〈宋代媽祖信仰傳播的地理過程及其推力分析〉，頁303－304。

13世紀前後，媽祖信仰超越興化方言區，不到100年傳遍江南沿海主要港口和海岸航道要衝，包括最大港口泉州、寧波、廣州，長江南北通衢渡口鎮江，南海沿岸航線要衝南澳、東莞(虎門)和九龍以及帝都臨安。[52]因此宋·丁伯桂〈順濟聖妃廟記〉言「神之祠不獨盛於莆，閩、廣、江浙、淮甸皆祠也。」[53]鄭衡泌〈宋代媽祖信仰傳播的地理過程及其推力分析〉談及信仰人群與地理空間擴展方式：

> 宋代媽祖信仰的傳播路線在地理空間上已形成3種方式:沿著海岸密集而緩慢的傳染性擴展擴散、沿著河流向內陸延伸和指向政治中心的遷移擴散。這是漁民、海商和鄉紳官宦等不同信仰人群作用的結果。
>
> 媽祖信仰從漁民開始，先向經濟地位較高的海商階層擴散，而後為政治地位較高的鄉紳和官宦階層接受，最後進入國家政治生活。漁民引起其緩慢的傳染性擴展擴散，商業貿易者推動其帶有商業特徵的遷移擴散。鄉紳和官宦階層對社會和政治地位的心理訴求，使媽祖信仰擴散的地理空間特徵趨向政治和行政中心。列入國家祀典後，其擴散方式產生質變，國家力量推動其擴散到與原信仰區域文化特徵差異較大的區域。地理空間擴散與等級擴散同時相互推動。[54]

考察宋代媽祖信仰的發展面向，可以發現媽祖信仰圈的核心點之地理位置與其信仰發展存有密切的關係，媽祖信仰之所以拓衍世界各地與其信仰圈的核心地－莆田地區有關，媽祖故事圈即從莆田的海洋環境來拓展其靈應故事類型。從中，我們可以發現神明信仰的核心地得以拓衍為廣大的信仰圈的確存有某些特點，這些特點同時也是神明故事圈的核心地能否擴大其故事的傳衍空間之關鍵所在，亦即神明信仰圈以及故事圈的核心點、核心地通常具備如下的空間特點較能促成其擴衍傳播範圍，這些特點主要有：

1.神明信仰的起源點或核心點之周遭為人口外移頻仍的農漁村。神明信仰的核心地若處於生活不易的農漁村有助於神明信仰的發展，一來生活不易的農漁村住民對於信仰的需求更為殷切，愈是困難、危險之地更需要神明扶助。當他們對於生活的困境往往更加仰賴俗信，這樣的環境背景有助於神明信仰的發展；同時，這樣的農漁村，神明顯聖的事蹟更容易在群眾間流傳，因為神明靈應故事經常成為穩定民心的力量。再者，生活困頓的農漁村總是伴隨人口遷出外地的發展型態，人口移動有助於神明信仰傳衍外地，同時神明靈異的故事也多伴隨人口移動而向外傳播。緣此，生活不易的農漁村所蘊發的神明信仰往往較易衍為廣大的信仰圈，同時傳衍的神明靈應敘事更為發達，如媽祖信仰的核心

---

52 鄭衡泌：〈宋代媽祖信仰傳播的地理過程及其推力分析〉：《地理科學》第30卷第2期，2010年04月，頁302。

53 丁伯桂：〈順濟聖妃廟記〉，收入《媽祖文獻史料彙編（第一輯）碑記卷》，頁3。

54 鄭衡泌：〈宋代媽祖信仰傳播的地理過程及其推力分析〉：《地理科學》第30卷第2期，2010年04月，頁302。

地－莆田具備類似的人文環境，莆田地區以至於福建沿海一帶更是中國著名的僑鄉，由之媽祖在這樣的背景下衍為信仰廣佈的民俗祀神。

2.信仰核心點曾為對外貿易通商的市集。雖然神明信仰的核心地處於生活不易的農漁村有助於神明俗信的推衍，然而貿易通商的市集也是民間祀神傳衍的空間所在，尤其是具備大範圍信仰圈的神明信仰往往都存有貿易通商市集的環境來向外傳衍其信仰。貿易通商的市集與人口外移頻仍的農漁村看似衝突，其實不然，許多神明信仰得以擴散多緣於信仰核心地複合人口外移頻仍的農漁村與存有貿易通商事市集等兩種人文環境而來，亦即神明信仰的核心點初始多為人口外移頻仍的農漁村，而其鄰近多有貿易通商市集成為其信仰外傳的節點。可以這樣說，信仰廣佈的俗信核心點之周遭通常多是人口外移頻仍的農漁村，而這些人口外移頻仍的農漁村多會依附一個具有對外交流的通商市集，這個通商市集通常會成為神明信仰向外發射的節點，有時更擔負起神明信仰核心點的功能，這樣的節點常常也是神明信仰故事傳衍的核心點。以媽祖信仰來說，莆田聖墩廟之於莆田、泉州天后宮之於福建省都是類似的人文環境而曾經成為媽祖信仰與其靈應故事的重要據點。

進入元代，媽祖信仰持續在海岸線的節點拓衍，王三慶〈四海龍王在民間通俗文學上之地位〉：

> 元朝更因借助閩地蒲壽庚之力，逼使南宋亡國，為著清除餘孽和對日東征，又在泉州設司造船，天妃因受地域之利，加封至十字。其後，恢復海外貿易，泉州當日的盛況，馬可波羅紀行直謂為世界二大貿易港，甚至易逢巴圖塔紀行肯定為世界第一大港。所以，天妃之信仰也就隨著福船的來往而取得優勢的地位，有元一代，受封之次數往往超過四海神祇，並且遠達北方一帶的天津立廟。[55]

媽祖信仰據點也從江蘇省海岸線向北推衍至山東省、天津市，如山東蓬萊天妃宮、山東沙門島顯應宮、天津大直沽天妃宮、天津海津鎮天妃宮等都是元代新建的媽祖信仰據點；往南則沿著閩南海岸線再持續擴衍至海南島，如海南島海口天妃宮即於元代新建。經過宋元時期媽祖信仰的發展，整個中國海岸線的要站幾乎都可以發現媽祖信仰的據點，顯示媽祖信仰的傳播以海洋環境為主要發展的時代面向。

媽祖信仰的傳播除了沿著中國海岸線拓衍外，元代媽祖信仰也從沿著漕運點呈點狀分佈。元代的漕運使媽祖信仰的傳播進入了第二個高峰期，有學者稱為「進入了一個

55 王三慶：〈四海龍王在民間通俗文學上之地位〉，頁344。

空前繁榮的拓展期」。[56]元代定都北京後，忽必烈便採用丞相顏海運的建議，到魚米之鄉江南來調運；然而，南糧北調的問題是北京與江南相距甚遠，於是元代初期朝廷疏浚了北京到杭州的大運河；接著，元世祖至元17年（1280），從山東、濟寧到東平開鑿了一條濟寧河，大運河原以洛陽為中心的一條南北運輸線，便改變成了以北京為中心、南達杭州的水運通道。[57]但這些江河水路因為河道常常淤塞，於是元朝統治者於至元19年（1282）命羅璧、朱清、張瑄等監造海船六十艘，招募漕丁漕夫，開闢海道運輸路線，由之元代的漕運包含海運、河運兩種運輸方式，其中又以以海運為主。元代漕運是元朝統治者的經濟命脈，因此原本在海岸線港口的媽祖信仰也成為官方祈禱航行順利的對象，如元·程端學《靈濟廟事蹟記》：

> 皇元至元十八年（1281），封護國明著天妃。大德三年（1299），以漕運效靈封護國庇民明著天妃。延祐元年（1314），封護國庇民廣濟明著天妃。天曆二年（1329），漕運副萬戶八十監運，舟至三沙，颶風七日，遙呼於神，夜見神火四明，風恬浪靜，運舟悉濟，事聞，加廟號曰靈慈。納臣公言：至順三年（1332），予押運至萊州洋，風大作，禱之，夜半見神像，轉逆以順，是歲運舟無虞；其隨感而應類此。[58]

程端學的《靈濟廟事跡記》敘述了元代漕糧仰仗海運供給，媽祖的護運作用尤為重要，因此元代官方對於媽祖的褒封多緣於護漕有功而來。元代漕運的興起，媽祖信仰從海岸線與漕運出海口的節點逐漸往西沿著運河兩側發展開來，諸如杭州、天津等節點都是漕運的要塞，媽祖信仰便從這些節點擴衍至運河沿線的要站，那時許多運糧的渡口都建起了媽祖廟，如：元代海上漕運的起點—太倉劉家港天妃宮創建於至元26年（1289），常熟福山天妃宮以「以國家漕海運，萬里鯨波，惟天妃事賴，爰即廟之佐作天妃宮」[59]，此等媽祖廟的興建與漕運有關，可見漕運的確是元代媽祖信仰推波助瀾的因素之一。元代，媽祖信仰除了延續海岸線的擴衍外，媽祖信仰也沿著漕運通道而傳衍，從而媽祖故事圈也隨而拓衍。僧照乘在《天妃顯聖錄》中記載了許多元代漕運中遇險乞靈的靈應故事，如《天妃顯聖錄·怒濤濟溺》：

> 天曆元年（1328）夏，備海道萬戶府分司運糧，至大海，遭颶風驟起，巨浪連天，七日夜不息，人困力疲，運艘幾於翻覆。舟人哀號，仰禱神妃求佑。會日暮，有形從空而

56 吳國平：《辦香湄洲》，頁89。
57 吳國平：《辦香湄洲》，頁89。
58 程端學：〈靈濟廟事跡記〉，收入《媽祖文獻史料彙編（第一輯）碑記卷》，頁19。
59 鄭元祐：〈福山東岳廟興造記〉。

下，掩映舟中，輝耀如晝，宛見神靈陟降。少頃，怒濤頓平。船上覺異香繽郁。自此水道無虞，徑抵直沽都省。奏聞，奉旨差翰林國史院學士普顏實理欽賫御香，馳驛致祭。[60]

這種媽祖庇護漕運的靈應故事也隨著媽祖信仰沿著漕運路線而傳衍開來，成為元代媽祖故事圈拓衍的時代面向。

到了明代，媽祖信仰大抵還是以東側海岸線以及漕運的路線而持續拓衍；就傳播的情形，北起遼東，南至南洋，只要是濱海的地帶，無不有天妃廟與天妃祠的足跡。[61]此外，媽祖信仰也逐漸沿著海岸線向內陸發展，對外則同時向世界各地發散。這個時期，鄭和下西洋為媽祖信仰推向世界各地起了積極的作用。要下西洋，必須要做好兩方面的準備：一是綏靖海道，使海上交通順暢，以保證遠渡重洋時人員和物資的安全；二是要建立一支龐大的海上軍事力量，包括巨艦和水師。[62]鑒於宋元兩代460多年對海神天妃的崇尚，明王朝自然選中了媽祖作為護航神祇；傳說鄭和幾乎每一次出洋，都得到天妃之神的幫助。鄭和下西洋，規模之大，人數之多，時間之長，足跡之廣，在中國和世界航海史上都是一個空前的壯舉和奇跡；鄭和開闢了從中國到紅海及東非地區的航道，是海上「絲綢之路」之開拓者。[63]因著鄭和下西洋的時代任務，媽祖庇護鄭和航行的靈應敘事也隨而傳衍，如《天妃顯聖錄‧廣州救太監鄭和》：

永樂元年（1403），欽差太監鄭和等往暹邏國。至廣州大星洋遭風，舟將覆。舟工請禱於天妃。和祝曰：『和奉命出使外邦，忽遭風濤危險，身固
不足惜，恐無以報天子，且數百人之命懸呼吸，望神妃救之』！俄聞喧然鼓吹聲，一陣香風颯颯飄來，宛見神妃立於桅端。自此風恬浪靜，往返無虞。歸朝復命，奏上，奉旨遣官整理祖廟。和自備寶鈔五百貫，親到湄嶼致祭。[64]

鄭和下西洋是中國海洋事業的一道異彩，除了促成媽祖信仰向海外推衍外，媽祖信仰圈也隨而擴衍，並因應時勢而衍出媽祖庇佑使官的靈應故事。

明代以降，媽祖信仰發展除了商人貿易與船夫沿著東側海岸線與漕運路線傳衍外，隨著海外貿易以及鄭和下西洋等壯舉，許多福建海外移民逐漸增多。他們能順利到達目

60 《天妃顯聖錄‧怒濤濟溺》，收入《媽祖文獻史料彙編（第二輯）著錄卷‧上編》，頁96。
61 林明峪：《媽祖傳說》，頁183。
62 參見吳國平：《瓣香湄洲》，頁98。
63 參見吳國平：《瓣香湄洲》，頁102。
64 《天妃顯聖錄‧廣州救太監鄭和》，收入《媽祖文獻史料彙編（第二輯）著錄卷‧上編》，頁97。

的地，往往歸功於媽祖的保佑，為了酬謝海神，又往往建廟修祠。[65]大抵而言，明代以降媽祖信仰拓展海內外，並經由海上貿易、移民而走向世界各地。這種海外信仰傳播主要分西太平洋區域和跨太平洋橫渡兩條航線，西太平洋區域有兩個主要方向：一是東北向的朝、日航線；二是南向的東南亞航線。後者是中國大陸向海外移民最多的地方之一。[66]觀察明代媽祖信仰的發展，最為顯著的特點之一便是媽祖信仰的拓衍已開始擴及海外各國，包含日本、琉球、馬來西亞、菲律賓等地都出現新建的媽祖廟。到了清代，新加坡、泰國、緬甸、越南、韓國以至於美國、加拿大等國也紛紛出現媽祖信仰的據點。

綜合以上媽祖的立廟情形看來，從宋初迄清末，在信仰史上，總共有過四度熱潮：第一度是南宋偏安臨安，緊鄰莆田的地界；第二度是元朝漕運的重視；第三度是明朝鄭和下西洋的帶動；第四度則是清朝時在臺灣所掀起空前絕後的顯赫。[67]大海，是神秘莫測而資源無限的地方。媽祖信仰，起於海洋事業勃興的宋元，經明、清中國遠洋貿易的發展，傳播更為廣佈。[68]媽祖信仰就在航海和對外文化交流的背景下，以海洋場域作為其信仰發展的核心空間，一步一步地經由漁人、海商、移民、水師等人群將其信仰與故事傳播至中國沿海各地。關於媽祖信仰在大陸沿海地區空間的傳播，大致以福建省莆田為核心地，一為北傳至浙江、江蘇、山東、河北、遼寧；一為南傳至廣東、海南，下述略述中國沿海各省份媽祖信仰的發展概況：

（一）福建省

據《莆田市志》所載，2001年福建省約有806座媽祖廟。[69]關於媽祖信仰在福建的傳播情形，李獻璋《媽祖信仰研究》：「北宋末的元祐初年(1089)在設置泉州市舶司這一令人興奮的情況下，媽祖作為鄉土神發祥於舟師聚居的寧海，受到居民的信仰。宣和五年，在村的舟師駕駛的高麗冊封使船遭難時顯靈。宋廷賜廟額以後，信仰急速擴展。紹興二十六年(1156)豐惠夫人之後，附近的白湖、江口和風亭等地便相繼產生祭祀。……。從此開始，媽祖由船商傳播到杭州、寧波等地，不久又向廣州傳播，信仰普及閩浙，在莆田縣到了家家戶戶祭祀的那種地步。」[70]關於福建媽祖信仰的發展情形，徐曉望《媽祖信仰史研究》特別闡釋明清以來福建省媽祖信仰的發展，並提出清末民初福建全省的媽祖廟應在1000－1500座之間，分佈於舊時福州府、泉州府、龍岩州、福寧府、漳州府等地，可以略見福建省媽祖信仰的普遍性。[71]

---

65 吳國平：《瓣香湄洲》，頁。

66 參見吳國平：《瓣香湄洲》，頁140。

67 林明峪：《媽祖傳說》，頁186－187。

68 安煥然：〈海洋與母性——關於媽祖文化的思考〉，馬來西亞雪隆海南會館（天后宮）媽祖文化研究中心媽祖文化國際研討會，2005年4月24日。

69 莆田市地方志編撰委員會編：《莆田市志》（北京：方志出版社，2001年）。

70 李獻璋：《媽祖信仰研究》（澳門：澳門海事博物館，1995年），頁155。

71 徐曉望：《媽祖信仰史研究》（福州：海風出版社），頁310。關於福建省媽祖信仰的研究，黃睦平〈略論媽祖在閩北信仰與民俗〉（2006年）、孫英龍《漳州媽祖文化》（2010年）等則針對福建省內的地域性媽祖信仰來作為討論範圍。

漳州地區媽祖信仰興盛，漳浦烏石天后宮享有盛名。

（二）浙江省

據《莆田市志》所載，2001年浙江省約有158座媽祖廟。媽祖信仰在南宋就已傳入浙江，寧波東渡門外靈濟廟、杭州艮山門外順濟聖妃廟、嘉興碧海坊天妃廟、舟山城南天妃廟、台州城東天妃廟等媽祖廟都肇建於南宋。李獻璋《媽祖信仰研究》：「北宋末期以來，福建船商頻繁地赴鄞（寧波）和臨安進行貿易，媽祖是由他們帶到了江浙。紹興初年，宋朝雇募福州各縣的明洲、定海、定海和宋江府。紹興末年福建船在膠西之捷和采石之戰立下奇功，擊退打算入侵臨安的金軍。人們受此刺激，不久開禧年間重修的臨安聖妃廟（俗稱艮山祠）成立。紹熙年間在鄞地也建立了靈慈廟。」[72]。近來，黃浙蘇《信守與包容－浙東媽祖信俗研究》針對浙東沿海各地的媽祖廟分佈作過調查，包含寧波、鎮海、寧海、象山、舟山、紹興等地區的媽祖廟多有分佈，並從海上絲綢之路分析媽祖俗信的發展，探討媽祖信俗在浙東的發展與傳播。[73]

72 李獻璋：《媽祖信仰研究》，頁162。

73 黃浙蘇：《信守與包容－浙東媽祖信俗研究》（杭州：浙江大學出版社，2011年7月）。此外，湯力維《媽祖信仰在舟山群島的傳播、分佈及意義》（浙江海洋學院碩士論文，2012年）、陳煥文〈媽祖信仰及其在寧波的影響〉、俞信芳〈從媽祖的早期文獻看造神過程—謙論媽祖與寧波的關係〉、劉福鑄〈論浙江乍浦的媽祖信仰特色〉、樂承耀〈寧波海運與媽祖信仰〉等則針對較小的區域作媽祖信俗調查與研究。

(三) 江蘇省、上海市

據《莆田市志》所載，2001年江蘇省約有74座媽祖廟。媽祖信仰在南宋就已傳入江蘇省，江蘇淮安郡城靈慈宮、鎮江豎土山東聖妃廟、上海黃浦江順濟廟、南京盧龍山聖妃廟、蘇州郡北中路橋靈慈宮、上海市舶司左南聖妃宮、泰州樂真橋北聖妃廟等媽祖廟都肇建於南宋時期，可見這個區域媽祖信仰的發展頗早。蘇州在元代為漕運官署所在，由蘇州出發的漕運有海運、河運二路，海運經昆山、太倉、劉家港入長江出海，河運由運河北上，為了漕運的安全與祭祀需求，媽祖信仰在漕運要站陸續建祠拓衍。[74]

至於媽祖在上海地區的發展情形，吳麗麗《上海地區媽祖信仰研究》：媽祖信仰從宋代開始傳入上海，經過元明兩代的發展，於清代達到鼎盛時期。上海地區擁有大量官建媽祖廟和會館媽祖廟，主要分佈在沿海、沿江碼頭以及商貿中心地帶。[75]

(四) 山東省

據《莆田市志》所載，2001年浙江省約有37座媽祖廟。媽祖信仰是在元代傳入山東的，李獻璋《媽祖信仰研究》：「出東及其以北的媽祖信仰是元廷奠都北京（大都）後為調運江南糧食供給京城而開始海運傳去的。漕運船為休息、給水、候風或避難要進入途中的港灣，從而漕戶或者地方官和漕運在其適當的停泊地建造祈求航行安全的祠廟。……媽祖專門隨著元廷的糧食漕運而傳到了山東與河北。但是煽動尊奉東海和東嶽泰山之神，民間普遍信仰龍王、五龍、龍女等龍神及玉女（碧霞元君，俗稱娘娘）；加之河北祭祀古代理想帝王一堯、舜和黃河神、海神等的祠廟眾多；同時在航海方面有河、海、神，在產育方面玉女的信仰強烈，媽祖進入的餘地自然少了。這些都是媽祖信仰不振的原因。」[76]關於山東省媽祖信仰的發展情形，閻化川〈媽祖信俗在山東的分佈、傳播及影響研究〉[77]以及《媽祖信仰的起源及其在山東地區傳播史研究》[78]有較為詳盡地說明，主要為：

1.據其掌握的資料，山東的媽祖廟約有39處，主要分佈在沿海各州縣，隨著漕運線路的延伸而深入到山東，最南端到達菏澤的曹縣，最北端到達德州。

2.媽祖信仰是在元代傳入山東的，從宋代至清代，在山東地區有史可稽的媽祖廟數量已達40處之多，山東東南、東北瀕臨黃海、渤海，沿海的港灣、島嶼因為海運航線(東)途經而建有很多媽祖廟，而山東西北的德州、西南的荷澤(曹縣在菏澤最南即山東的最南端)、濟寧、聊城(茌平)這些內陸地區因為京杭運河航線(西)等流經，也都建有媽祖廟。

---

74 參見馬書田、馬書俠：《全像媽祖》（南昌：江西美術出版社，2007年1月），頁159－160。

75 吳麗麗：《上海地區媽祖信仰研究》（華東師範大學碩士論文，2010年）。

76 李獻璋：《媽祖信仰研究》，頁163、166－167。

77 閻化川：〈媽祖信俗在山東的分佈、傳播及影響研究〉，《世界宗教研究》，2005年3期，頁126－137。

78 閻化川：《媽祖信仰的起源及其在山東地區傳播史研究》（山東大學博士論文，2006年）。關於山東省媽祖信仰的發展情形，陶道強〈南神北上的境遇—論明清時期山東的媽祖信仰〉（2008年）、楊帆〈近代煙臺地區的媽祖信仰〉（2013年）等也有所討論。

山東廟島顯應宮有「天妃北庭」之譽。(圖像提供：田茂泉)

3.媽祖廟在山東東部(東線傳播)和西部(西線傳播)的空間分佈規律，受山東境內當時海運與河運興衰情況的影響很大。元代海運發達，媽祖信仰在東線得到迅速發展。明代廢除海運，河運崛起，致使媽祖信仰在東線傳播受到局限，在西線傳播得到推動。總體而言，東線媽祖廟的分佈密度要大於西線。

(五) 河北省、天津

據《莆田市志》所載，2001年河北省約有15座媽祖廟、天津21座媽祖廟。媽祖信仰在元代傳入河北省以及天津地區。關於河北、天津等地媽祖信仰的發展情形，依據尹國蔚〈媽祖信仰在河北省及京津地區的傳播〉[79]的研究成果可以發現：

1.河北及京津地區的媽祖信仰，隨著漕糧北運自東南沿海傳播而來。代表媽祖信仰存在的第一座天妃宮在元泰定三年出現以後，至清代，天妃或天后宮廟的數量已達35處之多。這些宮廟絕大部分為元、明兩代所建。

2.根據這些宮廟的形成時間及分佈情況推測，元代的媽祖信仰是沿海河、北運河及天津以北渤海沿岸地區傳播的。到明代，沿海繼續向北推進到山海關，沿灤河向內地推進到長城南側，並由天津向南沿南運河兩側擴展。

3.媽祖信仰在河北及天津地區分佈的時空特徵，是由於當時全國經濟中心和政治中心的

79 參見尹國蔚：〈媽祖信仰在河北省及京津地區的傳播〉，《中國歷史地理論叢》，2003年第12期，頁134－138。另，孫曉天〈河北省媽祖信仰調查研究〉(2011年)、劉福鑄〈北京的媽祖信仰綜考〉(2008年) 也針對河北省、北京的媽祖信仰展開調查與資料分析。

分離，需要東南大批漕糧北運而形成的。元、明時期海、河運輸路線的差異，以及兩朝國都所在地區軍事形勢和軍事力量佈置上的差異，使明代媽祖信仰分佈的範圍與元代有所不同，並比元代有所擴大。

(六) 遼寧省

據《莆田市志》所載，2001年遼寧省約有30座媽祖廟。關於遼寧省媽祖信仰的發展情形，張曉瑩《媽祖信仰在地化的人類學研究—以遼南為例》[80]以及〈遼南媽祖信仰的形成〉[81]的研究成果可以發現：

明代以前遼南的沿海貿易為媽祖信仰傳播奠定基礎，明初海上漕運使媽祖信仰傳至遼南。依靠海運而來，沿渤海、黃海、遼河沿岸發展；因明軍水師平定邊疆在遼南紮根，官方色彩濃厚；明中後期以後，隨著遼南沿海的開放，媽祖信仰逐漸民間化；清代的遼南天后宮位於市鎮中心，由閩粵、江浙、山東海商興建為會館天后宮，與商業經濟活動關係密切；清末遼南全面開放，闖關東移民促使媽祖信仰達到高潮。

(七) 廣東省

據《莆田市志》所載，2001年廣東省約有190座媽祖廟。南宋時，媽祖信仰就傳到了廣東。廣州崇福無極夫人廟、東莞宮廳頭天妃廟、南澳深澳鎮天后宮建於南宋。李獻璋《媽祖信仰研究》：廣東地區的媽祖祠祀，元代不特別發達，但進入明代，隨著征南將軍廖永忠的建祠及派往南海經略的鄭和等的大小船隻頻繁往來廣東，常蒙媽祖靈祐而受刺激，媽祖信仰大為普及。至清代，康熙二十年臺灣收復後，海禁緩和。隨著南北通交活耀，廣東和大陸各地沿岸一樣普遍建立媽祖廟。[82]王芳輝《廣東媽祖信仰研究》[83]的研究指出：廣東建立媽祖行祠的最早時間無考，最遲至13世紀，德慶、韶關、南雄、潮州、香港及廣州均已建有媽祖廟。迄今所知廣東最早的媽祖行祠，為于德慶郁南一帶(時稱晉康)，宋時稱聖妃祠，乃是地方官員祈雨之所。根據現有資料，宋元時期，大量移民南下，廣東的土地得到大面積墾殖，米糧等農產品的商品化促進了海上及內河航運的發展，媽祖信仰隨著移民及流動于閩、粵之間的官員、舟師、海商等群體傳入廣東，不過媽祖行祠分佈較為零星而分散。明代媽祖廟宇的傳播不但在地理上有所擴張，再受眾方面也縱深發展，出現了粵不綸貴者、戰者、貧者、富者、舟者、陸者，莫不香火妃，而妃亦遂

---

80 張曉瑩：《媽祖信仰在地化的人類學研究——以遼南為例》(中國人民大學人類學專業博士論文，2011年)。此外，孫曉天《遼寧地區媽祖文化調查研究:以東港市孤山鎮為例》(2011年)是第一部全面系統研究遼東媽祖文化的專著，在吸取前人研究成果的基礎上，作者比較全面地梳理出媽祖信仰在遼東傳播的歷史脈絡。

81 張曉瑩：〈遼南媽祖信仰的形成〉，《福建論壇(人文社會科學版)》，2011年6期，頁105－109。

82 李獻璋：《媽祖信仰研究》，頁176。

83 王芳輝：《廣東媽祖信仰研究》(中山大學博士論文，2009年)。此外，辛秀琴〈潮汕地區媽祖信仰探略〉(2011年)、鄧格偉〈粵西的媽祖信仰淵源及現狀〉(2007年)以及李慶新、羅燚英〈廣東媽祖信仰及其流變初探〉(2011年)等也針對廣東省媽祖信仰展開調查與資料分析。

瀋陽天后宮由福建商會團體等興建而成。

受之其手足的局面。清代廣東媽祖信仰之盛不亞于福建，大量媽祖行祠繼續創修，眾多以媽祖為主神的會館相繼建立。

（八）香港、澳門

據《莆田市志》所載，2001年香港約有56座媽祖廟、澳門約有3座媽祖廟。關於香港媽祖信仰的概況，李天錫《海外與港澳台媽祖信仰研究》[84]的研究指出：早期，福建人大量移居香港，促使媽祖信仰在香港得以廣泛傳播；從目前有關史料可知，北佛堂天后廟建於南宋。元至正年間，九龍地區建媽祖廟；明代媽祖信仰陸續地在香港地區傳播；到了清代中期，媽祖廟逐漸增多；迄於現今，媽祖仍是香港居民最虔誠的民間信仰神祇之一。

至於澳門媽祖信仰的發展，華方田〈媽祖崇拜：澳門的民間信仰〉[85]的研究指出：媽祖信仰在澳門的傳播源自於明萬曆年間（1605）媽祖閣的建立。除媽閣廟外，澳門自明以來共有八處拜天后的地方，如：蓮峰廟，因其建于媽閣廟之後，又稱娘媽新廟，又因其奉祀天后和觀音，故又稱慈護宮；還有建1785年前的幽仔天后宮、建成於1677年的關帝

84 李天錫：《海外與港澳台媽祖信仰研究》（北京：華夏出版社，2008年8月）。
85 華方田：〈媽祖崇拜：澳門的民間信仰〉，《世界宗教文化》，1999年第2期，頁56－57。

天后古廟、建成於1792年前位於望廈康真君廟內的天后聖母殿、建成於1865年位於漁翁街的天后古廟以及傳說中比媽祖閣更早的馬交石天后古廟。

(九) 海南省

據《莆田市志》所載，2001年海南省約有41座媽祖廟。關於海南省媽祖信仰的發展，薛世忠〈媽祖信仰在粵瓊地區的傳播及影響〉[86]通過查閱廣東、海南兩省60多部方志,收集有關媽祖宮廟的記載資料,並以之為基礎，探討媽祖信仰在粵瓊地區傳播的特點、影響以及蘊含的意義。王元林、鄧敏銳〈明清時期海南島的媽祖信仰〉[87]則從地理分佈上看，指出海南媽祖廟數量多，分佈範圍廣，主要分佈在沿海地帶或江河交匯處，內文提出：

明清海南島上共有媽祖廟47座，除了4座是元朝所建外，其他43座均建於明清時期。元所建的4座廟宇，分別在瓊山縣、萬州、崖州和感恩縣內，此4地均靠近海岸，故媽祖廟首先在沿海一帶出現。明清時期，媽祖廟遍佈各個州縣，且個別地方數目還相當可觀，最多的是文昌縣，共出現過11座，其次是萬寧縣，有7座。與明清時期雷州的23座媽祖廟相較，瓊州府媽祖廟的數量是雷州府的2倍，足見海南島信奉媽祖之風之盛。

由於媽祖為海上和水上保護神，故媽祖廟多建於臨海要津之道或港口附近，以便海上或水上居民，尤其是商人祭祀之需。除了依「水」而建的媽祖廟外，其他多數則建於城邑、街道或墟市等商業繁華地帶。

(十) 廣西省

據《莆田市志》所載，2001年廣西省約有38座媽祖廟。關於廣西媽祖信仰的發展，欽州、賀縣、桂平媽祖廟在明代建立，滕蘭花〈清代廣西天后宮的地理分佈探析〉[88]則針對廣西省的媽祖信仰分佈有了比較詳細的說明，內文提出：

1.清代廣西各地的天后宮分佈並不均衡，存在著很明顯的東多西少的格局。清代廣西的天后宮共有62處，大多分佈在桂東地區，即桂林府、平樂府、梧州府、郁林直隸州、潯州府、柳州府、廉州府等地，共51處，占天后宮總數82.26%；桂西地區南寧府有6處，思恩府1處、太平府3處，鎮安府1處，總數為11處，占天后宮總數的17.74%。天后宮的地理分佈呈現東多西少的空間差異。

2.廣西天後宮多分佈在水陸交通便利的城鎮或圩鎮，多數廟址臨江。如潯江是西江上游

---

86 薛世忠：〈媽祖信仰在粵瓊地區的傳播及影響〉，《莆田學院學報》，2006年04期，頁78－80。另，陳小力〈地方信仰與國家認同—基於粵瓊地區媽祖信仰的考察與研究〉(2013年) 針對廣東、海南的媽祖信仰進行分析。

87 王元林、鄧敏銳：〈明清時期海南島的媽祖信仰〉，《海南大學學報人文社會科學版》，第22卷第4期，2004年12月，頁381－386。

88 滕蘭花：〈清代廣西天后宮的地理分佈探析〉，《中國邊疆史地研究》，第17卷3第3期，2007年9月，頁89－100。近來，郭文娟《清代桂中地區的媽祖信仰研究》(廣西民族大學碩士論文，2013年)則針對廣西省桂中地區媽祖信仰進行研究。

的重要河段，桂平剛好處於郁江和黔江交匯處，東可順潯江至梧州，北可沿黔江達柳州，西可溯郁江深入左、右江流域，這樣的地理位置自然使桂平成為商旅雲集之地。大量的外省籍商人聚集桂平經商，他們建立會館以維繫感情，祭祀天后以祈求平安。天后宮多分佈在桂東地區，桂西地區分佈較少，這與廣東會館在桂東與桂西地區的空間分佈狀況緊密聯繫起來，反映了廣東商幫在桂東地區的影響力強于桂西地區的現實。天后宮的空間分佈實際上就是廣西各地區廣東商幫的勢力分佈的折射。

二、中國沿海地區媽祖故事的演變

媽祖信仰的核心點、核心地的確影響著媽祖故事圈的拓衍與媽祖故事類型的發展。再者，從媽祖信仰空間來觀察媽祖故事的發展，也可以發現媽祖故事繫於信仰空間而產生若干疊合或演變的現象，本處從媽祖俗信空間的聯繫與其故事的疊合、神祇信仰的空間疊合與媽祖故事的演變來探討，分析媽祖在中國沿海地區的信仰空間與故事傳衍的關係。

漢人民間信仰頗為發達，各種神明以有靈即興而在各地傳衍，自然媽祖信仰在傳播過程中勢必會與其他神明的信仰產生交錯、疊合的情形，尤其是媽祖信仰空間的拓衍過程中，媽祖信仰如何與其他他女神信仰競合或融受而衍化發展，這是觀察媽祖祖信仰是否存有空間差異的切入點之一。

媽祖信仰發軔於宋代，以中國福建省莆田地區為核心地開始沿海岸線拓衍，宋元時期以來，中國東側沿海各省分的民間信仰出現了信仰廣佈的三位女神信仰，分別是媽祖、觀音大士、泰山女神碧霞元君，其中觀音信仰更是首屈一指的女神代表。媽祖信仰蘊發於莆田地區，以地理空間來說，概處中國南方海岸線，閩粵海岸線成為媽祖信仰的核心地區，南方海岸縣逐漸衍為媽祖信仰的大本營。宋代以來，媽祖信仰以南方海線為基礎，開始向北拓衍，在媽祖信仰向北拓衍的過程中遭遇了觀音信仰、碧霞元君信仰的挑戰，從而媽祖形象與其信仰敘事在不同的空間中也有不同的發展趨勢。

唐代以降，觀音逐漸以女神形象普遍地流傳於各地，民間俗信漸次以妙善公主傳說作為觀音身世的詮釋，諸如為宋代普明禪師所作《觀世音菩薩本行經》（後改稱《香山寶卷》）便是如此說法。同時，五代以後，浙江省南海普陀山也逐漸衍為中國觀音信仰的核心點，傳聞普陀山便是觀音修形得道處。浙江省南海普陀山為中國四大名山之一，位於浙江省舟山市普陀區舟山群島上，是觀世音信仰的聖地，也是中國觀音俗信的信仰核心點。就民間信仰發展而言，媽祖信仰的發軔地莆田以至於福建沿海雖然也早有觀音信仰，但媽祖以在地神祇之姿而拓衍其信仰貼合了民俗心理的土親之特點，因此頗為快速地在閩粵沿海河一帶成為信仰主流。宋元時期，媽祖信仰已越過福建省而向北推衍至浙江、江蘇兩省沿海，從民間信仰來觀察，或許也可以這樣說－媽祖信仰滲入觀音信仰圈的核心地－浙江省南海普陀山以及周遭，雖然媽祖信仰仍然在江浙一帶建立了不少的信仰據點，但是媽祖形象與觀音形象的疊合在江浙一帶也是頗為明顯的。元·黃四如〈聖墩順濟祖廟新建蕃釐殿記〉：

> 按舊記，妃族林氏，湄洲故家有祠，即姑射神人之處子也。泉南、楚越、淮浙、川峽、海島，在在奉嘗；即補陀大士之千億化身也。[89]

該文指出媽祖信仰北向擴及淮浙，並首度直指媽祖為「補陀大士之千億化身」，這樣說法極有可能是媽祖信仰傳入江浙後所衍生的民間傳說，因為江浙沿海一帶為觀音信仰的核心地周遭，因此媽祖信仰進入江浙後便與觀音形象產生更多的疊合現象；亦即元代以後媽祖信仰在閩粵沿海一帶雖然也有觀音血脈的親緣關係之詮釋，但媽祖信仰與其神祇形象仍是獨立而鮮明的。不過，媽祖信仰進入江、浙一帶後，當媽祖信仰與觀音信仰核心地接觸後，媽祖與觀音形象的疊合造成了媽祖獨立形象的模糊化，媽祖信仰某種程度上依附觀音信仰而推波助瀾。進入元代，媽祖信仰從江蘇省海岸線向北推衍至山東省、天津市，媽祖形象與觀音信仰疊合的情形更加明顯，甚至媽祖信仰被視為就是觀音信仰。如民國·牛占誠等修、周之楨（1861—1933）等纂《茌平縣志·地理志》：

> 天妃宮：天妃係海神，為閩省林氏女，以童貞得道，亦號普門大士，有稱廣大靈感觀世音天妃。清時神靈煊赫，洋溢海隅，累受敕封號稱天上聖母。昔時海船若遇風浪，苟長跪高呼天后，空際即有紅燈一盞來往桅上，立獲平安，法甚靈異若此。《華經普門品》謂為觀世音三十二應之身，而《說部》則謂天后亦稱媽祖。航海遇急，呼天后不如呼媽祖應急，蓋呼天后須待整列隊仗而行；若呼媽祖則開聲立至，故沿江沿海各州縣多祀之。茌宮在城北三十里，今已圮矣。[90]

民國·白鳳文等修、高毓浵（1877—1956）等纂《靜海縣志》土地部·寅集·建置志：

> 天妃宮：在縣城西門內迤南，已廢。按天妃海神，閩之林氏女。以童貞得道，神靈喧赫，洋溢海壖，累受敕封，號稱天上聖母。海船遇風濤危險，長跪高呼天后，空際有紅燈一盞來往桅上，立獲平安。《法華經普門品》云：或漂流巨海，龍魚諸鬼難念彼觀

---

89 黃四如：〈聖墩順濟祖廟新建蕃釐殿記〉，收入《媽祖文獻史料彙編（第一輯）碑記卷》，頁10。

90 牛占誠等修、周之楨等纂：《茌平縣志》，收入《媽祖文獻史料彙編（第三輯）方志卷·下編》（福州：海風出版社，2011年9月），頁200。

> 音力波浪不能侵，自來尋聲救苦，惟普門大士有呼必應，故稱廣大靈感觀世音。天妃殆觀世音三十二應之身歟，不然何靈異若此？《說部》載：天后亦稱媽祖，海航遇危急呼天后不如呼媽祖之捷，謂呼天后須待整列隊仗而行，呼媽祖則聞聲立至也，理或然歟。[91]

茌平縣位於山東省聊城市，靜海縣是中國天津市西南部。從這些方志的記錄來看，媽祖信仰與其形象在江浙以北更為模糊，一些地方更直指媽祖為觀世音三十二應之身，因此媽祖出現普門大士、廣大靈感觀世音天妃的稱號。媽祖信仰除了在華北地區與觀音信仰與形象產生疊合外，媽祖信仰經由江浙二省更往北推移至山東、天津、河北時，接觸到盛行於華北地區的碧霞元君女神信仰，同樣地媽祖與碧霞元君也產生信仰與形象的疊合之發展趨勢。

碧霞元君信仰始於漢代，據《玉女卷》：「漢明帝時，西牛國孫甯府奉符縣善士石守道妻妻金氏，中元七年甲子四月十八日子時生女，名玉葉。貌端而生性聰穎，三歲解人倫，七歲輒聞法，嘗禮西王母。十四歲忽感母教，欲入山，得曹仙長指，入天空山黃花洞修焉。天空蓋泰山，洞即石屋處也。山頂故有池，名玉女池；旁為玉女石像。」由之可見漢時有泰山神女的故事，漢代人在泰山頂上雕刻神女石像，並於極頂修建玉女池奉祀。碧霞元君信仰發軔於中國五嶽之尊的東嶽泰山，位於山東省泰安市，屬於山神信仰，俗稱「東嶽泰山天仙玉女碧霞元君」、「泰山娘娘」、「泰山老母」、「泰山聖母」等。明代中葉後大盛於華北，並擴展到長江和淮河以北，在山東和河北幾乎每個縣都有碧霞元君廟，是中國北方地區很具號召力的民間俗神，因而民間有「北元君、南媽祖」或「北聖母、南媽祖」的說法。有趣的是，碧霞元君信仰在南向傳播時也與觀音信仰產生疊合，因而中國南方部分地區也稱其為「送子觀音」，從而可見觀音信仰在中國民間信仰的代表性與號召力。元明兩代以來，媽祖信仰從江蘇省海岸線向北推衍至山東、河北、天津時自然與碧霞元君信仰相遇，媽祖信仰在與觀音信仰容受後已弱化其獨立的形象，因此再北向傳衍至山東、天津一帶時，再度與其他北方流行隆盛的泰山娘娘女神信仰相逢，衍生媽祖信仰依附在碧霞元君信仰的情形。清·汪楫（1626—1689）《使琉球雜錄》：

> （康熙二十一年）入朝見高麗、土魯番諸國朝賀，中有黃首帕者數人，聞知為琉球貢使。三月始奉有選擇出使之命，與中書林麟焻同應選……後行經杭州，登吳山，致祭唐越國公祖廟，廟之左有天妃宮。天妃為海道正神，臣方疏請諭祭。因肅謁，見懸幡累累，皆大書碧霞元君，驚呼道士問之，未得其詳。越日，過孩兒巷天妃宮，得《天妃經》一

91 白風文等修、高毓浵等纂：《靜海縣志》，收入《媽祖文獻史料彙編（第三輯）方志卷·下編》，頁254。

函，其後詳書歷朝封號，始知碧霞元君為崇禎十三年加封天妃之號……天妃，莆田林氏女也……明太祖封昭孝純正孚濟感應聖妃，成祖封護國庇民妙靈昭應弘仁普濟天妃，莊烈帝封天仙聖母青靈普化碧霞元君，已又加青賢普化慈應碧霞元君。[92]

汪楫為明末清初，安徽休寧人士。其《使琉球雜錄》言「天妃為海道正神，臣方疏請諭祭。因肅謁，見懸幡累累，皆大書碧霞元君」，又言「其後詳書歷朝封號，始知碧霞元君為崇禎十三年加封天妃之號」，從而可以窺見媽祖與碧霞元君信仰的疊合情形。道光年間張本、葛元昶纂《重修蓬萊縣志》言「（乾隆）五十三年加封顯神贊順慈惠碧霞元君」[93]，蓬萊縣位於山東省煙台市，此方志載媽祖為官方加封碧霞元君一事顯見媽祖與碧霞元君的疊合情形已在民間展開。關於媽祖信仰與碧霞元君的疊合，鄭麗航〈天妃附會碧霞元君封號考〉：

細觀媽祖信仰的發展脈胳，不難發現，至明為止，雖然其信徒已從沿海地區發展到一些河運區域，但並沒有廣泛深入北方及內地。特別是北方地區，明代民眾信仰最盛的還是泰山女神……。因此，顧頡剛先生稱她為北方民眾心目中的女神。其中尤以山東、北京、天津、河北、遼寧、山西等地的碧霞元君廟，又名泰山行祠、娘娘廟為最多。因而，到了清初，為了吸引更多的北方信徒，道士們應該是有意識地挑選了這個當時在北方民眾中已是耳熟能詳的封號，把天妃與碧霞元君聯繫到了一起，天仙玉女碧霞元君、天仙聖母碧霞元君兩個封號是何其相似，看來古代的道教士已深諳炒作之術。[94]

該文指陳道士把天妃與碧霞元君聯繫到一起藉以吸引更多的北方信徒，這樣的說法或許有待商榷，然而不容否認的是－媽祖信仰依附於碧霞元君而產生形象疊合的敘事。整體而言，媽祖信仰與其故事傳衍至至江浙一帶，經與觀音信仰文化融合後，媽祖獨立形象已有模糊化的趨勢，元·劉遵魯《漠島記》：

海之半有山曰漠島，廟曰靈祥，神曰顯應神妃，鲁民相傳為東海廣德王第七女。元得江南凡二十載，糧運所過，無風濤之險，豈非神明有以助之也！[95]

---

92 汪楫：《使琉球雜錄·神異》，收入《媽祖文獻史料彙編（第一輯）散文卷》，頁83－86。
93 張本、葛元昶纂：《重修蓬萊縣志》，收入《媽祖文獻史料彙編（第三輯）方志卷·下編》，頁211。
94 鄭麗航：〈天妃附會碧霞元君封號考〉，《莆田學院學報》第12卷第6期，2005年12月，頁84－85。
95 劉遵魯：《漠島記》，收入《媽祖文獻史料彙編（第一輯）碑記卷》，頁40。

此文指出元代山東一帶相傳媽祖為東海廣德王第七女，此說法或源於宋·丁伯桂〈順濟聖妃廟記〉：「神莆陽湄洲林氏女，少能言人禍福，歿廟祀之，號通賢神女，或曰龍女也。」[96]而來，然龍女之說衍為龍王之女在媽祖信仰核心地莆田以至於閩粵一帶未見多作詮釋，山東地區衍為龍王之女的說法或與媽祖形象在此模糊化有關，因形象模糊而留於當地居民更多的想像空間，從而衍生媽祖為東海廣德王第七女之說。再見明·陸深（1477—1544）《儼山外集》卷七：

天妃宮，江淮間濱海多有之。其神為女子三人，俗傳神姓林氏，遂實以為靈素三女。太虛之中，唯天為大，地次之，故制字者謂一大為天，二小為示。故天稱皇，地稱后，海次於地者，宜稱妃耳。[97]

陸深（1477－1544）為南直隸上海縣人。其所記媽祖衍為三人，媽祖的身世更轉為林靈素（1075－1119）之女，由此可見媽祖信仰在經與觀音信仰核心地交融後已不若原來信仰面貌。媽祖信仰及其形象在江浙傳衍後，更往北向傳播時，媽祖與碧霞元君信仰交融後，其獨立的形象更加模糊，因此中國山東與華北地區的媽祖信仰除了直接被視為是觀音、碧霞元君外，甚至連媽祖出生、家世都有異說，如清·于成龍（1617－1684）修、郭棻（1622—1690）纂《畿輔通志》卷之第九：

河間府天妃宮：在靜海縣。俗傳其神為林靈素三女。宋宣和中遣使使高麗，中流遭風，賴神以免。使者歸，上其事於朝，詔許祀。有丘濬潛碑記。[98]

康熙年間的《畿輔通志》大抵以河北省一帶為書寫地域，此志書所述媽祖為北宋末著名道士林靈素之三女，屬於温州（屬浙江省）人士，這樣的說法讓媽祖身世離開了福建省莆田，連其父親也演變為道士林靈素，相較於媽祖信仰核心地福建莆田的媽祖身世傳說已經產生極大的變異。媽祖信仰文化其形象在華北地區的變化相較於華東地區不可謂不小，該地域甚至沿襲陸深《儼山外集》所言－媽祖為三人的說法，成書於清乾隆年間的《永平府志》：

天妃宮（一名廟）灤州在治西門外。（按：江淮之間多祀天妃。其神為女子三人，俗傳神姓林氏，司馬溫公謂水陰類神當為女子。太虛之中天為大，故天稱皇，地稱後，海

96 丁伯桂：〈順濟聖妃廟記〉，收入《媽祖文獻史料彙編（第一輯）碑記卷》，頁2－3。
97 陸深：《儼山外集》卷七，收入《媽祖文獻史料彙編（第一輯）散文卷》，頁25。
98 于成龍修、郭棻纂：《畿輔通志》，收入《媽祖文獻史料彙編（第三輯）方志卷·下編》，頁232。

次於地，宜稱妃耳。元通海運，郡多濱海，故祀之，俗稱聖母廟）[99]

永平府包括現河北省秦皇島大部地區、唐山大部地區以及遼寧西南部地區，這本方志所記的媽祖成為三女子已非原來福建莆田的媽祖面貌。整體而言，媽祖信仰往北推移的過程中，媽祖形象與信仰文化本身都產生了變化，如天津媽祖的主要職責轉化為司孕或與觀音信仰融合有關。

觀察媽祖信仰圈的俗信文化，媽祖以福建莆田地區為其信仰核心地，由此擴衍華東、華南地區上仍保存獨立性的形象，再往北拓衍過程中，經過觀音信仰核心地－浙江舟山以及碧霞元君信仰核心地－山東泰安的交融後，華北地區的媽祖信仰呈現出模糊化的發展趨勢，因此在不少關於媽祖的敘事或靈應故事中，媽祖是觀音大士、碧霞元君、林靈素之女、東海廣德王第七女以至於媽祖實為三人的說法紛陳，由之反映媽祖信仰向外傳衍的過程中存有距離愈遠愈缺乏原始形象、典型形象的趨勢。從此等現象來分析，雖然媽祖信仰廣佈世界各地，然而媽祖信漸離信仰核心地，媽祖形象與其信仰敘事也就愈行模糊淡化，這種發展的趨勢是觀察神明信仰圈、神明故事圈衍化過程中可以發現的，亦即神明信仰圈、故事圈會有一個核心點，然而在其核心點往外擴衍的過程中，神明形象與其身世故事隨著距離核心點愈來愈遠而愈來愈模糊，從而衍生許多質變與故事變異的情形。同時，神明信仰因著形象的模糊化也會造成神聖性的降低，亦即媽祖信仰距離核心地莆田越遠，媽祖形象愈模糊、神聖性越低，如大陸浙江省溫嶺縣流傳一則傳說〈天后宮〉：

這天，他紡紗累了，撲在紡車上睏著了。阿媽看見小囡睏在紡車上，就過去推一下。推不醒，阿媽用手朝阿妹頭上拍了一記。阿妹被拍得渾身一抖，猛地抬起頭，張開嘴叫了一聲「阿媽」，臉色馬上變了。他對阿媽說：「阿媽，不得了，不得了！阿爸死了！」阿媽不相信，說：「你別亂講。阿爸出門討海，還沒回來，你怎麼曉得他……」阿妹說：「我剛才做了一個夢，夢見自己和阿爸阿哥在一起。我看見風浪要來了，嘴裡不停念著阿爸的名字，兩隻手裡握著兩個阿哥的名字。阿媽你拍了我一記，我一驚，嘴一張，阿爸從我的嘴掉下去，一定落在海裡了。我兩隻手一直捏著，沒有鬆開，兩個阿哥平安無事。」

果然，討海的船回到岙裡，只有阿哥，沒有阿爸，兩個阿哥在船上哭。岸上阿媽哭，阿妹也哭。阿妹整整哭了一年，哭死了，臨死時還喊著阿爸。

後來皇帝巡視到這裡，聽到這件事，封阿妹為天后娘娘。討海人把娘娘當作自己的保護神，在

99 《永平府志》，收入《媽祖文獻史料彙編（第三輯）方志卷．下編》，頁211。

> 沿海一帶造了不少天后宮，希望天后娘娘保護討海人順風順水，平平安安。[100]

再見大陸遼寧省東溝縣流傳一則媽祖〈成神〉傳說：

> 很久以前，有一家姓林的，全家五口人：爹、娘、兩個兒子、一個閨女。爹和兩個兒子都是使喚船打漁的。
>
> 這一天晌午，閨女睡晌覺。睡著睡著，冷丁咬牙瞪眼，兩隻胳膊夾的登緊。媽一見閨女這樣，隨手打了閨女一巴掌：「小死嫚子，睡覺也不穩當！」
>
> 這一巴掌把閨女打醒了，「登棱」爬起來說：「壞了，俺爹落水了！」
>
> 媽聽了，連忙往窗外看，天晴，一絲兒風也沒有，就瞪了閨女一眼說：「小死嫚子，敢咒你爹！」
>
> 閨女說：「俺爹真落水了。俺爹俺哥他們在深海老洋裡打魚，遭了天氣，我才剛去救他們，嘴裡叼著俺爹，一隻胳膊夾著俺大哥，一隻胳膊夾著俺二哥。你一巴掌打得俺生疼，俺一張嘴，俺爹從俺嘴裡掉進海裡了。」
>
> 半晌，兩個兒子回來了，一見媽和妹妹的面，放聲大哭：「俺爹落水了！」
>
> 媽哭了一陣，問他倆是怎麼回來的。兒子們說：「俺們在深海老洋裡遭了風浪，船翻了，俺爺仨就落了水。不知怎的，就覺得有人用胳膊夾著俺，踩著浪回來了。」
>
> 這就一傳十、十傳百，說老林家閨女是神仙。再找閨女，沒影兒了，再也沒看見。有人說他成了海神娘娘了。[101]

上述兩則傳說有一個共同的現象即是媽祖形象的模糊化，雖然大致的敘事仍類同於《天妃顯聖錄》機上救親的情節，但是顯然講述者對於媽祖的身世故事以及其形象是模糊的，此與該兩地與媽祖信仰的核心地區福建省莆田已漸行漸遠，因此媽祖信仰與其信仰敘事也就越來越淡化，除了此等民間口傳采錄的民間性格外，這兩則傳說或因著距離信仰核心地區越遠，人們對於其神聖性的崇拜也隨而降低，因此媽祖的神聖性愈形降低也是明顯的。以浙江省溫嶺縣流傳〈天后宮〉來說，「阿媽用手朝阿妹（媽祖）頭上拍了一記」、「岸上阿媽哭，阿妹也哭。阿妹整整哭了一年，哭死了，臨死時還喊著阿爸。」此等敘事稱媽祖為阿妹，並說媽祖的母親用手往媽祖的頭一拍而拍醒媽祖，甚至連媽祖都是哭死的，較之閩台媽祖成仙的敘事少了如飛升、端坐而逝的神聖性。

這種神聖性的降低之現象，越往北越明顯，浙江省再向北的遼寧省已距離媽祖信仰的核心地－福建莆田甚遠，媽祖信仰敘事較之浙江省而言，神聖性更見低落，如遼寧省東溝縣流傳媽祖〈成神〉的敘事，言「媽一見閨女這樣，隨手打了閨女一巴掌：『小死嫚

---

100 中國民間文學集成全國編輯委員會：《中國民間故事集成·浙江卷》（北京：中國ISBN中心，1998年），頁410。

101 中國民間文學集成全國編輯委員會：《中國民間故事集成·遼寧卷》（北京：中國ISBN中心，1994年12月），頁148。

子，睡覺也不穩當！』」、「就瞪了閨女一眼說：『小死熡子，敢咒你爹』」，敘事內容出現媽祖遭其母親打巴掌與瞪眼斥責的情節，隨而媽祖形象猶如鄰家的女孩一般，受到父母嚴厲的管教，媽祖神聖性至此已然弱化許多。

大抵而言，觀察媽祖信仰的空間，隨著距離媽祖信仰核心地－莆田越遠，媽祖信仰以及其形象也就越為模糊、不清晰，同時神聖性也因其信仰的模糊化之趨向而降低，此點是媽祖在中國在沿海地區傳衍時可以發現的現象。

第陸章

媽祖信仰故事的新核心：台灣

林明峪《媽祖傳說》指出媽祖信仰史上曾有四度熱潮，其中第四度則是清朝時在臺灣所掀起空前絕後的顯赫。[1]或可言之，台灣雖非媽祖信仰的發源地，卻是現今媽祖信仰文化最隆盛發展的區域，其與莆田湄洲儼然有分庭抗禮之勢，堪稱是媽祖信仰的另一個核心點。

觀察台灣媽祖信仰的發展與媽祖故事的傳播，相較於大陸沿海各省份媽祖信仰與其信仰敘事的發展，台灣可以說是一處新興的漢人拓墾地，在不受既有文化包袱下的人文環境，媽祖信仰與其故事傳入台灣會產生何種變化？台灣媽祖故事與大陸沿海地區所傳衍的媽祖故事又有何不同？台灣媽祖靈故事以何種類型為主？歷來台灣媽祖靈應故事的發展面向為何？這些都是非常有趣而值得進一步地分析的課題。

本章，筆者擬以媽祖信仰相當隆盛得台灣作為考察對象，試著分析媽祖信仰在台灣的歷來演化，並透過中國沿海地區與台灣媽祖故事的比較，來分析台灣媽祖故事的地域性之特點，並進一步地由台灣媽祖故事的演化來闡釋台灣媽祖信仰得以興盛發展的底蘊，以見台灣媽祖信仰發展與其信仰故事的關係。

1 參見林明峪：《媽祖傳說》，頁186－187。

第一節　台灣媽祖信仰的發展概況

宋代以來，媽祖信仰已在中國大陸沿海各地發展起來，尤其是媽祖的家鄉所地在—福建省一帶更是隆盛開展，已然是當地最主要的民間信仰祀神。明鄭以降，隨著閩粵住民移墾台灣的風潮漸興，護航女神－媽祖成為台灣先民渡越黑水溝（台灣海峽）的守護者，從而伴隨著移民的腳步逐漸在台灣落地生根，甚至成為台灣最興盛的信仰神祇。明代以後，媽祖信仰的核心點－湄洲島距台灣的台中僅有70餘海浬，中間僅隔一道台灣海峽，明末清初以來，台灣成為閩粵移民的新天地，其中鄭成功收復台灣和施琅平台引領不少閩粵居民遷徙台灣，這些閩粵的人群移動攜來了媽祖信仰，同時也把蘊生於海洋文化背景的媽祖護航、助戰故事類型傳衍至台灣，這兩種靈應故事類型也貼合鄭成功收復台灣和施琅平台的歷史事件而同步傳播至台灣，如《天妃顯聖錄·燈火引護舟人》：

> 將軍侯施於康熙二十一年十月舟次平海。因謀進取，於十二月二十六夜開船。一宵一日，僅到烏坵洋，因無風不得行，令駕回平海。未到澳而大風倏起，浪湧滔天，戰艦上下，隨濤浮漾外洋，天水淼茫，十無一存之勢。次早風定，差船尋覓。及到湄洲澳中，見人船無恙。且喜且駭曰：『似此風波，安得兩全』？答曰：『昨夜波浪中，我意為魚腹中物矣！不意昏暗之中，恍見船頭有燈籠，火光晶晶，似人挽厥纜而徑流至此』。眾曰：『此皆天妃默佑』！即棹回報上。將軍侯因於康熙二十二年正月初四早，率各鎮營將領赴湄致謝，遍觀廟宇，捐金調各匠估價買料，重興梳妝樓、朝天閣，以顯靈惠。[2]

媽祖助施琅平台的靈應故事頗多，其故事情節基本上大致承媽祖護航免難、媽祖助戰禦敵等故事類型而來，其他又如〈澎湖神助得捷〉、〈託夢護舟〉、〈湧泉給師〉等篇都是媽祖信仰傳衍台灣之初即已衍生的媽祖故事。

整體而言，澎湖天后宮是媽祖信仰進入台灣最早的分佈據點，其後台灣本島在漢人聚落不斷孳長下而漸次肇建媽祖廟。以現存的史料來加以分析，明鄭時期以至於清治初期，台灣本島已陸續出現媽祖廟；分析其原因，與清政府屢次倡言媽祖屢次顯靈助戰而熱烈提倡有關，如：靖海侯施琅克服明鄭勢力，上表歸功於媽祖之庇佑。緣此，康熙23年（1684）媽祖由天妃晉封為「護國庇民妙靈招應仁慈天后」，康熙59年（1712）媽祖被清廷列入祀典，雍正11年（1733）朝廷令各州縣建祠奉祀媽祖、春秋祠祀。官祀媽祖的風氣，也引領台灣民間對於媽祖的信仰，除了清政府在台灣府城、縣城等要地陸續興建官建天后宮外，民間也透過募資方式來興建屬於民祀的媽祖廟。清治初期，台灣各地已出

---

2 《天妃顯聖錄·燈火引護舟人》，收入《媽祖文獻史料彙編（第二輯）著錄卷·上編》，頁102。

湄洲祖廟寢殿(正殿)壁畫以施琅平台的歷史事件為題材。

現一些媽祖廟,這些媽祖廟的出現與其所處地理位置有關,主要有二:

一、居於台灣開拓的發端－台南府城一帶:如台南大天后宮、台南開基天后宮、安平天后宮、鹿耳門媽祖廟(鹿耳門聖母廟或鹿耳門天后宮)、鹽水護庇宮等。

二、地雖偏離台南府城,然居處港口要塞或縣治所在:如北港朝天宮、嘉義朝天宮、彰化天后宮、鹿港天后宮、北斗奠安宮、新竹天后宮、北投關渡宮等。

這些早期興建的媽祖廟都以其地理位置的優勢而發展成為鄰近村庄居民的信仰中心,由之又拓衍出許多分香廟,促成了媽祖信仰在台灣的強勢發展。隨著乾隆、嘉慶年間以降,渡台的漢人愈來愈多,漢人的街庄也陸續發展成型,媽祖信仰的分佈據點在台灣如雨後春筍般地出現,從而幾個大區域性的媽祖信仰中心也逐漸形成,如北港朝天宮、台南大天后宮、彰化南瑤宮、鹿港天后宮、新港奉天宮為全島性的宗教聖地,透過分香等型態又建立起新的信仰據點,總計清治時期台灣各地約莫出現了百間媽祖廟。除了信仰據點的紛紛建立外,民間也發展出頗多的媽祖神明會,媽祖信仰成為人群組織聚合的媒介,參與媽祖祭典活動的人群也愈來愈多,因此迎媽祖的熱潮在各地湧現,成為各地年度性的節慶活動;時至今日,媽祖信仰歷久不輟,每年農曆3月數以萬計的信徒分別在各地舉行相關的慶典活動,充分地展現台灣民俗的風情,從而一覽民間對媽祖信仰的活力與熱情。

綜而言之，媽祖信仰在明鄭時期隨著移民進入台灣本島，進入清治時期才逐漸在台灣各地拓衍開來，其發展路徑與漢人移墾路線相仿，大抵由港口向內陸、由台南府城往南北兩路、由台灣西部向東部，逐漸擴散至全台各地，至今全台已有數百餘座的媽祖廟，無論街廟、庄廟、角頭廟莫不吸引信徒前來參詣。大抵而言，現今台灣各地屬於全鄉鎮區級的大公廟、街廟多為媽祖廟，如下表：

表6—1：台灣本島各鄉鎮區屬於全區大公廟、市街廟的媽祖廟

縣市	媽祖廟
基隆市	基隆慶安宮
台北市	北投區關渡宮、松山區慈祐宮、士林區慈諴宮、大稻埕慈聖宮、西門町天后宮、萬華區啓天宮等
新北市	新莊區慈祐宮、板橋區慈惠宮、金山區慈護宮、淡水區福佑宮、、三峽區興隆宮、汐止區濟德宮、八里區天后宮、三芝區福成宮、貢寮區德心宮等
桃園市	桃園區慈護宮、中壢區仁海宮、大溪區福仁宮、新屋區天后宮、觀音鄉保潔宮等
新竹市	新竹市長和宮（外媽祖）、新竹市內天后宮（內媽祖）、香山天后宮等
新竹縣	竹北市天后宮等
苗栗縣	苗栗市天后宮、頭份鎮永貞宮、竹南鎮慈裕宮、通霄鎮慈惠宮、後龍鎮慈雲宮、苑裡鎮慈和宮、銅鑼鄉天后宮等
臺中市	南屯區萬和宮、東區樂成宮、中區萬春宮、大甲區鎮瀾宮、清水區壽天宮、沙鹿區朝興宮、大肚區永和宮、豐原區慈濟宮、梧棲區朝元宮、梧棲區浩天宮、大里區福興宮、霧峰區南天宮、神岡區萬興宮、大雅區永興宮、石岡區龍興宮、新社區東興宮等
南投縣	埔里鎮恒吉宮、竹山鎮連興宮、集集鎮廣盛宮等
彰化縣	彰化市南瑤宮（外媽祖）、彰化市天后宮（內媽祖）、鹿港鎮舊祖宮、鹿港鎮新祖宮、北斗鎮奠安宮、伸港鄉福安宮、芳苑鄉普天宮、王功福海宮、鄉州鄉后天宮、埤頭鄉合興宮、員林鎮福寧宮、田中鎮乾德宮、二水鄉安德宮、二林鎮仁和宮、芬園鄉寶藏寺、溪湖鎮福安宮等
雲林縣	北港鎮朝天宮、麥寮鄉拱範宮、土庫鎮順天宮、西螺鎮福興宮、西螺鎮廣福宮、台西鄉安海宮、斗六市新興宮、斗六市受天宮、斗南鎮順安宮、莿桐鄉天瑤宮、古坑鄉廣濟宮、崙背鄉奉天宮等
嘉義市	嘉義市朝天宮等
嘉義縣	新港鄉奉天宮、朴子市配天宮、布袋鎮朝天宮、東石鄉港口宮、太保市鎮福宮、水上鄉上天宮等
台南市	台南市大天后宮、安平區天后宮、鹿耳門天后宮、鹿耳門聖母廟、鹽水區護庇宮、白河區福安宮、善化區慶安宮、後壁區泰安宮、西港區慶安宮等

高雄市	**旗津區天后宮、鳳山區雙慈宮、岡山區壽天宮、旗山區天后宮、彌陀區彌壽宮、林園區鳳芸宮等**
屏東縣	**屏東市慈鳳宮、東港鎮朝隆宮、恆春鎮天后宮、萬丹鄉萬惠宮、常治鄉天后宮、新園鄉新惠宮、里港區雙慈宮、內埔鄉天后宮、枋寮鄉德興宮、林邊鄉慈濟宮等**
宜蘭縣	**宜蘭市昭應宮、羅東鎮震安宮、蘇澳鎮南天宮、頭城鎮慶安宮、五結鄉利澤簡永安宮等**
花蓮縣	
台東縣	**台東市天后宮、關山鎮天后宮等**

資料來源：筆者整理。

承表6－1，可以略見台灣各地主要市街大多以媽祖廟作為全區的大公廟，信仰勢力壓倒性地盛於其他神祇。在這處以媽祖為主要信仰代表的島嶼上，媽祖信仰興盛的景像幾乎冠於世界各地，猶如世界媽祖信仰的大本營，堪稱是媽祖信仰的另一處新興的核心地，足以與福建莆田湄洲島分庭抗體。至於台灣媽祖信仰的本質也趨於多元化，媽祖不再只是護航海神而已，信徒對於農事、財運、子嗣、婚姻、功名等有所求時莫不祈告媽祖庇護，媽祖的神職日趨多元，祂與民間信徒的距離趨於緊密而如同親人一般，因此台灣民間俗稱其為「媽祖婆」，可以窺見信徒已將媽祖視為親人一般，這是媽祖信仰流播台灣的信仰面貌，從而可以發現媽祖信仰得以在台灣隆盛發展的底蘊。

第二節　台灣媽祖身世故事的傳襲

考察台灣流傳的媽祖身世故事，大抵依循大陸地區在清初以降的媽祖身世故事之情節：官宦世族之女＋非常態的降生（異孕而生、降生異象）＋異於常人的異貌異相＋童年階段初露鋒芒或異於凡人的能力＋成長與神性養成＋不惹塵俗的處子＋成長時期的挫折＋展現靈力＋成為人類趨吉避難的希望＋海之守護者的權威＋逝後或昇天成神等母題情節的組合。整體來說，台灣關於媽祖身世故事的敘事內容大致與大陸地區所傳衍或記錄的文本並沒有太大的差異。

關於台灣所傳衍的媽祖身世故事之面貌，我們觀察幾種較為完備地述及媽祖生平大要的敘事文本。清末以來，台灣流傳的媽祖經書頗多都錄有媽祖身世故事，其情節內容大抵參酌《天妃顯聖錄》、《敕封天后志》而來，如賴玄海《湄州慈濟經》（1892年刊行）、李開章《天上聖母經》（1921年刊行）、傳妙《天上聖母經》（1972年刊行）等。其中大正庚申年（1920）斐成堂發行《天上聖母經》頗為流傳，其後載有一篇〈天上聖母略史〉：

> ……略說，宋朝時代，湄洲地方，有一善翁，姓林名惟慤，是好心田人也！先祖廣行善事，其人好善樂施，書曰：作善天必降之百祥，其妻果然夜夢菩薩，賜靈丹服之成孕，宋太祖建隆元年（960），庚申歲次，三月廿三日，瑞生第六女，即聖母也！生時室內香氣馥馥，天佈祥雲，光輝燦爛，生出一道光線，射入房中，生至彌月，未聞啼聲，鄰人稱異，名為默娘，八歲入校讀書聰明穎悟，至十二歲，博學多能，在家克全孝悌，十三歲，玄通道人，到其家內，傳授聖道，至十五歲，窮理盡性，三教之書，皆讀盡矣！至十六歲，聞道得道，能出陽神救世，至十七歲，湄洲港內，有數商船，遇暴風沉覆，船人呼救，默娘用神力救之，十八歲時不論港陸，有難皆救，十九歲時，其父與兄被水沉溺，默娘在家紡織，忽然昏睡，即出陽神救兄，二十歲時，閩省一帶旱魃，河井皆燥，禾苗枯死，人民饑餓難堪，眾人求救，默娘祈禱乞雨，果然應驗，眾人沾恩，廿三歲時，湄洲西北方，有二神作祟，人受其害，默娘用降魔法力，二將降服，收為左右二將，此二將，即千里眼．順風耳也，廿六歲時，閩省一帶，春夏多雨，洪水大害，眾人求救，默娘焚香向天祈禱，忽然雲開日出，眾見一匹蛟龍，水中滾出，騰空飛去，默娘每年誕辰之　日，湄洲港中，禁網取魚，魚亦知其恩德，此夜魚族群集，如朝拜之狀，當時眾人稱為通賢靈女，廿七歲至廿八歲時，逢災救災，逢難救難，三千功滿，八百果成，至廿九歲，道德圓滿，宋太祖雍熙四年（984），丁亥歲次，九月間，上帝來詔，默娘即出法身，渡海登湄峰，其時祥雲佈天，空中仙樂　響亮，金童玉女來迎，自此飛昇而去，當時眾人皆見，……。[3]

---

3 李開章：《天上聖母經》（苗栗銅鑼：斐成堂活版部，1921年），頁194－196。

台灣流傳的媽祖身世故事大抵依循《天妃顯聖錄》、《敕封天后志》而來。

該篇媽祖略史大多本於《天妃顯聖錄》而來，顯見媽祖身世故事的確在《天妃顯聖錄》後趨於穩定，成為各家所述之本。

第三節　台灣媽祖故事的發展趨勢與特點

關於台灣媽祖發展的隆盛面貌，我們從台灣媽祖故事也可以獲得應證。綜覽台灣方志、宮廟志、民間文學集以及媽祖信仰專書等，取諸媽祖靈驗故事的核心事件來作考察，可以發現台灣媽祖靈應故事的傳衍與發展有幾種特點，諸如媽祖故事伴隨台灣開發而應時演化、從海神到農業神、媽祖神力的極大化、鮮明的全能神性、親民化與世俗化、媽祖襲取其他神祇的靈應故事等，由此些特點不難發現媽祖信仰在台灣極為興盛的時代面向，由之體現媽祖信仰作為台灣文化表徵的現象。

一、媽祖故事伴隨台灣開發而應時演化

漢人入主台灣之初便與媽祖信仰繫上綿密的關係，明鄭王朝收復台灣的史事便有媽祖靈應敘事的傳衍，台灣市鹿耳門媽祖廟的〈引潮水助鄭軍登陸〉：

> 鹿耳門媽祖在鄭成功驅逐荷蘭時即有助軍登陸之神蹟。傳說明永曆15年（1661），鄭成功船隊抵鹿耳門港外，因水淺無法登陸，鄭氏親設神案於船頭，禱告天地謂其志在反清復明，故冒險渡海，祈求神靈庇佑助潮水，以利行舟。禱畢果見潮水大漲，乃揮軍直入熱蘭遮城，鄭軍由鹿耳門登陸時，發現當地建有媽祖廟，方知媽祖庇助漲潮水以利鄭軍登岸。[4]

媽祖助鄭成功收復台灣的靈應故事牽繫著台灣的開發，明鄭軍隊與隨同而來的移民都與媽祖信仰文化有著千絲萬縷的交涉，除了渡海護航的敘事外，媽祖助戰退荷蘭兵的傳說已讓媽祖具有庇護台灣島國的形象，其後清政府遣施琅治台，媽祖仍是官方訴諸天命所歸的使者，《天妃顯聖錄》裡頭便羅列了幾則媽祖庇護清兵收復台灣的傳說，如《天妃顯聖錄·澎湖神助得捷》：

> 康熙二十二年（1683）六月內，將軍侯奉命征剿臺灣。澎湖系臺灣中道之衝，萑苻竊踞，出沒要津，難以徑渡。侯於是整奮大師，嚴飭號令。士卒舟中，咸謂恍見神妃如在左右，遂皆賈勇前進。敵大發火砲，我舟中亦發大砲，喊聲震天，煙霧迷海。戰艦銜尾而進，左衝右突，凜凜神　威震懾，一戰而殺傷彼眾，並淹沒者不計其數。其頭目尚踞別嶼，我舟放砲攻擊，遂伏小舟而遁。澎湖自是肅清。
>
> 先是，未克澎湖之時，署左營千總劉春夢天妃告之曰：『二十一日必得澎湖，七月可得

4　參見許炳南：〈「鹿耳門」天上聖母像之考據〉，《臺灣風物》，第11卷第7期，1961年7月，頁12－15。

媽祖神蹟：賴神功澎湖破賊。（圖像來源:許葉珍匯輯《天后聖母事蹟圖志》）

臺灣』。果於二十二日澎湖克捷，其應如響。又是日方進戰之頃，平海鄉人入天妃宮，咸見天妃衣袍透濕，其左右二神將兩手起泡，觀者如市。及報是日澎湖得捷，方知此時即神靈陰中默助之功。將軍侯因大感神力默相，奏請敕封，並議加封。奉旨：神妃已經敕封，即差禮部郎中雅虎等賷御香、御帛到湄，詣廟致祭。時將軍侯到湄陪祭，見佛殿僧房尚未克竣，隨即捐金二百兩湊起。[5]

上述傳說在台灣也有所傳播，如屏東縣內埔鄉天后宮流傳：

清朝時，施琅攻打台灣，當清軍到達澎湖的時候，遇到乾旱，兩萬多人口渴難耐。當地天妃左邊，本有個舊井只供百口人汲取飲水，那天水井突然湧出大量的水，剛好供應

5 《天妃顯聖錄·澎湖神助得捷》，收入《媽祖文獻史料彙編（第二輯）著錄卷·上編》，頁102－103。

兩萬多人飲用。施琅發現天妃廟的媽祖神像臉汗未乾、衣袍俱濕，認為這是媽祖顯現神功緣故。[6]

這些傳說說明媽祖透過靈力神助施琅順利取得台灣。媽祖庇佑鄭成功軍隊、媽祖庇佑清政府施琅軍隊，看似立場迥異、矛盾，然而疏途同歸於媽祖庇佑，卻也促成媽祖成為漢人入墾台灣之初的護島女神，這樣貼合台灣開發歷史的靈應傳說也促成日後媽祖成為全島信仰最為隆盛的歷史因緣。

清初以降，漢人入墾台灣越來越多。相較於媽祖信仰傳衍的地域，台灣開發之初是一處沒有漢人歷史與傳統文化包袱的地方，即使既有的原住民族文化已在台灣盤結深遠，然而原住民族在漢人入墾後，龐大的漢族人群壓過原住民社群，台灣各地的土地多半由漢人取得絕對性的優勢，自然原住民族的傳統文化難以左右台灣漢人文化的發展。緣於這樣的人文環境，媽祖信仰隨著漢人移入台灣，在沒有既有地域鄉土神或其他具有地域普遍信仰的神明之挑戰下，媽祖與其他閩粵一帶的俗信神祇一同傳衍至台灣，媽祖以其移民護航、助戰收台島的神力立即獲得官民的認同，由之媽祖信仰在台灣衍成全能的靈力，一躍而成為首屈一指的台灣俗神之代表，這樣的發展趨勢也反映在台灣媽祖的靈應故事。

以清代台灣開發之初而言，台灣難免居於動盪不安的情勢，包含族群間的土地、生活資源的爭奪，因此族群械鬥、分類械鬥等情事不斷地發生，復以台灣居於大清王朝的化外之地，鞭長莫及的地理位置也因官治易頹而屢有民變抗爭；在這樣的時代背景下，爭戰械鬥之事不停地發生，因此求諸神明庇護的心理有其需要，從而神明助戰的靈應也就應時而生。媽祖信仰的靈應表現向以護航免難、助戰禦敵為重心，從而伴隨移民入台的媽祖便以助戰禦敵的神力而廣為民眾津津樂道，與時同進的媽祖信仰貼合了台灣開發先民的時勢需求，台灣媽祖助戰禦敵的故事頗為普遍傳衍，如康熙24年（1685）的《澎湖臺灣紀略．澎湖志略》：「按天后即媽祖，康熙二十三年（1684）六月靖海侯施琅奉命征鄭克塽，取澎湖；入廟拜謁，見神衣半濕，始知實默佑之。」[7]等文獻都刻意描繪媽祖暗助施琅、助戰取澎湖的靈力，並以「媽祖神衣袍半濕，臉汗未乾（神明流汗）」的母題來暗示媽祖助戰的努力。連橫《臺灣通史．宗教志》：「雍正四年（1726），巡臺御史禪濟布奏言：『朱一貴之役，天后顯靈，克奏膚功』。乃賜「神昭海表」之額，懸於郡治廟中。」[8]說明媽祖顯靈、協助平定朱一貴之役。此種靈應故事類型在台灣文獻史料頗多，出現得也很早，如彰化南瑤宮流傳〈聖母顯靈，平定民變〉：

6 陳麗娜整理：《屏東後堆客家民間故事》（台北市：中國口傳文學學會，2006年6月），頁51。

7 杜臻：《澎湖臺灣紀略》（台北：臺灣銀行經濟研究室，1961年），頁34。

8 連橫：《臺灣通史》（南投：臺灣省文獻會，1992年），頁650－651。

> 清康熙六十年（1721）朱一貫之亂、乾隆五十一年（1786）林爽文之亂、同治元年（1862）戴潮春（萬生）事件，習稱清代台灣三大民變。滿清朝廷派重兵來台平亂，並獲諸多媽祖信仰之義助（義軍），得以敉平叛亂。據聞在大肆平亂的戰役中，不論在何處，彰化地區或其它各地，屢蒙天上聖母顯靈濟助，終獲平亂，清朝接獲報告後甚為嘉許，特派禮部至南瑤宮致祭，使本宮天上聖母神威大振。[9]

綜觀台灣開發史，歷經許多重大的民變、族群械鬥等戰亂，這些兵燹戰亂的記憶敘事中多有媽祖庇佑助戰的傳說來安穩動盪不安的人心。除了民變外，我們可以發現許多媽祖助戰禦敵的故事以族群分類械鬥作為背景的，如彰化縣北斗奠安宮流傳〈十八好漢禦賊〉：

> 漳、泉械鬥前，因為雙方各有四莊混居對方敵營，所以人員先各自歸回漳、泉。當時漳人將北斗三面圍起不能出入，僅剩南邊東螺溪（舊濁水溪）。楊木很會游泳，地方大老書寫求救信，由楊木攜帶游到鹿港、沙山（芳苑）討救兵，因長時間體力透支，被撈上岸時不支倒地，喝人參茶才逐漸恢復體力。後來據傳因為有十八好漢守北斗，以林頭樹偽裝成槍，對方看到兵力強大，所以不敢攻打而後停戰。對方退兵後，傳述看到女兵女將騎白馬前來援助，地方人士認為似乎是天上聖母顯靈，才阻止這場械鬥。後人為了紀念十八好漢守護北斗，將事蹟刻於石碑以示紀念。[10]

上述傳說傳衍媽祖助戰禦敵的事蹟，故事敘事更直接點出媽祖騎白馬帶領兵兵助戰，媽祖女戰神的形象更加凸顯。觀察台灣媽祖助戰禦敵的故事類型，我們可以看到媽祖顯現靈力的方式是相當多元的，尤其媽祖具有海神的顯著形象，因此引 海水助戰的情節也在鹿耳門媽祖廟的助戰禦敵故事中出現，如：康熙24年（1685）的《澎湖臺灣紀略·澎湖志略》：「及行，恍見神兵導引；至鹿耳門，水漲數倍，戰艦得逕入，賊驚奔潰。」[11]；清同治間編修的《清耆獻類徵選編·姚啟聖》更進一步地描寫：

> 琅請由銅山蘇尖開洋，乘南風攻澎湖；公欲待北風，直趨臺灣。彼此意不合，各有奏聞。會南潮驟發，舳艫乘疾流傴壓賊壘，被賊圍困；琅駕樓船衝突入圍，公率兵相助。至鹿耳門，門仄水淺；鼓之，舟不得上。賊據高處曳足觀，揚揚自得。公禱天妃

9 國立彰化師範大學地理學系編纂：《彰化南瑤宮志》（彰化：彰化縣彰化市公所，1997年9月），頁359。

10 台灣省文獻委員會編：《彰化縣鄉土史料》（南投：臺灣省文獻會，1999年），頁521。原為陳亮居先生之口述資料。

11 杜臻：《澎湖臺灣紀略》，頁34。

媽祖神蹟：平台匪敬答神庥。（圖像來源:許葉珍匯輯《天后聖母事蹟圖志》）

廟，借水；明日大戰，砲發，水驟長一丈，舟並行如鳥張翼而上。賊錯愕，不知所為；哭曰：『天也，夫復何言』！國軒與鄭經子克塽面縛反接，以臺灣降。[12]

「媽祖引水助戰退敵」的敘事在鹿耳門有二種版本，除了媽祖助施琅降鄭氏王朝的傳說外；另有媽祖助鄭成功驅逐荷蘭軍的傳說，如台南市鹿耳門媽祖廟的〈引潮水助鄭軍登陸〉。上述兩則媽祖靈應故事同樣以「媽祖引水助戰退敵」作為媽祖靈應神蹟。媽祖助戰禦敵的故事類型除了引水助戰的母題外，也出現了賜井水助戰的母題，如光緒20年（1894）刊行的《澎湖廳志·封域》：

12 李桓等：《清耆獻類徵選編》（台北：臺灣銀行經濟研究室，1967年），頁5。

媽宮社大井：康熙二十三年（1684），靖海侯施琅既克澎湖，駐兵萬餘於此，水泉甚少，不足供眾師之食。侯禱於天后神，甘泉立湧，汲之不竭，至今井泉甚旺，俗名萬軍井；但水味略有鹹氣耳。[13]

台東市天后宮廟內〈新建埤南天后宮碑記〉：

所異者：被圍時，渴不得飲，掘井九仞，猶不及泉。眾心慌怖，計無所出。張公焚香禱祝，連呼聖母。未幾，而甘泉立湧。[14]

媽祖藉由水（引水、賜井水等）來助戰退敵的敘事在台灣媽祖助戰禦敵的故事類型中再三出現，水成為台灣媽祖助戰禦敵故事所彰顯靈力的媒介之一。再見澎湖〈萬軍井和與天同功匾的由來〉：

清朝初年，施琅攻打台灣。施琅以前是鄭芝龍的手下，曾跟隨鄭芝龍到台灣，所以對澎湖很熟悉。一下子就攻下澎湖。但軍隊登陸後，官兵卻都得了瘟疫，施琅沒辦法，就前往天后宮祈求媽祖庇佑。

施琅說：「若是媽祖能保佑手下的官兵個個痊癒，我一定要皇帝送一個匾給天后宮。」於是施琅受到媽祖的指示，拔出身上的佩劍，往天后宮的地上一插，結果就噴出了一道泉水官兵飲用之後，個個不藥而。癒於是百姓就把它造成一個井，稱為萬軍井。[15]

本則傳說媽祖引導施琅掘泉，並以泉水來治癒瘟疫。媽祖以泉水治病除瘟的母題歷來已有流傳，這樣的故事情節也複合助戰敘事而引領出媽祖具有治病除瘟的神力。就台灣開發史來說，台灣早期醫療水準低落，常有瘟疫蔓延，因而以治瘟神力為特色的王爺信仰（瘟王信仰）頗為興盛；媽祖治病除瘟的靈應故事在大陸福建地區也頗多流傳，因此應時契合台灣開發歷程的時代需求，媽祖信仰也被賦予治病除瘟之神力來安穩民心，因此民間出現不少的媽祖除瘟的神蹟，如雲林縣麥寮拱範宮流傳：

民國九年庚申（1920），台灣南部三廳，於同年四月二十六日起十六天，在嘉義召開共進會，並慶祝新廳落成。當時嘉市商工會特恭請本宮三媽蒞任嘉市城隍廟奉敬。區長

13 林豪原纂：《澎湖廳志》（南投：臺灣省文獻會，1993年），頁210。
14 臺東市天后宮天井左壁鑲嵌〈新建埤南天后宮碑記〉，光緒17年（1891）立。
15 姜佩君編著：《澎湖民間傳說》（台北：聖環圖書有現公司，1998年6月），頁81。

> 蘇孝德、徐杰夫等率廣大民眾致祭。時嘉市郊區疫癘流行，乃恭請本宮三媽繞境並以符水賜飲，大多痊安。後由工商會奉獻金貢旗，以謝聖恩。[16]

瘟疫傳染病是早期危及台灣民眾生命的禍源之一，因此信眾同樣冀望媽祖具有驅除瘟疫的靈力，配合著時勢的需求，台灣民間信仰蘊發出媽祖治病除瘟的神蹟故事，並透過藥引、降符、符水等方式來治癒患者。此外，在農業時代裡，牛隻的傳染病與耗損也勢必對農民產生衝擊，因此媽祖除了為信眾除瘟之外，也出現了媽祖除牛瘟的母題，從而可見媽祖在早期民間社會的靈力無窮。

媽祖治病除瘟的靈力應合早期台灣民間醫療水準低落所需，這一類的神明靈應敘事頗多，更有不少信眾據以媽祖神像的木屑作為藥引，如大甲鎮瀾宮諺語：「大媽坐殿、二媽吃便、三媽愛人扛、四媽閹尻川、五媽五媽會」閹尻川所指即是四媽專門負責醫療，因而神座下方長年被信徒挖木屑當藥引治病，民間戲稱為閹尻川。

從台灣媽祖靈應故事流傳的時間來分析，台灣媽祖靈應故事的類型堪稱應時演化，在台灣各時期多有其典型的故事類型，成為最能體現台灣民間生活的變遷之信仰神祇。從時間縱軸來看，可以發現清治時期以至於日治時期的台灣各有不同類型的靈應故事特別流行。以清治時期來說，清治初期媽祖護航的故事較為流傳，然而在台灣開發初期與移民定居社會形成的時代裡，族群分類械鬥與民變戰禍層出不窮，因此出現了許多媽祖助戰禦敵、媽祖平息人禍的靈應故事類型，如北港朝天宮、鹿港天后宮等祠廟都有媽祖助戰、逼退戴潮春軍隊的傳說，北斗奠安宮等祠廟則有媽祖騎白馬助泉人逼退漳人的神蹟，此等媽祖靈應故事類型的普遍流傳正反映出台灣早期族群械鬥與民變戰禍頻仍的時代背景。在開發的過程中，台灣早期的風土環境與醫療設施低落也促使傳染病容易流行，因此媽祖信仰應時衍生出不少治病除瘟的神蹟。

台灣開發之初，媽祖應時演化的神蹟除了媽祖助戰禦敵、治病除瘟外，因應民眾面臨生活環境的威脅所需，媽祖展現的神力也隨而演化。隨著移民定居社會的逐漸形成，台灣先民多以農耕為務，緣於農耕灌溉的水源取得，不少民眾居於溪河兩側，然而早期溪河沒有築堤防，洪水氾濫、水道變遷引起的災難成為人民生活的困題，由之媽祖止旱澇天災的靈力就應時而生。媽祖止旱澇的神力在日治時期以前也是頗為流傳的，如臺中市大里新興宮八媽廟流傳：

> 乾隆四十五年 (1780) 三月二十二日時，阿里史社被大里杙內外庄數百人圍社、焚燒，阿里史社的住戶流離失所，天神奏請玉皇大帝，因此有所謂「定時定日流新庄」的傳

16 麥寮拱範宮管理委員會：《麥寮拱範宮誌》，頁49。

> 說，而玉皇大帝下令東海龍王，以大水驅走匪賊，八媽不忍洪水淹庄，傷及無辜，於是率領千里眼、順風耳，在雲端作法，將大水分成二道，以避開內新庄，內新庄也因而逃過一劫。[17]

媽祖斷鐵道成沼池蓄水與大水分成兩道、保住庄頭免於水災的救難方式頗為神奇，這都是媽祖以靈力止住水災的顯現。媽祖止水患的靈應故事類型在台灣水患頻仍的地區是頗為流傳的，如日治時期台灣中部發生戊戌年（1898）大水災，伴隨著大水災的肆虐與危害，台灣中部出現了許多媽祖化解天災（水災）的靈應故事，諸如北斗奠安宮媽祖移北斗溪與媽祖錠犁頭符止水患的傳說便是在此背景下蘊發。

伴隨著台灣早期以農耕為主的經濟生活，媽祖化解天災、媽祖除農害頗多與農耕生活有關，隨著媽祖除農害與降雨的靈力展現，諸如同安寮十二庄迓媽祖、文山區迎媽祖、臺中市東保十八庄迎媽祖、大肚下堡二十庄迎媽祖等民俗活動成為地方年度盛事，從中可以看見媽祖化解天災、除農害靈應故事類型契合台灣農業生產時代的需求性。

整體而言，台灣媽祖應時演化的特點在各時代有所呈現。以清治時期而言，台灣開發之初，先民渡台的歷史促成了媽祖靈應敘事的核心之一－護航免難故事在台灣有所傳衍，其後在清代前期台灣民變械鬥層出、傳染病易蔓延的環境下，媽祖助戰禦敵、治病除瘟的靈應故事普遍流傳；隨著定居社會、聚落的出現，居住環境的保全、農耕生活的需求也促使媽祖止旱澇天災以至於除農害的靈應敘事的傳衍，恰好應時安穩早期民眾面臨生活困題所衍生的不安定感，其中媽祖助農物成長的敘事因應台灣早期農業社會所需，促成媽祖展現護助農業發展的神力。

到了日治時期以至於二次世界大戰期間，媽祖信仰大多依循清代中期後的型態發展，隨著閩台兩地的往來受阻、社會秩序趨於安穩，媽祖護航免難、助戰禦敵的靈應故事較少衍生新的靈應敘事，媽祖助農物成長的敘事依然有所傳衍。到了二次世界大戰期間，台灣成為美軍攻擊目標之一，動盪的炮火戰亂歲月，隨著空襲的壓迫，台灣居民在朝不保夕的生存壓力下，各地流傳著媽祖抱接砲彈的靈應故事，媽祖抱接砲彈的神蹟一時流傳於台灣各地，成為台灣媽祖靈應故事中最為流行者。這樣的靈應敘事之衍化軌跡可見媽祖是台灣民眾最重要的精神支柱之一，因此民眾一旦遇到重大的生活困境，媽祖總是適時演化其靈應敘事來契合信眾的心理需求。

戰後，台灣逐漸由農業社會邁入多元化的現代社會，媽祖靈應故事也逐漸多元化而少了集體性的特點，諸如經由媽祖靈籤尋找失車、尋人、求財、求子等個人的感應故事雖時有所聞，但集體性的媽祖靈應傳說似乎面臨了流傳的侷限性。林茂賢〈從台灣媽祖神

17 《大里市內新新興宮（八媽廟）》（大里：大里市內新新興宮管理委員會，2001年），頁1。

蹟看媽祖屬性的轉化〉一文指出：從台灣媽祖神蹟可歸納出台灣媽祖職務的變化，包含航海守護神性格的淡化、媽祖形象轉化以至於媽祖成為全能之神。[18]台灣媽祖靈應故事在各時期多有其典型的故事類型，從中可以發現媽祖屬性的轉化，亦即台灣媽祖靈應故事的演變與台灣的民間生活息息相關。

整體而言，在任何地方它（故事）都照顧到同樣基本的社會需要和個人需要[19]。台灣媽祖靈應故事的類型堪稱應時演化，我們可以發現不少的媽祖靈應傳說雜揉了歷史事件的質素，這種參雜歷史情境的型態正好反映神祇與庶民生活的聯繫程度。觀察台灣不同時代的媽祖靈應故事之典型與台灣時代的變遷之生活需求頗為吻合；尤其在紛亂的時代裡，媽祖靈應故事十足地發揮撫慰民俗心理的作用，相應的媽祖靈應故事不斷地蘊生與廣泛流傳，從而反映了台灣媽祖靈應故事應時代需求而演化，這正反映媽祖信仰作為台灣民間信仰的翹楚之現象。

二、從海神到農業神

考諸歷來大陸地區媽祖傳衍的靈應敘事，媽祖助農物成長的敘事並不多，尤其離開福建省，媽祖的靈應敘事幾乎多以海神為特徵所傳衍的護航免難之敘事為主，中國民間文學集成全國編輯委員會從二十世紀90年代開始刊行大陸各省份《中國民間故事集成》幾乎未見有任何關於媽祖助農物成長的故事類型。相較於大陸地區所傳衍的媽祖靈應故事，台灣媽祖在助農物成長的故事類型則顯得非常突出。林美容〈台灣媽祖形象的顯與隱〉言台灣媽祖的形象「由海神到農業神」[20]整體而言，台灣媽祖信仰有從海神轉為農業神的發展趨勢，媽祖從最初的媽祖護航免難之敘事，伴隨台灣開發的拓墾務農之生活型態，轉趨以助農物成長的敘事為多，農業神的色彩強烈，反倒是海神的神性日益弱化。

台灣開發之初，移民渡海來台需要護航神明的庇護，因此護航的媽祖信仰伴隨著台灣先民移植來台，這樣的歷史淵源也促成台灣早期媽祖的靈應敘事頗多是媽祖護航免難的事蹟。觀察早期史料文獻，可以發現媽祖護航的靈力顯現有幾種方式，包含媽祖於桅檣端以神燈、紅光或派遣鳥等指引、護助求救難民，如清乾隆53年（1768）廷臣奉敕撰《欽定平定臺灣紀略》：

18 林茂賢：〈從台灣媽祖神蹟看媽祖屬性的轉化〉，《2008年彰化縣研究學術研討會論文集－媽祖信仰國際研究文化觀光研究》（彰化市：彰化縣文化局，2008年），頁85－86。

19 〔美〕斯蒂·湯普森著、鄭海等譯校：《世界民間故事分類學》，頁5。

20 林美容：〈台灣媽祖形象的顯與隱〉，《文化雜誌》，第48期，2003年，頁131－135。

台灣媽祖信仰從海神往農業神發展。（圖像來源：大甲鎮瀾宮）

> 據福康安奏：蘇楞額等船隻飄至大洋，正在危險之際，忽有異鳥一雙，赤喙、赤足，眉作金色，飛集船頭，頗甚馴熟。船戶等謂得神佑，必可無虞。既而，果得遇救全生。過後，詢之官兵船戶等，言之鑿鑿。並奏上年自崇武澳開船後，即聞船戶等傳說，有靈異之事等語。向聞海上船隻遭風，其蒙救者，每有飛鳥、紅燈來船，即知萬無一失之語。以今驗之，洵為不爽云。[21]

又如連橫《雅言》：

> 至白水洋，遇巨魚鼓鬣而來，舉其首如危峰障日。每一潑刺，浪湧如山，聲砰訇如霹靂。移數刻，始過盡，計其長當數百里。舟人云：「來迎天使」；理或然歟？既而颶風四起，舟幾覆沒；忽有小鳥數十，環繞檣竿。舟人喜躍，稱「天后來拯」風果頓止，遂泊澎湖。聖人在上，百神效靈；不誣也。[22]

上述等靈應故事揭舉出：飛鳥環繞檣竿是媽祖來拯的顯像，隱約暗示媽祖派遣飛鳥來救助難民，這也是台灣媽祖護航故事類型中可以發現的母題之一，從而可見台灣媽祖故事

---

21 廷臣奉敕撰：《欽定平定臺灣紀略》（台北：臺灣銀行經濟研究室，1960年），頁64。
22 連橫：《雅言》（台北：臺灣銀行經濟研究室，1963年），頁29。

傳襲大陸福建原鄉的痕跡。清治時期，台灣媽祖護航的文字記錄不少，清中葉李元春《臺灣志略·勝蹟》：「倘有危難，輒呼媽祖·洋中風雨晦冥，慘黑如墨，往往於檣端見神燈示祐，舟必無恙。」[23]媽祖以神燈庇佑遭罹狂風巨浪的船民是歷來媽祖靈應故事發展過程的典型之一，不過隨著移民在台灣的穩定生活，日治時期以來媽祖護航免難的敘事基本上多傳衍在台灣沿海的村落，如彰化縣王功福海宮流傳：

同日王功也有二、三十人到附近外傘洲捉拿沙蟹，風雨來時，大家直呼媽祖保佑，但見福海崙上一盞燈光，似為媽祖顯靈指引，大家順著燈火，安然脫險，他們相信這一定是媽祖的庇佑。[24]

諸如此種以媽祖護航作為敘事重心的靈應故事在毗鄰海岸的街肆聚落頗為常見。在非地處海邊的村落市街，隨著渡海來台的歷史記憶漸趨久遠，媽祖護航免難的敘事傳衍並不多，而以從海神、水神衍來的止旱澇天災之神蹟為多，在媽祖化解天災的故事類型中，頗多是媽祖賜水來化解旱災的，如彰化縣鹿港天后宮關於〈同安寮十二庄迓媽祖〉由來的傳說：

清道光(1831)年間久旱不雨，農民無法耕作，互搶水源，農民爆發嚴重流血衝突，當地父母官為調解衝突，召集各庄族人協商，得知鹿港舊祖宮天上聖母非常靈驗，恭請鹿港舊祖宮天上聖母巡視設壇祈雨，果真天降甘霖，農民歡欣鼓舞。……為感念聖母神恩，眾人提議每年天上聖母聖誕前，恭請聖母祈安遶境。[25]

同安寮十二庄迓媽祖為彰化縣鹿港、福興、埔鹽一帶的年度盛事，此一地方民俗活動的源起乃應媽祖解旱災而來，從而可見信眾對於媽祖解旱災的信任。媽祖賜水解旱災的敘事其實多與助農作物成長相涉。在農業生產的主流時代裡，農作物的成長最怕遭離旱災與蟲害，每遇旱災則求神明降甘霖，媽祖止旱的神力成為助農物成長的幫手，由之進一步地衍為驅蟲害的神祇。台灣媽祖靈應故事除了媽祖降雨解旱災的故事外，有不少媽祖除農害的靈應故事，如關於台北市文山區迎媽祖由來的傳說：

清中葉之前，文山堡所轄區域包括：景美、木柵、深坑、石碇、新店、坪林、烏來等鄉鎮，當時這一帶仍屬未開發的地區，只有少數漢人前來墾地種茶。由於交通不便、土

23 李元春：《臺灣志略》（台北：臺灣銀行經濟研究室，1958年），頁45。
24 《彰化王功福海宮沿革概史》（芳苑：彰化王功福海宮管理委員會），頁6–7。
25 同安寮十二庄迓媽祖：http://tw.myblog.yahoo.com/bc-1831/article?mid=131&prev=133&next=127，2012年8月28日搜尋。

地貧瘠，前來墾植的漢人少，作業的收成更不理想，且常遭天災蟲害，致千里迢迢來到此墾荒闢地的移民，雖日日早出晚歸，胼手胝足地種茶育稻，卻經常寅吃卯糧，生活本就較為困苦。沒想到有一年，竟遭蝗蟲肆虐，成群而來的蝗蟲遮蔽了天日，等這些可惡的害蟲過境之後，原本蒼綠的山頭焦黃一片，居民辛辛苦苦栽育的作物毀於一旦。在那個教育不普及、民智未開的世代裏，人們的失意、徬徨，最能傾吐的對象便是神明了。果然，有位住在石碇鄉永安村的村民決意要請媽祖娘娘前來鎮災，以祈求大地早日恢復顏色，這個議案一提出後，村民們馬上就同意了，並出錢出力地去請北部最靈驗的關渡媽祖前來「瘟庄」（祈繞境袪災之意）。說也奇怪，自從關渡媽祖「瘟庄」過的地區，作物很快地恢復生機，而且收成也較過去豐盛，其他村里眼見媽祖的「神靈」，乃紛紛仿效起來，流傳至今，便成了文山偏遠地區特有的民俗。[26]

文山區每隔五年迎請關渡請媽祖來溫庄的民俗活動乃源於媽祖除農害的靈應傳說而傳承。同樣地，苗栗縣苑裡地區流傳〈蓬山媽祖的傳說〉：

當初在民國6年（1917）的時候，有一次，我們這裏的農作物都長很多那種小黑蟲，造成農作物無法收成，農民也束手無策。後來就去請慈和宮的聖母來巡視、巡哨一番，就只在咱們苑裡鎮這樣繞一圈而已，第二天，突然間烏雲密佈，下了一場好大的雨，那些小黑蟲都被消滅掉了！隔天，海口那些漁民的漁網撈起來的，全都是那些小黑蟲！[27]

媽祖除農害的靈應故事因應往昔農業經濟生活的時代需求而生，因此不少地區的信眾冀望媽祖能驅除農作物的蟲害，從而台灣媽祖靈應故事中可以發現許多媽祖除農害的神蹟傳說。除了除農害外，也有媽祖庇助農民作物成長的故事，如彰化市南瑤宮流傳〈聖母佈施甘霖，嘉惠農友〉：

古時南瑤宮往笨港進香回鑾途經斗南，聞有盜匪欲行搶進香聖物－香擔，為維護香擔安全，進香團遂另擇小路，迂迴返宮，然因路途不熟，且值深夜，在野地中踐踏了不少花生及稻作田園，凡進香客途經田園之作物，皆枯萎不良，奄奄待斃，但到了收成時，其收穫量卻比往日多出數倍，農友莫不喜出望外，拱手稱慶。[28]

26 節選自劉還月：〈遠來的媽祖會鎮災—台北文山地區的五年迎媽祖盛會〉，http://blog.udn.com/liu580220/5064739，2012年9月2日搜尋。
27 胡萬川總編輯：《苗栗縣閩南語故事集（三）》（苗栗：苗縣文化局，2002年12月），頁89。
28 國立彰化師範大學地理學系編：《彰化南瑤宮志》（彰化：彰化市公所，1997年），頁360。

清代以降，媽祖助農物成長的靈應故事類型以台灣最為多見。從清代以降衍為媽祖信仰重心的台灣可以發現多種媽祖靈應的故事類型，其中最顯著的莫過於媽祖助農物成長而除農害的傳說。明末清初以來，渡海來台拓墾的漢人多以務農營生，媽祖信仰隨著閩粵等地的移民而傳衍台灣，基於生活的需求，媽祖信仰在群眾的生活需求下而成為農業神。農業生產除必須仰賴雨水灌溉不受風災水患肆虐之外，還需避免蟲害，在沒有農藥殺蟲劑的時代，一旦稻米蔬果遭受病蟲害，農民所有努力都將代之一炬，因此深受民眾信仰的媽祖也兼具消滅病蟲害的職務。大體而言，相較於海神的神性，媽祖在台灣的農業神屬性是較為明顯的，這與台灣開發歷史有著極為密切的關切，從中可見媽祖信仰與其相關靈應事跡依附著台灣群眾的需求而與時俱進，因而媽祖助農物成長的靈應敘事也促成台灣媽祖信仰的隆盛發展。

三、媽祖神力的極大化

相較於大陸地區媽祖靈應故事的敘事，台灣媽祖所顯的靈力更為強大的。我們從幾種台灣地區所衍生的媽祖靈應敘事，可以發現信眾賦予媽祖極為不可思議的神力，主要有三：(一) 媽祖抱接炸彈；(二) 媽祖分開溪水來助行；(三) 媽祖助人死而復生。

(一) 媽祖抱接炸彈

關於台灣媽祖助戰禦敵的靈應事蹟，自然不能不談台灣媽祖抱接炮彈的母題，媽祖抱接炮彈幾乎可以說媽祖靈應故事流傳最普遍者，台灣各地媽祖廟幾乎都有媽祖抱接炮彈的傳說，諸如大甲、新社、北斗、崙背、北港、朴子、安平、鳳山等地都有媽祖抱接炮彈禦敵的靈應故事。台灣媽祖靈應傳說最廣為流傳的便是媽祖抱接炸彈的傳說，此一類型故事基本上是媽祖禦敵護民的衍化，然而台灣信眾最為津津樂道的神蹟便是媽祖抱接炸彈，台灣各地幾乎都有媽祖抱接炸彈的神蹟，如如基隆市流傳〈媽祖的傳說〉：

> 在和日本戰爭的時候，還沒有光復，日本來用炸彈炸的時候，說有人看到一個女人綁腳，腳小小的在接子彈、接炸彈。他們那邊就說：「喔！怎麼那麼厲害，怎麼台灣的女人那麼厲害，這樣那裙子會接子彈。」大家都知道是因為我們家暖暖的庄頭都沒有被炸到，十分平安的啦！所以說大家都知道這是我們的媽祖。[29]

29 余燧賓主編：《基隆市民間文學采集》，頁79。

《萬惠宮媽祖沿革誌》記載：

> 萬惠宮媽祖顯靈的故事，時有所聞，尤其是第二次世界大戰，民國三十四年二月二十日，農曆正月初八日，上午十一點左右，盟軍美機B25來臺空襲，要轟炸萬丹街內大營內的日軍，當時有數枚五百公斤左右的炸彈，投擲在萬丹街內地區，幸好引爆者甚少，其中有一枚炸彈落在萬惠宮與諉和商店厝邊，衝破十一層屋壁，最後落在廟後方李同益先生粗糠間內，始停了下來而沒有引爆，否則萬惠宮又將再度毀於兵燹中。而當時傳言有鄉民看見媽祖用祂的神腳，把炸彈不斷踢開，遠離萬惠宮而沒有爆炸；還有傳說，美軍投下的炸彈，媽祖顯靈化身美女，用雙手去「拿炸彈」，炸彈才沒有爆炸。事後鄉民焚香祭拜時，發現媽祖神像腳上的布鞋因踢炸彈而鞋子破損，還看到道光年間雕刻的媽祖顯赫金身，竟然雙手大拇指都斷了一小節，食指也受了傷，善男信女請示聖母，扶鸞借乩，媽祖降示：因為空襲，顯靈化身「拏炸彈」，不小心手指才受傷。[30]

台灣媽祖抱接炸彈的神蹟堪稱是全台流傳最為普遍的靈應故事，這些媽祖抱接炸彈的神蹟顯現媽祖在台灣民眾心目中的地位，因此急難求援的對象以媽祖為首屈一指，戴文鋒〈臺灣媽祖「抱接砲彈」神蹟傳說試探〉一文曾針對媽祖抱接炮彈故事作深入的研究，指出「媽祖抱接砲彈」情節是臺灣民間各地「地不分東西南北、人不分男女老幼」共同流傳的話題[31]，因此媽祖抱接炮彈的情節不僅是媽祖助戰禦故事類型的代表，甚至是台灣首屈一指的媽祖靈應故事。

（二）媽祖分開溪水來助行

媽祖分開溪水、助行即是媽祖透過靈力將溪水隔出一條路來讓人通行，此一靈應故事類型猶如摩西率領猶太人渡越紅海的神蹟一般，紅海竟一分為二，露出一條道路供猶太人通行。考察媽祖分開溪水來助行的靈應故事之發展，目前在宋元明清的史料文獻中尚未發現，這一故事類型在台灣地區較為流傳，苗栗縣苑裡鎮有一則〈媽祖退水〉的傳說：

> 咱們從前說山柑是船堵穴，但是人家說是山柑遠看像一個小島，因為它前面是溪，後面也是溪，中央突出一塊，好像一艘船的樣子。
>
> 這是什麼年代發生的事情我不知道，就是說有一次發生水災，山柑這裡快要被水淹

30　《萬丹萬惠宮》（萬丹：萬惠宮管理委員會，2001年），頁7－8。

31　戴文鋒：〈臺灣媽祖「抱接砲彈」神蹟傳說試探〉，《南大學報》第39卷第2期，2005年10月，頁41。

彰化媽進香渡濁水溪（西螺溪）。

沒，水快流到崁頂上了，這個村莊的居民所供奉的大媽祖就是起乩，於是就請大媽祖去退洪水。乩童一去到那裡，乩童手裡的劍插到那裡，水就退到那裡。所以呢，乩童一到溪邊，水就一直退、一直退，退到別的地方去了。水退了之後，大家就是以那天八月初十為紀念日。

大媽祖是咱們山柑人最信仰的神祉，到現在每年都還在進香，還設爐主。每年的紀念日一到，每家每戶都要派金紙、辦桌，過去都是頭人、保正要派，在北邊的溪那裡拜謝，去到那裡紀念那個紀念日，這一天可說是全庄的紀念日。所以每年八月初十山柑這裏都會請客。[32]

媽祖以其神力促使洪水一直退到其他地方，保全了山柑村的安全，媽祖退洪水是媽祖止旱澇天災的故事類型，退洪水本就神力驚人，但台灣不少地方更衍為媽祖分開溪水的靈應敘事，苗栗縣苑裡地區流傳〈蓬山媽祖的傳說〉：

還有啊，我現在說的這些事情都是聽大家說的啦。從前我們如果要去北港進香都要用走的，那時候的公路和鐵路不像現在這麼方便、暢通。那時候春雨綿綿，山洪爆發、洪水暴漲可以說是司空見慣的事。尤其是大甲溪和大安溪，經常是波濤洶湧，無法通過。正當大夥兒要進香無法前進的時候，大家就在聖母面前向祂祈禱、許願。結果那個碼頭鑼聲一打下去，一直打、一直打，水好像就往旁邊閃的樣子，大家就過去了。所以我們這尊媽祖也有另外一個封號叫做「潛水媽祖」。[33]

32 胡萬川總編輯：《苗栗縣閩南語故事集（二）》（苗栗：苗縣文化局，2001年12月），頁144－147。
33 胡萬川總編輯：《苗栗縣閩南語故事集（三）》（苗栗：苗縣文化局，2002年12月），頁89。

媽祖退水的情節猶似摩西退紅海海水，其中似乎傳襲關係，這種媽祖分開溪水來助行的故事類型在前往北港進香的媽祖廟或進香沿途所經的地區特別流行，如彰化南瑤宮流傳〈老二媽會靈驗事蹟〉：

> 老二媽進香時，必需橫渡濁水溪，當神轎一放入濁水溪，溪水馬上就分開。[34]

再如臺中市大甲鎮瀾宮也有類似的傳說：

> 在早年交通不便的時代，大甲媽祖如何渡過台灣最大的河流濁水溪？傳說，大甲媽過濁水溪時，溪水會自動分開讓路，就像聖經中摩西率眾渡紅海，海水分開讓路一樣。[35]

緣於這樣的傳說，周邱英還為此畫了一張溪水為大甲媽分開讓路的畫作，畫作裡扛著大甲媽神轎的隊伍則因濁水溪水分開而繼續走著路面。臺中市梧棲浩天宮也有類似的傳說：

> 相傳有一年，浩天宮大庄媽前往北港進香，途經西螺溪準備搭竹筏渡溪，竹筏業者見香客人數眾多，遂聯合各家業者集體漲價，進香團主事者問其如何漲，竹筏業者取出一支大竹筒，謂需用錢將竹筒裝滿才可渡溪，進香客正在無計可施之時，大庄媽指示屬龍、屬虎信士各一名，手執貼符咒之青竹一支，插入西螺溪中，原本高漲的溪水竟讓出一條路來，讓徒步渡溪的進香客順利走過西螺溪而不致遭溪水淹沒。[36]

此外，根據林茂賢〈從媽祖神蹟看媽祖屬性的轉化〉一文的考察，苗栗縣白沙屯媽祖也有媽祖顯靈分開濁水溪的溪水而讓香客安全通行的傳說。[37]

媽祖分開溪水來助行的靈應敘事並非是媽祖靈應故事的常見類型，此種靈應故事所彰顯的神力頗為驚人，由之顯現作為媽祖信仰重心的台灣，媽祖信仰已然成為許多信眾心目中的穩定力量，民眾任何需求都必須依藉媽祖信仰來獲得滿足，因此媽祖全能的神性已經大大躍升，媽祖信仰與其相關靈應故事的傳衍也就更多元而廣泛，因而台灣甚至出現了媽祖分開溪水來助行等各種神蹟傳說。

（三）媽祖助人死而復生

媽祖助人死而復生即是媽祖透過靈力，助人死後而復生，尤其是顯靈讓兒童死而復

34 國立彰化師範大學地理學系編：《彰化南瑤宮志》，頁362。

35 〈大甲媽過濁水溪 溪水自動讓路〉，《中國時報》，1990年4月16日。

36 參見王立任：《探索浩天宮導覽手冊》（梧棲：台中縣梧棲鎮藝術文化協會，2005年），頁41。

37 林茂賢：〈從媽祖神蹟看媽祖屬性的轉化〉，《2008年彰化研究學術研討會—媽祖信仰國際研究論文集》（彰化：彰化縣政府文化局，2008年），頁84。

活。雖然大陸地區也有媽祖助人死而復生的敘事，然而並不多見，相較於此，台灣卻也不少地方流傳著媽祖助人死而復生神蹟，除了前文提及雲林縣北港朝天宮的傳說外，彰化市南瑤宮流傳：

> 台灣光復前，老二媽主辦往笨港進香，彰化市大竹圍有一對夫婦，因為丈夫不讓太太去進香而吵架，爭吵中，他們的五歲男孩突然暴斃，太太將其子之屍體放在竹林下，仍然隨著老二媽去進香，待一週進香回來後，卻發現其子在家門前遊玩。[38]

這樣的故事類型相當離奇，諸如北港朝天宮、大甲鎮瀾宮、彰化南瑤宮、新港奉天宮都有媽祖顯靈讓兒童死而復活的神蹟，從中可以發現媽祖在部分信眾的心目中具有起死回生的超能力。

四、襲取相關神祇靈應故事，成為該靈應故事類型的主要代表

分析台灣媽祖靈應故事類型，比較台灣其他神明的靈應故事，我們可以發現出現若干類同的母題以至於故事類型，戴文鋒〈臺灣媽祖「抱接砲彈」神蹟傳說試探〉一文指出臺灣民間流傳神明「抵擋砲彈」神蹟傳說的發生時間更早，是在清末的中法戰爭期間（1884－1885年），且南安平、北滬尾與外島澎湖均有此一傳說。[39]戴文鋒並認為砲彈神蹟傳說的可能源起為清法戰爭，初始神明禦敵的故事在安平、淡水、澎湖等地流傳，呈現零星點狀分佈，至二次大戰期間開始散佈成為全面性的傳說，同時媽祖並非唯一一位在臺灣民間傳說中「抵擋」過砲彈的神明，民間盛傳另一位「抵擋」砲彈的神明是城隍爺，時間也發生在中法戰爭期間，地點是在澎湖馬公。[40]澎湖馬公城隍爺抵擋砲彈的傳說大致為：

> 據中法戰爭時，有一民間傳說，當法軍要以大砲轟炸之時，城內的居民於是趕緊前往山邊避難，並且口中不斷的默念「城隍爺保佑渡險」，結果在這場砲轟中，全村的居民全都毫髮無傷，還有人親眼目睹城隍爺顯靈，以腳踢開砲彈，保護居民的安全，此後，更加深人民對城隍爺的信仰及遵從。[41]

中法戰爭期間，馬公城隍爺以「腳踢開砲彈」的神蹟傳說疑為神明具有抵禦炸彈攻擊神力的肇始之一，究竟媽祖抵禦炸彈的傳說是否早於媽祖抱接砲彈？這樣的問題頗難確

38 國立彰化師範大學地理學系編：《彰化南瑤宮志》（彰化：彰化市公所，1997年），頁362。
39 參見戴文鋒：〈臺灣媽祖「抱接砲彈」神蹟傳說試探〉，頁45。
40 參見戴文鋒：〈臺灣媽祖「抱接砲彈」神蹟傳說試探〉，頁45、58。
41 參見城隍爺的事蹟：http://www.sunfate.com/H/05-intro.asp，2012年9月1日搜尋。

認，但是我們可以確信的是－台灣神明抵禦砲彈的靈應故事之主角乃以媽祖為主流，也就是媽祖以絕對優勢取代了城隍爺等神明，幾乎成為台灣神明抵禦砲彈攻擊的唯一代言人。

雖然我們無法確認媽祖是否襲取城隍爺等神祇而成為神明抵禦砲彈傳說的主角，不過我們從北斗地區幾則神祇的靈應故事中可以看出媽祖取代其它神明成為靈應故事裡頭的顯聖神祇，如彰化縣北斗張府天師公壇自古以來流傳〈天師公釘犁頭符止水災〉的傳說：

> 戊戌年（西元一八九八）強烈颱風侵襲本省，造成本境附近很多縣市鄉鎮的大水災，張府天師公神威顯赫，囑咐扎童（水泉）及地方士紳，遵照張府天師公的聖示：攜帶犁頭符跟隨張府天師公聖駕，到被大水衝擊崩裂的溪岸（頭前溪、後壁溪），經過釘犁頭符後，崩裂的溪岸即刻停止崩裂，才能保住寶斗庄的地勢，及大大的減少大水災所造成人、農田、農作物、牲畜的損害，翌年寶斗街舉行八月十二日水醮大拜拜，由當時的寶斗街聞　人（文舉人武秀才）陳作舟先生與地方士紳等大德恭請張府天師公為醮壇主祭神尊，酬謝上蒼聖神仙佛保佑及普祭孤魂及無主冤魂。[42]

北斗奠安宮也有一則媽祖止水患的靈應傳說：

> 明治31年（1898）歲次戊戌，濁水溪沿岸發生「戊戌大水災」，因濁水溪支流清水溪的上游草嶺潭潰決，流路北移，洪水回歸舊濁水溪故道，使舊濁水溪（東螺溪）成為濁水溪下游的主流。據說當時洪水已將淹至奠安宮廟前，苦苓腳的崎腳和北斗街南側災情頗為嚴重，相傳水災前一天，奠安宮媽祖明託夢武秀才陳作舟：大水淹至三角湧（今重慶里普渡公壇前廣場一帶）。隔天果然洪水湧至，陳作舟不知道三角湧在何處，眼見洪水越漲越高，陳拿寶劍隨手在地上一插說：這裡就是三角湧，滾滾洪水果然只淹到那裡。當年水災，四面皆為東螺溪、清水溪（北斗鎮北側）所環繞的北斗街竟安然化劫，地方人士咸認為奠安宮媽祖顯靈，止住大水淹入北斗街；爾後每年農曆8月12日，東螺溪沿岸多會舉行作「水醮」、「拜溪王（墘）」等道教科儀，祭拜溪水王府，祈求平安。[43]

北斗奠安宮向為地方信仰中心，隨著時代的推移，復以媽祖也有止水患的故事，從而出現了媽祖取代天師公而成釘犁頭符止水災的趨向。

---

42 《北斗張府天師公壇沿革概史暨歷代張天師傳》（北斗：北斗張府天師公壇管理委員會，1989年）。此外，《北斗鎮志》也有類似的紀錄。
43 奠安宮副主委陳國展口述，2010年1月採訪。

北斗奠安宮流傳許多媽祖止水患的神蹟。

觀察台灣媽祖靈應故事類型，我們可以發現若干的故事類型頗類同於其他神祇的靈應故事，這樣的現象在口傳文學中本就是即為常見。不過，若我們進一步地去分析每個故事類型或母題的源起，我們常常可以發現媽祖襲取或匯流其他神祇靈應故事的過程中，往往成為強勢的一方，有時甚至成為某種靈驗故事類型的主要代表者；反觀媽祖的靈應故事類型，諸如抱接砲彈等情節故事，其它神祇則少有取代之的情形發生。分析上述現象，我們可以看到媽祖信仰在台灣民間的影響力，因此祂取代其它神祇而成為靈應故事的主角也就不足為奇了。

五、鮮明的全能神性

清代以來，漢人媽祖的信仰重心由閩南地區往台灣發展；迄於今日，台灣儼然成為媽祖信仰最為隆盛的地區，媽祖在台灣具有無所不能的靈力，因此各種媽祖靈應故事在台灣幾乎多可以發現。2012年筆者於〈臺灣媽祖靈應故事研究〉[44]一文指出台灣媽祖靈應故事大概可以分為十二種較為普遍的故事類型，後再併入媽祖靈示民眾建廟祭祀故事類型，計有十三種較具代表性的故事類型。綜覽這十三種台灣媽祖靈應的故事類型，我

44 謝瑞隆：〈臺灣媽祖靈應故事研究〉，《彰化媽祖信仰祖學術研討會論文集》，2012年11月，頁191－223。

們可以發現台灣媽祖靈應故事的發展、衍生有其文化的傳承關係。台灣移民以閩、粵地區為主，閩南地區尤其是媽祖信仰的重心，因此媽祖靈應故事的衍生與流傳自然頗為隆盛。分析台灣媽祖信仰的靈應故事類型以及《天妃顯聖錄》一書，我們可以發現台灣媽祖靈應故事類型大多承續《天妃顯聖錄》的故事而來，台灣靈應故事敘事結構或故事類型的母題也有模式化的傾向。下述，筆者將台灣媽祖靈應故事類型與《天妃顯聖錄》等作比對，整理出台灣媽祖靈應故事與《天妃顯聖錄》相似的篇章之關係表如下：

表6－2：台灣媽祖靈應故事與《天妃顯聖錄》相似的篇章之關係

	台灣媽祖靈應故事類型	
1	媽祖靈示民眾建廟祭祀	〈顯夢闢地〉、〈枯楂顯聖〉、〈銅爐溯流〉、〈托夢建廟〉、〈起蓋鐘鼓樓及山門〉等
2	媽祖護航免難	〈機上救親〉、〈化草渡商〉、〈神助漕運〉、〈掛席泛槎〉等 〈禱神起碇〉、〈朱衣著靈〉、〈怒濤濟溺〉、〈神助漕運〉、〈擁浪濟舟〉、〈廣州救太監鄭和〉、〈東海護內使張源〉、〈琉球救太監柴山〉、〈托夢護舟〉、〈燈光引護舟人〉、〈琉球陰護冊使〉、〈神助漕運〉、〈庇太監楊洪使諸番八國〉等
3	媽祖助戰禦敵	〈溫臺剿寇〉、〈平大奚寇〉、〈紫金山助戰〉、〈助擒周六四〉、〈火燒陳長五〉、〈舊港戮寇〉、〈夢示陳指揮全勝〉、〈助戰破蠻〉、〈湧泉給師〉、〈澎湖神助得捷〉、〈清朝助順加封〉、〈妝樓謝過〉等
4	媽祖止旱澇天災	〈禱雨濟民〉 〈奉旨鎖龍〉、〈救旱進爵〉、〈甌閩救潦〉等
5	媽祖治病除瘟	〈聖泉救疫〉等 〈藥救呂德〉(觀音神蹟)
6	媽祖示警、趨人避禍	〈斷橋觀風〉、 〈琉球救太監柴山〉、〈托夢護舟〉、〈庇太監楊洪使諸番八國〉等
7	媽祖助堤止潮	〈錢塘助堤〉
8	媽祖助人死而復生	〈靈符回生〉
9	媽祖庇婦助孕	無
10	媽祖助農物成長	〈菜甲天成〉
11	媽祖制伏作祟邪物	〈降伏二神〉、〈收伏晏公〉、〈伏高里鬼〉、〈收伏嘉應、嘉祐〉等
12	水族朝聖	〈龍王來朝〉
13	媽祖分開溪水	無

資料來源：筆者整理。

以台灣媽祖靈應故事類型與《天妃顯聖錄》所載錄的靈應故事相較，台灣媽祖靈應故事類型中有11種故事類型與《天妃顯聖錄》的靈應故事相繫，同時「媽祖流汗助戰或救災」、「水族朝拜媽祖」、「媽祖托夢建廟」、「神器漂流」、「媽祖立桅杆護航」、「火光護航」、「旌旗助戰」、「風雨退敵」等台灣媽祖靈應故事中常見的母題都在《天妃顯聖錄》中可以發現，從而可以窺見台灣媽祖信仰與大陸移民原鄉文化的傳承關係，也可以作為閩台文化相繫的佐證。

其次，對比本文第貳章統整媽祖信仰圈內各地媽祖靈應故事計有13種類型，台灣媽祖靈應故事類型除了「媽祖拯饑」一類外，幾乎涵蓋了所有常見媽祖靈應故事的類型；亦即台灣一地囊括了媽祖各種媽祖靈應敘事，這樣的現象在其他媽祖信仰的地區相當罕見，從而也可發現媽祖信仰的隆盛面貌。

前述提及媽祖護航免難、助戰禦敵、治病除瘟、止旱澇天災、除農害的靈應敘事恰好應時演化，併同媽祖助人死而復生、媽祖分開溪水等極大化的靈力敘事，媽祖全能形象的神力發展自不待言。此外，台灣媽祖信仰敘事在媽祖靈示民眾祭祀、媽祖示警止禍、媽祖助堤止水患、媽祖庇婦助孕、媽祖伏妖制祟、水族朝聖等故事類型也有所發展。下述略而說明之。

以媽祖靈示民眾祭祀故事類型來說，〈重建「鳳芸宮」廟誌〉：「且夫台灣早期移民史中，盛傳灌水、放生、種芋、餌魚等不忍聞問……。於是船老大每在收受偷渡資之後，即令客人入艙躲藏，而以鋼釘密封，逮方出港未久，鑿船入水，己則游泳上岸，於是一船盡成海中游魚矣。稍有良心者。既不敢駛靠臺海諸港，惟有在鯤鯓、外傘頂等沿海沙洲，隨地放生，任其各尋生路，一待潮生，盡成海中之芋；其或更甚於此者，則趁船客嘔吐昏睡，不適顛簸之際，推以入海餌魚。」[45]緣此，船客移民所攜來的神明分香或香火等也一同漂流海中，甚至漂流至台灣西部沿岸，或此等情勢，居於海岸港口的聚落有不少神明飄流而來靈示祭祀的神蹟衍生，此一現像或也是台灣港口媽祖信仰興盛的因素之一。緣於這種港口神明飄來之緣起說法，促使台灣不少居於海岸以至水岸的聚落衍生這種類型的媽祖靈應故事，如林明峪《媽祖傳說》記載北投關渡宮媽祖從淡水河漂流而來，其立廟緣起為：

> 先是這尊神像被奉祀在河邊一座小祠裏，過了不久有一夜，媽祖託夢給村中一位德高望重的人士，告訴他已經親自選定廟址，並且需要某山林的巨木建廟。隔天早晨，媽祖神像已不知去向。大家驚異之下，又四處搜尋，過了幾天，才在關渡地方現時廟地發現。廟址有了下落之後，大家公推那曾受媽祖托夢者，去像某處（一說蘭陽太平山）山林交涉。那山林老板回答：「你不要著急，我絕不失約；昨夜你們那位妙齡少婦

45 王三慶：〈重建「鳳芸宮」廟誌〉，收錄《漁父編年詩文集》，頁41－42。

已經來過定過約在期間內一定照約交清。」這時大家才恍然大悟，原來是媽祖親自來訂約。……[46]

水邊漂流神像或神木來促成信徒建廟奉祀神明的故事在台灣民間信仰中頗為常見，尤其是地處水岸聚落的開基神明之緣起頗常與此種故事類型作結合。從上述傳說中，我們發現關渡媽祖更進一步地親自選擇廟地與建材，頗為神奇。至於媽祖透過顯靈來促成信徒建廟奉祀的方式也頗為多元，如彰化市南瑤宮流傳：

聞在清雍正元年（1723）彰化設縣後，請窯工楊謙自諸羅縣（今嘉義縣）笨港應募工事而來，將笨港天上聖母之香火攜來，藉為庇身之用。香火掛在現在廟址的工寮內，每入夜頻見五彩毫光，附近居民都認為是神之顯靈，於是由當時彰化士紳集資雕塑天上聖母神像一尊，奉祀於隔鄰的福德廟(土地公廟)內，自此以後香火日盛，居民禱告動輒顯靈。[47]

媽祖透過媽祖金身無法移動或五彩毫光來顯示靈力，從而促成信眾建廟祭祀祂。考察台灣神明靈應故事，頗多祠廟主神的祭祀起源與此種故事類型頗為相似。

再談媽祖示警止禍故事類型，台灣媽祖示警頗常透過降乩或經由夢境、異像來預示災難的到來，尤其是對於水災、震災的示警。《臺灣輿地彙鈔·茅港尾紀略震災志》：

先是，逆匪戴潮春(即戴萬生)攻陷彰化，且及諸羅，而不軌之徒蠕蠕欲動，約期作孽。而天后宮聖母每夜降乩臥於香案桌下，慟哭之聲出於肺腑。董其事者請其何由而悲，則曰：『天機露洩，吾罪非輕』！固請之，則曰：『禍在眼前，爾曹盍速趨避』！哀哉吾民！天厭其德；吾神去矣，終不忍見此地為坵墟也！聞此時壓斃自賊仔丁以外之股首將近十人；非此一挫，則諸羅山城不堪設想矣。當是時，太平日久，民安優遊；一聞禍患且至，妄揣反賊來侵，故各門戶多附木栓，嚴閉其宅。及震災一至，門不易啟，故鮮逃焉。自是瘡痍難復，而六甲莊之街市獨立，則削去我茅之一臂。[48]

媽祖透過降乩來告知村民震災、水患將至，這是媽祖示警的一種模式。此外，我們從台灣媽祖示警的靈應故事中，也可發現媽祖頗多透過夢境來預告災難將至或喚醒民眾逃難，如如臺中市大甲鎮瀾宮流傳：

46 林明峪：《媽祖傳說》，頁310。
47 國立彰化師範大學地理學系編：《彰化南瑤宮志》，頁21。
48 《臺灣輿地彙鈔》（臺灣文獻叢刊第216種，臺北：臺灣銀行經濟研究室，1965年）。

二次世界大戰期間，許多大甲子弟被徵調到南洋做軍伕，臨行前到鎮瀾宮求取香火袋以保平安。傳說曾有數名軍伕在午睡時，夢中彷彿聽到媽祖對他們呼喊，炸彈掉下來了，那些軍伕立即逃開，幾秒鐘後，剛才睡臥的地方已被美軍轟炸。終戰後軍伕們回鄉，年年隨駕進香，感謝媽祖救他們一命。[49]

從上述幾則傳說，我們可以發現媽祖喚醒信眾逃難的傳說也是台灣媽祖靈應故事的常見類型之一。此外，這一靈應故事類型也有媽祖以異象來預告災難將至的敘事，如彰化市南瑤宮流傳：

屯仔腳大地震的時候，彰化媽正往北港進香，離北港還有一里多時，唐瀛松照顧的香擔，突然發火，三月十九日進香隊伍到新港時，晚上香擔又發火，大家很是訝異，遂擲筶問神，但都卜無杯，第二天就大地震，故不能說「無影」。[50]

又如雲林縣麥寮拱範宮流傳：

民國四十八年國曆八月七日，本省中南部發生大水災。於事發前，八月五日清晨，本宮住持林後鑑上香敬茶時，見爐中發火（俗稱〈發爐〉）。及同諸董事叩求聖母賜示原因，奉聖茭告示，數日後必有大水災，須注意河川堤防安全，家家戶戶靜心防備。消息傳出，民皆預防。八月七日清早，當上香奉茶時，又見正二媽神像滿容流汗，神袍透濕。多數民眾詣宮拜觀，再請賜原因。得知諸神致力化解，股內及附近地方，除作物難免遭災外，人畜可得安寧，惟聖母神通妙算，水德參天配地，救護蒼生，恩及寰宇，萬古昭彰。[51]

媽祖以香擔發火來預警地震發生、以發爐來預警八七水災，這些傳說故事都是媽祖以異象來預警災難的發生，從中可以看見媽祖示警故事的方式是頗為多元化的。

此外，大陸地區媽祖庇婦助孕的靈應故事並不多，主要以天津市外一帶較為盛行，不過台灣媽祖庇婦助孕的敘事仍有所傳衍，以庇婦助孕而聞名全台的嘉義縣朴子配天宮流傳一則牡丹花求子的傳說：

---

49 參見郭金潤主編：《大甲鎮瀾宮志》（大甲：財團法人大甲鎮瀾宮董事會，2005年），頁166。
50 林美容：《媽祖信仰與台灣社會·與彰化媽祖有關的傳說、故事與諺語》（蘆洲：博揚文化事業有限公司，2006年），頁409。
51 麥寮拱範宮管理委員會：《麥寮拱範宮誌》，頁53。

在早期配天宮媽祖有拿手(輦)轎幫人辦事時，某年春節御賜燈花展覽期間有位信徒向媽祖祈求能夠有子嗣，媽祖細查此人與他的祖先並沒有做失德的事且行善布施、樂善助人，因此手轎就指向旁邊的白色牡丹花樹，當時辦事人員就對此信徒說媽祖聖諭「要賜你白花(男丁)」若真的如願要將此兒子做媽祖的誼子，故當下便在白牡丹花樹折一朵白牡丹花回家，放置在夫妻床頭，不久後真的懷孕且生下白白胖胖的壯丁，後來樸仔腳子民也都因媽祖神助，如願求得子嗣，久而久之，樸仔媽有賜子嗣神力的消息便傳開來，遠播國際享有美名，這就是早期樸仔媽賜子嗣(白花)的由來。[52]

媽祖庇護助孕的靈應故事類型內蘊著漢人重視子嗣傳衍的思維，這種基於「不孝有三，無後為大」的傳統思維一直是漢人民俗中的質素，媽祖俗信接合了民俗的需求而被賦予助孕的職能，由此衍化出庇婦助孕的靈應故事類型。

至於媽祖伏妖制祟的靈應敘事，大陸地區除了清初印行的《天妃顯聖錄》有所著墨外，各種民間文學采錄成果大抵環繞在收服千里眼與順風耳以及收伏晏公的敘事，罕見有其他新衍生的媽祖收妖故事，然而台灣各地媽祖收伏各種鬼怪的傳說頗為流傳，從而媽祖成為制伏地方鬼妖的神祇，如嘉義縣朴子配天宮媽祖伏黑狗精、臺中市大里新興宮八媽廟媽祖伏牛精等，彰化縣枋橋頭天門宮也有媽祖收水鬼或泥鰍精傳說：

枋橋頭天門宮建廟年代久遠，神恩顯赫的傳聞也時有所聞，最有名的是武西二媽出巡秀水下崙抓地漏的故事，原來八堡圳開鑿之初，秀水地區不知何故一直缺水灌溉，經師公作法問出是水鬼作祟，必須請媽祖收妖，後來 秀水鄉人前往天門宮恭請武西二媽出巡抓地漏，之後果真水流大通，當地鄉民為謝神恩，以後凡是枋橋頭72庄民前往秀水下崙作客，必定受到熱烈招待。[53]

媽祖收伏水鬼似乎荒誕不經，但地方信眾卻是信以為真而流傳不斷，此種媽祖收妖的故事類型在台灣也經常傳聞。

再談水族朝聖故事類型，水族朝聖的故事類型彰顯媽祖海神的至上神格。康熙56年(1717)周鍾瑄主修《諸羅縣志·雜記志》：

靈山廟：在淡水干豆門。前臨巨港，合峰仔峙、擺接東西二流與海潮匯，波瀾甚壯。康熙五十一年建廟，以祀天妃。落成之日，諸番並集。忽有巨魚數千隨潮而至，如拜禮然；須臾，乘潮復出於海：人皆稱異。[54]

---

52 朴子配天宮全球資訊網：http://www.peitiangung.org.tw/particular_2.html，2015年2月24日搜尋。

53 賴宗寶等訪談：《彰化縣口述歷史(一)》(彰化：彰化縣立文化中心，1995年)，頁21。

54 周鍾瑄主修：《諸羅縣志》(南投：臺灣省文獻會，1993年)，頁286。

北投關渡宮流傳著巨魚數千來禮拜媽祖的傳說。

靈山廟即新北市北投關渡宮，此紀錄關渡宮落成之日出現巨魚數千來禮拜媽祖的異象。除了關渡宮，基隆地區也流傳著水族朝拜媽祖的敘事，如〈媽祖石的傳說〉：

> 每年三月二三，都有一群那個海豚要來拜媽祖，明年再來也是三月二三，都來那個石頭叫做「媽祖石」，大家都在拜湄洲來的媽祖。每年的傳說就是這樣，現在是沒有了啦！[55]

每逢媽祖聖誕，鯨魚三躍來拜謁媽祖的傳說突顯了媽祖作為海界至上神的表徵，同時也凸顯了媽祖的靈力。

整體而言，媽祖在台灣各方靈應敘事頗有傳衍，媽祖神性的想像也非護航免難的海神神性所能概刮，亦即台灣媽祖神力全方位的拓衍。比較大陸沿海地區所傳衍的媽祖故

55 余燧賓主編：《基隆市民間文學采集》，頁45。

事，多見身世故事而指稱為海神，台灣媽祖故事則是形象豐富而難以形象單一的海神來視之，全能神性的特質非常明顯，這是比較中台兩地媽祖故事可以發現的現像，從而媽祖全能的形象也伴隨靈應故事而傳衍。

六、親民化與世俗化

觀察中台兩地在近期所刊行的民間傳說之采錄成果，緣於民間原始的口傳資料之質樸性，媽祖不是那麼高不可攀的存在，在大陸沿海地區更是明顯地有著神聖性降低的趨勢，第五章提及浙江省溫岭縣流傳〈天后宮〉、遼寧省東溝縣流傳媽祖〈成神〉的敘事隨著距離媽祖信仰核心地－莆田越遠，媽祖信仰以及其形象也就越為模糊、不清晰，同時神聖性也因其信仰的模糊化之趨向而降低，因此出現「阿媽用手朝阿妹（媽祖）頭上拍了一記」、「岸上阿媽哭，阿妹也哭。阿妹整整哭了一年，哭死了，臨死時還喊著阿爸。」以至於「媽一見閨女這樣，隨手打了閨女一巴掌：『小死嫚子，睡覺也不穩當！』」、「就瞪了閨女一眼說：『小死嫚子，敢咒你爹』」，等媽祖遭其母親打巴掌與瞪眼斥責的情節，隨而媽祖神聖性然弱化許多。

相較於此，台灣民間采錄的媽祖故事雖然也有趨於人性化的敘事，但台灣媽祖故事的敘事在世俗化的趨勢下並非是神聖性的降低，而是一種親民化的發展態勢，亦即台灣媽祖信仰貼合於民俗風情，媽祖的形象趨於人性化，因此媽祖的敘事參雜許多人情的想像而降低了人神的距離感，但是仍然保有其神聖性，這點可以從台灣流傳頗為廣泛的媽祖與大道公的鬥法略見一二，如雲林縣所采錄的〈大道公鬥法媽祖婆〉：

> 大道公本是一介平民，他多行善事，媽祖也是善事行多。個人有其專門所在，大道公為何要與媽祖鬥法呢？
>
> 原來是當時有個人被大道公斷定已無藥可醫了，但是媽祖卻仔細地推算，因而把他醫好。
>
> 那人被媽祖救起來後，竟跑去找大道公，說：「你有多厲害？說我什麼時候會死，我這不是活得好好的嗎？」大道公：「奇了？這個人……我明明算出他會死掉的，怎麼還會跑來對我叫罵呢？」
>
> 人都是好面子的，這就像去幫人算命時，被人當面出糗一樣。當大道公得知原因時，心想：「好啊！媽祖你今日竟然來扯我後腿？」其實是誤會，媽祖並沒有叫那個人去，是那個人自己要去找大道公理論。
>
> 女性化妝是自古傳到今的，農曆三月二十三日，媽祖的誕辰這天，信徒從四面八方來為她祝賀。大道公卻施咒下雨，把媽祖臉上的粉和衣服都淋溼，叫她當眾出醜。

「是你先讓我難堪的！可不是我要找你麻煩！」大道公先惹上媽祖。結果，到他誕辰那天，媽祖怎麼做呢？信徒來拜壽時，媽祖念咒令大風吹起，把大道公頭上的帽子吹得不時搖晃著。信徒正在敬拜時，也讓他當眾出醜。就這樣兩人結了怨啦。[56]

媽祖與保生大帝鬥法的傳說在在台灣是頗為流傳的。媽祖與大道公的鬥法敘事，可以看見民間俗眾賦予媽祖與保生大帝有了更多的人性，兩神相鬥的心理因素為民間生活面向的縮影，但是敘事中仍同時彰顯兩神的神力，兩神仍大致保有信眾對其神聖性的俗信心理。

再見嘉義縣朴子配天宮盛傳一則傳說〈媽祖戰水神〉：

朴子溪原本是在媽祖廟後方，那時的廟，只蓋了一間像村外營頭般矮小而已，哪有像現在這麼大？朴子溪若漲大水，廟的屋角都會被水沖壞，所以，每逢下雨天，媽祖都是穿一件肚兜、紅衣褲，用爛泥修補著廟的牆壁。

因大水來，都會沖毀屋角，媽祖才會跟水神打鬪，聽著每逢下雨天的傍晚，都可以聽到兵器互碰的鏘鏘聲。最後，水神打輸了，朴子溪才改道，下寮才因此被水淹沒了。黎明路那地帶，昔日是溪底呢！[57]

嘉義縣東石鄉流傳的一則〈菜要試鹹淡〉傳說：

在東石村先天宮裡祭祀著五年千歲，據說五年千歲的脾氣非常暴躁，若是信女們在準備拜拜的祭品時，先試過菜的鹹淡滋味，五年千歲就會生氣，說是祭品先被人吃過了，因而遷怒那掌廚的信女，使得她生病或肚子痛，藉此責罰她。

有一天，五年千歲到媽祖家做客，吃了那邊的祭品後說：「你這裡的菜怎麼會這麼好吃呢？」媽祖回說：「因為你不准信女們在煮食時試菜的鹹淡，所以就無法掌握菜的滋味啦！」「本來在烹調過程中，就要先試一試味道，才知道過鹹還是太淡，也才能夠再調位啊！」聽了媽祖的話之後，五年千歲暴躁的脾氣才漸漸收斂，後來信眾在炊煮祭品時，也才敢試試菜的鹹淡滋味呢！[58]

此等關於媽祖的敘事，都可以看見媽祖趨於人間生活化的敘事，媽祖貼合著世俗人的心理。第一則媽祖為了自己的安身之處，每逢雨天，以穿肚兜、紅衣褲的形象用爛泥修補廟壁，甚至為了保全自己以及群眾，與水神大戰；第二則媽祖以女性溫柔、明瞭事理的婦女

56 胡萬川、陳益源總編輯：《雲林縣閩南語故事集（一）》（斗六：雲林縣文化局，1999年），頁42－45。
57 黃哲永總編輯：《朴子市閩南語故事集》（朴子：嘉義縣文化局，1999年），頁71。
58 黃哲永總編輯：《東石鄉閩南語故事集（一）》（朴子：嘉義縣文化局，1999年），頁43。

形象來規勸五年千歲，促使媽祖與人間生活的距離是接近的。這二則媽祖故事所呈現媽祖的心理活動、生活情形的想像趨於世俗化，但是一種親民化的結果，並未因此而地弱化其神聖性；這樣的敘事風格，可以發現媽祖信仰在台灣以及大陸沿海地區仍存有著不一樣的發展趨勢。

整體而言，媽祖形象以及其信仰故事在台灣有世俗化的趨勢，這樣的趨勢沒有造成媽祖神聖性的弱化，反而增添媽祖親民性的特點，由之促成媽祖信仰更貼合民間生活氣息，這或許是媽祖信仰在台灣盛行不衰的俗信之內緣底蘊。

第四節　台灣媽祖故事空間傳播的考察

大抵而言，台灣媽祖故事在信仰空間的傳衍上，媽祖身世故事基本上有著比較穩定的敘事情節在各地流傳，媽祖靈應故事則因時空環境的差異而呈現出多元紛陳的面貌。綜覽媽祖信仰的靈應傳說，相當程度反映民間文學的變異性，也就是許多傳說根植於某一個母題或故事類型，隨著講述時空、情境的不同與情節的增減或加工改造而產生同一故事類型出現多種「異文」的情形。雖然每個故事類型有各式各樣的異文，但我們仍然可以發現一些靈應故事與其相關母題有其傳播空間的交錯而產生故事情節的疊合現象。

在媽祖信仰圈內，不同的信仰據點以及所傳衍的靈應故事常常在俗信活動的要站產生故事襲受的發展脈絡。其中，媽祖進香活動[59]等具有空間移動的俗信活動促進靈應故事的傳衍，因為俗信活動在空間的移動中也讓其相關的靈應故事隨而移動。可以這樣說，具有空間移動性的俗信活動之主要場域往往可以發現這個移動空間的起始點與終點經常流傳著類同的靈應故事。媽祖進香等民俗廟會活動在歷來的文獻記錄較少，加上大陸地區歷經文革的文化斷層，媽祖民俗廟會活動不若台灣隆盛，因此本處討論以台灣為主要闡述對象。

觀察各地媽祖廟所流傳的靈應故事，我們可以發現作為進香中心的媽祖廟似乎凝聚較多的靈應故事類型，如台灣雲林縣北港朝天宮向來為台灣媽祖信仰首屈一指的進香中心，諸如媽祖護航、媽祖助戰禦敵、媽祖化解天災、媽祖平息人禍等最為流傳的媽祖靈應故事，在北港媽祖的神蹟傳說中皆可以發現。如果我們進一步地進行故事類型與其相關母題的比對分析，將可以發現進香中心猶如各個靈應傳說圈的核心點，許多媽祖靈應故事與其相關母題便是由進香中心往各地擴衍流傳，如雲林縣北港朝天宮、嘉義縣新港奉天宮、臺中市大甲鎮瀾宮、彰化市南瑤宮等地都有媽祖顯靈讓兒童死而復活的神蹟，這四個據點恰好是進香活動的起點（臺中市大甲鎮瀾宮、彰化市南瑤宮）、終點（雲林縣北港朝天宮、嘉義縣新港奉天宮），媽祖顯靈讓兒童死而復活的神蹟之傳播應當與進香活動有關。同時，伴隨著進香活動的進行，進香路線成為靈應故事傳播的路線，根據林茂賢〈從台灣媽祖神蹟看媽祖屬性的轉化〉一文的考察，台灣彰化市南瑤宮、臺中市大甲鎮瀾宮、臺中市梧棲浩天宮、苗栗縣白沙屯媽祖有媽祖顯靈分開濁水溪之溪水而讓進客安全通過的傳說。[60]這些現象反映了神明靈應故事的傳播、擴衍與進香活動有關，因

59　林美容：《媽祖信仰與台灣社會．進香的社會文化與歷史意義》指出：進香是台灣民間信仰裡一種相當普遍的宗教活動，很多地方宮廟常常定期或非定期的舉辦進香，前往其廟宇所供奉神祇之香火的來源地「刈火」，或是到香火較旺盛、歷史較悠久且主神相同的名廟、大廟「進香」、「會香」或「參香」，有時廟宇的神明亦出來參訪道友，像是遊山玩水，不一定到哪一間廟，此稱為「遊境」，無論是刈火、進香、會香、參香、遊境，皆統稱進香。本文所指涉的進香活動大抵依據林美容的定義，從而延伸出的「進香中心」一詞亦是依循該文而來。

60　參見林茂賢：〈從台灣媽祖神蹟看媽祖屬性的轉化〉，《2008年彰化縣研究學術研討會論文集－媽祖信仰國際研究文化觀光研究》（彰化

此我們在大甲鎮瀾宮的進香路線的沿途據點，屢屢可以發現若干類同的媽祖靈應故事類型。

再見關於媽祖以蒼蠅為痣指點本尊的敘事母題，《臺中縣民間文學集》采錄到一則〈鎮瀾宮的傳說〉：

> 媽祖廟。要蓋一間廟時，說是要借這尊神像，意思是說：「要請坐陣，我們那裡要蓋廟、奉神，想請祂去參加，為我們坐座請安。」然而他們臺南人心生貪念，請到媽祖去之後，模仿祂的外形又製了十八尊，擺著看來每一尊都一樣。過了一段時間，北港人去要神像，隨便請一尊還他們就是了。……北港的媽祖是很靈的，知道被換過了。……請錯了回來時，都會來托夢說是請錯了。於是鬧得北港和臺南的人傷了感情，吵得很就是了。……於是謝員外有次就帶頭跟著南下去，要去迎請正是好神回來。……那時候，媽祖來托夢給他，「你去時要仔細地看，你要去過夜。去過夜時，如果看到其中一尊的下巴有一顆黑痣，那就是了，就是真正北港的媽祖，是由中國裝運過來的，有到中國去進香的。」原本正神的臉上是乾乾淨淨的，事實上是沒有痣的。恰恰是神明顯靈，就在他睡到三更半夜時來一看，剛好有隻蒼蠅停在下巴。……他悄悄地做了記號，明天就要請這一尊。臺南這邊的人盤算著有十八尊呢，就那麼巧你請到了正神！這尊果真是靈的。[61]

彰化縣埤頭合興宮流傳〈媽祖以蒼蠅指點本尊〉：

> 此事之後，北港朝天宮住持仍然不信合興宮媽祖的神靈，於是暗中心生一計，重金禮聘唐山雕刻佛像師傅，刻一尊與合興宮媽祖神尊一模一樣的贋品，準備下次進香時，用魚目混珠之計換走本尊，並打算將本尊施法火化作廢。時間又到了進香的日子，事前合興宮媽祖早知有此一劫，所以在出發前就托夢給爐主，吩咐說：「回鑾之時，要小心請對本尊，鼻頭有一顆黑痣者，才是正尊，千萬不可錯誤，謹記！天機不可洩漏。」爐主也謹記在心，但仔細一看媽祖的神尊鼻頭又沒有黑痣，為什麼媽祖說有一顆黑痣才是正尊呢？但又礙於天機，只能暗中請媽祖保佑。到北港，受到廟方鑼鼓陣頭，沿街擺設香案的禮拜，熱熱鬧鬧的由中門迎接進入朝天宮，並鎮坐於中殿。爐主因為任務在身，並不敢離開中殿，視線也不敢移開金尊，一點也不敢怠忽。經過一夜休息，朝天宮住持也利用整理之便將合興宮媽祖正尊與贋品對換，以為神不知鬼不

市：彰化縣文化局，2008年），頁84。

61 《大安鄉閩南語教事集(三)》（豐原市：台中縣文化局，1999年11月），頁.43－45。

> 覺，得意洋洋的將中殿神房鎖住，而合興宮人員也未查覺已被掉包了。到了吉時交香時刻，朝天宮執事就將贋品請起想交給爐主，爐主眼尖的看出這尊鼻頭沒有一顆黑痣，往內一看最角落那尊很眼熟而且鼻頭有一顆黑黑的痣，喚起媽祖對他的交代：請神尊要請對，鼻頭有一顆黑痣才是正尊。所以又與朝天宮住持起爭執，最後找出神尊的記號，朝天宮住持財無話可說。原本媽祖早知此計，幻化一隻蒼蠅停在神尊的鼻頭以作類似黑痣的記號。經朝天宮賠不是，才有驚無險的回到合興宮。[62]

第一則雖名為〈鎮瀾宮的傳說〉，實際卻是北港媽祖顯靈的傳說，至於為何由大甲鎮瀾宮采錄而來，可能是進香活動促成的故事傳播。大甲鎮瀾宮往昔的進香目的地即是北港朝天宮，兩宮的歷史淵源與人群互動是密切的，可能緣此而促成這則以北港媽祖顯靈為主體的敘事也傳衍至大甲地區。第二則埤頭合興宮的靈應故事，故事發生的場域仍為北港朝天宮，埤頭合興宮每年前往北港朝天宮進香，即有可能因此傳衍出〈媽祖以蒼蠅指點本尊〉的傳說，只不過內容產生變異，以蒼蠅指點本尊的主角由北港媽祖便成了埤頭合興宮媽祖。觀察這二則傳說，可以發現此兩則故事的聚合點之一便是北港朝天宮，我們再見毗鄰北港朝天宮而有地緣關係的嘉義縣朴子配天宮流傳著這麼一則傳說：

> 當年，朴子媽祖從鹿港偷偷請來供奉，過了一段時間，就前往大陸進香。去進香的時候，大陸當地的主事者，不讓我方請回來。為什麼不讓我方請回來呢？因為配天宮的這尊媽祖，去大陸時，在大陸當地有它的龕。什麼是「龕」呢？神像刻好的同時，都會特製一個龕，恰好裝得下那尊神像。
>
> 那時候，朴子媽祖去大陸，剛好恰恰吻合那個龕，完全符合後，他們就不讓我方請回來了。
>
> 我們朴子配天宮的這尊三媽很靈驗，隔天要回來，當天晚上，她就向我們朴子的主事者託夢，說：「我們明天要回去時，我方的這尊媽祖，臉上有一個顆痣的就是了！」
>
> 主事者想：「我們從朴子請過來時，並沒有痣，怎麼說有痣呢？」那天早上，主事者就去看，看了之後，說：「哎呀！這邊的媽祖，怎麼每尊都這麼像？」看到最後，說：「嘿！有一隻蒼蠅正好停在祂的臉上！」我們朴子的主事者，反應很好，知道這樣就是代表痣了！事不宜遲，趕緊捧著那尊佛像，就這樣回來了。[63]

併同這三則傳說來看，北港朝天宮與這三個傳說的傳播空間都有所相涉，儼然是這個故事發散的中心點，這則敘事母題的傳播型態疑似以北港朝天宮為中心，經由進香活動、

62 合興宮管理委員會：《合興宮天上聖母神蹟輯錄》（埤頭：合興宮管理委員會，2005年），頁18－19。

63 朴子配天宮宮網：http://www.peitiangung.org.tw/PeiTain_Mazumiracle.html，2014年8月20日搜尋。

人群往來等因素而傳衍開來。

進香路線成為媽祖靈應故事傳播的要素之一，進香路線基本上就是一條交通路線，進香的路線循著交通往來路線而展開，因此區域間的交通網絡也影響著靈應故事的傳播。以台灣彰化縣北斗鎮而言，此地居於台灣中部南北縱貫古道與濁水溪水路的交會點，因此也成為台灣兩大媽祖進香中心－北港朝天宮、鹿港天后宮的匯合點，這樣的交通位置也對於北斗地區媽祖靈應故事的發展產生影響，如北斗地方采錄到的一則傳說〈金、柳將軍旗之由來〉：

> 相傳「濁水溪的水若澄清，就表示會有重大的事發生」。同治元年，濁水溪忽然清澈了好幾天，果然不久發生戴潮春事變。戴潮春之亂，波及北斗。北斗街民楊玉聰，在戴潮春欲攻北斗街前夕，得到奠安宮媽祖指示，以紅、綠二色布，製作旌旗二面、燈籠一對，上書：金將軍、柳將軍字號，立於奠安宮廟庭。另製五方旗，依五行方位，命轅門官楊文德奉置北斗街四城門。翌日，媽祖顯聖，帶領白袍軍兵，前來禦賊，賊眾見黑旌旗下、四方城門，兵馬雲集，雄壯如神，因此畏懼不敢戰而退。街民始悟媽祖顯聖，保護街民，免於遭其災。戴潮春事件平定後，北斗街民楊玉聰助清有功，清廷賞給八品頂戴合給印信、功牌，以示獎勵。[64]

「金、柳將軍旗之由來」裡頭的「戴潮春之亂」、「媽祖指示以旌旗禦敵」等母題或敘事大抵類同於《雲林縣采訪冊》所載錄的北港朝天宮之靈應故事。如光緒20年（1894）《雲林縣采訪冊．大槺榔東堡》附天后顯靈事：

> 所尤顯者，惟同治元年顯聖退賊事。先是，正月十五日居民迎神輿至廟廷，篙擔忽飛起，直立神桌上，大書『今夜子時速以黑布製旂二面，各長七尺二寸、闊三尺六寸，上書「金精、水精大將軍」字樣，立吾廟廷』. 左右居民見神示異，敬謹製備，然莫知何用也. 及戴萬生反，圍嘉義，居民惶惶，聚議不決，乃相率禱於神；卜避不吉，卜戰吉. 於是增壘浚濠，聚民習戰事. 方集，而賊至，無所得旂，遂迎神命所立旂為前隊崇禦；賊不戰退，我民亦不敢偪，恐有詐也. 後賊焚新街，民激於義，爭相赴援，救出被難男婦並擒賊二人；詢以當日不戰故，賊云：『是日見黑旂下人馬甚眾，長大異常，疑是神兵，故不敢戰』。居民知神祐，相率詣廟叩謝，勇氣百倍。自是每戰以黑旂先，屢敗賊，擒斬數百人；相持二、三月，港民傷斃不及二十。[65]

---

64 參見東螺媽文化工作室：《2003古老的東螺》（北斗：東螺媽文化工作室，2003年）。

65 倪贊元編纂：《雲林縣采訪冊》（南投：臺灣省文獻會，1993年），頁58－59。

北港朝天宮為台灣香火大廟之一，媽祖神蹟經由進香活動、人群往來等因素而傳衍開來。

此靈應故事以同治年間的戴潮春之亂作為背景，「黑旂下人馬甚眾，長大異常，疑是神兵，故不敢戰」暗示北港媽祖派遣部將神兵助戰退敵的靈應，北斗奠安宮一帶所流傳的〈金、柳將軍旗之由來〉故事大抵類同於北港朝天宮。此外，台灣彰化縣鹿港天后宮也有媽祖助戰、逼退戴潮春軍隊的傳說故事：

> 同治年間戴潮春之亂，攻陷彰化城，次月打到鹿港，鹿港原為商港並無城廓守軍，民眾聞賊兵到達均惶恐不知所措。然而第二天賊兵不戰而退，有人問其退兵理由，賊將謂見有身著白袍騎白馬之軍隊，由一女將率領直殺而來，賊兵以為官兵來援，因此將軍隊撤回，事後乃知聖母顯靈，從此不再侵擾鹿港。[66]

這一靈應故事出現「媽祖以女將騎白馬的形象率領軍隊助戰」的母題，反觀彰化縣北斗奠安宮流傳〈金、柳將軍旗之由來〉出現「媽祖帶領白袍軍兵前來禦賊」又頗似鹿港天后宮媽祖逼退戴逆傳說的「身著白袍騎白馬之軍隊，由一女將率領直殺而來」，從而可見北斗奠安宮〈金、柳將軍旗之由來〉複合了北港朝天宮、鹿港天后宮等二地關於媽祖戰退戴

66 台灣省文獻委員會編：《台灣省通志·人民志宗教篇》（南投：臺灣省文獻會，1971年），頁287。

潮春軍隊的故事類型與其相關母題，此一現象或許與北斗奠安宮地處北港朝天宮、鹿港天后宮的匯合點有關，因而產生故事情節的複合之發展。這樣的現象正好反映區域間的交通網絡影響著媽祖靈應故事的傳播與相關母題的演化，交通網絡成為神明靈應故事傳播的外緣因素之一。

大抵而言，交通往來、進香活動等牽繫著不同信仰空間的聯繫，同時也影響著各種媽祖故事的傳播與衍化，尤其是各地媽祖信仰空間的過渡區往往可以發現兩種不同故事情節產生複合的情形，這樣的發展情形體現了各地神明信仰傳播空間的過渡地區往往在神明靈應傳說中也會出現過渡、疊合的現象。

第柒章 結論

鄭志明說：「媽祖信仰之所以能後來居上，成為民間普遍信仰的主要主神，完全來自媽祖的開顯神蹟，他能跨越時空長期流傳，主要就是仰賴靈感神蹟的不斷累積與宣揚。」的確，神明信仰的傳衍憑藉著靈感神蹟的傳承而發展，媽祖因其靈應故事等傳播而拓衍出各種信仰文化，諸如神性發展、神格演升、神人交流、信仰與地理環境等都可以看見信仰與敘事的交雜鏈結，本文從媽祖故事來看媽祖信仰的演化，可以發現媽祖信仰的發展與其相關故事有著密不可分的關係，主要成果如下述。

一、媽祖身世故事的衍化趨勢

綜觀媽祖身世故事的衍化，從宋代信仰發軔初期的巫身份逐漸在元代衍為官宦世族之女，宋代媽祖身世故事由非常態的降生（降生異象）、成為人類趨吉避難的希望、逝後或昇天成神等母題組成，相關敘事相當貧乏，因此媽祖的形象是模糊的。

進入元代，媽祖身世故事再匯入童年階段初露鋒芒或異於凡人的能力、不惹塵俗的處子等母題，身世故事的相關敘事仍是簡單的；明代《三教源流搜神大全‧天妃娘娘》等文本的出現，加入非常態的降生（觀音大士賜丸異孕而生）、成長與神性養成（玄通道士授「玄微秘法」、窺井得符）等母題，媽祖身世故事已經較前期完整；迄於清初《天妃顯聖錄》的出現，再加入異於常人的異貌異相（彌月不啼）、成長時期的挫折（機上救親未盡全功）、海之守護者的權威（水族朝聖敘事）等母題，完成了媽祖身世故事最常見的12種母題或敘事，媽祖身世故事至此初步定型。此後，又有神人渡化的考驗之母題的加入，媽祖身世與其性格、為人處世有了一套完整的敘事，媽祖形象也從而鮮明而生動。

分析媽祖身世的衍化過程，整體的發展有趨勢：

（一）發現媽祖以「巫」為其信仰的發軔原型，在人通往神發展的過程中，巫的色彩與敘事逐漸淡化，這樣的趨勢可以從媽祖的出身從巫轉為官宦世族之女的敘事中可以發現。

（二）媽祖信仰也因其海神神職而逐漸出現貼合海（水）神信仰的神話思維，衍生出媽祖沒於水、救父投海等敘事情節。

（三）宋元時期以降，儒釋道三教趨向融合發展，「三教一家」、「萬善歸一」的發展蔚然成風，媽祖信仰也融入儒釋道三教文化質素而擴衍其信仰力量，其中媽祖身世故事與道教文化的接連表現在神仙下凡救世的母題，媽祖身世故事與佛教文化的聯繫則衍化觀音大士的化身等敘事；媽祖身世故事與儒家思維下的接合則是強化其孝女形象以及仁民愛物的敘事。

（四）媽祖身世的衍化，整體有趨於「神性英雄」形象的發展傾向。

二、媽祖靈應故事的演變與其內涵

統觀媽祖靈應故事的發展趨勢，宋初信仰發軔時的靈示民眾祭祀、護航免難而逐漸衍生助戰禦敵、止旱澇天災、治病除瘟、示警止禍等故事類型；進入元代，傳媽祖靈應故事大抵承續宋代媽祖護航免難、助戰禦敵、止旱澇天災、治病除瘟等故事類型與相關內容，其中媽祖護航免難故事類型增添不少護衛漕運的敘事，並出現新的媽祖靈應故事類型－助堤止水患。進入明代，媽祖靈應故事承衍前期而來的媽祖護航免難、媽祖助戰禦敵、媽祖靈示民眾祭祀等故事類型，出現新的媽祖靈應故事類型－助人死而復生、庇婦助孕。迄於清初，《天妃顯聖錄》的刊行，載錄歷來媽祖相關的靈應事蹟，促成媽祖靈應故事類型的發展契合媽祖多元神職、神力的建構，除了傳衍前期的靈應故事故事類型外，出現媽祖伏妖制祟、水族朝聖：水族朝聖、拯饑、助農物成長等故事類型，初步建構完成媽祖靈應故事較為普遍的十三種類型：(一) 媽祖靈示民眾祭祀；(二) 媽祖護航免難；(三) 媽祖助戰禦敵；(四) 媽祖止旱澇天災；(五) 媽祖治病除瘟；(六) 媽祖示警止禍；(七) 媽祖助堤止水患；(八) 媽祖助人死而復生；(九) 媽祖庇婦助孕；(十) 媽祖伏妖制祟；(十一) 水族朝聖；(十二) 媽祖拯饑；(十三) 媽祖助農物成長。

觀察媽祖靈應故事的歷來演化以及其內容敘事的情節，媽祖靈應故事存有某些特點與內涵：

(一) 媽祖靈應表現的方式有一套發展的軌跡，媽祖最初的靈力呈現應該是從其具有巫而來的巫術想像，因此媽祖靈應敘事的展現有著巫術顯靈解厄的想像，某種程度貼合著其初始巫的出身。

(二) 漢人民間信仰的媽祖神尊也有不少以紅色來作為神衣色系的情形，「服朱衣」的傳統並非偶然，紅色在汪洋中成為一道指引的明光或是海神最初的崇拜的原始想像，媽祖故事透過紅燈、紅火、媽祖火、媽祖燈以至於北斗降身的傳說都遙繫「汪洋指引」在海神造像的原始神話思維，這些敘事也都傳衍著古代民眾面對海洋的豐富之想像力，因著紅燈、紅火的想像，紅色具有汪洋指引的視覺效果，因此媽祖作為海洋救難的神祉便以「紅色」來顯現其為海上救難的本質，從而媽祖海上救難時便以服朱衣來救世。

(三) 媽祖信仰在海神形象的塑造過程中，吸收了古代神話的海神形象，諸如《山海經》的人面鳥身的海神以及中國古代龍神都成為媽祖海神造像過程中汲取的養分，媽祖信仰透過對古代神話海神形象的吸收與轉化，出現了飛鳥來拯的異象。

(四) 媽祖的靈應故事的發展一如其身世故事的拓衍，在儒釋道三教合一的時代思潮下，媽祖靈應的顯現也出現不少疊合儒釋道三教文化的質素或敘事情節。統觀媽祖靈應故事的發展，護航免難、助戰禦敵的故事類型是其敘事的重心，尤以助戰禦敵的女神的形象特別深刻，堪稱是媽祖靈應故事的異彩。

三、媽祖靈應故事的衍化與民間信仰的互動

分析《天妃顯聖錄》的刊行促成媽祖靈應故事建構出十三種代表性的故事類型，可以發現媽祖神力的拓衍隱藏著一套民俗的邏輯念，逐步地衍化媽祖的神力以及其靈應事蹟。

媽祖靈應故事類型的發展大抵以媽祖靈示民眾祭祀與媽祖護航免難等兩類發展最早，因著護航免難的敘事，海上救難的相關事件都在護航免難的基礎下開展，如海難的示警從而衍化出各種媽祖示警止禍故事，平息海上賊寇侵擾而衍生出媽祖助戰禦敵的故事，媽祖護航糧船而衍生出媽祖拯饑的故事，媽祖海上止水難而衍生出媽祖伏妖制祟的想像故事。再者，媽祖因護航免難的靈應故事類型而衍為海神、水神，因著水神制水的想像又衍化出各種靈應故事，如媽祖止旱澇天災的靈應敘事與水神的職能相涉，媽祖助堤止水患的靈應故事也是水神制水的顯現，媽祖治病除瘟以聖泉治疫為以水治疾，水族朝聖為媽祖制水的權威呈現。此外，媽祖分開溪水來助行的靈應故事類型遲至後期才出現，然與媽祖制水的靈力有關，可視為是上承媽祖護航免難靈應故事的衍化。綜而言之，媽祖助戰禦敵、媽祖止旱澇天災、媽祖治病除瘟、媽祖拯饑、媽祖助堤止水患、媽祖伏妖制祟、水族朝聖、媽祖示警止禍、媽祖分開溪水來助行等九種靈應故事類型基本上是從媽祖護航免難的因水而靈之特點衍化而來。

整體而言，「因水而靈」成為媽祖轉型的關鍵，這也是媽祖即便不斷地轉型而為全能之神，「海神」形象依然是其不可撼動的典型之內緣因素。其次，媽祖在「海神」神性躍升的過程中，相關海上救難的靈應故事成為其信仰拓衍的宣傳工具，一些致力於宣揚媽祖信仰的人士透過媽祖收伏其他海神或將其他海神納入麾下的故事詮釋，逐漸建立起媽祖的海神權威之地位，強化媽祖「海神」的典型形象，媽祖信仰經此等靈應故事的宣傳而在民間形成一種知識或認同，促成媽祖成為漢人民間信仰的海神代表之一，甚至在閩南地區、台灣等地成為最具權威性的海神至尊。

四、媽祖故事在中國沿海地區的傳播型態與空間之考察

在媽祖信仰發展之初，聖墩廟扮演信仰與故事傳衍的核心點之位置，當其信仰敘事向外擴衍之時，媽祖信仰圈、故事圈也隨而擴散，然而媽祖湄洲人的傳衍敘事，媽祖信仰圈、故事圈的信眾以媽祖湄洲人的民間知識回歸聚合的核心點不是聖墩，而轉為湄洲，此與漢人重視血緣、地緣的民俗心理有關。這樣的發展趨勢，聖墩廟作為媽祖故事圈的核心點之位置逐漸由湄洲廟所取代，復以聖墩廟在明初因地理環境變遷等因素而廢，媽祖故事圈的傳播核心點自然隨而隱沒，隨著明初以來湄洲廟衍為信仰與其故事圈的核心點，媽祖助路允迪使高麗的靈應敘事也隨而轉以湄洲廟為中心，甚至出現「道湄

洲」、「立廟於湄洲」等敘事內容，此等敘事將此次靈應故事的場域貼合在湄洲廟，從而可見媽祖護路允廸使高麗的故事發展已由湄洲廟取代聖墩廟，這樣的現象反映媽祖故事圈的核心點從聖墩廟往湄洲廟發展的趨勢。

宋代媽祖信仰與其故事圈的核心點為聖墩廟，其時聖墩廟與湄洲廟、白湖廟、江口廟等齊稱，堪稱是媽祖信仰發軔初期的四大信仰據點，此四座廟皆為於現今福建省莆田市。宋代媽祖信仰就是在東南沿海貿易發達的背景下發展，伴隨著海運的發展，以莆田信仰核心地區，先從具有地緣關係、業緣關係的東南海岸線傳衍寧波、廣州、泉州等地中國東南海岸線的要塞，並進一步地連結南宋國都臨安（杭州），從而媽祖信仰也順勢從民間走入官方，媽祖故事也從莆田核心地區擴衍至廣東、福建、浙江、江蘇等海岸線的要站以及南宋國都，從而媽祖故事圈也隨而擴大。媽祖信仰的傳播除了沿著中國海岸線拓衍外，元代媽祖信仰也從沿著漕運點呈點狀分佈，因此媽祖庇護漕運的靈應故事也隨著媽祖信仰沿著漕運路線而傳衍開來，成為元代媽祖故事圈拓衍的時代面向。大抵而言，宋元時期，媽祖信仰主要的發展空間便是這種以海洋為活動空間的環境，因此海洋成為媽祖信仰文化的溫床，從而媽祖故事也隨而以海洋作為題材而衍生。

到了明代，媽祖信仰大抵還是以東側海岸線以及漕運的路線而持續拓衍，媽祖信仰也逐漸沿著海岸線向內陸發展，對外則同時向世界各地發散。明代以降，媽祖信仰發展除了商人貿易與船夫沿著東側海岸線與漕運路線傳衍外，隨著海外貿易以及鄭和下西洋等壯舉，許多福建海外移民逐漸增多。媽祖信仰從中國海岸線經由貿易、移民等人群流動型態而傳衍至東北亞、東南亞以迄於世界各地，其中當然也包含與福建存有一衣帶水關係的台灣。

大抵而言，媽祖故事在信仰空間的傳衍上，媽祖身世故事基本上有著比較穩定的敘事情節在各地流傳，媽祖靈應故事則因時空環境的差異而呈現出多元紛陳的面貌，其中一些靈應故事與其相關母題有其傳播空間的交錯而產生故事情節的疊合現象。大抵而言，交通往來、進香活動等牽繫著不同信仰空間的聯繫，同時也影響著各種媽祖故事的傳播與衍化，尤其是各地媽祖信仰空間的過渡區往往可以發現兩種不同故事情節產生複合的情形，這樣的發展情形體現了各地神明信仰傳播空間的過渡地區往往在神明靈應傳說中也會出現過渡、疊合的現象。

觀察媽祖信仰圈的俗信文化，媽祖以福建莆田地區為其信仰核心地，由此擴衍華東、華南地區上仍保存獨立性的形象，再往北拓衍過程中，經過觀音信仰核心地－浙江舟山以及碧霞元君信仰核心地－山東泰安的交融後，華北地區的媽祖信仰呈現出模糊化的發展趨勢，因此在不少關於媽祖的敘事或靈應故事中，媽祖是觀音大士、碧霞元君、林靈素之女、東海廣德王第七女以至於媽祖實為三人的說法紛陳，由之反映媽祖信仰向外傳衍的過程中存有距離愈遠愈缺乏原始形象、典型形象的趨勢。從此等現象來分析，雖然媽祖信仰廣佈世界各地，然而媽祖信漸離信仰核心地，媽祖形象與其信仰敘事也就愈行模糊淡化，這種發展的趨勢是觀察神明信仰圈、神明故事圈衍化過程中可以發現的。

五、台灣媽祖故事的傳衍特點

媽祖信仰遍及臺灣全島，媽祖信仰因台灣海島地形以及先民渡海來墾等時空背景自然不失海神護航等質素。相較於多數媽祖信仰據點以海神為其顯著的特徵，台灣媽祖信仰明顯地突破海神的框架，呈現出萬能的神祉之形象，此由台灣媽祖故事可以窺見一般。考察台灣媽祖靈應故事，可以發現如下幾種特點：

一、台灣媽祖靈應故事的類型堪稱應時演化。

二、台灣媽祖的農業神性格遠遠高於海神神性，這與台灣開發拓墾背景有關。總地來說，台灣媽祖助農物成長的靈應敘事相當發達，因而許多媽祖俗信活動也與媽祖助農物成長傳說有關。

三、台灣媽祖的全能形象可以說是無所不能，因此開創出「媽祖抱報炸彈」、「媽祖分開溪水」的靈應故事類型，這一故事類型在其他媽祖信仰區域尚未發現，顯顯見台灣媽祖的法力無邊，也反映了台灣信眾對於媽祖的極致推崇。

四、台灣媽祖形象以及其信仰故事在台灣有世俗化的趨勢，這樣的趨勢沒有造成媽祖神聖性的弱化，反而增添媽祖親民性的特點，由之促成媽祖信仰更貼合民間生活氣息，這或許是媽祖信仰在台灣盛行不衰的俗信之內緣底蘊。

五、台灣媽祖故事在信仰空間的傳衍上，進香活動、交通往來等牽繫著不同信仰空間的聯繫，同時也影響著各種媽祖故事的傳播與衍化，因此進香活動的朝聖地往往具有故事傳衍中心的現象；此外，各地媽祖信仰空間的過渡區往往可以發現兩種不同故事情節產生複合的情形，這是台灣媽祖故事傳播空間可以發現的特點。

參考文獻(徵引資料)

一、碑誌

〈馬港天后宮 媽祖靈穴記〉。

〈新建埤南天后宮碑記〉。

方略:〈祥應廟記〉。

高玄岱:〈大日本國鎮西薩摩州娘媽山碑記並銘〉。

彭啟超:〈重修媽祖廟(天后宮)碑記〉。

二、書籍

《十三經注疏·周禮注疏》(台北:新文豐出版社,2001年)。

《大安鄉閩南語教事集(三)》(豐原市:台中縣文化局,1999年11月)。

《大里市內新新興宮(八媽廟)》(大里:大里市內新新興宮管理委員會,2001年)。

《中國民間故事集成·廣東卷》編輯委員會:《中國民間故事集成·廣東卷》(北京:中國ISBN中心,2006年5月)。

《正統道藏》第342冊(臺北:新文豐出版社,1988年)。

《浙江省民間文學集成·寧波市卷》(北京:中國民間文藝出版社,1989年12月)。

《媽祖文獻史料彙編(第一輯)散文卷》(北京:中國檔案出版社,2007年10月)。

《媽祖文獻史料彙編(第一輯)碑記卷》(北京:中國檔案出版社,2007年10月)。

《媽祖文獻史料彙編(第一輯)檔案卷》(北京:中國檔案出版社,2007年10月。

《媽祖文獻史料彙編(第二輯)史摘卷》(北京:中國檔案出版社,2009年10月)。

《媽祖文獻史料彙編(第二輯)著錄卷》(北京:中國檔案出版社,2009年10月)。

《彰化王功福海宮沿革概史》(芳苑:彰化王功福海宮管理委員會)。

〔美〕斯蒂·湯普森著、鄭海等譯校:《世界民間故事分類學》(上海:上海文藝出版社,1991年)。

〔德〕凱西爾著(張國忠譯):《國家的神話》(杭州市:浙江人民出版社,1988年12月)。

Emile Durkheim著(芮傳明、趙學元譯):《宗教生活的基本形式》(臺北:桂冠圖書公司,1992年9月)。

Leeming,David Adams:《Mythology: The Voyage of the Hero》(New York:Oxford University Press,1998)。

Stith Thompson ,The Types of the Folktale (Bloomington:Indiana University Press , 1963)

丁乃通編著、鄭建成等譯校：《中國民間故事類型索引·導言》（北京：中國民間文學出版社，1986年）。

中國民間文學集成全國編輯委員會：《中國民間故事集成·浙江卷》（北京：中國ISBN中心，1997年9月）。

中國民間文學集成全國編輯委員會：《中國民間故事集成·海南卷》（北京：中國ISBN中心，2002年9月）。

中國民間文學集成全國編輯委員會：《中國民間故事集成·海南卷》（北京：中國ISBN中心，2002年9月）。

中國民間文學集成全國編輯委員會：《中國民間故事集成·福建卷》（北京：中國ISBN中心，1998年12月），頁181。

中國民間文學集成全國編輯委員會：《中國民間故事集成·遼寧卷》（北京：中國ISBN中心，1994年12月。

孔安國傳、孔穎達疏：《尚書正義·周書》（台北，台灣古籍出版公司，2001年9月）。

王充原著：《論衡今註今譯》（台北：國立編譯館，2005年4月）。

王必昌等人編修：《重修臺灣縣志》（南投：臺灣省文獻會，1993年）。

王立任：《探索浩天宮導覽手冊》（梧棲：台中縣梧棲鎮藝術文化協會，2005年）。

王守恩：《諸神與眾生—清代、民國山西太穀的民間信仰與鄉村社會》（北京：中國社會科學出版社，2009年）。

王孝廉：《中國神話世界－西南民族創世神話研究的綜合結論》（台北：紅葉文化公司，2006年）。

王武龍主編：《媽祖的傳說》（1989年12月）。

王溥撰：《唐會要》（台北市：台灣商務書局，1983年）。

王嘉：《拾遺記》（台北：黎明文化出版公司，1996年12月）。

王德保：《神話的意蘊》（北京：中國人民大學出版社，2002年9月）。

王鐘陵：《中國前期文化－心理研究》（四川重慶：重慶出版社，1991年）。

台灣省文獻委員會編：《台灣省通志·人民志宗教篇》（南投：臺灣省文獻會，1971年）。

台灣省文獻委員會編：《彰化縣鄉土史料》（南投：臺灣省文獻會，1999年）。

台灣銀行經濟研究室：《欽定平定臺灣紀略》（台北：台灣銀行經濟研究室，1960年）。

司馬遷撰，裴駰等三家注：《史記》（台北：宏業書局有限公司，1995年4月）。

守恩：《諸神與眾生—清代、民國山西太穀的民間信仰與鄉村社會》（北京：中國社會科學出版社，2009年）。

朱越利：《道教答問》（臺北市：貫雅文化，1990年10月）。

何世宗、謝進炎彙輯：《媽祖信仰與神蹟》（臺南：世峰出版社，2001年）。
余燧賓主編：《基隆市民間文學采集》（基隆市：基隆市文化局，1999年6月）。
冷德熙：《超越神話——緯書政治神話研究》（北京：東方出版社，1996年5月）。
吳國平：《瓣香湄洲》（福州：海潮攝影藝術出版社，2003年9月）。
宋兆麟，《巫覡－人與鬼神之間》（北京：學苑出版社，2001年）。
廷臣奉敕撰：《欽定平定臺灣紀略》（台北：臺灣銀行經濟研究室，1960年）。
李元春：《臺灣志略》（台北：臺灣銀行經濟研究室，1958年）。
李天錫：《海外與港澳台媽祖信仰研究》（北京：華夏出版社，2008年8月）
李利安：《觀音信仰的淵源與傳播》（北京：宗教文化出版社，2008年4月）。
李桓等：《清耆獻類徵選編》（台北：臺灣銀行經濟研究室，1967年）。
李甦平：《中國思維座標之謎：傳統人思維向現代人思維的轉型》（北京：職工教育出版社，1989年）。
李開章：《天上聖母經》（苗栗銅鑼：斐成堂活版部，1921年）
李獻璋：《媽祖信仰研究》（澳門：澳門海事博物館，1995年）。
李露露：《華夏諸神—媽祖》（臺北市：雲龍出版社，1999年6月）。
李露露：《媽祖神韵—從民女到海神》（北京：學苑出版社，2003年）。
杜臻：《澎湖臺灣紀略》（台北：臺灣銀行經濟研究室，1961年）。
周慶華：《故事學》（北京：清華大學出版社，2002年9月第1版）。
周鍾瑄主修：《諸羅縣志》（南投：臺灣省文獻會，1993年）。
東螺媽文化工作室：《2003古老的東螺》（北斗：東螺媽文化工作室，2003年）。
林明峪：《媽祖傳說》（台北：聯亞出版社，1980年）。
林松源主編：《彰化縣民間文學集17》（彰化：彰化文化局，2002年），。
林美容：《媽祖信仰與台灣社會》（蘆洲：博揚文化事業有限公司，2006年）。
林國平、彭文宇撰：《福建民間信仰》（福州：福建人民出版社，1993年）。
林淑媛：《慈航普渡－觀音感應故事敘事模式析論》（臺北：大安出版社，2004年）。
林豪：《東瀛紀事》（台北：臺灣銀行經濟研究室，1957年）。
林豪原纂：《澎湖廳志》（南投：臺灣省文獻會，1993年）。
林德政：《新港奉天宮志》（嘉義縣：財團法人新港奉天宮董事會，1993年）。
金正耀：《中國的道教》（北京：中國國際廣播，2011年）。
金榮華：《中國民間故事與故事分類》（新店：中國口傳文學學會，2007年）。
侯秋東、楊梓茗譯：《新譯觀音靈感錄》（台北市：福峰圖書光碟有限公司，2002年4月）。
姜佩君編著：《澎湖民間傳說》（台北：聖環圖書有現公司，1998年6月）。

柳田國男著（連湘譯）：《傳說論》（北京：中國民間文藝出版社，1985年12月）。
泉州市地方志編纂委員會點校：（乾隆版）《泉州府志》（泉州市：泉州市地方志編纂委員會，2003年）。
洪興祖：《楚辭補注》（北京：中華書局，1983年）。
洪邁：《夷堅志》（上海市：上海古籍出版社，2002年）。
耶律楚材：《湛然居士文集》（北京，中華書局，1985年）。
胡建偉：《澎湖紀略》（南投：臺灣省文獻會，1993年）。
胡萬川、林培雅：《台南縣閩南語故事集（四）》（新營：台南縣文化局，2002年4月）。
胡萬川、康原、陳益源總編輯：《彰化縣民間文學集（20）》（彰化市：彰化縣文化局，2003年5月）。
胡萬川、陳益源總編輯：《雲林縣閩南語故事集（二）》（斗六：雲林縣文化局，1999年）。
胡萬川總編輯：《苗栗縣閩南語故事集（二）》（苗栗：苗縣文化局，2001年12月）。
胡萬川總編輯：《苗栗縣閩南語故事集（三）》（苗栗：苗縣文化局，2002年12月）。
苗啟明、溫益群：《原始社會的精神歷史構架》（雲南昆明：雲南人民出版社，1993年）。
茅盾：《茅盾說神話》（上海：上海古籍出版社，1999年7月）。
茅盾：《神話研究》（天津：百花文藝出版社，1981年）。
倪贊元編纂：《雲林縣采訪冊》（南投：臺灣省文獻會，1993年）。
卿希泰、唐大潮：《道教史》（南京：江蘇人民出版社，2009年1月）。
唐世貴：《媽祖傳奇》（成都：巴蜀書社，2000年12月）。
徐玉福編著：《媽祖廟宇對聯》（南昌：江西人民出版社，2000年4月）。
徐吉軍：《中國喪葬史》（南昌市：江西高校出版社，1998年1月）.
徐兢：《宣和奉使高麗圖經》（台北：台灣商務印書館，1971年）。
徐曉望：《媽祖信仰史研究》（福州：海風出版社）。
格非：《小說敘事研究》（北京：清華大學出版社，2002年9月第1版）。
班固：《漢武帝內傳》（北京：中華書局，1985）。
袁珂校注：《山海經校注》（台北：里仁書局，1982年8月）。
馬書田、馬書俠：《全像媽祖》（南昌：江西美術出版社，2007年1月）。
國立彰化師範大學地理學系編：《彰化南瑤宮志》（彰化：彰化市公所，1997年）。
張振犁：《中原古典神話流變論考》（上海：上海文藝出版社，1991年5月）。
梁克家：《三山志》（文淵閣四庫全書本）。
深圳大學國學研究所主編：《中國文化與中國哲學》（深圳：東方出版社，1986年）。
莆田湄洲媽祖祖廟董事會編：《湄洲媽祖志》（北京：方志出社，2011年9月）。

連橫：《雅言》（台北：臺灣銀行經濟研究室，1963年）。
連橫：《臺灣通史》（南投：臺灣省文獻會，1992年）。
郭金潤主編：《大甲鎮瀾宮志》（大甲：財團法人大甲鎮瀾宮董事會，2005年）。
陳侃：《使琉球錄》明萬曆刻本（台北：台灣商務，1966年）。
陳益源、潘是輝總編輯：《雲林縣閩南語故事集（五）》（斗六市：雲林縣文化局，2003年5月）。
陳慶浩、王秋桂主編：《中國民間故事全集1：台灣民間故事集》（台北：遠流出版有限公司，1989年6月）。
陳麗娜整理：《屏東後堆客家民間故事》（台北市：中國口傳文學學會，2006年6月）。
麥寮拱範宮管理委員會：《麥寮拱範宮誌》（麥寮：麥寮拱範宮管理委員會，2003年）。
喬瑟夫·坎伯著（朱侃如譯）：《千面英雄》（台北：立緒，2005年1月）。
曾吉蓮編撰：《祀典台南大天后宮志》（台南市：祀典台南大天后宮，2001年12月）。
黃哲永總編輯：《朴子市閩南語故事集》（朴子：嘉義縣文化局，1999年）。
黃哲永總編輯：《東石鄉閩南語故事集（一）》（朴子：嘉義縣文化局，1999年）。
黃浙蘇：《信守與包容－浙東媽祖信俗研究》（杭州：浙江大學出版社，2011年7月）。
黃清泉：《新譯列女傳》（台北：三民書局，1996年）。
黃嚴孫纂修：《（寶佑）仙溪志》。
愛德華·泰勒著（連樹聲譯）：《原始文化》（桂林：廣西師範大出版社，2005年1月）。
楊伯峻：《論語集注》（北京：中華書局，2004年），頁101。
楊德金：《媽祖研究資料匯編》（福州：福建人民出版社，1987年）。
葉玉麟註解：《幼學瓊林》（台南：大夏，1989年7月）。
嘉萊爾著（曾虛白譯）：《英雄與英雄崇拜》（台北：商務書局，1982年）。
管仲原著、湯孝純注譯：《新譯管子讀本》（台北：三民書局，1995年7月）。
趙翼：《陔餘叢考》（台北：世界書局，1990年11月）。
劉文典：《淮南鴻烈集解》（台北：文史哲出版。1992年.10月）。
劉惠萍、范姜灴欽編：《花蓮縣客家民間文學集》（花蓮：花蓮縣文化局，2009年5月）。
蔡香輝：《媽祖信仰研究》（台北：秀威資訊科技，2006年）。
蔣維錟：《媽祖文獻資料》（福州：福建人民出版社，1990年）。
鄭志明：《中國社會的神話思維》（台北縣淡水鎮：谷風出版社，1993年6月）。
蕭統編、李善注：《文選》（台北：五南圖書出版有限公司，2002年10月）。
賴宗寶等訪談：《彰化縣口述歷史（一）》（彰化：彰化縣立文化中心，1995年）。
戴冠青：《想像的狂歡：作為文化鏡像的閩南民間故事研究》（廈門：廈門大學出版

社，2012年9月）。
謝進炎、何世忠：《媽祖信仰與神蹟》（臺南市：安平開臺天后宮，2000年）。
羅春榮：《媽祖傳說研究－一個海洋大國的神話》（天津市：天津古籍出版社，2009年6月）。
羅鋼：《敘事學導論》（昆明：雲南人民出版社，1995年）。
贊甯：《宋高僧傳》（台北：文津出版社，1991年8月）。
釋厚重：《觀音與媽祖》（台北縣永和市：稻田出版社，2005年12月）。
釋道世：《法苑珠林》（台北市:台灣商務印書館，1983年）。

三、中文學位論文

王芳輝：《廣東媽祖信仰研究》（中山大學博士論文，2009年)。
吳麗麗：《上海地區媽祖信仰研究》（華東師範大學論文，2010年9月）。
吳艷珍：《媽祖顯聖研究:一個人神關係的思考》（淡水：淡江大學中國文學系研究所碩士論文，1995年）。
范梓羚：《從民間媽祖信仰神蹟探討媽祖形象之研究》（臺北：玄奘大學宗教學系碩士在職專班碩士論文，2010年）。
張史寶：《桃的神話與文學原型研究》（台北：國立政治大學中國文學系碩士論文，2005年1月）。
張曉瑩：《媽祖信仰在地化的人類學研究——以遼南為例》（中國人民大學人類學專業博士論文，2011年）。
郭文娟《清代桂中地區的媽祖信仰研究》（廣西民族大學碩士論文，2013年)。
楊淑雅：《媽祖故事與媽祖文化研究》（臺北：中國文化大學中國文學系研究所博士論文，2011年）。
劉婷：《中國「天梯」神話與巫文化》（武漢：中南民族大學碩士學位論文，2006年5月）。
賴悅珊：《中國古代英雄神話研究》（中壢：國立中央大學中國文學系研究所碩士論文，2006年7月）。
閻化川：《媽祖信仰的起源及其在山東地區傳播史研究》（山東大學博士論文，2006年9月）。

四、期刊專書論文

方燕：〈女巫與宋代社會〉，《四川師範大學學報（社會科學版）》，2006年3期，2006年5月。

王三慶：〈四海龍王在民間通俗文學上之地位〉，《漢學研究》，第8卷第1卷，1990年6月。
王三慶：〈重建「鳳芸宮」廟誌〉，收錄《漁父編年詩文集》（臺南市：臺南市文化局，2004年2月）。
王元林、鄧敏銳：〈明清時期海南島的媽祖信仰〉，《海南大學學報人文社會科學版》，第22卷第4期，2004年12月。
王猛：〈論《三國演義》對英雄母題的利用與超越〉，《甘肅社會科學》，2007年第3期。
王蘭鳳：〈媽祖形象研究〉，《懷化學院學報》，第32卷第6期，2013年6月。
朴現圭：〈高麗時代媽祖接觸考〉，《魯東大學學報》（哲學社會科學版）第26卷第3期，2009年第54月。
江樹生：〈荷據時期臺灣的漢人人口變遷〉，《媽祖信仰國際學術研討會論文集》（北港朝天宮董事會、臺灣省文獻委員會編印，1998年）
何善蒙：〈林兆恩「三教合一」的宗教思想淺析〉，《逢甲人文社會學報》第12期，2006年6月。
李奕興：〈百變造像，金身如一－台灣媽祖造像的形式與特徵〉，收入《流動的女神：台灣媽祖進香文化特展》（台中：國立自然科學博物館，2011年10月）
李琳：〈天妃與湘妃傳說主題類型比較研究〉，《湖南科技大學學報（社會科學版）》，第16卷第1期，2013年1月。
李雄之：〈論媽祖信仰的教統歸屬〉，《媽祖研究學報》，第1輯，2004年.4月。
李積慶：〈文化生態學視野下媽祖民俗文化的傳承與創新〉，《2011媽祖國際學術研討會—民俗、觀光與文化資產論文集》。
林美容、陳緯華：〈馬祖列島的浮屍立廟研究：從馬港天后宮談起〉，《臺灣人類學刊》，第6卷第1期，2008年12月。
林美容：〈台灣媽祖形像的顯與隱〉，《文化雜誌》，第48期，2003年。
林茂賢：〈從台灣媽祖神蹟看媽祖屬性的轉化〉，《2008年彰化縣研究學術研討會論文集－媽祖信仰國際研究文化觀光研究》（彰化：彰化縣文化局，2008年）。
林茂賢：〈臺灣媽祖傳說及其本土化現象〉，《靜宜人文學報》，第17期，2002年12月，頁91—113。
林繼富：〈同生共長，綿密互滲－中國民間傳說與民間風俗關係試論〉，《周口師範高等專科學校學報》，第16卷第4期，1999年7月。
武世珍：〈神話思維辨析〉，收入《神話新論》（上海：上海文藝出版社，1987年）。尹國蔚：〈媽祖信仰在河北省及京津地區的傳播〉，《中國歷史地理論叢》，2003年第12期。

武世珍:〈神話思維變析〉,收入自劉魁立主編《神話新論》(上海:上海文藝出版社,1987年)。
侯坤宏:〈當觀音遇見見媽祖－探討觀音信仰與媽祖信仰的關係〉,《府城大觀音亭與觀音信仰研究》。
施舟人(Kristofer Schipper):〈《道藏》所見近代民間崇拜資料的初步評論〉,《漢學研究通訊》,12卷2期(總46期),1993年6月。
張曉瑩:〈從「顯靈」的變遷看媽祖信仰的生存機制—以遼南為例〉,《世界宗教文化》,2011年第3期。
張曉瑩:〈遼南媽祖信仰的形成〉,《福建論壇(人文社會科學版)》,2011年6期。
曹仕邦:〈「一葦渡江」與「喫肉邊菜」－兩個著名禪宗故事的歷史探究〉,《中華佛學學報》第13期(臺北:中華佛學研究所,2000年)。
莊恒愷:〈由巫至神轉變之靈驗傳說與美德故事的特點——以媽祖和陳靖姑為中心〉,《集美大學學報(哲學社會科學版)》,2014年第3期,2014年9月。
許炳南:〈「鹿耳門」天上聖母像之考據〉,《臺灣風物》,第11卷第7期,1961年7月。
陳昭銘:〈臺灣媽祖信仰的在地神蹟故事分析〉,《嘉大中文學報》第9期,2013年9月。
陳庭恩、陳嫣雪:〈媽祖形象轉變、宗教信仰及政治形態之考釋〉,收入《神話與文學論文選輯》。
陶立璠:〈媽祖信仰的民俗學思考〉,「紀念天津設衛600　周年媽祖文化與現代文明」學術討論會。2004年9月。
陶思炎:〈媽祖信仰略論〉,《東南大學學報(哲學社會科學版)》,第9卷第5期,2007年9月。
華方田:〈媽祖崇拜:澳門的民間信仰〉,《世界宗教文化》,1999年第2期,頁56－57。
黃偉民、陳桂炳:〈吳真人與媽祖傳說的比較研究〉:《泉州師範學院學報(社會科學)》,第22卷第5期,2004年9月。
黃國華:〈《聖墩祖廟重建順濟廟記》解謎〉,《中華媽祖》,2011年第4期。
榮格:〈論分析心理學與詩的關係〉,收入自《神話－原型批評》(西安:陝西師範大學出版社,1987年)。
齊靜:〈媽媽祖故事研究〉,《2006中華媽祖文化學術論壇論文集》,2012年6月。
劉魁立:《我們的節日,我們的歌》,《溫州大學學報》(社會科學版),2010 年第6 期。
滕蘭花:〈清代廣西天后宮的地理分佈探析〉,《中國邊疆史地研究》,第17卷3第3期,2007年9月。
蔡相煇:〈媽祖信仰的宗教本質〉,《空大人文學報》第19期,2010年12月。

鄭志明：〈巫術文化的哲學省思〉，收入《第七屆儒佛會通暨文化哲學學術研討會論文集》（台北：輔仁大學哲學系，2003年）。
鄭衡泌、俞黎媛：〈媽祖信仰分佈的地理特徵分析〉，《福建師範大學學報(哲學社會科學版)》，2007年第2期(總第143期，2007年3月)。
鄭衡泌：〈宋代媽祖信仰傳播的地理過程及其推力分析〉，《地理科學》第30卷第2期，2010年4月
戴文鋒：〈「媽祖」名稱由來試析〉，《庶民文化研究》，第3期，2011年3月。
戴文鋒：〈臺灣媽祖「抱接砲彈」神蹟傳說試探〉，《南大學報》，第39卷第2期，2005年10月。
薛世忠：〈媽祖信仰在粵瓊地區的傳播及影響〉，《莆田學院學報》，2006年04期。
謝重光：〈媽祖信仰與儒釋道三教的交融〉，《汕頭大學學報》（人文科學版），1997年第5期。
謝瑞隆：〈大甲媽祖遶境進香活動對於沿途駐駕地藝文活動的影響〉，《媽祖國際學術研討會論文集》，2010年9月。
謝瑞隆：〈考察彰化縣媽祖信仰的民俗活動〉，《彰化縣媽祖信仰學術研討會論文集·2011年》，2011年11月。
謝瑞隆：〈考察臺中海線地區媽祖祀神的聯庄信仰圈〉，《2011媽祖國際學術研討會—民俗、觀光與文化資產論文集》，2011年12月。
謝瑞隆：〈原東螺保、西螺保區域的媽祖信仰之開展與競合〉，《2013媽祖國際學術研討會：全球化下媽祖信仰的在地書寫論文集》，2013年11月。
謝瑞隆：〈從區域性聯庄信仰圈探討媽祖在台灣民間信仰的號召力—以中壢仁海宮為例〉，《媽祖國際學術研討會—媽祖、民間信仰與文物研討會論文集》，2009年9月。
謝瑞隆：〈彰南地區媽祖廟的信仰圈之發展與變遷〉，《2010年媽祖信仰學術研討會論文集》，2010年11月。
謝瑞隆：〈聚落發展與其廟祀神明的信仰圈之變遷—以彰化縣媽祖信仰為例〉，《彰化文獻》，第10期，2007年12月。
謝瑞隆：〈臺灣媽祖靈應故事研究〉，《彰化媽祖信仰學術研討會論文集》，2012年11月。

五、網路資料

文化旅遊資訊入口網—關渡宮：
同安寮十二庄迓媽祖：

朴子配天宮全球資訊網：http://www.peitiangung.org.tw/particular_2.html，2015年2月24日搜尋。

城隍爺的事蹟：http://www.sunfate.com/H/05-intro.asp，2012年9月1日搜尋。

後龍慈雲宮宮網：http://www.houlong-mazu.tw/01_mazu-B.html，2014年8月28日搜尋。

連江縣立中正國中小製作－靈穴傳奇：http://163.32.83.200/student/D005/vision.html，2013年11月1日搜尋。

劉還月：〈遠來的媽祖會鎮災—台北文山地區的五年迎媽祖盛會〉，http://blog.udn.com/liu580220/5064739，2012年9月2日搜尋。

鵝尾山神石園百度百科：http://baike.baidu.com/view/9163730.htm，2015年2月26日搜尋。

六、報紙

〈大甲媽過濁水溪 溪水自動讓路〉，《中國時報》，1990年4月16日。

國家圖書館出版品預行編目(CIP)資料

媽祖信仰故事研究 = Research on Mazu belief story/
謝瑞隆著. -- 初版. -- 彰化縣埤頭鄉：明道大學媽祖文化
學院, 民110.06
面； 公分
ISBN 978-986-6468-80-3(平裝)

1.媽祖 2.民間信仰

272.71 110008855

媽祖信仰故事研究

發 行 人：郭秋勳
編　　著：謝瑞隆
審查委員：王三慶、王國良、陳益源、楊玉君、戴文鋒、謝明勳
美術設計：黃偉哲
設計助理：陳廷俊

指導單位：台灣媽祖聯誼會
出版單位：明道大學媽祖文化學院
地　　址：(523) 彰化縣埤頭鄉文化路369號
電　　話：04-8876660
初版一刷：民國110年6月
定　　價：新台幣360元整
I S B N：978-986-6468-80-3